Wolfgang Schmidbauer
Vom Umgang mit der Seele

Wolfgang Schmidbauer

Vom Umgang mit der Seele

Therapie zwischen Magie und Wissenschaft

nymphenburger

© 1998 nymphenburger in der F. A. Herbig Verlagsbuchhandlung GmbH, München.
Alle Rechte, auch der photomechanischen Vervielfältigung
und des auszugsweisen Abdrucks, vorbehalten.
Schutzumschlag: Wolfgang Heinzel
Satz: MPM, Wasserburg
Gesetzt aus der 10,5 Punkt Century OldStyle
Druck und Binden: Wiener Verlag, Himberg
Printed in Austria
ISBN 3-485-00786-2

Inhalt

Vorwort

Immer wieder haben mich Leser aufgefordert, das vergriffene Buch »Psychotherapie – Ihr Weg von der Magie zur Wissenschaft« wieder herauszugeben. Ich zögerte, weil mir der 1971 erschienene Text veraltet schien. Ich hatte damals, knapp dreißigjährig und eben mit einem Thema aus dem Grenzgebiet von Vorgeschichte, Kulturanthropologie und Psychologie promoviert, zwar einige originelle Funde über die Parallelen von Schamanismus, Ritual und (Gruppen)Psychotherapie ausgebreitet, aber mein Wissen über die aktuelle Psychotherapie-Szene war ausschließlich theoretisch. Entsprechend altklug scheint mir heute manches, was ich über die Entwicklungen seit Freud zu sagen wußte.

Mein erster Ansatz, die Geschichte dessen zu verstehen, was uns heute als Psychotherapie begegnet, war ähnlich dilettantisch wie andere psychologische Versuche, in früheren Kulturen das zu entdecken, was man in der eigenen Gegenwart wissenschaftlich im Griff zu haben glaubt. Es ist dieselbe Naivität, die etwa Hitlers Kindheit analysiert und aus ihr die mörderische Radikalität des Diktators ableitet. Wer so erklärt, kann eigentlich nicht irren; daher muß man seinem Vorgehen mißtrauen. Ähnlich ist der Umgang der meisten Tiefenpsychologen mit der Mythologie: Sie finden immer ihre selbst versteckten Ostereier und sind stolz darauf, wie umfassend doch ihre Wissenschaft gilt.

Trotz dieser Einwände will ich solche Versuche der Verbindung von Psychologie und Historie nicht geringschätzen. Auch wenn sie durch Vorurteile eingeengt ist, bietet die Betrachtung der Geschichte unersetzliche Möglichkeiten, den eigenen Standpunkt zu erkennen und zu relativieren. Außerdem ist es keineswegs immer so, daß der Forscher nur das wahrnimmt, was er erwartet. Er gleicht anfangs vielleicht dem Reisenden, der sein Auto voller Konserven packt, weil er sich nicht vorstellen kann, daß in dem fremden Land, das er aufsuchen will, irgend etwas giftlos Nahrhaftes auf ihn wartet. Aber nicht alle Reisenden sind so konsequent, daß sie – wie eine Freundin auf ihrer ersten Indienreise 1967 in einem VW-Bus – die ganze Strecke von den mitgebrachten Konserven leben. Manche machen Entdeckungen, probieren Neues, lassen sich von ihm verführen und erweitern so ihre Erlebnissphäre in einer unerwarteten Weise. Es ist immer gefährlich, wenn wir unser Denken einsperren und seine Einschränkungen feierlich ernst nehmen.

Kaum ein Leser wird sich die Mühe machen, den alten und den neuen Text zu vergleichen; daher fasse ich zusammen, was bei der Neubearbeitung beabsichtigt war. Ich will die bereits in der ersten Ausgabe entwickelte Idee, daß Erscheinungen in den archaischen Kulturen verblüffende Parallelen zu Erscheinungen der gegenwärtigen Psychoszene aufweisen, anhand meiner Erfahrungen mit den Entwicklungen von 1970 bis 1998 ergänzen und vertiefen. In dieser Zeit ist der einstige Psychoboom in weiten Teilen in einen Esoterikboom umgeschlagen; ein damals als smarter Verhaltenstherapeut, unterstützt von der katholischen Lobby, auf einen Lehrstuhl berufener Professor für klinische Psychologie hat sich zwischen 1970 und 1990 beispielsweise in einen Gestalttherapeuten und schließlich in den Mystiker eines islamischen Ordens verwandelt.

Aufrechterhalten will ich die möglichst weite Perspektive, die mich damals dazu geführt hat, auch Entwicklungen wie die Psychopharmakologie oder die Psychochirurgie einzubeziehen. Vom interessierten, aber nicht vorgebildeten Leser ist nicht zu erwarten, daß er mit einer spezialisierten Sicht viel anfangen kann. Das Fesselnde an einer Geschichte der Psychotherapie bleibt, wie frühere Gesellschaften mit Störungen umgegangen sind, wie sie deren Ursache und Heilung interpretiert haben und was wir aus unseren gegenwärtigen Erfahrungen verwerten können, um einem Verständnis der eigenen Wurzeln nahezukommen. Wie immer in der Geschichtsschreibung ist Genauigkeit dabei ein hoher Wert, während ein vollständiges Verständnis unerreichbar bleibt. Die Problematik gleicht der einer Übersetzung. Während dort ein Text möglichst getreu übertragen werden soll, geht es hier um das Bild der Vergangenheit. Und ähnlich wie keine Übersetzung das Original erreichen kann,* wird auch keine Geschichtsschreibung die Vergangenheit zur Gegenwart machen.

Die Beschäftigung mit der Psychotherapie-Geschichte kann die Nutzer wie die Anbieter von Psychotherapie über eine zentrale Frage informieren, die – ähnlich der Frage nach der absolut genauen Übersetzung – ebenso wesentlich wie letztlich schwer zu beantworten ist. Es geht um den Unterschied, den Freud mit seinem Satz vom ›hysterischen Elend‹ formuliert hat, das durch die Therapie insoweit erleichtert wird, als die Patienten wieder in die Lage kommen, das ›allgemeine Leid‹ zu bewältigen, das die Gesellschaft jedem von uns auferlegt.**

Nachdem ich die erste Fassung der Psychotherapiegeschichte geschrieben hatte, begann ich selbst eine psychoanalytische Ausbildung. Es war die Zeit des Reformoptimismus der beginnenden siebziger Jahre. Anfangs glaubte ich allen Ernstes daran, daß es möglich sein müsse, durch Gruppentherapie ›befreite Gebiete‹ in einer repressiven Gesellschaft zu schaffen. Um diese Entwicklung voranzu-

---

* Manchmal stellen Kritiker fest, eine Übersetzung übertreffe das Original. Aber auch dann weicht sie davon ab. In der Geschichtsschreibung mag ähnliches gelten – daß die Vergangenheit sozusagen banaler war, als die Historiker sie machen. Das Ganze gleicht dem Streit, ob nun das Leben die Kunst erreichen kann oder die Kunst das Leben; nur selten sehen schließlich echte Cowboys einen Western und wirkliche Ritter einen Film über Prinz Eisenherz.

** S. Freud, *Studien über Hysterie*, Ges. Werke,. Bd. I.

treiben, engagierte ich mich schon früh in der Ausbildung von analytischen Gruppenleitern, gründete mit anderen zwei ›alternative‹ Ausbildungsinstitute und hatte bald mit praktischen Problemen soviel zu tun, daß ich meine Größenphantasien vergaß. Ich begann, mich mit technischen Details zu beschäftigen, und fand erst in einer Betrachtung der Persönlichkeitsproblematik der sozialen Berufe wieder zurück zu allgemeinen Themen.

Da die geschichtliche Perspektive immer den Blick auf den Bezug des einzelnen zur Gesellschaft und zur kulturellen Entwicklung lenkt, kann sie Psychotherapeuten auch davor bewahren, die Aufmerksamkeit für den gesellschaftlichen Konflikt etwa in dem Ansinnen zu verlieren, Depressionen, die durch Arbeitslosigkeit ausgelöst werden, mit ihren Mitteln zu heilen. Ich will damit keineswegs fordern, solche Depressionen nicht zu kurieren, etwa um aus ihnen revolutionäre Potentiale zu destillieren. Das wäre eine Haltung, die weder human noch von psychologischem Wissen getragen ist. Es geht darum, zu erkennen, wo Psychotherapie politische Aspekte hat, und diese Aspekte nicht zu verleugnen, um Prestige oder Universalgeltung des eigenen Berufs zu steigern, sondern sie herauszuarbeiten und darauf hinzuweisen, daß eine symptomatische keine ursächliche Behandlung ist.

Eine Metapher, welche die Situation der Psychotherapie in der Moderne veranschaulicht, ist der Vergleich mit dem industriell gefertigten Weißbrot, das so wenig Vitamine enthält, daß diese künstlich zugesetzt werden müssen. Die individualisierte, extrem leistungs- und konsumorientierte Gesellschaft hat die Spielräume und Lebensqualitäten für alle eingeengt, die sich nicht diesem Ideal fügen oder gegen es wehren können. Zeit für aufmerksame Zuwendung, Interesse, Bestätigung fehlt. Wer einen Psychotherapeuten zu Rate zieht, erfährt, daß er sie sich kaufen kann; im Idealfall gelingt es ihm nach einer Weile, durch eigene Aktivität den Mangel zu beheben. Aber es entstehen Dauernutzer von Psychotherapie, die ihre Situation durch diese Begleitung ertragen, sich aber nicht mehr von ihr unabhängig machen.

Der Psychotherapeut sollte nach meiner Meinung in dieser Situa-

10

tion nicht wie ein Nahrungsmittelchemiker im Dienst einer Industrie argumentieren, die Vitamine verkaufen will. Er sollte sich eher als Biologe, genauer als Ökologe verstehen, der über die Zusammenhänge aufklärt und so Lösungen vorbereitet, die den Verlust verdeutlichen und nicht verleugnen, um die eigene Dienstleistung besser vermarkten zu können. Eben weil der Mittler zwischen den Welten schon immer in dieser Weise korrumpierbar war, ist auch eine Idealisierung des Psychotherapeuten gerade sowenig sinnvoll wie eine Idealisierung von Priestern, Schamanen oder Propheten. Immer gibt es die Aufgabe, nicht nur zwischen Glaubwürdigkeit und Scharlatanerie zu unterscheiden, sondern auch in dem, was einer dieser Mittler sagt, das Eigeninteresse und das Erkenntnisinteresse auseinanderzuhalten, eine der vielen so unmöglichen wie lohnenden Aufgaben in der Konstruktion unserer Wirklichkeit.

Die Klienten des Schamanen, der zwischen einer oder vielen Geisterwelten und der realen Welt vermittelt, unterscheiden sich sehr von den Klienten des Psychoanalytikers, der zwischen Triebwelt (Es), verinnerlichter Norm (Über-Ich) und persönlicher Rationalität (Ich) vermittelt. Aber es gibt auch Gemeinsamkeiten zwischen beiden, wie wir an der Geschichte von Quesalid, dem Kwakiutl-Schamanen herausfinden werden. Die Grundthese des Buches ist jetzt, daß die These der archaischen Kultur von der Antithese der hierarchischen, traditionellen Kulturen teilweise ausgelöscht wurde, daß aber in der modernen, globalen und individualisierenden Kultur die Menschen wieder zu vielen Qualitäten der Jäger und Sammler von einst zurückfinden. Diese Entwicklung spiegelt sich in der Entwicklung der Psychotherapeutenrolle von der Frühzeit bis zur Gegenwart: Hier ist der Schamane die These; er wird abgelöst von seiner Antithese, dem Priester und dem naturwissenschaftlich ausgebildeten Arzt. Im Psychotherapeuten finden wir Qualitäten des Schamanen wieder, angefangen von der Selbsterfahrung (›Schamanenkrankheit‹), bis zur Neigung zur Bildung von ›Stämmen‹, die durch eine gemeinsame Weltanschauung verbunden sind. Ob solche Betrachtungen ›stimmen‹, ist eine offene Frage; sie sind jedenfalls eher metaphorisch und hermeneutisch gemeint, als daß sie sich als Entwicklungstheorie aufspielen. Aber es ist doch einiges gewonnen, wenn es mit ihrer Hilfe gelingt, das Interesse für die vielfältigen und oft problematischen Aspekte der Rolle des Helfers und Heilers zu wecken und wach zu erhalten.

München, Sommer 1997
Wolfgang Schmidbauer

Aus dem Vorwort der ersten Ausgabe

Es gibt eine Reihe geschichtlicher Darstellungen der Psychiatrie einerseits, der Psychologie andrerseits, doch im deutschen Sprachraum keine, die sich allein auf die Psychotherapie bezieht. Lassen sich diese drei Gebiete überhaupt trennen? In der Geschichte leichter als in der Gegenwart, in der die Seelenheilkunde ziemlich genau zwischen Psychologie und Medizin steht, während längere Zeit weder die an den Universitäten gelehrte Psychologie noch die Schulmedizin mit ihr zu tun haben wollten. Geht man noch weiter zurück (und wir werden es hier tun), so findet man, daß sich Psychologie und Medizin ihrerseits aus einer archaischen Lehre vom Heil und von der Heilung entwickelt haben, die man mit einigem Recht Psychotherapie nennen kann – Seelendienst, wie die wörtliche Übersetzung dieses griechischen Ausdrucks lautet.

Eine Geschichte der seelischen Krankheit und ihrer Heilung muß immer auch Sozialgeschichte sein. Stets trägt die seelische Regelwidrigkeit den Stempel der Sozietät, die ihr Gegenbild als Wahnsinn definiert und jene aus sich ausstößt, die an ihren Spielregeln scheitern. Auch eine geschichtliche Darstellung gerät in Gefahr, von Vorurteilen theoretischer oder sozialer Art beeinflußt zu werden, zumal die Fülle des Stoffs und der begrenzte Raum eine Auswahl erzwingen.

Der Leser wird erkennen, daß ich in dieser Situation Rückhalt bei

12

den Basiswissenschaften der Seelenheilkunde gesucht habe: der Verhaltensforschung, der Soziologie und der Kulturanthropologie. Stammes- und sozialgeschichtlich so interessante Formen der Psychotherapie wie der Schamanismus und die archaische Gruppenpsychotherapie sind deshalb ausführlich behandelt worden. Ausgangspunkt des Buches ist die Evolution des Bewußtseins. Aufgabe der archaischen, zum guten Teil auch der modernen Psychotherapie war und ist es, die mit diesem evolutiven Schritt verbundenen Gefahren zu überwinden.

Schließlich noch einige Worte zum besonderen Charakter einer allgemeinverständlichen Darstellung. Der Wissenschaftler ist oft versucht, solche Aufgaben geringzuschätzen. Er schreckt vor der ungeheuren Vereinfachung zurück, die eine Geschichte der Psychotherapie auf dreihundert Seiten in einer für den interessierten Laien verständlichen Sprache notgedrungen bedeuten muß. Er fürchtet, daß er hier keinem Kenner etwas Neues sagen wird, und bequemt sich vielleicht, einen arg verdünnten Aufguß seines Wissens zu bereiten.

Ich habe versucht, hier einen anderen Weg zu gehen. Mir scheint, daß der Zwang, seine Gedanken so auszudrücken, daß sie jeder versteht, höchst heilsam sein kann und mehr zum Denken, zu einer Vertiefung der Probleme anregt, als man auf den ersten Blick meinen möchte. Das Streben nach Vereinfachung und Klarheit ist nämlich kein seichtes, kein halb- oder unwissenschaftliches Ziel, sondern das Ziel der Wissenschaft selbst, die ja stets danach strebt, aus der Fülle einzelner Vorgänge und Beobachtungen das Allgemeine, Gesetzmäßige abzuleiten.

1.

Evolution und Psychotherapie

Der Mensch, Psyche wie Körper, hat sich aus tierischen Vorstufen entwickelt. Die Zwischenformen sind ausgestorben; sie müssen aus fossilen Funden mühsam rekonstruiert werden. Bereits vor zehn bis zwanzig Millionen Jahren hat sich die Evolution des Menschen von jener seiner nächsten Verwandten unter den Primaten abgespalten. Wie unterscheidet sich der Mensch von ihnen? Man kann eine lange Reihe von Antworten auf diese Frage finden. Die Spanier, welche um 1500 in Amerika landeten, waren etwa überzeugt, daß der Glaube an einen allmächtigen Gott den Menschen über das Tier erhebt. Folgerichtig erklärten sie die Indianer zu Tieren und nahmen sich das Recht, sie als Sklaven auszubeuten oder abzuschlachten. »Soll es nicht länger erlaubt sein, Lasttiere zur Arbeit zu benutzen«, fragten die spanischen Siedler erstaunt, als Fray Bartolomeo de Las Casas die Zwangsarbeit abschaffen wollte. Es sei besser für die Indianer, als Sklaven in Gefangenschaft denn als Tiere in Freiheit zu leben, behauptete Anfang des 16. Jahrhunderts eine Kommission spanischer Theologen: »Einerseits fliehen sie die Spanier und lehnen es ab, ohne Belohnung zu arbeiten; andrerseits sind sie so pervers, daß sie manchmal ihren gesamten Besitz verschenken. Außerdem sträuben sie sich dagegen, jene ihrer Kameraden zu verstoßen, denen die Spanier die Ohren abgeschnitten haben.«

Zur selben Zeit berichtet ein spanischer Reisender, Fernando Gonzalez de Oviedo, daß die Indianer in Puerto Rico Weiße zu fangen und zu ertränken pflegen. Die Leichen beobachten sie wochenlang, um zu sehen, ob die Toten verwesen oder nicht. Denn die Indios hielten die Spanier für Götter und wollten herausbekommen, ob sie nicht in Wahrheit Menschen seien. Die ›Primitiven‹ riefen also, wie wir mit Claude Lévi-Strauss festhalten können, die Naturwissenschaft zu Hilfe, während die ›Zivilisierten‹ sozialwissenschaftlich klassifizierten, d. h. für sie nützliche Vorurteile theologisch verbrämten.

Dieser Exkurs zeigt uns zweierlei: daß die Antwort auf eine Frage nach dem Wesen des Menschen nicht so einfach ist, wie man meinen möchte, und daß der Hochmut des Zivilisierten gegenüber der geistigen Welt der sogenannten Primitiven unbegründet ist. Wir verwenden den Ausdruck Primitive hier nur, um eine schriftlose Kultur zu kennzeichnen, völlig ohne den wertenden Beigeschmack, den das Wort gerne annimmt. Wir werden sehen, daß eine Geringschätzung der Naturvölker (auch dies ein unscharfer Ausdruck, denn sie sind ebenso stark von Kultur geprägt wie wir, nur sind ihre Gesellschaften anders aufgebaut) gerade in einer Geschichte der Psychotherapie fehl am Platze ist.

Kehren wir zu der ersten Frage zurück: Was unterscheidet den Menschen vom Tier? Die Antworten der modernen Kulturanthropologie auf diese Frage lauten: Werkzeugherstellung (im Unterschied zum Werkzeuggebrauch, den man auch bei Schimpansen, Seeottern und Darwinfinken findet), Sprache, Kultur, reflektierendes Bewußtsein. Die Tatsache, daß wir heute in Autos fahren, Städte bauen und Astronauten auf ihrem Mondflug verfolgen, fällt diesen Merkmalen gegenüber nicht ins Gewicht. Denn es gibt Menschen, die nichts davon kennen, die hinter Windschirmen oder unter lose zusammengesteckten Blätterhütten leben, nackt Antilopen hetzen oder Melonen, Beeren und Nüsse sammeln. Doch auch auf dieser archaischen Stufe technischer Beherrschung der Umwelt finden wir Werkzeugherstellung, Sprache, Kultur, Religion, Heiratsregeln (Inzestverbote), reflektierendes Bewußtsein, kurzum Menschen, die als Individuen ebensoweit von den Tieren entfernt sind wie wir, mag sich ihre Kultur auch noch so sehr von der unsrigen unterscheiden.

Ein Buschmannkind (die Lebensform seiner Eltern haben wir eben beschrieben), das heute, seiner Familie entrissen, mit Kindern in einer Großstadt aufwachsen würde, träte nach wenigen Jahren mit der gleichen Selbstverständlichkeit auf die Rolltreppen der Untergrundbahn, würde in Supermärkten einkaufen und sich von einer Lehrerin Kenntnisse beibringen lassen, die seinen leiblichen Eltern nicht im Traum einfallen würden. Wir wollen hoffen, daß das kleine Buschmannkind (Experimente solcher Art sind schon früh gemacht worden) nicht unter den Vorurteilen leiden muß, mit denen viele Menschen einander plagen, und uns fragen, was diese doch überraschende Anpassungsfähigkeit eines auf altsteinzeitlichem Niveau lebenden Jägers und Sammlers an unsere Zivilisation ermöglicht. Die Antwort darauf gibt uns die Evolutionstheorie, welche heute, nachdem die Erkenntnisse von Charles Darwin erweitert und modifiziert wurden (vor allem durch die experimentelle Mutationsforschung), von den meisten Biologen und Verhaltensforschern akzeptiert wird (Namen siehe Ploog 1965). Die beiden großen Baumeister der Natur, Mutation und Selektion (Auslese), müssen dafür verantwortlich sein, daß es heute einen psychisch und (in geringerem Maße) physisch weitgehend identischen Menschentypus gibt. Im Gegensatz zur ›Rassenpsychologie‹, wie sie im Dritten Reich geübt wurde, sind sich die modernen Anthropologen weitgehend einig, daß seelische Unterschiede zwischen einzelnen Menschen verschiedener Kulturen fast ausschließlich auf Lernen beruhen, also nicht angeboren sind wie etwa die Kräuselung der Haare oder die Hautfarbe. Als Beweis dafür kann man Studien anführen, die im Prinzip ähnlich aufgebaut sind wie unser Gedankenexperiment mit dem Buschmannkind. Man hat gefunden, daß die psychischen Merkmale der Schwarzen in amerikanischen Städten der Nordstaaten, um nur ein Beispiel zu nennen, denen der Weißen vergleichbarer sozialer Schichten weit ähnlicher sind als denen afrikanischer Schwarzer.

Mutation und Selektion bildeten den heutigen Menschen in dem typischen Rhythmus biologischer Veränderung. Die Mutation veränderte, die Selektion sorgte dafür, daß nur Veränderungen weitergegeben wurden, die für das Überleben günstig waren. Die Filter der Selektion sind für den Menschen in einer so langen Zeitspanne seiner Entwicklungsgeschichte gleichgeblieben, so daß die relativ kurzfristigen Änderungen seit der Jungsteinzeit, als der Ackerbau entdeckt wurde und in den fruchtbaren Flußtälern die ersten Städte entstanden, den biologischen Typus von Homo sapiens nicht mehr verändern konnten. Wir werden bald sehen, wie wichtig dieser evolutionstheoretische Gesichtspunkt für eine Geschichte der Psychotherapie sein kann. Denn das Leben des Menschen als Jäger und Sammler in der Altsteinzeit, welches mindestens 99 Prozent seiner Entwicklungsgeschichte ausmacht, muß nicht nur die psychische Gleichförmigkeit der verschiedenen Rassen erzwungen, sondern die Seele des Menschen selbst entscheidend geprägt haben. Die selektiven Einflüsse, denen der Mensch damals unterworfen war, formten die genetische Struktur und damit auch die Grundzüge seiner Psyche. Betrachten wir sie näher, indem wir uns vor allem auf Befunde stützen, zu denen die ethnographische Feldforschung an bis heute erhaltenen Resten von Jägern und Sammlern gekommen ist.

1. Der primitive Jäger und Sammler überlebt vor allem dank einer fundierten Kenntnis über die natürlichen Nahrungsquellen seiner Umwelt, sowohl was das Verhalten der Tiere als auch das Wissen um eßbare Pflanzen angeht. Erst in zweiter Linie nützt ihm seine oft rudimentäre Technologie (Speere, Bogen und Pfeil, Pfeilgifte, Grabstöcke). Auf Intelligenz stand also durchweg eine größere Selektionsprämie als auf handwerkliches Können.

2. Spätestens seit der Evolution von Homo erectus (Pithecanthropus von Java, Sinanthropus von Peking) war der Mensch ein Großwildjäger. Großwildjagd ist einem biologisch relativ schlecht bewaffneten Wesen, wie er eines ist, nur in Gruppen möglich. Damals mag sich eine hohe Selektionsprämie für Kommunikation zwischen einzelnen Jägern herausgebildet haben. Sippen von Homo erectus, die sich gut miteinander verständigen konnten, erbeuteten mehr und bevölkerten größere Areale.

3. Mit der Entwicklung der Sprache intensivierte sich das Gruppen-

leben. Die Sexualität wurde, über ihre Fortpflanzungsfunktion hinaus, zu einem sehr wichtigen gruppenbindenden Mittel (vgl. Wolfgang Wickler 1969).

4. Seit der Mensch in Gruppen biologisch erfolgreicher war, erhielt eine spezifische, mit der Intelligenz eng verknüpfte Fähigkeit besonders hohe Selektionsprämien: die soziale und kulturelle Anpassungsfähigkeit an das Gruppenleben, das Lernen.

5. So funktioniert die menschliche Anpassung ab einem bestimmten (aber kaum bestimmbaren) Zeitpunkt der Evolution grundsätzlich anders als die zoologische. Nicht mehr die Struktur des einzelnen Organismus paßt sich an die jeweils gegebene Umwelt an, sondern die Struktur der Gruppe, der primitiven Kultur. Ihre Anpassung schlägt sich in Normen und sozialen Spielregeln nieder. Diese Normen werden dann an die Kinder und Kindeskinder weitergegeben. So erklärt sich die große Variabilität gesellschaftlicher Normen schon auf steinzeitlichem Niveau: die Pflicht des Eskimos zu fleißigem Jagen ebenso wie die Trägheit des Pygmäen oder Buschmannes, der in der Regel nicht mehr als drei Stunden pro Tag arbeitet (was man wohl als das evolutionstheoretisch ›natürliche‹ Maß akzeptieren muß), der kriegerische Ehrgeiz des Prärieindianers und die friedliche Haltung des Mbuti-Pygmäen, der alle aufkommenden Konflikte einfach dadurch löst, daß die Kontrahenten zu anderen Gruppen überwechseln.

6. Bei aller Verschiedenheit der kulturellen Formen, die aus diesem Prozeß hervorgehen, lassen sich einige Folgen festhalten, die alle Individuen betreffen. Die Sprache als wichtigster Träger sozialer Normen und kultureller Traditionen mußte weiter ausgebaut werden. Alle biologischen Residuen, welche die kulturelle Anpassungsfähigkeit durch Lernen beeinträchtigten, wirkten sich negativ aus und verkümmerten. Der Mensch verlor seine Instinkte bis auf wenige bruchstückhafte und immer durch Lernen überformbare Reste. Die kulturelle Adaptation erwies sich als erheblich wirksamer, sie arbeitete rascher und flexibler, sie gestattete dem Menschen, einen Bereich der Erde zu besiedeln, der größer ist als der jedes anderen Tieres.

7. Soziale Verbote, welche eine Kultur lebensfähig machen, traten an die Stelle der Instinkte (z. B. das Inzestverbot, da ein vollzogener Inzest die Weitergabe kultureller Verhaltensvorschriften behindert und den gesellschaftlichen Austausch unterbindet).
8. Einsichtiges, reflektierendes Denken, das die Folgen des eigenen Verhaltens in einem inneren Probehandeln (Sigmund Freud) vorher abschätzt und das Individuum sich danach richten läßt, wurde besonders selektionsgünstig, da es die Möglichkeiten einer reibungslosen, dabei aber im Gegensatz zu tierischen Sozietäten, die durch sehr starre Instinkte zusammengehalten werden, variablen Adaptation an die jeweiligen kulturellen Formen begünstigte.

Die seelische Bedeutung der Magie

Wir haben hier ein durchaus rationales Bild der psychischen Evolution skizziert. Es mag in manchen Partien verzeichnet sein, hilft aber, sich zu orientieren. Wie kommt es nun, daß so viele Berichte über die Primitiven geradezu überquellen von der Beschreibung unvernünftiger Handlungen, sonderbarer, logisch und kausal nicht zu begründender Überzeugungen, die man in der Regel ›magisch‹ nennt? Warum darf etwa die Frau eines Huzul in den Karpaten nicht spinnen, wenn ihr Mann jagt? Weil sich sonst das Wild ebenso dreht wie die Spindel und der Jäger vorbeischießt, wird sie uns antworten. Warum muß jeder Besucher, der in das Haus eines ostindischen Jägers kommt, geradezu eintreten und darf nicht an der Tür zögern? Weil sonst das Tier, ehe es in die Falle geht, ebenfalls zögert. Warum darf ein Krieger auf Madagaskar keine Nieren essen? Weil das Wort für Nieren dasselbe ist wie jenes für Schuß; ein Schuß könnte ihn treffen, wenn er sich nicht vorsähe. Warum darf die Frau des ostafrikanischen Elefantenjägers ihren Mann nicht betrügen? Weil ihn sonst der Elefant tötet oder schwer verwundet. Warum hat der Jäger von den Aleuten keinen einzigen Seeotter gefangen? Weil seine Frau untreu oder seine Schwester unkeusch war. Warum darf niemand den Strandplatz betreten, von dem aus ein Kanu auf den Kei-Inseln bei Neuguinea in See sticht? Weil sonst die Reisenden Schiffbruch erleiden. Was kann die Frau eines See-Dajak tun, um ihn sicher auf dem Weg zu einem kriegerischen Überfall zu wissen? Sie muß früh erwachen, denn dann wird auch ihr Mann nicht verschlafen; sie darf ihr Haar nicht einfetten, denn täte sie es, könnte er ausgleiten, sie darf tagsüber nicht schlafen oder dösen, denn sonst wird auch die Aufmerksamkeit ihres Mannes nachlassen. Jeden Morgen muß sie Reiskörner auf der Veranda des Hauses verstreuen, denn dann werden die Männer flink und beweglich sein. Innen im Haus muß peinlichste Ordnung herrschen, denn wenn die Frauen über irgendeinen herumliegenden Gegenstand stolpern, werden auch die Männer stolpern und dem Feind in die Hände fallen. Schließlich soll von jeder Speise ein wenig beiseite gelegt werden, denn geschieht es, werden auch die Männer nie Hunger leiden. Was soll eine Huichol-Indianerin tun, damit sie ebenso schöne Muster weben kann, wie sie auf dem Rücken der Schlange gezeichnet sind? Sie bittet ihren Mann, eine Schlange zu fangen, indem er sie hinter dem Kopf mit einem gegabelten Stock festhält; dann streicht sie mit der Hand den Rücken der Schlange entlang und führt dieselbe Hand über ihre Stirn und ihre Augen. Dadurch wird sie fähig sein, ebenso schöne Muster zu weben, wie sie die Schlange trägt.

Die Liste solcher magischen Praktiken ließe sich noch sehr lange fortsetzen. James Frazer hat einige dicke Bände mit ihrer Beschreibung gefüllt. Der britische Anthropologe faßte die Magie im psychologischen Kontext seiner Epoche als verfehlte Anwendungen der Assoziationsgesetze auf. Diese sagen aus, auf welche Weise sich Vorstellungen verknüpfen. Schon Aristoteles hat einige dieser Gesetze beschrieben: Nähe in Raum oder Zeit, Ähnlichkeit, Kontrast. Eine sehr einfache Methode, solche Assoziationen nachzuweisen, besteht darin, jemanden zu bitten, das erste Wort zu sagen, das ihm auf ein ›Reizwort‹ einfällt: Tal-Berg, Zeit-Uhr, Liebe-Triebe, Topf-Deckel. Frazer erklärt die ›homöopathische‹ Magie durch eine falsche Anwendung des Gesetzes der Ähnlichkeit (wenn ich die Haare meines Feindes verbrenne, mache ich, daß er bald verbrennen wird), die ›kontagiöse‹ (ansteckende) Magie durch eine falsche Anwendung des Assoziationsgesetzes der Berührung (Kontiguität, räumliche bzw. zeitliche Nähe). Die kontagiöse Magie bezieht sich auf so verbreitete Formen des Aberglaubens wie das Bannen eines Beutetiers, indem man einen Nagel oder einen Holzpflock in seine Fährte schlägt (ein Brauch, der bis ins 19. Jahrhundert in Deutschland üblich war und auch bei den steinzeitlichen Jägern in Australien beobachtet wurde).

Viele werden das Sprichwort kennen: Er schlägt den Rock und nicht den Dieb; wenige aber wissen, daß es sich auch hier um kontagiöse Magie handelt, die im vergangenen Jahrhundert in Norddeutschland noch geläufig war. Wer einen Dieb nicht festhalten konnte, suchte sich seines Rocks zu bemächtigen. Dann wurde das Kleidungsstück heftig verprügelt, denn man glaubte, auf diese Weise würde auch der Dieb die Schläge spüren und erkranken. Frazer zitiert aus dem Jahr 1830 den Fall eines Honigdiebs, der ertappt wurde und seinen Mantel zurücklassen mußte. Der Imker malträtierte den Mantel, und als der Dieb davon erfuhr, erschrak er, legte sich ins Bett und starb nach kurzer Zeit.

Warum kann uns die Interpretation der Magie als primitive Naturerklärung und falsche Anwendung der Assoziationsgesetze nicht genügen? Zunächst ist zu bedenken, daß die Primitiven keineswegs, wie viele frühere Anthropologen (die selbst nie Feldforschung betrieben hatten) glaubten, durchweg ein ›prälogisches‹, gestaltloses, gefühlsdurchtränktes Denken aufweisen, sondern auf vielen Gebieten, die mit ihrem Lebensunterhalt zu tun haben, genauso logisch und scharfsinnig denken wie wir. Paul Parin veranschaulicht das durch eine Anekdote, welche die falschen Erwartungen des europäischen Forschers bloßstellt: Während seiner Forschungen bei den Dogon lernte er einen Mann kennen, der einen verkrüppelten Zehennagel an seinem linken Fuß darauf zurückführte, er sei von einem feindlichen Zauberer verhext worden. Der Europäer zeigt daraufhin auf den ebenfalls verunstalteten Zeh des anderen Fußes und fragt: »Wer hat dich da verhext?« Niemand, antwortet der Dogon; es sei Schmutz unter den Nagel geraten, dieser habe sich entzündet, ob denn der Weiße solche Erkrankungen nicht kenne?

Wenn das menschliche Denken ein so unzuverlässiges und realitäts-
fernes Instrument wäre, wie es etwa Lucien Levy-Bruhls Lehre von
der *participation mystique* aussagt, dann hätte es sich in dem unerbittlichen Zweischritt von Mutation und Selektion nicht herausgebildet.
Denken, Einsicht, welche die Folgen der eigenen Handlungen vorwegnimmt, Sprache und reflektierendes Bewußtsein haben ihren
guten evolutionären Sinn. Sollte ihn die Magie nicht auch haben? Ist
sie es nicht, die nach Frazers Worten wie ein mächtiger unterirdi-
scher Strom immer noch das gesamte Denken des Menschen durchzieht (und wir werden sehen, wie recht Frazer mit dieser Annahme
hat), sinnvoll innerhalb jener spezifischen Form der menschlichen
Evolution, die wir als kulturelle beschrieben haben? Muß Magie
wirklich auf eine ›Urdummheit‹ (Theodor Preuss), auf ein Unvermö-
gen, logisch zu denken (Lucien Levy-Bruhl), zurückgeführt werden?
Finden wir nicht in der Magie einen ersten Ausdruck psychotherapeutischer Vorgänge in einem sehr weiten Sinn?
Wenn die psychotherapeutische Funktion der Magie den meisten
Betrachtern bisher entgangen ist, wenn es nicht gelingen wollte, sie
evolutionstheoretisch einzuordnen, dann hat das viele Gründe. Die
lange Zeit herrschende Geringschätzung des geistigen Lebens der
Primitiven, die erst in der zweiten Hälfte des zwanzigsten Jahrhunderts, zum Zeitpunkt der Zerstörung oder Veränderung fast aller
primitiven Gesellschaften, überwunden wurde, mag dazu beigetragen haben. Dann schwang in der wissenschaftlichen Betrachtung der
Magie noch bis in die jüngste Zeit (selbst bei Jensen, s. S. 109, noch
nicht überwunden) jener Zorn der Aufklärung gegen den Aberglauben, gegen alles Unvernünftige, Unbegründbare mit. Wenn man sie
erklären mußte, tat man es negativ: als ›falsche‹ Anwendung der
Assoziationsgesetze, als primitive Vorstufe der Wissenschaft, als
rohes, kümmerliches Sichabzappeln des menschlichen Geistes vor
Problemen, die erst ein fortgeschrittenes Zeitalter in den Griff bekommen habe.
Wir haben gesehen, daß die menschliche Fähigkeit zur Einsicht, zur
Vorwegnahme der Zukunft und zur Vergegenwärtigung der Vergangenheit sich als wertvolles Hilfsmittel erwies, sobald es galt, sich an

das Gruppenleben anzupassen, kulturelle Traditionen weiterzugeben, Beutetiere zu überlisten. Doch jeder biologische Fortschritt birgt auch ein Risiko. Der Mensch hat etwa seine ihm eigentümliche Fortbewegungsart, die ihm die werkzeugschaffenden Hände frei machte und seinen Kopf hoch über die Gräser der Savanne erhob, durch eine erhöhte Anfälligkeit für eine ganze Reihe von Krankheiten erkauft: Krampfadern der Beine etwa, da das Blut größere Höhenunterschiede überwinden muß als beim Vierfüßler, endlose Rückenprobleme durch die gesteigerte Belastung, oder die große Verwundbarkeit der weiblichen Geschlechtsorgane durch Dehnungen der Bänder, welche die Gebärmutter festhalten.

Im psychischen Bereich gilt ein ähnliches Gesetz. Mit den Vorzügen seiner hohen Intelligenz und der Fähigkeit, sich Vergangenheit und Zukunft zu vergegenwärtigen, löste sich der Mensch auch von der Ruhe und Sicherheit des Tieres, das keine Neurose kennt und keine Magie (solange es nicht in das Laboratorium eines Psychologen gerät).[*] Nietzsche hat in seiner Studie »Vom Nutzen und Nachteil der Historie für das Leben« diesen Bruch des Menschen mit seiner Umwelt, diesen Beginn von Sorge und Angst beschrieben. Und wie die Klappen in seinen Venen dem Menschen dazu verhelfen, daß sich trotz des aufrechten Ganges das Blut nicht in den unteren Gliedmaßen staut, so war es die Magie, welche den vom aufflackernden Licht des Bewußtseins geworfenen Schatten durchdrang und ordnete. Sie trug auf diese Weise, unabhängig von ihrem Mißbrauch in der übelwollenden Zauberkunst, viel zu jener geistigen Unabhängigkeit bei, auf die wir heute so stolz sind. Vielleicht wären die ersten Menschen, die ein reflektierendes Bewußtsein kennenlernten, von den Schattenseiten dieser revolutionären Mutation gelähmt worden, hätten sie nicht die Magie entdeckt. Ihr danken wir es vielleicht, daß unser Bewußtsein, kaum geboren, nicht wieder er-

---

[*] Dort können sogenannte ›experimentelle Neurosen‹ etwa dadurch erzeugt werden, daß man eine Ratte beim Durchschreiten einer Klappe mit dem Signal ›Kreis‹ durch Futter belohnt, beim Signal ›Oval‹ durch einen elektrischen Schlag bestraft. Das Tier lernt, das Oval zu meiden. Wenn der Versuchsleiter dieses Oval immer kreisähnlicher macht, erkranken die Ratten an verschiedenen Verhaltensauffälligkeiten.

losch, weil es ein zu kühner Entwurf der Baumeister des Lebens war.

Jetzt sind auch die magischen Praktiken, die Sympathie- und Analogiezauber leichter zu verstehen, die wir beschrieben haben. Die Frau des Jägers, die sich wegen ihres Wissens um die Gefahr Sorgen um ihren Mann macht, erhält ein Leitseil, an das sie sich halten kann, bindende Vorschriften, welche ihr Ruhe geben. Wenn sie von ihr erfüllt werden, wird schon nichts passieren. Der Jäger selbst, der die scharfen Sinne und die List der Beutetiere fürchten gelernt hat, der anders als Löwe oder Schakal bewußt plant und sich über Mißerfolge grämt, gewinnt in der Magie ein Mittel, seine psychischen Kräfte zusammenzuhalten, sich Selbstvertrauen zu verschaffen und mit jener Zuversicht auszuziehen, welche die Mutter des Erfolges ist. Nur konsequent ist es, wenn der moderne Jäger, dessen weitreichende Waffen ihm hohe Sicherheit geben, weniger Jagdzauber benötigt und sich getrost auf den Weg macht, obschon seine Frau in den Tag hinein schläft. Doch halt, sehen wir ihn nicht vorsichtig einer schwarzen Katze aus dem Weg gehen?

Die den einzelnen beruhigende, das Selbstvertrauen erhöhende und Nachteile der Reflexion ausgleichende Funktion der Magie wird durch ihre Bedeutung für die Gemeinschaft vielleicht noch übertroffen. Es ist den Konstrukteuren der Evolution sicher nicht leichtgefallen, ein Wesen wie den Menschen zu schaffen, das ein hohes Maß geistiger Freiheit und Selbständigkeit aufweist und doch nicht Einzelgänger ist, sondern fest in Gruppen zusammenhält. Gerade unter den gruppenbindenden Faktoren spielt die Magie (ebenso wie Mythos und Religion) eine wichtige Rolle, da sie eine Reihe sozialer Vorschriften viel besser festlegen und begründen kann als andere Argumente, andrerseits aber auch der ganzen Gruppe Sorgen abnimmt, sie von Übeln erlöst und Emotionen reinigend (›kathartisch‹) entäußern hilft. Wie der gesetzestreue Bürger heute nicht immer aus ethischer Überzeugung handelt, sondern aus Angst vor polizeilicher Verfolgung, so auch der Primitive, dessen Gruppe durch die fernwirkende Magie eine viel sicherere Strafe für Vergehen gegen die Gemeinschaft hat als selbst Interpol. Der Verbrecher mag ungestraft entrinnen, doch seine Verfolger werden einen Knochen auswählen, ihn sorgfältig bemalen, seine magische Kraft durch wiederholte Zaubersprüche steigern und ihn endlich dem Verbrecher nachwerfen. Damit nicht genug: Durch Rauchsignale wird dieses Urteil bekanntgegeben; erfährt es der Betroffene, so stirbt er in wenigen Tagen.

Wir haben nun die psychische Funktion der Magie kennengelernt und werden bald sehen, daß es möglich ist, in vielen religiösen Riten ähnliche psychotherapeutische Aspekte festzustellen. Das führt uns aber zu einigen grundlegenden Fragen, vor allem zu der Frage, wo man in einer Geschichte der Seelenheilkunde die Grenzen ihres Gegenstandes ziehen soll. Der Begriff ›Psychotherapie‹* taucht zum erstenmal im Jahr 1872 in Daniel Hack Tukes Werk »Bemerkungen über den Einfluß des Geistes auf den Körper. Studien zur Klärung der Wirkung der Einbildungskraft« auf, und zwar im 16. Kapitel (›Psychotherapeutics‹). Tuke ging es damals vorwiegend um den sogenannten ›tierischen Magnetismus‹.

1889 definiert van Eeden jede Heilmethode als Psychotherapie, »wenn sie sich psychischer Mittel bedient, um die Krankheit durch Intervention psychischer Funktionen zu bekämpfen«, eine Definition, die man noch heute akzeptieren kann. Wir wollen hier grundsätzlich alle Maßnahmen untersuchen, die geeignet waren oder als geeignet galten, seelischen und psychosomatischen Leiden vorzubeugen oder sie zu bessern. Über die Seelenheilkunde im engeren Sinn hinaus behandeln wir also auch die Psychohygiene. Seelischer Gesunderhaltung diente zweifellos die Magie: Sie wirkte als Schiene oder fester Verband um jene Bruchstelle, welche den Beginn der Reflexion kennzeichnet. Vielen Menschen ist dieser feste Verband noch heute unentbehrlich; andere können auf ihn verzichten, teilweise oder ganz. Diese Frage nach den Grenzen der Psychotherapie wird allerdings dadurch kompliziert, daß die Religion eine Reihe magischer Funktionen übernehmen kann. Erst die Weltreligionen haben sich teilweise von magischen Elementen gereinigt, während

---

* Allerdings verwendet ihn schon im 9. Jahrhundert der arabische Arzt Rhazes im Rahmen einer Anekdote (vgl. S. 167).

die Religionen der Primitiven völlig von ihnen durchdrungen sind. Jedenfalls geht es nicht an, die Magie als ›Anwendungsstadium‹ und ehrfurchtslose Manipulation von der echten Verehrung des Göttlichen zu trennen.

Literatur

Bitter, W. (Hrsg.), *Magie und Wunder in der Heilkunde,* Stuttgart 1959
Campbell, D. G., *Human evolution,* Chicago 1966
Duerr, Hans Peter, *Traumzeit. Über die Grenze zwischen Wildnis und Zivilisation,* Frankfurt am Main 1978
Frazer, J. G., *The golden bough,* London 1913
Heberer, G. (Hrsg.), *Die Evolution der Organismen,* Stuttgart 1967/70
Lee, R. B. und I. DeVore (Hrsg.), *Man the hunter,* Chicago 1968
Lévi-Strauss, C., *Les structures élémentaires de la parente,* Paris 1949
Ders., *Traurige Tropen,* Köln 1960
Lorenz, K., *Über tierisches und menschliches Verhalten,* München 1965
Narr, K. J., *Urgeschichte der Kultur,* Stuttgart 1961
Ploog, D., »Verhaltensforschung und Psychiatrie«, in: *Psychiatrie der Gegenwart,* Berlin 1965
Schmidbauer, W., »Schamanismus und Psychotherapie«, in: *Psychologische Rundschau* 20, 1969, S. 29
Washburn, Sh. L. (Hrsg.), *Social life of early man,* Chicago 1968
Wettley, A., »Ansatz zu einer Geschichte der Psychotherapie«, in: *Alte Probleme, Neue Ansätze. Drei Vorträge von F. Krafft, K. Goldammer, A. Wettley,* Wiesbaden 1965
Wickler, W., *Sind wir Sünder? Naturgesetze der Ehe,* München 1969

2.

Archaische Psychotherapie

Der außerordentliche Einfluß des Medizinmannes oder Schamanen in primitiven Gesellschaften ist lange Zeit nur negativ gesehen worden. Er galt als Quacksalber, Hexenmeister oder Giftmischer. In alten Reisebeschreibungen und mehr noch in Romanen (etwa von Karl May), aus denen viele ihr völkerkundliches Wissen schöpfen, erscheint er meist als komische Figur, ja oft sogar als der böse Geist des Stammes. Diese Abneigung gegen den Medizinmann, das mangelnde Verständnis und die Geringschätzung seiner Heilmethoden haben ihre Ursache zuerst einmal darin, daß er der natürliche Feind der Missionare war, die ihn als den Träger der religiösen Traditionen des Stammes nach Kräften verteufelten.

Adrian Boshier faßt seine Beobachtungen in Südafrika zusammen: »Die traditionelle Form der Religion bei den Bantu Südafrikas ist die Ahnenverehrung; das Wohlergehen des Volkes hängt unmittelbar vom Verkehr mit seinen Vorfahren in der Geisterwelt ab. Der Begriff Medizinmann *(witch doctor)* bezeichnet den Priester, Propheten, Arzt, Pflanzenkenner, Seelentröster, Wahrsager und Historiker des Stammes. Er ist der Vermittler zwischen den Stammesmitgliedern und deren Ahnen; er spielt eine entscheidende Rolle innerhalb der Gemeinschaft. Es ist der Medizinmann, zu dem man mit seinem Kummer geht, gleichgültig, ob es sich um ein körperliches oder seelisches Leiden, eine Mißernte, eine verlorene Kuh

29

oder um ausbleibenden Regen handelt.« (Boshier, zit. n. H. P. Duerr 1981, S. 16)

Die wissenschaftliche Feldforschung ist ein Kind dieses Jahrhunderts; vorher waren die Anthropologen weitgehend auf die oft tendenziösen Berichte eben dieser Missionare angewiesen. (Es gab immer Ausnahmen; einige sehr angesehene Völkerkundler waren Missionare.) Aber auch nüchterne Beobachter mit rein wissenschaftlichen Zielen, ethnologische Feldforscher, konnten mit den sonderbaren therapeutischen Methoden der Schamanen nicht viel anfangen. Erst mit der Entwicklung der psychosomatischen Medizin und klinischen Psychologie ist deutlicher geworden, daß die unverständlichen Heilverfahren des Medizinmannes weit mehr als primitiver Hokuspokus sind.

Daß seine Heilverfahren wirken, hat man schon früh beobachtet; warum sie es tun, welche psychotherapeutischen Methoden der Schamane verwendet, blieb im dunkeln.

Betrachten wir einen von Adolf Allwohn mitgeteilten Bericht über eine magische Kur:»›Wenn der Mann nicht sofort operiert wird, muß er sterben! Er hat eitrige Blinddarmentzündung. Ich habe mein Besteck bei mir und werde ihn sogleich operieren.‹ So sagte ein mir befreundeter Arzt ... Ich fragte ihn (den Erkrankten, einen Afrikaner in Tanganjika) also, ob er sich operieren lassen wollte. Mit vor Entsetzen aufgerissenen Augen weigerte sich der Schwarze und verlangte nach dem Medizinmann ... Der Patient hatte eine Temperatur von 40,1 °C, im Munde gemessen, und krümmte sich vor Schmerzen. Der Medizinmann, dem ich die Symptome der Erkrankung mitgeteilt hatte, verrieb einige Blätter, die er mit Bast um den Leib gebunden hatte, in seiner rechten Hand, legte diese dem Kranken auf den Nabel und sagte: ›Deine Schmerzen werden jetzt weggehen. Auch das Fieber wird heruntergehen.‹ ... Schon nach genau einer Stunde war das Fieber auf 39 °C gesunken und nach drei Stunden auf 38,6 °C. Der Medizinmann ließ seine Hand nicht vom Bauche des Patienten, wiederholte aber immer wieder: ›Die Schmerzen lassen nach, das Fieber geht herunter.‹ Genau 12 Stunden später war der Kranke fieberfrei und ging drei Tage später wieder seiner Arbeit nach.«

Wir haben hier ein geradezu klassisches Modell suggestiver Einwirkung vor uns. Der Kranke glaubt fest, daß der Medizinmann ihm helfen kann; dieser kündigt ihm mit der ganzen Autorität seines Amtes an, daß Schmerzen und Fieber verschwinden werden. Es scheint schwer vorstellbar, daß man auf rein psychischem Weg eine körperliche Krankheit wie die Vereiterung des Blinddarmwurmfortsatzes beseitigen kann. Wahrscheinlich gelingt es auch nicht in allen Fällen, vor allem dann nicht mehr, wenn die Appendix schon durchlöchert ist. Doch zahlreiche Studien psychosomatisch orientierter Ärzte in unserer Zeit haben gezeigt, daß die Widerstandskraft gegen Entzündungen durch seelische Faktoren stark beeinflußt wird. Ein Beispiel ist die sogenannte Examens-Angina: Aus völliger Gesundheit heraus erkranken Studenten unmittelbar vor einer Prüfung an eitriger Angina mit hohem Fieber.

Erhöhte Widerstandskraft gegen Infektionen wird nicht nur während und nach einer geglückten Psychotherapie oft beobachtet, sie läßt sich auch statistisch beweisen. Annemarie Dührssen in Berlin hat gezeigt, daß psychoanalytisch behandelte Neurotiker später erheblich weniger Krankenhaustage pro Jahr beanspruchten als ›normale‹, nicht behandelte Versicherte. Daß psychische Ausgeglichenheit und auch das Gefühl, gebraucht zu werden, Infektionen verhindern kann, zeigt noch eine weitere Statistik. Man hat festgestellt, daß in den naßkalten Monaten November und Dezember Arbeiter und Angestellte erheblich öfter als gewöhnlich einige Tage Krankheitsurlaub benötigen, weil sie sich erkältet haben. Von dieser Regel gibt es eine Ausnahme: Die Angestellten der Post bekommen ›ihre‹ Grippe nicht in der für sie besonders arbeitsreichen Vorweihnachtszeit, sondern erst einen oder zwei Monate später. (Zur psychosomatischen Medizin siehe auch S. 339 f.)

Der Medizinmann als Psychotherapeut

Ein Afrikaner, der regelmäßig die 42 km zur nächsten Poststation gehen muß, wird von einem Büffel angefallen. Er kann sich nur mit Mühe retten, indem er sich in einer Grube versteckt, und macht Augenblicke der Todesangst durch. Seither leidet er an heftigen Ängsten. Nachts

31

schreit er plötzlich auf, so daß alle erwachen und die Hunde anfangen zu bellen; er läuft dann ruhelos umher. Schlafmittel bleiben wirkungslos, so daß der weiße Arbeitgeber den Medizinmann ruft. Dieser hört den Kranken an und fragt dann, ob Büffelhörner im Haus seien. Er läßt sich eines geben und sägt zusammen mit dem Kranken ein Stück von den Spitzen der Hörner ab, zerstampft sie vor seinen Augen in einem Mörser und gibt sie ihm mit einer Tasse Tee zu trinken. Dabei nimmt er ihn an den Händen, blickt ihn an und sagt: »Die Hörner des Büffels können dir nun nichts mehr tun. Du wirst das Leben aus den Hornspitzen trinken und jede Furcht vor Büffeln wird dann verschwinden!« Der Postgänger trinkt; nach einer Woche meldet er sich, um seinen Dienst wieder aufzunehmen. Ob er keine Angst mehr habe? »Nein, Herr, ein Büffel kann mir nichts mehr tun!«

Ähnliche Neurosen wie die Büffelangst des hier geheilten Afrikaners findet der Psychotherapeut heute noch oft genug, z. B. nach Verkehrsunfällen, in deren Nachwirkung die Betroffenen nicht mehr allein eine Straße zu überqueren wagen, weil sie Angstanfälle (die zu den unangenehmsten Zuständen gehören, die es gibt) erleiden. Die Ursachen solcher Phobien sind heute ziemlich klar herausgearbeitet worden. Das Rezept des Medizinmanns gehorcht dem Gesetz der homöopathischen Magie: *Similia similibus,* Ähnliches wird durch Ähnliches beeinflußt. Wer sich die Spitzen eines Büffelhorns einverleibt, wird den Büffel nicht mehr fürchten. Ganz ähnlich heilte Moses die Kinder Israels in der Wüste von Schlangenbissen: Er ließ eine bronzene Schlange aufrichten.

Der Tabu-Tod

Nichts belegt die Macht der Magie des Medizinmannes und ihre Bedeutung als gruppenbindendes Element deutlicher als der sogenannte Tabu-Tod. Tabu ist ein polynesisches Wort, das – ähnlich dem lateinischen *sacer* – den Doppelsinn von heilig und verflucht hat. Die Speise eines Häuptlings etwa ist für gewöhnliche Polynesier tabu. Wer versehentlich von ihr kostet, muß je nach dem Grad seines

32

Glaubens und der sozialen Angst, welche ihm die Gemeinschaft vorschreibt, mit einer ernstlichen Magenverstimmung rechnen oder sogar sterben. Der Tod durch Magie, durch den Zauber eines Medizinmannes, gehorcht ganz ähnlichen psychologischen und physiologischen Gesetzen. Der Eingeborene, der sich verhext weiß oder glaubt (das ist, weniger in der Überzeugung des Magiers als in der Praxis, ein äußerst wichtiger Umstand, der zeigt, daß es sich um einen autosuggestiven Tod handelt, nicht um paranormale Vorgänge), kauert sich, von Angst geschüttelt, in einen Winkel und stirbt in wenigen Tagen, ja manchmal in Stunden.

Claude Lévi-Strauss hat auf die vielfältigen sozialen Verflechtungen hingewiesen, welche den Effekt der Magie steigern. Der Verhexte ist aufgrund der feierlichsten Traditionen seiner Gruppe überzeugt, daß er verloren ist. Freunde und Verwandte ziehen sich von ihm zurück. In jeder Geste legt die Gemeinschaft dem Opfer nahe, daß er einerseits bereits tot, andrerseits aber eine Gefahr für seine Umwelt ist. Endlich setzt der Körper des Opfers der Auflösung dessen sozialer Persönlichkeit keinen Widerstand mehr entgegen. Durch Sondenfütterung und den Einsatz der eisernen Lunge ist es einmal geglückt, einen australischen Eingeborenen in dieser Situation zu retten: Er mußte sich überzeugen, daß die Magie des weißen Mannes stärker war als die des Schamanen.

Im Tabu-Tod zeigt sich, daß die seelisch-stützende Funktion der Magie in ihr Gegenteil umschlagen kann, daß sich der mit hohen Selektionsprämien belohnte Schritt zu einem Symbolsystem von Worten und Vorstellungen, das zwischen den Menschen und die Realität geschaltet wird, auch als tödlich erweisen kann. Der Mensch kann als einziges Wesen seinen Tod vorwegnehmen, indem er ihn sich vorstellt, und er kann auf diese Weise sterben. Medizinisch läßt sich der Tabu-Tod heute am besten durch die Streß-Theorie Hans Selyes interpretieren, die auch in der modernen psychosomatischen Medizin eine große Rolle spielt.

Schon Walter B. Cannon (der selbst eine Studie über den ›Voodoo-Death‹ schrieb) hat gezeigt, daß Angst und Wut körperlich einer intensiven Erregung des sympathischen Nervensystems entsprechen.

Seelisch besonders belastend wirkt diese ›Alarmreaktion‹, wenn sich keine sofortige körperliche Aktion an sie anschließt. Der Alarm im Körper hat den evolutionären Sinn, ein Maximum an körperlicher Spannkraft für Notfälle bereitzustellen. Nur haben die Konstrukteure der Evolution nicht an den Notfall Tabu-Tod ›gedacht‹; sie richteten sich nach äußeren Gefahren, die handgreifliche Aktion verlangten: Flucht oder Angriff. Seelischen Gefahren kann der Mensch nicht entrinnen; er muß sie zu kontrollieren suchen, so gut es eben gehen will. Der Angestellte, der eine ernstliche und, wie er meint, ungerechte Verwarnung einstecken muß, kann nicht mit geballten Fäusten auf seinen Vorgesetzten losgehen, wie es seiner körperlich-seelischen Alarmreaktion entspräche. Er muß seine Erregung hinunterschlucken und wird vielleicht hohen Blutdruck oder eine Magen-Darm-Störung (etwa ein peptisches Ulkus) entwickeln. Die Alarmreaktion macht die erste Phase des allgemeinen Anpassungssyndroms im Sinne Selyes aus. Die Hormondepots in der Nebennierenrinde werden entleert, das Blut eingedickt, der Blutzuckerspiegel steigt, ebenso der Wachheitsgrad des Gehirns. Wenn aber diese Alarmreaktion nicht durch anstrengende körperliche Aktion (Kampf, Flucht) ausgenützt wird, kann sich auch keine körperliche und seelische Entspannung anschließen.

So folgt der Alarmreaktion die Erschöpfung. Da der Kranke Essen und Trinken verweigert, kann es sehr rasch zu nicht wiedergutzumachenden Schäden infolge der Verminderung des Blutvolumens kommen. Medizinisch würde man von einem Tod im ›Schock‹ sprechen; Kreislauf und Atmung versagen. Im letzten Krieg sind mehrmals solche Todesfälle beobachtet worden, vor allem unter Zivilisten, die während eines Bombardements in einem Luftschutzkeller ausharrten und als plötzlich das Licht erlosch und das Krachen der Trümmer betäubend laut wurde, fürchten mußten, verschüttet zu werden. Allerdings muß sich eine rein äußerliche Gefahr bis zum Exzeß steigern, wenn sie zum psychogenen Tod führen soll. Auch der Tabu-Tod ist ein sehr seltenes Ereignis. Vielfach findet der Verhexte ja einen anderen Zauberer, dessen Weiße Magie die Schwarze ausgleicht, der er zum Opfer zu fallen droht.

Krieg im Geisterreich

In weiten Teilen Asiens und Amerikas wird den Schamanen die Fähigkeit zugeschrieben, ihren Körper zu verlassen und mit Hilfe eines Schutzgeistes in das Geisterreich zu gelangen. Da die Krankheiten, die sie heilen müssen, durch ungünstige Einflüsse aus diesem Geisterreich verursacht werden, wird auf diese Weise die suggestive Bekämpfung der Symptome, wie sie uns die afrikanischen Medizinmänner gezeigt haben, sozusagen eine kausal-auflösende Therapie. Es mag auf den ersten Blick leichtfertig scheinen, dem schamanistischen Heilverfahren einen solchen Rang einzuräumen, den fortschrittsgläubige Psychiatriehistoriker (z. B. Zilboorg) einzig und allein der Psychoanalyse zubilligen wollen, die ja auch, im Gegensatz zu suggestiv-zudeckenden Verfahren, kausal-auflösend ist. Aber es ist nützlich, eine Geschichtsauffassung zurückzustellen, welche die Vergangenheit allein an der Gegenwart mißt.

Während die suggestiv-zudeckende Behandlung dem Kranken versichert, sein Leiden bestehe nicht mehr oder es werde bald verschwinden (»Der Schmerz vergeht; das Fieber vergeht ...«), sucht die kausal-auflösende zu erklären, wodurch die Störung zustande kam, und warum sie auf dem (vom Schamanen oder vom Psychoanalytiker) beschrittenen Weg geheilt werden kann. Der eine drückt sich in einer magisch-mythischen Sprache aus, der andere in einer wissenschaftlichen, die freilich zahlreiche mythische Elemente enthält. Suggestion ist auf den inneren Bereich eines Individuums bezogene Magie und Magie nichts anderes als über den einzelnen hinaus wirkende Suggestion. Auch das aufdeckende Verfahren entfaltet suggestive Macht, doch hat diese eine andere Gestalt.

Wer jemals ein kleines Kind beobachtet hat, hat auch gesehen, daß die Neugier ein wesentliches Motiv seines Verhaltens ist. Es gibt auch im Tierreich »Neugierwesen«; Ratten beispielsweise erforschen ein Labyrinth, selbst wenn kein Futter am Ausgang auf sie wartet. Auch ihnen muß, wie dem Menschen, die Selektion lange

Zeit Prämien für das reine Wissen um die Umwelt verliehen haben. Im Notfall wird die neugierige Ratte rascher und sicherer zum Futter finden, wird der neugierige Jäger und Sammler, der weitere Streifzüge unternahm, ein Bündel eßbarer Wurzeln mehr zu seiner Familie bringen.

Die Neugier als Wunsch nach Orientierung und ihr Gegenstück, die Angst vor dem Nichtgewußten, vor der Desorientierung, sind es sicher auch, welche eine kausal-auflösende Psychotherapie eher und nachdrücklicher befriedigt als die suggestiv-zudeckende. Sicher liegt ein guter Teil des Erfolges der Psychoanalyse darin begründet, daß sie geeigneter ist, menschliche Neugier zu befriedigen, als andere Methoden. Und wenn Freud selbst sie nur für jüngere Menschen angezeigt hielt, so hat das, außer den von ihm genannten Gründen (größere Flexibilität der Persönlichkeit, weniger eingeschliffene Reaktionsweisen) auch den Grund, daß jüngere Menschen in der Regel neugieriger sind als ältere.

Das Wesen der schamanischen Kur mit der Reise der Schamanenseele ins Geisterreich und dem Kampf gegen die mythisch personifizierten Krankheitszeichen verdeutlicht ein von den schwedischen Ethnographen Nils Holmer und Henry Wassen publiziertes Dokument, das in seiner Art sicher einzigartig ist. Es enthält den vollständigen, 535 Verse langen Gesang eines Schamanen der Cuña-Indianer, der Hilfe bei einer schweren Geburt bringen soll. Aus ihm wird die subtile psychologische Technik dieser Therapie deutlich, in der sich suggestive und auflösende Elemente legieren.

Der Gesang beginnt damit, daß die Kranke der Hebamme gesteht: »Wahrlich, ich bin bekleidet mit dem warmen Gewand der Krankheit« und die Hebamme antwortet: »Wahrlich, du bist mit dem warmen Gewand der Krankheit bekleidet, so habe auch ich dich verstanden.« Der Schamane setzt also ganz am Anfang ein. Er schildert der Gebärenden eindringlich und mit den minutiösen Wiederholungen, die wir in der Hypnotherapie kennen, ihre Situation, von der die Behandlung ausgeht:

»Die Hebamme geht in der Hütte umher;
Die Hebamme sucht Perlen,
Die Hebamme geht umher,
Die Hebamme setzt einen Fuß vor den andern,
Die Hebamme berührt mit dem einen Fuß den Boden,
Die Hebamme setzt den andern Fuß vor,
Die Hebamme öffnet die Tür ihrer Hütte, die Tür ihrer
    Hütte knarrt,
Die Hebamme tritt heraus ...«

Die Kranke soll also noch einmal ganz genau und von Anfang an erleben, was sich in ihrer Umwelt abspielte. Dann, unmerklich, geht der Schamane dazu über, Vorgänge in ihren inneren Organen zu schildern. Von ihnen wechselt er wieder zu dem Geschehen im Geisterreich, zu den Taten der Schutzgeister, zu ihrer magischen Bedeutung. Diese Geister sind zum großen Teil, wie Wassen und Holmer (und nach ihnen auch Lévi-Strauss) zeigen konnten, nichts anderes als symbolisch dargestellte körperliche Vorgänge. Der Hauptteil des Gedichtes zeigt ein immer rascheres Wechselspiel zwischen mythischen und körperlichen Vorgängen, zwischen eindringlicher Schilderung des Schmerzerlebens und Beschreibung des Geisterkampfes mit den Krankheitsdämonen.
Nach dem Glauben der Cuña hat jeder Körperteil seine eigene *purba* (Lebenskraft). Die schwierige Geburt wird durchaus ›psychosomatisch‹ dadurch erklärt, daß die *purbas* der einzelnen Organe durch die Lebenskraft des Uterus gefesselt werden. Das ist sicher keine Interpretation, die ein heutiger Pathologe akzeptieren würde. Doch sie umschreibt sehr gut, wie sich der Schmerz subjektiv für die Betroffene bemerkbar macht. Phänomenologisch orientierte Psychologen wie Philipp Lersch haben beschrieben, wie dabei das gesamte Erleben um den ›Pfahl im Fleisch‹ kreist. Schon viel früher hat Wilhelm Busch veranschaulicht, wie – um es in der Cuña-Terminologie auszudrücken – die *purba* des kranken Zahnes alle anderen purbas gefangennimmt (Balduin Bählamm):

»Das Zahnweh, subjektiv genommen,
Ist ohne Zweifel unwillkommen;
Doch hat's die gute Eigenschaft,
Daß sich dabei die Lebenskraft,
Die man nach außen oft verschwendet,
Auf einen Punkt nach innen wendet,
Und hier energisch konzentriert.
Kaum wird der erste Stich verspürt ...
Und aus ist's mit der Weltgeschichte,
Vergessen sind die Kursberichte.
Denn einzig in der engen Höhle
Des Backenzahnes weilt die Seele ...«

Aufgabe des Schamanen ist es, die gefangenen Lebenskräfte wieder
zu befreien und die innere Ordnung im Kosmos der einzelnen *purbas*
ebenso wiederherzustellen wie analog zu ihr die im gestörten Ablauf
der Geburt. Die Schutzgeister bluten wie die Kranke, ihre Schmerzen steigern sich ins Ungeheure; endlich dringen sie, noch einmal
langwierig beschrieben als Geister des Windes, der Gewässer und
Wälder, der alkoholischen Getränke und des ›silbernen Dampfers
des weißen Mannes‹ (der Mythos ist ein lebendiger Glaube), in den
›Weg Muus‹, den Geburtskanal, ein. Es ist leicht vorzustellen, daß
die Kranke nach der langen, suggestiven Vorbereitung sie wirklich
eindringen spürt, daß sie fühlt, wie sie den Weg Muus ›erhellen‹:
»Die *nelegan* (Schutzgeister) pflanzen ein gutes Licht in die Kranke,
die *nelegan* öffnen leuchtende Augen in der Kranken.«
Jetzt dringen die Schutzgeister zusammen mit der Seele des Schamanen in das Haus Muus, in den von phantastischen Ungeheuern
bevölkerten Uterus. Da ist Onkel Alligator Tiikwalele, der seine
ungeheuren Flossen bewegt, die alles ausfüllen, zurückschieben,
mitziehen. Da ist Nele Kikirpanalele, der Tintenfisch, der seine
schleimigen Fangarme ausstreckt und wieder zusammenzieht, Bilder krampfartiger Schmerzen, wie sie deutlicher nicht gezeichnet
werden können. Kaum sind die im Uterus gefangenen Lebensgeister
befreit, da erfolgt schon der Abstieg. Nicht weniger mühsam und

gefahrenreich ist er als der Aufstieg, soll er doch die Geburt selbst herbeiführen. Noch einmal zählt der Schamane seine Schutzgeister auf, mustert seine Truppe und ihre mit magischer Kraft geladenen Waffen: Perlen, verschiedene Knochen, Flöten, silberne Halsbänder. Um sie zu verstärken, werden die ›Wege-Öffner‹ geholt, sinnreich genug sind es die ›Herren der Wühltiere‹, wie etwa das Gürteltier. So sorgfältig wie die Situation des Beginns wird auch jene des Ausgangs in allen Details geschildert (geradezu wie das ›Zurücknehmen‹ einer Hypnose). Alle *purbas* sind an ihre Plätze zurückgekehrt, der Sturm in der physischen Welt hat sich gelegt wie jener in der psychischen bzw. mythischen, eine Ordnung ist wiederhergestellt, für alle Teile verbindlich und von keinem mehr bedroht.

Psychologisch ist es nur von geringer Bedeutung, daß die psychosomatische Theorie des Cuña-Schamanen keiner Realität im naturwissenschaftlichen Sinn entspricht. Die Kranke orientiert sich an ihr ebenso wie ihr Arzt und die Gesellschaft, in der beide leben. Schutzgeister, die Schamanenseele, *purbas* und *nelegan*, Störenfriede, magische Tiere und Pflanzengeister, ja selbst ein Ausschnitt aus einer fremden, technischen Zivilisation (der Geist des ›silbernen Dampfers des weißen Mannes‹) sind Mitspieler in einem Weltbild, das auf seine Art alle Leiden und Freuden des Menschenlebens erklärt.

Wir verstehen jetzt vielleicht besser, warum Überzeugungen wie die Magie und der Schamanismus lange Zeit Selektionsprämien erhalten haben. Sie halten die Gruppe zusammen, sie helfen ihr, das Geschenk des Bewußtseins weise zu verwalten. Wir werden noch sehen, daß aus eben diesen Zusammenhängen der Beruf des Schamanen – in vielen archaischen Kulturen der einzige unterscheidbare Beruf, den es gibt – seine eminente Bedeutung schöpft.

Die schwierige Geburt bedeutet eine Störung in dem geschlossenen System von Überzeugungen, die das Weltbild der Cuña ausmachen. Mit Hilfe der mythischen Interpretation weist ihr der Schamane einen Platz in diesem Weltbild zu. Die Schmerzen werden dadurch nicht nur erträglicher, sondern die Kranke folgt dieser bildhaft-mythischen Schilderung auch dann noch, wenn sie ihr den Weg aus dem Leiden heraus zeigt und wird gesund – vielleicht.

Der Schamane erlaubt seiner Patientin, »zu sagen, was sie leidet«, indem er es ihr selbst vorsagt. Dadurch wird es der Kranken möglich, eine Erfahrung zu ordnen und zu verstehen, die sonst unverständlich und chaotisch bliebe. Analog wird der körperliche Vorgang der Geburt verwandelt und geordnet. Wir müssen uns hier nur an die von Grantley Dick Read in seiner Lehre von der natürlichen, schmerzlosen (besser: schmerzarmen) Geburt zugrunde gelegten Vorstellungen erinnern. Read glaubt, daß der biblische Fluch »In Schmerzen sollst du deine Kinder gebären« zusammen mit den zahlreichen anderen, ähnlich negativ geprägten Erwartungen die Geburt viel schmerzhafter macht, als sie sein müßte. Der Fluch wirkt wie eine Prophezeiung, die sich selbst erfüllt. Die Schwangere hat Angst, Angst führt zu Vasokonstriktion (die Blutgefäße ziehen sich zusammen), die herabgesetzte Durchblutung löst Schmerzen aus oder steigert sie; der Schmerz verstärkt wiederum die Angst. Wird der psychophysische Teufelskreis durch die Suggestionen des Geburtshelfers durchbrochen, dann läuft das Geburtsgeschehen nicht nur schmerzärmer, sondern auch glatter ab.

Wie nach einem Wort Bert Brechts die einfachen Leute alles andere sind als einfach, so sind auch die psychologischen Methoden, mit denen die sogenannten Primitiven ihre Kranken heilen, alles andere als primitiv. Man macht es sich zu einfach, wenn man die Psychotherapie des Schamanen schlechterdings ›suggestiv‹ nennt und sie in eine Reihe mit Coués Formel »Es geht mir von Tag zu Tag immer besser und besser« stellt. Wir dürfen nicht unsere gewohnten Denkkategorien auf die Struktur der primitiven Sozietät projizieren und alles übersehen, was nicht hineinpaßt. In der Welt des Schamanen und seiner Patienten existierte der Gegensatz zwischen zudeckender und auflösender, suggestiver und analytischer, symptomatischer und kausaler Psychotherapie nicht. Die Suggestion des Schamanen wirkt zugleich kausal-auflösend und analytisch, da die Ursache der Krankheit erkannt, die Orientierungslosigkeit des Patienten beseitigt und das Leiden selbst in einem dramatischen Geisterkampf besiegt wird, den der Kranke in allen Phasen durch die geniale Darstellung des Schamanen miterlebt.

Claude Lévi-Strauss stellt deshalb das schamanistische Heilverfahren in die Mitte zwischen organische Medizin und Psychoanalyse.[*] Ein Kranker, dessen Störungen man mit Mikroben, Allergien oder Viren erklärt, wird durch diese Erklärung allein nicht gesund, bemerkt der französische Ethnologe. Erklärt man sein Leiden aber als Kampf mythischer Ungeheuer, so gesundet er. »Man wird uns Widersprüche vorwerfen, wenn wir dieses Phänomen dadurch erklären, daß Mikroben wirklich existieren, Ungeheuer hingegen nicht«, erläutert Lévi-Strauss. »Und gleichwohl ist die Beziehung zwischen Mikrobe und Krankheit dem Denken des Patienten äußerlich: es ist eine Beziehung zwischen Ursache und Wirkung, während die Beziehung zwischen Ungeheuer und Krankheit für dasselbe bewußte und unbewußte Denken eine innere ist: es ist die Beziehung zwischen Symbol und symbolisiertem Gegenstand.«

Einen wichtigen Gesichtspunkt in der Betrachtung schamanistischer Heilkunst liefert die von dem in Ungarn geborenen, später in London tätigen Analytiker Michael Balint begründete Unterscheidung zwischen einer subjektiven oder autogenen und einer objektiven oder ›iatrogenen‹ (durch ärztliche Einwirkung entstandenen) Krankheit. Der Patient empfindet sein Wohlbefinden schmerzlich gestört: die subjektive Krankheit. Der heutige Arzt sucht nach einem meßbaren körperlichen Befund, wobei ihm eine lange Reihe von Laboratoriumsverfahren biochemische Tests, Elektrokardiogramm usw. hilft. Der Widerspruch zwischen subjektivem Befinden und objektivem Befund ist eines der größten Probleme in der modernen, naturwissenschaftlich ausgerichteten Medizin, welche die seelischen Faktoren in einem Krankheitsbild gewöhnlich vernachlässigt. Zahlreiche Statistiken haben erwiesen, daß rund jeder zweite Patient, der in die Praxis eines Internisten kommt, tatsächlich an seelisch (mit)bedingten Störungen leidet. Im Denken und in der Ausbildung fast aller Internisten nimmt aber die Psychologie keineswegs 50 Prozent ein, sondern bestenfalls 5 Prozent. Während der moderne Arzt geschult

---

[*] Diese Auffassung ist in einer Arbeit des Autors (*Psychologische Rundschau* 20, 1969, S. 29) ausführlich dargestellt und kritisiert worden.

ist, den objektiven Befund zu erkennen und therapeutisch zu ändern, wobei er das Risiko läuft, daß der Kranke selbst sich menschlich vernachlässigt und mißverstanden fühlt, konzentriert sich der Schamane auf das subjektive Befinden, die ›autogene Krankheit‹, und versucht, es mit seinen Mitteln zu verändern. Es wäre eine fesselnde Frage zu vergleichen, wie weit man auf beiden Wegen kommen kann. Keineswegs läßt sich von vorneherein entscheiden, daß der Schamane in jedem Punkt unterlegen sein muß.

Schamanistische Methoden

Nach dieser Analyse des Cuña-Heilgesanges fällt es nicht mehr schwer, auch andere schamanistische Techniken zu verstehen. Sie schließen sich gegenseitig nicht aus und können durch Behandlung mit heilenden Kräutern oder durch physikalisch-chirurgische Maßnahmen ergänzt werden (Aderlaß, Trepanation). Wo sich schamanistische Kulturen in der Zivilisation erhalten haben, »im Bauch des Wals«, wie mir ein Navajo-Indianer 1977 sagte, ergänzen sich heute beide Methoden: Der Kranke wird z. B. von einem modernen Chirurgen in einem Hospital operiert und nach seiner Entlassung von dem *medicine man* (persönlich wurden mir solche Praktiken von einem Zuni und einem Navajo berichtet) mit Hilfe von Gesängen, Sandbildern oder beidem in den Zusammenhang der Lebewesen neu integriert. Während der naturwissenschaftlich gebildete Arzt vielleicht dazu neigt, den Schamanen als Quacksalber abzuwerten, ist dieser durchaus in der Lage, die Mittel der Naturwissenschaft zu respektieren. Nun zu den Verfahren:

1. Der Schamane manipuliert das erkrankte Organ direkt, indem er, meist nach einem vorbereitenden Ritus, der den Kranken einstimmt und seine Glaubensbereitschaft verstärkt, die Krankheit etwa ›heraussaugt‹. Vielfach wird sie dann im psychologisch wirksamsten Moment sichtbar gemacht, etwa als Kaktusdorn, als Schlangenzahn, als Glassplitter, Feder, blutiger Wurm oder Tierkralle, manchmal auch nur als Speichel oder Lufthauch (Australien,

Alaska, Süd- und Mittelamerika). Während dieses Ritus werden oft auch Erläuterungen der Krankheitsursache abgegeben. Der Schamane nennt den fremden Zauberer oder übelwollenden Verwandten, der den Giftstachel oder die Tierkralle in den Leib des Opfers praktiziert hat. Zu großer Aufmerksamkeit in den Medien hat diese Praktik durch einen esoterischen Tourismus zu philippinischen Heilern geführt, von denen immer wieder berichtet wurde, wie sie mit bloßen Händen in den Eingeweiden eines Kranken wühlten und schließlich durch die unverletzte Bauchdecke hindurch das kranke Organ vorführten. Die Debatte über ›Realität‹ und ›Betrug‹ dieser Heiler signalisiert hier die großen Schwierigkeiten einer Verständigung über kulturelle Barrieren hinweg.

2. Der Kranke wird in einem dramatisch dargestellten Eingreifen des Schamanen in die Geisterwelt geheilt, entweder in seiner eigenen Hütte oder in der des Schamanen, manchmal auch unter freiem Himmel. Diesen Kampf erleben alle Angehörigen und der Kranke selbst mit. Er gibt ebenso wie die erste Methode Gelegenheit, Verfehlungen des Kranken oder seiner Angehörigen gegen die Gemeinschaft und ihre Verbote anzuprangern.

Beispiel: Der Schamane holt eine Dingo-Pfote aus dem schmerzenden Magen eines australischen Jägers, der zu hartnäckig und zur Unzeit Dingos gejagt hat. So belehrt er ihn über seine Verfehlung und kuriert diese mit seinen magischen Mitteln. In der exakten Wirklichkeitserfassung unserem Weltbild unterlegen, fesselt den ökologisch geschulten Betrachter die schamanistische Idee des Gesamtzusammenhangs aller Lebewesen und der magischen Strafe, die den trifft, der allzu ausbeuterisch vorgeht. Europäische Fischer, Wal- oder Robbenjäger müssen durch strenge Gesetze davon abgehalten werden, die eigenen wirtschaftlichen Grundlagen in einer ruinösen Konkurrenz um kurzfristige Chancen zu zerstören.

Wesentlich für die schamanistischen Kuren ist immer der kosmische Bezug. Es gibt kaum eine Heilung ohne Kosmos im ursprünglichen Sinn: Ordnung, Harmonie der Dinge. Der Schamane verfügt über bestimmte Tiere, Pflanzen, Kunstgegenstände, Musikinstrumente, die Eigenleben gewinnen und in der Heilung mitwirken. Besonders anschaulich ist das bei der ›Kunsttherapie‹ der Navajos: Der Kranke wird auf eine komplizierte Sandmalerei gelegt, die der Schamane ausgeführt hat und in einem Heilgesang deutet. Dieser kosmische Bezug, die Verbindung mit einem anschaulichen und gleichzeitig metaphysischen System, hat sich vor allem in den esoterischen Gruppen (wie der Anthroposophie), im Sternenglauben und in der Homöopathie erhalten.

Bildhafte und abstrakte Kuren

In den wenigen Kulturen, die bis in die Zeit ihrer wissenschaftlichen Erforschung Bruchstücke einer altsteinzeitlichen Identität erhalten haben, sind alle Erwachsenen in der einen oder anderen Form in ein Bezugssystem eingebunden, das die Forscher schamanistisch nennen, nach jener späteren Entwicklung, in der nur besonders begabte Individuen die Laufbahn eines Schamanen oder Medizinmannes einschlagen.

Dieser urtümliche Heiler, der noch Arzt, Priester, Dichter und Lehrer in einem ist, verdankt seine Macht den Tier- und Pflanzengeistern, unter Umständen auch Steinen oder Bergen, nach der Begegnung mit den Europäern auch Dampfern oder Flugzeugen, eindrucksvollen Gegenständen jedenfalls, die zu ihm gehören, aus deren Anrufung er seine Macht schöpft, ähnlich wie der Katholik aus der Litanei, in der möglichst mächtige Heilige benannt sind.

Diese Helfer trägt der Schamane mit sich, oft in der Gestalt einer Medizinkette, in der etwa Vogelschädel, Schlangenwirbel, Pflanzensamen, Holz-, Stein- und Glasperlen zusammengefügt sind. Da alles, was ein Mensch sieht, ihm auch etwas bedeuten kann, sind die Bedeutungen von natürlichen Materialien so vielfältig wie die Natur selbst. Manche Zusammenhänge leuchten uns ein, etwa die Faszination durch die Muschelperle, die wie ein Wunder aus dem Fleisch der Auster leuchtet, oder die Anziehungskraft der strahlenden Farben von Mineralien, die mit den Farben unserer Organe harmonieren:

Vor allem das Rot der Koralle, des roten Jaspis und des durchscheinenden Karneols haben die Menschen schon sehr lange fasziniert, wie wir aus den Funden solcher Perlen ableiten können, die schon seit Jahrtausenden getragen werden. Ähnliches gilt für den grünen Türkis, den himmelsfarbigen Lapislazuli, den goldgelben Bernstein. Auch die Zähne und Krallen großer Raubtiere bringen eine Botschaft: Wer sie trägt, hat entweder selbst solche Tiere erlegt, ist Freundin oder Freund eines solchen Jägers.

Reine Wissenschaft, angewandte Wissenschaft, Technik, Design, Kunst, Kunstgewerbe – in solchen Schubladen ordnen wir unsere Welt. Je stärker wir uns von diesen Einteilungen bestimmen lassen, desto weniger begreifen wir Lebensformen, die vor solchen Intellektualisierungen bestanden und unter ihnen fortbestehen bis heute. In unseren technischen Zeiten hört es sich wie eine neue Botschaft an, daß Mineralien und fossile Harze wie Bernstein und Kopal nicht ›nur schön‹, ›nur Schmuck‹ sind, sondern ›Kräfte‹ haben. Eine entzauberte, kraftlose Ästhetik wird sozusagen durch Magie wieder gestärkt.

In Wahrheit ist alles, was uns schöner macht, auch etwas, das unsere seelische Kraft erhöht und uns vor Selbstzweifeln oder Ängsten schützt. Zaubersprüche sind keine Abrakadabras, die verwegene Forscher auf einem altägyptischen Papyros lesen (vgl. Duerr 1978, 1981). Zaubersprüche sind Dichtungen, die uns fesseln, sind die Argumente eines Werbetexters, die uns anregen – behexen? –, überflüssige Dinge zu kaufen, sind die Reden von Politikern, die Deutungen von Psychotherapeuten. In ihnen finden wir ebensoviel Magie in unserem Alltag wie in weihrauchduftenden Esoterikbuchhandlungen oder an Messeständen, an denen uns Kraftkristalle verkauft werden.

Die Naturwissenschaften haben das Gebiet der Schamanen erobert und besetzt. Vom magischen Standpunkt aus könnte man sagen: Ihre Magie ist die stärkere, denn wer Explosivwaffen und Antibiotika erfindet, hat auch soviel geistige Kraft, daß er alles, was sich seinem Anspruch nicht unterordnet, mit einem Bann belegen kann: unwissenschaftlich, unbewiesen, Einbildung, Placebo-Effekt. Dieses Regiment ist kaum toleranter als die theologische Herrschaft, der sie nachfolgte und die sie ergänzt. In dieser ist die Magie des Teufels und der Mensch soll sich Gott – das heißt: den Priestern – unterwerfen und sich nicht anmaßen, mit Zaubersprüchen, Kräutersalben oder Heilsteinen dem Teufel zu dienen.

Aber ihre gewaltige und gewalttätige Überlegenheit hat die neuen wissenschaftlichen Herrscher auch leichtsinnig gemacht. Sie beherrschen das offene Gelände und den Tag; ihre Machtzentren sind gut bewacht, und wer sich zu ihnen Zugang verschaffen will, muß viele Jahre in Organisationen verbringen, in denen alle Magie als Dummheit gilt. Aber das oft undifferenzierte Vorgehen der Wissenschaftspolizei und ihre Bereitschaft, auf Verdacht hin zu verhaften und abzuschieben (Feyerabend 1981, 1983), haben ihr auch Feinde gemacht und dazu geführt, daß in der Dunkelheit und in verborgenen Winkeln weit mehr Aberglaube und magisches Denken gedeihen, als es die Hierarchen der Wissenschaft vermuten.

Ein Beispiel für diese geringen Differenzierungsanstrengungen der Wissenschaft: Ein Pharmakologe, der die Wirksamkeit eines neuen Mittel beweisen will, erwirbt sich wissenschaftliche Glaubwürdigkeit dadurch, daß er den Placebo-Effekt durch den doppelten Blindversuch ausschließt. Weder Arzt noch Patient wissen, ob sie eine wirksame Substanz oder einen nach pharmakologischem Wissen unwirksamen Stoff, beispielsweise Milchzucker, erhalten. Wer auf diese Weise den Placebo-Effekt zu eliminieren glaubt, erwirbt sich Verdienst, Anerkennung und Karriere.

Auf der anderen Seite wird in einem solchen System völlig übersehen, daß es Arzt wie Patienten zwingt, wesentliche Einbußen an menschlichen Qualitäten hinzunehmen. Denn der Arzt, der von einem Mittel, das er dem Leidenden gibt, überzeugt ist, gibt diesem viel mehr als einen chemischen Stoff. Indem die Versuchsanordnung den Arzt (und, wenn dieser ethisch korrekt vorgeht) auch den Patienten systematisch der Unsicherheit des Experimente ausliefert, produziert sie eine ungünstige seelische Situation. Ärzte, die solche Versuchsanordnungen entwerfen und in ihnen, da gedankenlos, auch gut funktionieren, haben andere Qualitäten ihres Handelns verloren. Es wäre nun ebenso undifferenziert, diese Verluste zu dämonisieren und den Heiler zu idealisieren, der eine solche Distanz nicht zuläßt. Wünschenswert wäre der Dialog zwischen beiden Richtungen und mehr Bewußtsein über eigene Grenzen. Der Pharmakologe im doppelten Blindversuch muß unempfindlich für das Problem werden, daß er einem leidenden Menschen eine Substanz gibt, von der er überzeugt ist, daß sie nicht wirkt. Er tut das ähnlich wie der Chirurg, der auch ohne Rücksicht auf Schmerz und Geschrei entschlossen handelt, um ein Leben zu retten.

Wir alle wünschen uns in Notsituationen Ärzte, die handeln und nicht zögern, weil sie sich in den Schmerz des Opfers einfühlen und sein Verbluten anteilnehmend begleiten. In anderen Situationen freilich empfinden wir die Identifizierung des Arztes mit der notwendigen Härte des Chirurgen oft genug als Abwehrmanöver, mit dessen Hilfe sich ein überforderter Mensch zum Halbgott in Weiß aufrüstet.

In den Augen der naturwissenschaftlichen Medizin ist der Placebo-Effekt billig zu haben und im Handwerkskasten der Stümper. Auf Internistenkongressen schleudern wohlbestallte Ordinarien, von der Überzeugung ihres eingestimmten Publikums getragen, ihre Bannflüche ähnlich nach außen wie Erzbischöfe in einem Hochamt. Aber solche Rituale vertiefen Gegensätze und haben mit Wissenschaft nichts zu tun; es handelt sich um Dogmatik mit einem standespolitischen Hintergrund. Die Ziele sind ökonomisch: die Geldquellen der Krankenkassen sollen ausschließlich der eigenen Gruppe zugute kommen.

Anders nimmt sich die Situation aus, wenn wir die Medizin nicht als Machtstruktur, sondern als Dienstleistungsanbieter verstehen würde. Dann müßten die Dogmatiker der Naturwissenschaft nicht tönen, daß sie recht haben, sondern beweisen, daß ihre Mittel in allen Situationen optimal wirken und Heilerfolge mit dem sparsamsten Einsatz an Geld und Zeit erreichen. Hier ergibt sich ein ganz anderes Bild. Die wissenschaftlichen Untersuchungen fehlen oder widersprechen sich. Meinungen dominieren. Es zeigt sich, daß (nicht viel anders als in anderen Hochkirchen auch) das Volk in weiten Teilen gegen Recht- und Machthaber entscheidet. Aber auch in der medizinischen Hochkirche selbst stimmen viele Kleriker heimlich oder offen gegen ihre Bischöfe. Obwohl während des Studiums strikt naturwissenschaftlich sozialisiert, wenden sich zahlreiche Ärzte nach ihren Examina den Lehren der Homöopathie zu.

In der Tat läßt sich ein großer Bereich der Heilkunde dann nicht mehr erforschen, wenn er mit einem Begriff wie ›Placebo‹ entwertet wird. ›Placebo‹ ist Medizinerlatein und heißt: Ich werde gefallen. Was der Arzt sich nicht erklären kann, wird als Placebo abgetan. Mit dieser abschätzigen Begriffsbildung untergräbt die Medizin aber die Forschung über ihre eigenen Grundbedingungen. In der Konsumgesellschaft ist der Placebo-Effekt der Motor der meisten Produktentwicklungen. Kaufentscheidungen sind Gefühlssache; gekauft wird, wovon der Kunde glaubt, daß es sein Lebensgefühl und seine soziale Geltung steigert.

Bei Kopfschmerzen helfen nach Untersuchungen von Arthur Jores in 60 Prozent der Fälle Placebos. Schlaflosigkeit läßt sich nach einem Versuch von Günter Clauser in 49 Prozent durch weiße Tabletten, in 69 Prozent durch einen bitteren, roten Trunk und in 81 Prozent durch farbenprächtige Gelatinekapseln beheben.

Wenn schon derart einfache Reize so viel Macht entfalten, können wir uns vorstellen, wie unterschiedlich so eindrucksvolle und tiefgehende Merkmale wie die Personen der Heiler wirken. Und an dieser Stelle läßt sich auch das zentrale Dilemma der Forschung verdeutlichen: der Arzt, der mit absichtlichen Suggestionen und einem Placebo-Rezept arbeitet, entspricht allenfalls der farblosen Tablette. Man stellt sich auf ihn ein und weiß, wie man mit ihm dran ist.

Viel stärker überzeugt, wer an seine Sache glaubt. Vielleicht hat die Psychoanalyse nicht weniger suggestive Komponenten als die alte Hypnose. Aber da sie im günstigen Fall einen Analytiker hervorbringt, der an seine Deutungen glaubt und sich während seiner Lehranalyse auch selbst diesen Deutungen unterworfen hat, entfaltet sie Wirkungen, die tiefer gehen und weiter reichen als die der Hypnose. Homöopathen wollen ganz entschieden nichts von einer suggestiven Seite ihrer Arbeit wissen. Es geht um das korrekte Simile, die genaue Anamnese, die Wirkung der Hochpotenz. Und vielleicht ist gerade diese energische Absage an alle Suggestion so überzeugend. Denn Menschen sind ebenso skeptisch wie leichtgläubig; sie traben ebenso der großen Masse nach, wie sie etwas ganz Besonderes in einer Richtung sein und tun wollen, die von allen anderen Richtungen abweicht.

Wenig bekannt, aber ungeheuer wichtig ist der negative Effekt von Placebos. Wenn Menschen fürchten, daß ihnen ein Mittel oder ein Eingriff schaden könnte, dann kann dieses im Bereich der Placebo-Wirkungen – also jener magischen Breite zwischen fünfzig und achtzig Prozent – tatsächlich schaden. Wenn also die naturwissenschaftliche Medizin meint, den Placebo-Effekt den Heilpraktikern überlassen zu können, dann handelt sie gegen das Wohl ihrer Patienten. Heilsame Mittel, die Leben retten können, verwandeln sich, wenn der Patient nicht an sie glaubt, trotz doppelblindversuchsdokumentierter Wirksamkeit in Gifte. Die Päpste der Allopathie denken dann schon einmal eher daran, ein leukämiekrankes Kind mit der Polizei zur Chemotherapie zu schaffen, als der eigenen Mitverantwortung nachzugehen, warum ihre Medikamente einen derart schlechten Ruf haben. Gute Mittel mit schlechtem Ruf mag es in der Veterinärmedizin geben; in der Humanmedizin gibt es sie nicht.

Aus diesem Grund sollten wir, auch wenn uns die Theorien nicht überzeugen, über die Praxis der Magie nicht spotten, sondern ebenso sorgfältig wie bei anderen künstlerischen (also nicht wissenschaftlichen) Äußerungen des Menschen nach Qualitätskriterien vorgehen. Es gibt gute Kunst und schlechte Kunst, nicht richtige und falsche. Ähnlich gibt es gute Magier und böse, triviale Hexen und intelligente, würdige Zauberer und betrügerische, Astrologen, die mit den Sternbildern hantieren, als seien es Messer und Gabel, ebenso wie andere, die sich redlich bemühen, den kosmischen Botschaften zu lauschen. Wenn ich ein einfaches Mittel suche, solche Unterscheidungen zu treffen, dann finde ich bei echten Künstlern wie bei Schamanen einen Geist der Demut, der Bereitschaft, sich etwas Größerem und nicht ganz Durchschaubarem zu unterwerfen, während die Scharlatane immer so tun, als seien allein sie die Größten und jeder, der ihnen nicht gehorcht, hat nur die Wahl, ihr Feind oder zu dumm zu sein, ihren Wert zu erkennen.

Wie man Schamane wird

Wir können die Vergangenheit immer nur mit den Augen der Gegenwart sehen; Geschichte kann für uns nur wirklich werden, wenn sie an Gegenwärtiges anklingt. Wie er die Vergangenheit wiederbeleben soll, ohne ihr einen Geist einzuflößen, der ihr fremd ist, gehört zu den alltäglichen, zugleich aber schwierigsten Problemen des Historikers. Der heutige Psychotherapeut kennt eine Reihe von Methoden, ihre Möglichkeiten und Grenzen. Will er die Geschichte der Psychotherapie rekonstruieren, muß er notgedrungen von diesem seinem Wissen ausgehen, so unvollkommen es ist. Es verspricht ihm aber doch eher eine Orientierung als etwa der Versuch, die Vergangenheit als völlig von unserem eigenen Denken unabhängige Struktur zu rekonstruieren und auf diese Weise Verzerrungen nicht auszumerzen, sondern nur zu verhindern, daß sie erkennbar werden.[*]

Wir wollen hier mit den Begriffen der heutigen Psychologie die Psychotherapiegeschichte interpretieren, immer aber auch nach Orten suchen, wo diese Interpretation fragwürdig wird und uns in die Irre führen kann. Auf diese Weise hoffen wir, einen Kompromiß zwischen Verständnis, Belebung und Objektivität zu finden. Wenn wir im folgenden auf eine Parallele zwischen dem Werdegang eines Schamanen und dem eines modernen Psychotherapeuten hinweisen, so geschieht es unter dieser Einschränkung.

Es ist eine aus der herkömmlichen Ausbildung zum Psychoanalytiker geläufige Erfahrung, daß sich viele Kandidaten erst in der vorgeschriebenen ›Lehranalyse‹ überzeugen, daß die Psychoanalyse nicht nur eine interessante Theorie, sondern eine wirksame therapeutische Methode ist. Beim Kandidaten sind leichtere neurotische Symptome sogar erwünscht, da sonst die Selbsterfahrung der Psychotherapie eines wesentlichen Elementes beraubt wird. Man muß

---

[*] Ein Beispiel dafür bietet die sonst sehr verdienstvolle Studie des französischen Strukturalisten Michel Foucault, *Wahnsinn und Gesellschaft – Eine Geschichte des Wahns im Zeitalter der Vernunft*, Frankfurt 1969.

solche Symptome allerdings auch kaum mit der Lampe suchen, da einerseits rund 80 Prozent der Menschen in einer Großstadt leichtere psychische Beschwerden haben (Leo Srole), andrerseits die Ausbildung zum Psychologen oder Psychotherapeuten vielfach gerade deshalb angestrebt wird, weil der Kandidat hofft, auf diese Weise eigene seelische Schwierigkeiten zu lösen. Es wäre falsch, daraus ein Argument gegen solche Kandidaten zu schmieden. Wäre Sigmund Freud ein durchaus unneurotischer Mensch gewesen, die Psychoanalyse harrte noch ihrer Entdeckung. Oft ist die Einstellung zur Psychotherapie gerade von seiten des Kandidaten widerspruchsvoll: Einerseits erwartet er Hilfe, andrerseits, in dem für Neurosen typischen ›Widerstand‹ dagegen, seine Auffassung von sich selbst zu ändern, möchte er vielleicht glauben, daß gerade ihm die Analyse nichts sagen könnte, ja sich als eitle Spiegelfechterei erweisen möge.

Nun verfügen wir dank dem Ethnologen Franz Boas über das Fragment einer Eingeborenenautobiographie, die in der Sprache der Kwakiutl-Indianer eine mutatis mutandis ganz ähnliche Situation schildert. Diese Autobiographie berichtet abgekürzt folgendes: Ein Indianer, Quesalid, glaubt nicht an die Macht der Schamanen. Neugierig, von dem Wunsch beseelt, sie als Betrüger zu entlarven, beginnt er, ihre Nähe zu suchen, bis er das Angebot erhält, sich doch ausbilden und einweihen zu lassen. Er akzeptiert es und beschließt, sich zunächst nichts von seinen Absichten anmerken zu lassen. Die ersten Lektionen werden beschrieben: eine Mischung aus Schauspielunterricht und medizinischen Praktiken. Ein Schamane muß lernen, seine Schutzgeister pantomimisch zu spielen, er muß Vogel oder Jaguar werden können. Ferner benötigt er die Kunst, Ohnmachten zu heucheln, (hysterische?) Nervenanfälle zu erleiden, sich selbst zum Erbrechen zu bringen, magische Gesänge vorzutragen, sowie praktische Kenntnisse in der manuellen Untersuchung von Kranken und in der Geburtshilfe. Schließlich werden Quesalid auch zwei Geheimnisse nicht mehr vorenthalten: Die Schamanen setzen Spione ein, um Details privater Gespräche zu ermitteln, die ihnen dann den Ruf magischen Wissens um soziale Verfehlungen (die ja

Krankheiten verursachen) verschaffen und die überzeugende Kraft ihrer Erklärungen steigern. (Bis heute sollen Heilpraktiker solche Horcher in ihre Wartezimmer postieren, die wartende Kranke belauschen oder sie in Gespräche verwickeln. Dank solcher Informationen muß der Heiler dann den Kranken nur ansehen, um zu sagen, was ihm fehlt.)

Dann erfährt Quesalid auch noch die spezielle Methode seiner Schule an den Küsten des Pazifik. Der Schamane muß ein kleines Federbüschel im Mund verbergen, das Zahnfleisch blutig saugen und im geeigneten Augenblick ›die Krankheit‹ als blutigen Wurm ausspucken und sie dem Kranken zeigen.

Quesalid fand sein Mißtrauen also bestätigt. Dennoch führte er seinen Vorsatz nicht durch, die Schamanen als Betrüger zu entlarven. Er war nicht mehr ganz frei; seine Lehrzeit wurde bekannt, und eines Tages hatten ihn die Angehörigen eines Kranken gerufen, die ihn um Hilfe baten, denn der Kranke habe ihn als Heiler im Traum gesehen.

Quesalid machte einen Versuch, seine Kur wurde ein großer Erfolg. Doch der Kwakiutl verlor seinen kritischen Geist nicht (eine einzige Indianerautobiographie wie die von Franz Boas mitgeteilte widerlegt alle Theorien von der *participation mystique* und dem angeblich primitiven Denken). Er schrieb die Heilung der Überzeugung des Kranken zu, in dessen Traum er erschienen war, einem suggestiven Effekt. Was aber Quesalid zögern ließ und ihn nachdenklich machte, war die Begegnung mit den Methoden anderer Schamanen. Sie veranlaßte ihn, seine anfänglichen Zweifel und seinen Wunsch, die Schamanen als Betrüger zu entlarven, neu zu überdenken. Wenn es mehrere Sorten betrügerischen Zaubers gibt, findet sich dann eine darunter, die weniger betrügerisch ist als die anderen?

Quesalid hatte die Koskimo-Indianer, einen benachbarten Stamm, besucht. Dort wurde er Zeuge der Kur eines berühmten Kollegen. Zu seinem Staunen, ja Entsetzen mußte er feststellen, daß dieser eine ganz andere Technik des Heilens verwendete. Statt die Krankheit in der Form eines blutigen Federbüschels auszuspeien, spuckte sich der Koskimo-Schamane nur in die Hand und behauptete, das sei die

Krankheit.[*] Nun wollte Quesalid herausbringen, »worin die Kraft dieser Schamanen besteht, ob sie wirklich vorhanden ist oder ob diese nur vorgeben, Schamanen zu sein«. Die Kur des Koskimo-Schamanen war erfolglos geblieben. Quesalid wird erlaubt, seine eigene Methode zu versuchen; er hat Erfolg, der Kranke gesundet. Verwirrt und enttäuscht, durch die Schande ihres Versagens an sich selbst und ihrem System zweifelnd, laden die Koskimo-Schamanen Quesalid in eine Grotte zu einer Geheimsitzung, in der sie ihm ihre Lehre erläutern: »Jede Krankheit ist ein Mensch ... Sobald es uns gelungen ist, die Seele der Krankheit zu packen, die ein Mensch ist, stirbt die Krankheit, die ein Mensch ist; sein Körper verschwindet in unserem Innern.« Quesalid soll nun ebenfalls seine Lehre preisgeben, doch er schweigt. Ehe er seine vier Lehrjahre beendet habe, antwortet er diplomatisch, dürfe er keinen Unterricht geben. Er bleibt fest, auch als ihm die fremden Schamanen ihre angeblich jungfräulichen Töchter schicken, damit sie ihn verführen und ihm sein Geheimnis ablocken.

Auch in einem zweiten Wett-Heilen besiegt Quesalid einen älteren Kollegen, der ebensowenig wie die Koskimo-Schamanen die Krankheit vorzeigen kann. Er gibt sich damit zufrieden, die unsichtbar bleibende Krankheit der eigenen Kopfbedeckung oder einem magischen Flittervogel einzuverleiben, die dann dank der ›Kraft der Krankheit‹, die sie aufgenommen haben, entweder am Pfosten des Hauses oder an der Hand des Arztes haften bleiben. Auch hier triumphiert Quesalids Technik. Der ältere Schamane muß um seinen Ruf fürchten und bittet den Kwakiutl zu einer geheimen Unterre-

---

[*]   In abstracto findet sich diese Suche nach der ›Krankheit‹ auch noch in den tiefenpsychologischen Schulen: Der Therapeut ›zeigt‹ dem Kranken seinen Ödipuskomplex, seine Minderwertigkeitsgefühle, seine Archetypen oder sein Versagen auf einer Suche nach einem Lebenssinn. Erstaunlich genug, kann der Kranke nach den Theorien von Freud, Adler, Jung oder Frankl gesund werden, da es an sich innerhalb jeder dieser Lehren möglich ist, ihm zu einer neuen Orientierung zu verhelfen und ungünstige Lernprozesse rückgängig zu machen. Doch während wir heute durchaus bereit sind, die Gleichwertigkeit verschiedener schamanistischer Methoden zu akzeptieren, mit der Quesalid so hartnäckig ringt, hat sich diese Toleranz im Gebiet der Psychotherapie noch nicht sehr weit entwickelt.

dung. Auch er ist tief getroffen: »Wir wollen uns keine bösen Dinge sagen, Freund, ich möchte nur, daß du versuchst, mir mein Leben zu retten, damit ich nicht vor Scham sterbe, denn ich bin zum Gelächter unseres Volkes geworden wegen dem, was du letzte Nacht getan hast. Ich bitte dich ... mir zu sagen, was in jener Nacht an deiner Handfläche klebte. War es die wirkliche Krankheit, oder war es nur fabriziert?«

Quesalid schweigt. Er will wissen, was es mit dem Flittervogel und dem Kopfputz auf sich habe. Sein Kollege zeigt ihm, wie in der Kopfbedeckung eine Spitze versteckt ist, die man in einen Pfahl stechen kann, so daß ihn die ›Kraft der Krankheit‹ festhält. Er unterrichtet ihn auch über eine spezielle Technik, den Vogel mit den Fingern festzuhalten, so daß die ›Kraft der Krankheit‹ imitiert wird. Auch dieser Schamane ist also ein Betrüger. Quesalid hält seine Kritik nicht zurück. Er spricht von der »Gier nach den Reichtümern der Kranken« und verrät sein Geheimnis nicht. Der alte Schamane muß fliehen, er hat sein Gesicht verloren. Ein Jahr später kehrt er zurück; Quesalid vermerkt, er sei wahnsinnig geworden. Die Autobiographie macht nicht deutlich, ob Quesalid sich nun selber für einen echten Schamanen hält oder nicht. Er führt die erlernten Riten pflichtgemäß durch und verteidigt seine eigene, zunächst verspottete Technik gegen andere, scheinbar noch trügerischere Methoden. Sein anfängliches Ziel, die Schamanen zu entlarven, hat er ganz aufgegeben; seine Erfolge ermutigen ihn, weiterhin zu schamanisieren. »Nur einmal«, schließt Quesalid, »habe ich einen Schamanen gesehen, der die Krankheit durch Saugen behandelte, und ich habe nie herausbekommen können, ob er ein echter Schamane war oder ein Betrüger. Nur aus einem Grund glaube ich, daß er ein Schamane war: Er erlaubte denen, die er geheilt hatte, nicht, ihn zu bezahlen. Und wahrhaftig, nicht ein einziges Mal habe ich ihn lachen sehen.«

Die Schamanenkrankheit

»Nur der verwundete Arzt kann heilen«, behauptet ein Sprichwort. Der kranke Arzt ist eines jener widersprüchlichen, konfliktreichen Bilder, das zu zeichnen Dichter und Schriftsteller immer gereizt hat (etwa Thomas Mann im »Zauberberg«). Hindert ihn die eigene Krankheit daran, den Kampf gegen die Krankheiten des Patienten sicher und nachdrücklich zu führen, da er den Feind gewissermaßen nicht einmal aus den eigenen Burgmauern vertreiben kann? Oder öffnet ihm das eigene Leid erst den Zugang zum Leiden der Behandelten, macht aus dem Mediziner den Arzt, aus dem Psychologen den Psychotherapeuten?

In der auf Biochemie und Physiologie basierenden Medizin läßt man die Frage unentschieden, rät aber dem Arzt, stets einen Kollegen aufzusuchen, wenn er erkranke, da die Rollen des Patienten und des Diagnostikers nicht in einer Person vereinbar seien. Im Schamanismus, dem wir uns abschließend noch einmal zuwenden wollen, ist die Antwort auf diese Frage in der Regel eindeutig; sie gleicht jener der Psychoanalyse, ja geht über sie hinaus. Unabdingbare Voraussetzung zum Amt des Schamanen, des archaischen Psychotherapeuten, ist vielfach eine Krankheit, die Schamanenkrankheit. Wie dem Kandidaten für eine psychoanalytische Ausbildung die (leichte) eigene Neurose erst den Ausgangspunkt für tiefere Einsichten in die inneren Kräfte liefert, welche bei seelischen Krankheiten eine Rolle spielen, so setzt auch sie erst den Schamanen in den Stand, seine Aufgabe zu erfüllen.

Der Schamane und sein Patient werden in sehr viel stärkerem Maß durch das soziale Kraftfeld der jeweiligen Gruppe von steinzeitlichen Jägern und Sammlern, primitiven Ackerbauern oder Viehzüchtern bestimmt als ein Psychotherapeut in der modernen, pluralistischen Gesellschaft. Die ersten Psychoanalytiker konnten ihre Patienten auch gegen das Mißtrauen, ja die Opposition eines großen Teiles der Sozietät behandeln, welche der neuen Lehre kurzerhand den Vorwurf des ›Unanständigen‹ entgegenschleuderte, ohne sich mit ihr auseinanderzusetzen. In der archaischen Gesellschaft wäre so etwas unmöglich. Wie uns das Wettheilen, in dem Quesalid siegte, deutlich zeigt, wird ein Medizinmann unglaubwürdig, sobald ihn ein mächtigerer Heiler übertrifft. Er wird zum Gespött und muß den Platz seiner Niederlage verlassen.

Auch in der Auswahl des Schamanen spielt dieses Kräftefeld der sozialen Übereinstimmung eine wichtige Rolle. Es übt eine ordnende Macht aus, die sich etwa mit der eines Magneten vergleichen läßt, der die Molekülstruktur eines anderen Stoffes der Ordnung seiner Kraftlinien angleicht. Daß dieses Element Eisen sein muß, entspricht dann der zweifellos ebenfalls unerläßlichen, individuellen Disposition oder ›Berufung‹ des Schamanen zu seinem Amt.

Zu dieser Disposition scheint eine erhöhte Empfindlichkeit des Nervensystems zu gehören, wie man sie heute manchmal bei Neurotikern findet. Die Symptome der Schamanenkrankheit jedenfalls gleichen ziemlich genau den Beschwerden, die dem praktischen Arzt heute von vielen Kranken (sogenannten Problempatienten) berichtet werden: Magenkrämpfe, Herzjagen, Anfälle von Atemnot, plötzliche Müdigkeit und nächtliche Schlaflosigkeit. Diese Schamanenkrankheit verschwindet in der Regel, sobald der Betroffene seine Berufung erkennt und selbst zu schamanisieren beginnt. Möglicherweise spielt hier die reinigende (kathartische) Abreaktion von Gefühlen in der schamanistischen Trance eine wichtige Rolle.

Doch ist Skepsis am Platz, sobald man hört, wie manche Autoren die Schamanenkrankheit mit einer Sonderform der Hysterie (über diesen schillernden Begriff siehe auch S. 248 f.) gleichsetzen, der sogenannten arktischen Hysterie (arktisch, da sie besonders in Sibirien und bei den Eskimos zu den Voraussetzungen für den Schamanenberuf gehört). Gewisse Züge mögen vergleichbar sein: Auch beim Hysteriker begegnen wir der Fähigkeit, seelische ›Ein-Bildungen‹ in körperliche Symptome zu verwandeln und gelegentlich einer Neigung, getragen von dem Eindruck auf die Zuschauer auf einer Bühne zu agieren und schließlich der Neigung und Fähigkeit zum großartigen Tagtraum. Die Seele verläßt die plumpe Fessel des Körpers und ergeht sich frei in einem

Reich, dessen Wunder man heimgekehrt nicht genug zu rühmen weiß.[*]

Und doch trägt diese Analogie vielleicht noch weniger weit als andere Vergleiche. Unser wissenschaftliches Weltbild konstruiert sich hier ein Artefakt, das der archaischen Sozietät nicht gerecht wird. Die Hysterie ist das Endstadium einer neurotischen Persönlichkeitsentwicklung; die Schamanenkrankheit aber die Vorstufe zu einem der geachtetsten Berufe der primitiven Gesellschaft. Darüber hinaus wird sich die Gültigkeit der psychiatrischen Beschreibung des Hysterikers immer nur auf jene Menschen beschränken, die Hilfe suchen. Während der Neurotiker ein Fremdkörper in seiner Gesellschaft ist, der sich nur unter schwer erträglichen persönlichen Einbußen an sie anpassen kann, muß man im Schamanen ein lebenswichtiges Glied der seinen sehen. Bei den Evenken in der steinigen Tunguska etwa (Evenken nennen sich die nordsibirischen Tungusen selbst) erkranken Menschen und Rens, das Wild schwindet, Todesfälle treten auf, wenn der Schamane der Sippe schwach ist. Am schlimmsten wird es, wenn er stirbt, denn mit seiner Seele ziehen auch alle Geister, die den ›Sippenzaun‹ bewachen, in die Unterwelt. Es beginnt, wie Adolf Friedrich sagt, die »schamanenlose, schreckliche Zeit«, bis endlich Mangi, der mythische Vorfahr und Herr der Toten, einem Schamanenahnen, der wieder ins sichtbare Leben zurückkehren soll, befiehlt, flußaufwärts zu ziehen.

Dieser sucht sich den geeigneten Nachfolger unter den jungen Leuten der Sippe aus. Weigert sich der Gewählte zunächst, das schwere Amt zu übernehmen, zwingt ihn der Vorfahrengeist. Je hartnäckiger der Widerstand des Kandidaten, desto schwerer sind die Symptome seiner Schamanenkrankheit. Er liegt apathisch auf seinem Lager, irrt wie von Sinnen durch die Wälder, ißt und schläft wenig, magert ab. Das Magnetfeld des Stammesmythos hat sein Stück Eisen gefunden und beginnt, an ihm zu wirken. Die Tungusen glauben, daß der künftige Schamane in der Zeit seiner Krankheit zu den Vorfahrengei-

---

[*] Wer erinnert sich nicht an die eindrucksvolle, hysterisch-exhibitionistische Komponente in den Romanen von Karl May, dessen Biographie manche Merkmale einer entsprechenden Neurose aufweist.

stern geht. Zweifellos erleben viele Schamanen diese Reise in Visionen, die durch Hunger, Entkräftung und die Einsamkeit der Wälder, die sie aufsuchen, mitbedingt werden.* So wird der Mythos wieder lebendig. Vom Vorfahrengeist begleitet, der die Rolle des Seelenführers übernimmt, zieht der junge Schamane im Geist durch den Kosmos der jenseitigen Welt, den er später immer wieder bereisen wird, wenn es gilt, einen Toten zu geleiten oder Hilfe in Krankheiten zu suchen. Vom einen Sippenberg wandern sie zum nächsten, bis sie endlich den der eigenen Sippe erreichen. Dort, so glauben die Evenken, liegt die alles spendende Tiermutter an den Wurzeln des Schamanenbaums. Sie verschlingt die Seele des Schamanen-Anwärters und gebiert sie wieder als Vogel, Fisch oder vierfüßiges Tier. Auf diese Weise gewinnt der Schamane einen hilfreichen Doppelgänger, ein zweites Ich, das ihm später auf seinen Reisen in die Geisterwelt zur Seite stehen wird.

Es gibt viele ähnliche Mythen-Theorien, wie man Schamane wird. Fast immer ist eine Wiedergeburtsthematik in ihnen enthalten. Manchmal wird der künftige Schamane von seinen Vorfahren in einem magischen Kessel gekocht, seine Gebeine werden gereinigt und dann wieder mit Fleisch bedeckt. Diese Wiedergeburt, vor allem aber der Werdegang des Evenken-Schamanen entsprechen in ihren Hauptzügen genau der von dem Tiefenpsychologen Carl Gustav Jung in vielen Mythen und Initiationszeremonien aufgespürten (hineingelesenen?) Symbolik der ›Individuation‹, der Selbstfindung. »Das Eingehen in den Leib eines Monstrums«, schreibt die Jung-Schülerin Jolande Jacobi, »das Untertauchen des Bewußtseins in die Finsternis des Unbewußten, kann im individuellen psychischen Raum als die ›Rückkehr‹ in den Mutterleib, als eine Regression angesehen werden. Aber nicht die inzestuöse Wunscherfüllung wird dabei gesucht wie Freud meinte, sondern die Wiedergeburts-Möglichkeit ... Denn der Bereich des Unbewußten ist nicht bloß ein Todesschlund oder

---

* Man konnte in psychologischen Experimenten nachweisen, daß die Beraubung von Sinneseindrücken (sensory deprivation) Wahnwahrnehmungen und Visionen auslöst. Ähnliche Folgen sind nach längerem Fasten und/oder übermäßiger körperlicher Anstrengung beschrieben worden.

gar ein Abfalleimer; er ist zugleich das Schatzhaus der nährenden und schöpferischen Kräfte, die allen Lebendigen innewohnen.« Darstellungen auf altsteinzeitlichen Höhlenbildern weisen nach, daß es schon vor über 20 000 Jahren schamanistische Zeremonien gegeben hat. Doch wirft ein Vergleich zwischen der Lösung der Schamanenkrankheit und der Selbstfindung, wie sie eine Psychotherapie im Sinne Jungs anstrebt, mehr Fragen auf, als er beantworten kann. Die Lehranalyse bezweckt, daß der zukünftige Therapeut sein Unbewußtes kennenlernt, um es möglichst aus der therapeutischen Gleichung zu eliminieren: Sie hat dann nurmehr eine Unbekannte, das Unbewußte des Kranken, und kann gelöst werden. Dazu ist nun eine bewußte Arbeit an und Distanz zu den lehranalytisch gewonnenen Erkenntnissen nötig. Vor allem aber muß der Analytiker seine Projektionen zurückziehen. Er darf seine Patienten ja nicht durch die Brille eigener, unbewußter Vorurteile sehen.

Liegt eine Rückkehr zum Schamanismus darin, daß in der Psychoanalyse plötzlich aus dem Schoß der Naturwissenschaft wieder die persönliche Erfahrung, der Vollzug der Methode am eigenen Leib, zur Vorschrift werden kann? Die Frage ist zu naiv gestellt, weil sich Kulturen so unterschiedlicher Komplexität nur mit größter Vorsicht vergleichen lassen. Vielleicht läßt sich einfach eine Gegenbewegung festhalten, die der Psychotherapie zu eigen ist. Sie entdeckt, beschreibt, vollzieht Regressionen: die notwendige Rückkehr zu einfacheren, kindlicheren, primitiveren Formen, wenn die Forderungen nach Disziplin und Kontrolle zu sehr übersteigert werden, so daß sie das Leben nicht mehr lenken, sondern blockieren. Diese Denkfigur war im 19. Jahrhundert seit Rousseau vorhanden, sie wurde von Schopenhauer und Nietzsche weiterentwickelt; Freud machte aus ihr eine Heilmethode und eine soziale Bewegung.

Auch die Lehranalyse ist heute kontrolliert und gehört in einen sozial definierten Rahmen. Der Lehranalytiker muß gründlich ausgebildet sein, einem Institut angehören; der Umfang ist vorgeschrieben, manchmal auch die Häufigkeit der Sitzungen pro Woche. Die persönliche Lehrzeit der Schamanen und Medizinmänner ist nicht sozial kontrolliert; sie liegt in einem persönlichen Verhältnis.

Die visionäre Schule des Schamanen, wie sie Mircea Eliade beschrieben hat, soll ihm nicht Projektionen nehmen, sie soll nicht verhindern, daß er alles Geschehen in seiner Sippe seinen unbewußten Phantasien unterordnet, sondern sie soll ihn im Gegenteil dazu befähigen, mythisches Weltbild und tatsächliches Schicksal der Stammesmitglieder aufeinander abzustimmen. Mögen Lehranalyse und Schamanenausbildung den Betroffenen dazu verhelfen, ihr Unbewußtes besser kennenzulernen, gewissermaßen eine breitere Kontaktfläche zwischen Bewußtsein und Unbewußtem zu gewinnen – es geschieht in jeweils ganz anderen Modalitäten.

Bei dem in unserer individualisierenden Gesellschaft Analysierten soll Ich werden, wo Es war; Sigmund Freud hat diese Arbeit mit der Trockenlegung der Zuidersee verglichen. Ordnung, die nur im Ich möglich scheint, tritt an die Stelle des Chaos der Triebwünsche und ihrer mangelhaften Abwehr. Beim Schamanen hingegen soll Es werden, wo Ich war: der Vorfahrengeist zwingt den jungen Menschen in das heilige Amt, auch wider dessen Willen. Aber Es ist hier nicht gleichbedeutend mit Chaos; es wird strukturiert durch das mythische Weltbild der Gemeinschaft, so daß sich der künftige Schamane nach seiner Krankheit recht gut darin zurechtfindet und auch seinen Mitmenschen hilft, sich in ihm zu orientieren.

Daß solche Prozesse durchaus auch in teilweise akkulturierten Bevölkerungen ablaufen, in denen aber die Macht der Tradition noch stark ist, zeigt eine von Adrian K. Boshier mitgeteilte Tonbandmitschrift. In Südafrika heißen die Schamanen Sangomas und sind oft Frauen. Eine davon erzählt von ihrem Werdegang:

»Die Sangoma ist eine Person mit einem starken Geist. Alle Menschen haben einen Geist, Schwarze, Weiße und Chinesen, aber Gott wählt einige unter ihnen aus, durch deren Mund er sprechen will. Es ist, als würde er einige Menschen mit einer Gabe beschenken. Alle haben einen Geist, aber für manche ist er eine Gabe, und diese Menschen werden Sangomas. Es ist wie mit Jesus. Kennst du Jesus? Gott verlieh ihm eine große, große Gabe, einen riesigen Geist. Viele Leute haben das an ihm nicht verstanden. Aber er hatte diesen Geist. Er ging allein in die Berge, nicht wahr? Er sprach mit seinen

Geistern, oder nicht? Er machte Kranke gesund, oder nicht? Genauso ist es. Aber du mußt fortgehen, in die Berge, verstehst du. Wie kannst du irgend etwas wissen, wenn du nicht fortgehst? Wie können die Menschen etwas über die Geister der Berge und Flüsse erfahren, wenn sie nur zur Universität gehen? Nein, wenn du etwas über die Geister erfahren willst, dann mußt du allein gehen, fort zu den Stätten in der Wildnis ...

Nachts kamen die Sangomas in meine Träume und schrien mich an, daß ich auch eine Sangoma werden müsse. Ich wollte es nicht hören. Ich bat meine Mutter, mein Bett in das andere Zimmer zu stellen, weil die Geister mich in meinem Zimmer nicht in Ruhe lassen wollten. Aber selbst dort fanden sie mich. Meine Mutter war es so überdrüssig, sich dauernd um mich zu kümmern, daß sie schließlich sagte: ›O Dorcas, ich wünschte, daß Gott dich zu sich nähme.‹ Aber er holte mich nicht, und diese Geister ließen mich immer noch nicht in Frieden. Sie kamen so heftig, es war wie im Kino, die Bilder standen vor meinen Augen, als ob sie wirklich wären ...

Zu dieser Zeit ging ich in die apostolische Kirche, und sie sagten mir dort, sie wollten mich heilen. Sie brachten mich zum Fluß und tauchten mich aufrecht bis zum Hals ins Wasser. Aber dann, als ich mitten im Fluß stand, spürte ich plötzlich etwas unter meinen Füßen. Es hob mich richtig in die Höhe. Ich war fürchterlich erschrocken. Ich sprang ans Ufer und sah, daß es eine große Schlange war – es war mein Großvater. Am selben Abend sprach ich zu Hause mit meinem Vater, und er sagte, er sei zwar Methodistenprediger, aber er zweifle nicht daran, daß ich den Geist einer Sangoma hätte.«

Nach dieser Einsicht schließt sich die Widerstrebende endlich den anderen Sangomas an, beginnt eine Lehrzeit als Twasa bei einer neuen ›Mutter‹, der Baba, die ihre Fähigkeiten zur schamanistischen Trance fördert und schließlich das Ende der in jedem Fall mehrere Monate, oft aber auch einige Jahre dauernden Lehrzeit bestimmt.

Weil die von Boshier mitgeteilte Geschichte in einer modernen Welt mit Kino, Ärzten und Methodistenpredigern spielt, läßt sie auch erraten, welche Bedeutung früher die schamanistische Karriere für die Ablösung von den Eltern hatte. Dorcas würde in Europa vielleicht an einer Magersucht oder an einer Psychose erkranken. Der Beginn solcher Erkrankungen ist durch eine Blockade gerade dessen charakterisiert, was eine gute Tochter tun müßte – zur Frau reifen, in der Schule aufpassen, einen Beruf lernen. Aber aus Gründen, die sich in einer Analyse erhellen lassen, die aber zunächst ein großes Rätsel sind, kann die Tochter diesen Schritt nicht leisten. Dorcas legt sich zu Bett, steht nicht mehr auf, ißt nichts mehr. Ganz ähnlich wie manche europäische Anorektikerinnen behauptet auch Dorcas, sie hätte viele Ärzte konsultiert, weil sie unbedingt geheilt hätte werden wollte, aber es sei keinem gelungen. Anders als in Europa ist nur der Ausgang: Es gibt eine soziale Alternative, eine Möglichkeit, die eigenen Eltern gegen spirituelle Eltern auszuwechseln, die Flucht in eine permanente Übertragung, während die Übertragung auf eine Therapeutin, welche auch die Anorektikerin in Europa heilen kann, doch schließlich aufgelöst wird. Die Mutter wird so zur Verzweiflung getrieben, daß sie schließlich der Tochter offen den Tod wünscht – die bisher verheimlichte Ambivalenz wird offengelegt. Die ›große Schlange‹, welche bei dem Taufritual erscheint, mag eine phallische Bedeutung haben, und eine unverarbeitete Fixierung an den Vater verraten, wir wissen es nicht. Deutlich wird der tragische, aber schließlich lösbare Konflikt zwischen dem Wunsch, eine gute, angepaßte Tochter zu sein und gleichzeitig ganz anders zu leben, als es die Mutter will.

Vielleicht weil ich viele dieser Schamanengeschichten gelesen habe, fühle ich mich solchen Patientinnen nahe. Ich stelle mir oft vor, wie viel leichter sie es gehabt hätte, den quälenden, oft hochgradig destruktiven Konflikt mit ihren Eltern zu lösen, wenn es einen gesellschaftlich anerkannten Zugang zur ihrer archaischen Bilderwelt gäbe, wenn ihre Fähigkeit, sich selbst in Trance zu versetzen, viele Jahre vergangene Geschichten zu erleben und darzustellen, als seien sie soeben durchlitten, Traum, Wunsch und Wirklichkeit zu vermischen, sie in einen anerkannten Beruf führen würde, nicht dahin, eine oft recht hohe Zahl professioneller Helfer zur Verzweiflung zu bringen. Selbst wer nicht glaubt, daß Visionen und Besessenheiten mehr ausdrücken als menschliche Phantasie, sollte der Macht der menschlichen Phantasie niemals den Respekt versagen. Denn Phantasien sind es doch, die auch in den Demokratien, auch in der Atomgesellschaft, letztlich den Ausschlag geben, wie sich die Gesellschaft entwickelt, welche Politiker gewählt, wessen Beschwörungen geglaubt wird.

Im Beruf des Schamanen, der in kaum einer der urtümlichen Gesellschaften von Jägern und Sammlern fehlt, verdichtet sich vielleicht zum ersten Mal die Sonderstellung des Menschen in der Evolution. Noch lange bevor sich das *animal rationale,* das vernunftbegabte Tier, wissenschaftlich-psychologisch selbst kennenzulernen suchte, lebte der Mensch als *animal symbolicum,* als symbolschaffendes und von Symbolen geprägtes Tier. Die Rationalität der Wissenschaft ist, wie Ernst Cassirer gezeigt hat, nur eine symbolische Interpretation der Welt neben anderen möglichen (der Kunst, dem Mythos). Man wird allerdings nicht abstreiten können, daß die Wissenschaft als Symbolsystem besonders erfolgreich (da sie sich mit viel höherem Wirkungsgrad in Technik übersetzen läßt) und darum auch besonders gefährlich ist.

Ungleich allen Tieren stellt schon der archaische Mensch eine Symbolwelt der Sprache und des Mythos zwischen sich und seine Umwelt, wie er dieser Umwelt auch physisch nicht unmittelbar begegnet, mit Klaue und Zahn, sondern mittelbar, indem er Werkzeuge gebraucht. Die kulturelle Tradition hat diese Symbolwelt ermöglicht und ist ihrerseits durch sie ermöglicht worden; ihr Zusammenwirken bedingte den Evolutions-›Sprung‹ von der biologischen zur kulturellen Adaptation, in deren Verlauf der Mensch nahezu alle wichtigen Instinkte einbüßte. So mußte er durch Lernfähigkeit und Einsicht diese starren Regler des Verhaltens ersetzen und überflüssig machen. Doch erwiesen sich diese Instrumente der Verhaltenssteuerung nicht nur als überlegen, sondern auch als verwundbar: Was erlernt werden muß, kann auch fehlerhaft gelernt werden; Intelligenz und Bewußtsein bergen Gefahren für den einzelnen und die Gruppe, die zu überwinden Aufgabe der Magie und des Schamanen wurde.

Die Aktualität des Schamanismus

Eingangs hieß es, daß der Medizinmann lange Zeit einen ähnlich schlechten Ruf hatte wie die Hexen in Europa zu Beginn der Neuzeit.* Diese Einordnung hat sich geändert, wobei gegenwärtig vielfach sogar eine Idealisierung des Schamanismus zu beobachten ist. Carlos Castanedas Bücher über die Einweihung eines zivilisierten Ethnologen in die Künste eines Medizinmanns erzielten hohe Auflagen. Als Dienstleistung in einem Therapiezentrum bietet ein angeblich von einem echten Indianer ausgebildeter Amerikaner als »Schamane, Heiler und zeremonieller Führer« Kurse in Schwitzhütten und auf Alpengipfeln an. Die gepriesenen Orte der Kraft liegen immer in touristisch attraktiven Gebieten – an den Küsten des Pazifik, auf einer Ranch in Montana, im Joshua-Tree-Nationalpark, am Fuß der Zugspitze oder in der Toscana. Es liegt nahe, sich zu fragen, was diese Schamanen in unsere Konsumgesellschaft bringen können, das sie nicht schon vorher aus ihr gelernt haben.

Die postmodernen Schamanismen verwischen den Unterschied zwischen der traditionsgebundenen Stammeskultur, die um den Schamanen zentriert ist, und dem romantischen Versprechen der Teilhabe an einem mystischen Wissen. Man kann eine Art ausgleichender Gerechtigkeit darin sehen, daß späte Abgesandte der von den Kolonisatoren unterdrückten Kulturen jetzt bei den Enkeln dieser Kolonisatoren mit Versprechungen von Spiritualität abkassieren; woher die entsprechenden Sehnsüchte aber kommen, ist damit noch nicht geklärt.

Ihre zentrale Quelle liegt in den Verunsicherungen und Ambivalenzen der Moderne, die vor allem nach dem Zusammenbruch des europäischen Fortschrittsglaubens in den Brutalitäten des Ersten Weltkrieges wurzeln. Die Wiedergeburt des *Witch Doctors* in der Moderne ist weniger der clevere Collegestudent, der als schamanistischer Wanderprediger nach Europa reist, sondern der faschisti-

---

* Die Rede von den »mittelalterlichen Hexenverfolgungen« ist historisch falsch. Massiv verfolgt wurden die Hexen erst später, vgl. S. 175 f.

sche Diktator, der sich als Sprecher der Vorsehung, als von höheren Mächten Begnadeter, als Führer, Heiler, Visionär – und Vernichter versteht. Der Schamane als Hüter *allen* Lebens ist eine gereinigte, sozusagen getaufte Variante des archaischen Chauvinisten, der vor keiner Grausamkeit zurückschreckt, wenn sie nur seinem Stamm dient. Wenn Hitler Wert darauf gelegt hätte, seine Macht nicht auszuüben, sondern zu verstehen (was er sicherlich nicht tat), dann wäre der Schamanismus ein brauchbares Modell. Das Erleben und Überleben der Frontsituation spielte die Rolle der Initiation, die aus dem namenlosen Bohemien den sendungsbewußten, sich selbst in schamanistische Trance redenden Heiler und Retter macht.

Die Faszination des Primitiven, des einfachen Lebens, der klaren Trennung von Gut und Böse, der scheinbaren Versöhnung des Unvereinbaren (wie Rausch und Disziplin, heldischer Vereinzelung und völkischer Verschmelzung) zeigen, wie Qualitäten der schamanistischen Weltsicht zur menschlichen Bedingtheit gehören.

»Es gab einmal eine Zeit, da war Philosophie eine Sammlung von Geschichten, Religion war eine Sammlung von Geschichten, und weise Bücher waren Sammlungen von Geschichten, aber heute, wo Erdichtetes selbst von literarischen Kennern als eine Form des Erlogenen angesehen wird, stehen wir ohne jede überzeugende Weisheit, Religion oder Philosophie da.« (Ronald Sukenick, zit. n. D. C. Noel, in: Duerr 1981, Bd. 2, S. 430)

Während naive Leser erst glauben, daß Castaneda wirklich zaubern gelernt hat, und später bitter enttäuscht sind, wenn kritische Psychologen nachweisen, daß die Lehrzeit bei Don Juan erfunden ist (vgl. De Mille 1976), geht es Sukenick darum, auf die Möglichkeiten der Weltverzauberung hinzuweisen, die der Dichtkunst in früheren Epochen zur Verfügung standen, und die Castaneda durch seine Umkehr der modernen wissenschaftlichen Haltung neu belebt. Don Juan spielt dieselbe Rolle wie Vergil, der den Dichter Dante durch Inferno, Fegefeuer und die sieben Himmel begleitet. Wenn eine Dichtung heute noch Macht gewinnen will, muß sie als Wissenschaft auftreten. Freud und Marx haben das auf ihre Weise getan; Castaneda tat es auf eine ganz andere. »Der Zauberer, der Künstler gewahrt hinter jeder besonderen Form, die von Fiktionen angenommen werden kann, die fiktive Macht selbst, und da es in unserem Leben an mächtigen Fiktionen fehlt, ist es vielleicht für uns alle an der Zeit, Zauberer zu werden.« (Sukenick, a. a. O., S. 431)

Auch in dem für die Hippie-Generation prägenden Roman von J. R. R. Tolkien »Der Herr der Ringe« werden schamanistische Heilungen idealisiert: Sie sind zugleich urtümlicher und wirkungsvoller als die Techniken, welche ausgebildete, nicht magisch berufene Heiler anwenden. Selbst die enge Beziehung zu einer Pflanze als »Schutzgeist« und Helfer des Schamanen hat Tolkien präzise beschrieben. Aragorn, der Ranger und künftige König, verfügt über eine magische Beziehung zu einer Pflanze, die Athelas oder Königskraut genannt wird. Mit ihrer Hilfe kann er, wo die Heilkundigen des ehrwürdigen Reiches von Gondor verzweifeln, die Verwundeten retten, die unter dem Einfluß des magischen »schwarzen Atems« in ein unheilbares Fieber fallen, allen Lebensmut verlieren und schließlich sterben. Im folgenden ein Textausschnitt über die Heilung des todesnahen Faramir: »Jetzt kniete sich Aragorn neben Faramir nieder und legte eine Hand auf seine Stirn. Und diejenigen, die zuschauten, spürten, daß irgendein großer Kampf ausgefochten wurde. Denn Aragorns Gesicht wurde grau vor Erschöpfung; und immer wieder rief er Faramirs Namen, doch jedesmal hörten sie ihn leiser, als ob Aragorn selbst fern von ihnen sei und in irgendeinem dunklen Tal wandere und jemanden rufe, der sich verirrt hatte.

Und schließlich kam Bergil angerannt und brachte sechs Blätter in einem Tuch. ›Es ist Königskraut, Herr‹, sagte er, ›aber nicht frisch, fürchte ich. Es muß schon vor mindestens zwei Wochen gepflückt worden sein. Ich hoffe, es wird nützlich sein, Herr.‹ Dann sah er Faramir an und brach in Tränen aus.

Aber Aragorn lächelte . . . Dann nahm er zwei Blätter, legte sie auf seine Hände und hauchte sie an, und dann zerrieb er sie, und sogleich war der Raum von einer lebendigen Frische erfüllt, als ob die Luft selbst erwacht sei und prickele und vor Freude sprühe . . . Plötzlich regte sich Faramir, und er öffnete die Augen und schaute Aragorn an, der sich über ihn beugte; und Erkennen und Liebe leuchteten in seinen Augen, und er sprach leise: ›Mein Herr, Ihr riefet mich. Ich komme. Was befiehlt der König?‹« (Tolkien 1966/1984, Bd. III, S. 165 f.)

Tolkien greift hier schamanistische Merkmale (die Beziehung zwischen Heiler und magischer Pflanzenkraft, das Ringen mit den schädlichen Einflüssen im Geisterreich) auf und verbindet sie mit einem ebenfalls magisch aufgeladenen Königtum. Damit spielt er vielleicht auf einen englischen Aberglauben an, der noch in historischer Zeit eine Rolle spielte, daß nämlich der britische König Skrofeln durch Berührung heilen kann (»Kings Disease«).

Literatur

Allwohn, A., »Magie und Suggestion in der Heilpraxis«, in: Bitter, W. (Hrsg.), *Magie und Wunder in der Heilkunde*, Stuttgart 1959

Boas, F., »The Religion of the Kwakiutl«, in: *Columbia University Contributions to Anthropology* Bd. X, New York 1930, 2. Teil, S. 1–41 (»Quesalid«)

Cassirer, E., *Essay on Man*, New Haven 1944

Castaneda, Carlos, *Die Lehren des Don Juan*, Frankfurt 1973

Ders., *Reise nach Ixtlan*, Frankfurt 1975

Ders., *Der Ring der Kraft*, Frankfurt 1976

Ders., *Der zweite Ring der Kraft*, Frankfurt 1978

Clements, H., *Magic, Myth and Medicine*, London 1952

Ehrenwald, J., *From Medicine Man to Freud*, New York 1956

Duerr, Hans Peter, *Traumzeit. Über die Grenze zwischen Wildnis und Zivilisation*, Frankfurt am Main 1978

Ders. (Hrsg.), *Der Wissenschaftler und das Irrationale*, Bde. I u. II, Frankfurt 1981

Eliade, M. *Schamanismus und archaische Ekstasetechnik*, Zürich 1956

Feyerabend, Paul, *Erkenntnis für freie Menschen*, Frankfurt 1981

Ders., *Wider den Methodenzwang*, Frankfurt 1983

Freud, S., *Gesammelte Werke* Bd. 15 (S. 86)

Friedrich, A., »Das Bewußtsein eines Naturvolkes von Haushalt und Ursprung des Lebens«, in: Mühlmann, W. E. und E. W. Müller, *Kulturanthropologie*, Köln-Berlin 1966

Golowin von Steiger, Sergius, *Das Reich der Schamanen*, Basel 1981

Goodman, Felicitas, *Trance, Healing and Hallucinations*, New York 1974

Holmer, N. und H. Wassen, *Mu-Igala or the way of Muu, a medicine song from the Cuñas of Panama*, Göteborg 1947

Jacobi, J., *Der Weg der Individuation*, Zürich 1965 (S. 86)

Lersch, Ph., *Aufbau der Person*, München 1965
Levi, L., Streß: *Körper, Seele und Krankheit*, Göttingen 1964
Lévi-Strauss, C., *Strukturale Anthropologie*, Frankfurt 1968
Ders., *Das wilde Denken*, Frankfurt 1968
Lévy-Bruhl, L., *Le surnaturel et la nature dans la mentalité primitive*, Paris 1931
Malinowski, B., *Magic, Science and Religion*, New York 1955
De Mille, Richard, *Castanedas Journey: The Power and the Allegory*, Santa Barbara 1980
Preuss, K. Th., *Die geistige Kultur der Naturvölker*, Leipzig-Berlin 1914
Seligman, K., *History of Magic*, New York 1948
Thurnwald, R., »Psychologie des primitiven Menschen«, in: *Handbuch der vergleichenden Psychologie* (Hrsg. G. Kafka), Bd. 1, S. 147 f.
Tolkien, J. R. R., *Der Herr der Ringe*, 3 Bände, London 1966, zit. n. d. Übers. von Margaret Carroux, Stuttgart 1984

3.

Riten, Mythen, Priesterärzte

Wir können uns heute kaum mehr vorstellen, in welchem Ausmaß das soziale Leben nicht nur der sogenannten Primitiven, sondern auch vieler historischer Kulturen bis in die jüngste Zeit von Riten und Bräuchen durchdrungen war: religiösen Festen, kultischen Schauspielen, gemeinschaftlichem Tanz, dramatischer Vergegenwärtigung heiliger Mythen. Solche Riten begleiteten Geburt, Heirat und Tod, jeder nahm an ihnen teil; es gab nicht die Trennung zwischen Akteur und Zuschauer, welche heute unsere Theater, Opern und Sportveranstaltungen, politischen Demonstrationen und selbst die Fronleichnamsprozession oder den Faschingszug kennzeichnen, in denen sich religiöse oder weltliche Elemente alter Riten noch erhalten haben (auch der Karneval war einmal eine religiöse Feier, wie überhaupt jener puritanische Zug nüchterner Andacht den alten Religionen fernlag, der heute die Konfessionen beherrscht).

Warum die Riten und Kulte einen so wesentlichen Teil des Gemeinschaftslebens bestimmten und bei vielen Primitiven das ganze Leben regelrecht beherrschten, haben viele Anthropologen, Soziologen und Religionswissenschaftler zu beantworten gesucht. Eine erste Erklärung konzipierte ein kollektives Lebensgefühl, eine ›Gruppenseele‹, welche dem individualisierten Zivilisationsmenschen abhanden gekommen sei. Genauere Forschung hat aber gezeigt, daß es eine Gruppenseele oder ein kollektives Bewußtsein nicht gibt. Die zahlreichen magischen Elemente in den primitiven Riten haben den Ethnologen Karl Theodor Preuss dazu geführt, von einer ›Urdummheit‹ zu sprechen, welche diese Religionsformen veranlaßt habe. Diese Urdummheit, sagt Adolf E. Jensen (»Mythos und Kult bei Naturvölkern«) gibt es tatsächlich, aber in allen Religionen und auf allen Kulturstufen. Jensen zitiert eine Beobachtung an einem römischen Rosenkranzverkäufer, der während des Segens durch den Papst auf dem Petersplatz in seinem Hut, worin die Rosenkränze liegen, eifrig rührt und das Unterste zuoberst kehrt, damit ja alle genügend mit dem Segen durchtränkt werden.

Den Ethnologen, der von einem primitiven Bauern den Sinn eines Ritus erfragt und die Antwort erhält, man tue das, um die Fruchtbarkeit der Äcker zu erhalten, vergleicht Jensen mit einem Forscher, der von diesem Rosenkranzverkäufer erfahren will, wie denn die katholische Religion beschaffen sei. Jensen vermutet, daß in vielen primitiven Kulturen das schöpferische Stadium der Religiosität vergangen sei; ein Stadium der Anwendung, der oberflächlich-magischen Begründung, habe es ersetzt.

Seit Ethnologen sich mehr und mehr in die Situation der erforschten Völker einfühlen – viele Beispiele dafür bieten die Arbeiten von Hans Peter Duerr –, kursiert auch die Vermutung, daß kluge Wilde dummen Missionaren diese primitive Magie vorgespielt haben, weil sie die Europäer wie Kinder behandelten, die das Wesentliche doch nicht verstehen und denen man deshalb Ammenmärchen erzählt.

Ein Beispiel dafür, daß die Wurzeln eines ursprünglich religiösen Verbotes völlig vergessen werden können, bietet etwa der Abscheu vor Pferdefleisch, für den viele ›vernünftige‹ Gründe genannt werden: das Pferd schmecke widerlich, sei ungesund oder stehe dem Menschen zu nahe. Tatsächlich aber handelt es sich um den Ausdruck der christlichen Abwehr heidnischer Kulte, in denen Pferde rituell geschlachtet und verspeist wurden.

Diese Vorbemerkungen[*] sind nötig, um unsere Frage nach der

---

[*] Ausführlicher ist diese Problematik diskutiert in: Schmidbauer, W., »Psychohygienische und (gruppen)psychotherapeutische Aspekte primitiver Riten«, in: *Jahrbuch für Psychologie, Psychotherapie und medizinische Anthropologie* 17, 1969, S. 238.

psychotherapeutischen Wirkung solcher Riten und Kulte nicht miß-
zuverstehen. Wir tragen den Aspekt einer Zweckmäßigkeit an diese
Riten heran, der weder ihre Entstehung noch ihren religiösen Wert
umfassen kann. Wir gehen davon aus, daß in einem genügend langen
Zeitraum jene Riten und Kulte eher überlebten, die unter anderem
auch bessere psychotherapeutische Wirkungen hatten als andere
oder als ihr Nichtvorhandensein. Auf diese Weise hoffen wir, einen
Beitrag zur Geschichte der (gruppen)psychotherapeutischen Praxis
zu leisten, wie wir sie erst heute auch theoretisch formulieren
können.

Vom Sinn der Ekstase

Das ›altsteinzeitliche‹ Modell der seelischen Heilung ist der Medi-
zin- oder Trancetanz der Buschmänner. Er belegt, daß Gruppenpsychotherapie möglicherweise erheblich älter ist als individuelle Psychotherapie.
Ein fast allen archaischen Heilpraktiken gemeinsamer Zug ist die
Trance oder Ekstase, der Übergang (Trance kommt von lateinisch
transire, übergehen) oder das Heraustreten (*Ekstasis* im Griechischen) aus der gewohnten Welt. Es handelt sich um einen psychischen Ausnahmezustand, in dem das realistische, an der tatsächlichen Umwelt orientierte Bewußtsein zurücktritt und Phantasien
subjektiv als Wirklichkeit erlebt werden (etwa die Geisterreise des
Schamanen, die wir im vorausgehenden Kapitel beschrieben haben).
Bei den Buschmännern sind die Schamanen noch keine eigene Be-
rufsklasse wie sonst vielfach bereits in altsteinzeitlichen Kulturen.
Jeder Mann, der seine erste Antilope erlegt hat, kann Medizinmann
werden; jeder lernt die Medizinlieder und tanzt im Trancetanz mit.
Doch nicht alle besitzen dieselbe Stärke und magische Macht. Nur
die starken Heiler praktizieren regelmäßig, indem sie ihre Gruppe
vom Bösen reinigen – seelischen Spannungen, Streitigkeiten und
Ängsten –, das angeblich von den Totengeistern verschuldet wird.
Die Trancetänze schützen eine Gruppe vor Zwietracht, vor Durst

und Hunger, vor Krankheit und Tod, vor unbestimmbarer Furcht und den dunklen Mächten der Geister. Obschon eine zutiefst ernste und religiöse Angelegenheit, mutet der Trancetanz dem europäischen Beobachter eher wie ein Fest an. Jedermann kann teilnehmen; auch Kinder dürfen die ganze Nacht aufbleiben und zusehen oder die Tänzer nachahmen. Die Frauen singen in der Regel die Lieder und klatschen den Takt, doch wenn sie Lust haben, können auch sie tanzen. Zwischen den Tänzen unterhält man sich und ißt oder raucht; auf dem Rücken ihrer singenden, rhythmisch klatschenden Mütter schlafen die Babys, während die Männer, ihre Beine mit Tanzrasseln (aus den Kokons von Insektenpuppen) umwunden, die Füße kontrapunktisch aufsetzen. Die Knöchelrassel,[*] später oft auch aus Metall gefertigt, ist das älteste Rhythmusinstrument; der Tänzer erzeugt im Tanzen den Klang, zu dem er tanzt.

Es gibt eine ganze Reihe von Techniken, mit denen Ekstase erreicht werden kann. Rhythmischer Tanz, der immer schneller wird, ist eine der häufigsten. Auch die Buschmänner versetzen sich auf diese Weise in Trance. In diesem Zustand, wenn die geistige Kraft des Medizinmannes durch den Tanz (der immer nachts, um ein großes Feuer, stattfindet) erwärmt wird, verläßt ihn seine Seele und fliegt aufs Veld (die Kalahari-Steppe) hinaus, während der Körper wie tot zu Boden fällt.

Die Umstehenden fangen den In-Trance-Geratenen auf, damit er nicht ins Feuer stürzt und sich verletzt. Auf der Steppe sucht der Geist sodann das Böse, das die Gruppe beunruhigt: die Totengeister, den Regengott, Löwen, die in letzter Zeit immer gebrüllt haben. Wenn die Seele zurückkommt, scheint der Medizinmann zu erwachen. Doch er ist immer noch in Ekstase, von magischen Kräften beseelt.

Das ist jener Zustand, in dem die Buschmänner, wie so viele Gläubige ekstatischer Religionen, glühende Kohlen berühren und

---

[*] Die Muskoogee-Indianer, deren Tänze ich 1977 durch die Vermittlung des Medizinmanns Philip Deere beobachten konnte, haben die Schildkrötenpanzer-Rasseln der alten Zeit durch Coladosen ersetzt, die mit kleinen Steinen gefüllt sind. Sie werden um die Knöchel der Tänzerinnen und Tänzer bei den Erntefesten gebunden.

sich mit Flammen das Gesicht ›waschen‹ können, ohne sich zu verbrennen. Solche Vorgänge, in ihren seelischen und körperlichen Zusammenhängen noch völlig ungeklärt, können heute nicht mehr bezweifelt werden. Es gibt zahlreiche Filmaufnahmen, welche diese rätselhafte, die Psychosomatik faszinierende Widerstandskraft der Haut gegen Hitze in einem seelischen Ausnahmezustand dokumentieren.

Elizabeth Marshall-Thomas hat einen solchen Trancetanz der Buschmänner beobachtet. Sie schildert den Heiler, einen einfachen, noch jungen Jäger, der sich im Tanz erschöpft hat und gerade in Ekstase gefallen ist. »Gleich darauf neigte er sich langsam über das Feuer und wusch sich die Hände in den Flammen. Dann ging er auf eine der Frauen im Kreis der Sängerinnen zu, legte ihr die eine Hand auf die Brust, die andere auf den Rücken, erschauerte und stöhnte, während er das Böse aus ihr herauszog, richtete sich plötzlich auf und schrie das Böse in die Luft hinaus ... Auf diese Weise heilte Gai alle Buschmänner, immer gefolgt von Ukwane, der jetzt seinen Arm hielt, um ihn zu stützen. Bald war Gai abermals erschöpft zusammengebrochen und wurde an den Knöcheln zu einer Stelle gezerrt, wo Schatten war* ... Ich beobachtete ihn; seine Augen waren geschlossen, seine Augenlider geschwollen; ich hielt ihn für bewußtlos. Sein Atem ging kratzend durch Mund und Nase und sein Pulsschlag schien stark beschleunigt zu sein.«

Welche Wirkungen hat die Trance bzw. Ekstase? Man kann diese in zwei Gruppen unterteilen: die suggestiven und die kathartischen. Zum Verständnis ist es nötig, etwas auszuholen. Der Mensch ist ein sehr lernbegabtes Wesen, aber diese Lernfähigkeit begrenzt auch seine Entwicklungsmöglichkeiten. Es werden nicht nur positive, das Selbstvertrauen stärkende, sondern auch negative Erfahrungen gespeichert. Diese lassen sich dann nicht mehr überwinden, wenn sie durch Vermeidungen zementiert werden.

In der Trance erreicht der Mensch nun einen Zustand, in dem er

---

* Die Buschmänner tanzen immer nachts; in diesem Fall taten sie es tagsüber, um Filmaufnahmen zu erlauben; das Feuer mußte aber trotzdem angezündet werden.

solche negativen Vorerfahrungen ausblendet, weil er mit einem Bild verschmilzt, das er als machtvoll erlebt. Durch die Teilhabe an dieser Macht wird er selbst mächtig, so mächtig, daß sonst bestehende Einschränkungen von ihm abfallen. Daher die Trance des Schamanen: Ohne sie würde er sich vor den Geistern ebenso fürchten wie die anderen Stammesmitglieder, in ihr, durch die Identifizierung mit seinem Schutzgeist, hat er die notwendige Macht.

Man kann die autosuggestive Trance von der unterscheiden, die durch einen Heiler bei einem Kranken (oder einem Schamanen-Lehrling) induziert wird. Beiden gemeinsam ist, daß Erlebnisweisen und Verhaltensformen in einer Weise umstrukturiert werden können, die sich mit anderen Mitteln so nicht erreichen läßt. Angewendet werden solche Grundsätze schon in den archaischen Gesellschaften; erforscht wurden sie erst – zunächst unter dem Begriff der Hypnose – im vergangenen Jahrhundert (siehe S. 197 f.).

Katharsis ist ein griechisches Wort, das ›Reinigung‹ bedeutet und schon von Aristoteles verwendet wurde, um den Effekt einer Tragödie auf den Zuschauer zu beschreiben. Wenn wir später die Anfänge der Psychoanalyse betrachten, werden wir wieder auf die Katharsis stoßen, durch die Freud eine Zeitlang die heilenden Folgen des Erinnerns erklären wollte: Der Kranke, der sich an einen verdrängten, ›eingeklemmten‹ Affekt, ein heftiges Gefühl – Wut oder Liebe, Scham oder Ärger – erinnert und dieses Gefühl wiederholt, ist von den krankmachenden Folgen des Verdrängens geheilt. Freud bemerkte später, daß solche Erfolge nicht unbedingt von Dauer sind, doch darüber später.

Wir haben die Trance als Ablösung von der Realitätsorientierung beschrieben, als einen Zustand, in dem Phantasien (auch bisher unbewußte Phantasien) plötzlich erlebt und gelebt werden, als ob sie reale Ereignisse wären. Der Sinn der Trance liegt, evolutionstheoretisch gesehen, also in einem der biologischen Mutation analogen Geschehen. Der Normalzustand wird verlassen, neue, auch radikal neue Eindrücke werden möglich, ein Leben kann von Grund auf umgekrempelt werden, wie man es oft in der Biographie religiöser Visionäre findet (die Trance ist eng mit Satori oder Samadhi, der

›Erleuchtung‹, welche Jogis und Zen-Buddhisten anstreben, verwandt; s. S. 395 f.).

Die Fähigkeit zur Trance schwankt stark, je nachdem, welche Kultur und welchen Menschen wir vor uns haben. In primitiven Sozietäten und im Fernen Osten scheint sie häufiger und sozial geschätzter zu sein als im Westen. Die Ablösung von der Realität beinhaltet oft die Fähigkeit zu prophetischer Sicht; man spricht deshalb bei Menschen, die leicht in Trance geraten, gerne von ›Medien‹, seit Spiritisten sie zu Kontakten mit dem Jenseits benützten. Warum die Trance dazu befähigt, läßt sich nur vermuten. Wahrscheinlich spielt die Tatsache mit, daß der Betroffene mit seinem realitätsorientierten Ich dabei auch jenen kontrollierenden Instanzen seiner Persönlichkeit entgeht, die gewöhnlich unsere Phantasie und unser Selbstvertrauen einengen.

In Trance wird diese Kontrollinstanz aufgelöst, die Erziehung zur Bescheidenheit rückgängig gemacht, der Betroffene kehrt in seine kindliche, imaginäre Allmacht zurück. Geheimnisse widerstehen nicht länger, Vermutungen werden als Offenbarungen erlebt, die Zukunft öffnet sich, der Körper wird zu ›übermenschlichen‹ Leistungen fähig. Wie nach diesem Bild der Trance zu erwarten, sind die Leistungen des ›Mediums‹, in nüchternem Zustand nachgeprüft, starken Schwankungen unterworfen und höchst unzuverlässig. Es kann sein, daß es tatsächlich mehr erreicht, als unsere zuverlässigen Sinne leisten können. Doch geschieht es selten genug, um die Welt mit Skeptikern zu bevölkern, die glauben, daß es gar nie geschieht. Solche Zweifel mögen ganz oder teilweise unberechtigt sein; doch selbst von der Existenz ›paranormaler‹ Vorgänge (Telepathie, Hellsehen, Telekinese) überzeugte Forscher (z. B. Hans Bender) betonen, daß die einzig erwiesene und nachweisbare Eigenschaft der rätselhaften Kraft, die hinter ihnen steht (›Psi‹ nach Rhine), ihr Wankelmut und ihre Unzuverlässigkeit ist. Schlimmer noch: Das Medium, der Hellseher oder wer immer auch die Kraft Psi anwendet, kann selbst nie wissen, ob ›es‹ jetzt funktioniert hat oder nicht. Die besonderen Eigenschaften der Trance, die Ablösung von der Realität, die fehlende Selbstkritik setzen zwar möglicherweise besondere

Fähigkeiten frei, sie verhindern aber gleichzeitig, daß diese Fähigkeiten dauerhaft in unsere Persönlichkeit eingebaut und sinnvoll verwendet werden.

Es gibt bis heute ernüchternd wenige Beispiele dafür, daß solche Fähigkeiten in den modernen, wissenschaftlich kontrollierten Gesellschaften überhaupt zu etwas gut sind, und kein einziges, daß sie sehr viel nützen – weder unserem Wissen noch irgendeinem praktischen Zweck, ob es sich nun darum handelt, Lottozahlen vorauszuwissen, Krankheiten zu erkennen oder in die Zukunft zu schauen. Freilich ist diese Sicht nur auf die zweckrational bestimmten Gesellschaften anwendbar, in denen die moderne Form der Wissenschaft gedeiht; wir können in dieser Hinsicht weder eine fundierte Aussage über andere Kulturen machen, noch gibt uns die Entwicklung unserer eigenen Zivilisation Anlaß zu der Überzeugung, daß wir alle Welt belehren dürfen. Während sich die schriftlosen Kulturen vor allem durch die Verlockungen unserer Waren auflösen, müssen wir zugeben, daß wir die Umweltprobleme der Produktion dieser Verführungen zwar erkennen, aber nicht lösen können (während die ›Primitiven‹ sie vielleicht weniger erkannt, aber eher gelöst haben).

Soviel zu den ›paranormalen‹ Aspekten der Trance. Nun zurück zu ihren psychotherapeutischen, vor allem zur Katharsis. Die menschlichen Symbolsysteme (Sprache, Sitten, Verbote usw.) haben weitgehend die Aufgabe der tierischen Instinkte übernommen. Sie kontrollieren unser Verhalten und garantieren die Anpassung eines weitgehend chaotischen, undifferenzierten Trieblebens an die Realität. Doch während die tierischen Instinkte gewissermaßen auf derselben Ebene liegen wie die Antriebe, das Verhalten also schon primär geformt ist, arbeitet die menschliche Verhaltenskontrolle anders.

Wir spüren Wut und wollen dem, der uns beleidigte, an den Kragen; doch wir spüren auch Hemmungen, Einwände, die um so eindrücklicher werden, je weiter wir ihren Verzweigungen in unserem inneren Symbolsystem nachgehen: die guten Lehren unserer Mutter, immer freundlich zu sein, die Schulstrafe, nachdem man sich einmal hinreißen ließ, die Benimmregeln im Tanzunterricht, unser Wissen um die entsprechenden Paragraphen (Körperverletzung, Beleidigung) im

Strafgesetzbuch. Unsere Triebe und ihre Kontrolle liegen auf unterschiedlichen semantischen Ebenen. Dadurch wird unser Innenleben ungeheuer kompliziert, aber unsere Anpassungsfähigkeit, verglichen mit instinktgesteuerten Tieren, enorm gesteigert.

Daß wir unsere Verhaltenskontrolle lernen müssen, hat aber einige wichtige Konsequenzen, unter ihnen die, daß wir sie auch schlecht (im Fall des Kriminellen) oder allzugut lernen können. Im letzteren Fall entsteht der Neurotiker, der Triebregungen verdrängen muß, weil er die Auseinandersetzungen mit ihnen scheut, der sich von der inneren oder äußeren Wirklichkeit abwendet, weil sie ihm unerträglich dünkt.

Offensichtlich ist das schon in relativ frühen Stadien menschlicher Gesellung möglich. In der Trance, welche mit der Realitätsorientierung auch die Verhaltenskontrolle auslöscht, gewinnt nun der solchermaßen von einer Überkontrolle geplagte Mensch für einige Zeit Luft. Er kann seine eingeengten Affekte, die sich schon erfüllende Phantasien zurechtgemacht haben, abreagieren im großartigen Tagtraum, in der Begegnung mit Geistern, in der Reise in eine Überwelt, in der Identifizierung mit einem Gott. Wenn der Schamane von der Schamanenkrankheit genest, sobald er beginnt zu schamanisieren, so ist das wohl mit eine Folge dieser wiederholten kathartischen Trance. Vermutlich engt dieser Versuch, die Funktion der Trance zu verstehen, ihre Bedeutungen ein; sie wird teilweise in unser Kausalitäts- und Zweckdenken übersetzt. Nicht erfaßt werden andere Dimensionen, die wir unter dem Begriff der Offenbarung oder der Religion eher benennen als erklären können.

Ekstatische Kulte der Gegenwart

»Wer in einem Candomblé-Heiligtum die Statue des heiligen Antonius entdeckt, der steht vor dem Gott des Krieges, dem man Hahn und Ziegenbock opfert. Es kann geschehen, daß ein Anhänger des Candomblé-Kultes einen Feuerstein vorweist und behauptet, darin wohne der heilige Hieronymus oder der heilige Petrus. Tatsächlich verbirgt sich dahinter der Gott des Blitzes. Wenn bei einer Kultfeier plötzlich ein Teilnehmer in Trance fällt und dabei bellt wie ein Hund, dann ist Oxóssi in ihn gefahren, der Gott der Jagd. Auf Befragen wird der Betreffende möglicherweise sagen, er habe eine Vision des Erzengels Michael oder des heiligen Georg empfangen ... Geschieht das zum erstenmal, dann schlachtet man vorher einen Hahn über dem Kopf der Eingeweihten, so daß das frische Blut ihnen über das Gesicht rinnt, man verbrennt Weihrauch-Kegel auf ihren kahlgeschorenen Köpfen, bis sich die Glut in brandigem Loch bis zum Schädelknochen durchgefressen hat und stets wird des Herzens Jesu voller Liebe gedacht oder Unserer lieben Frau vom guten Sterben, des heiligen Lazarus, des heiligen Laurentius.« (Raffalt 1964, S. 1347)

Diese anschauliche Schilderung belegt die Verwirrung des Europäers angesichts der Verhältnisse in Südamerika. Sie sind darauf zurückzuführen, daß bereits zur Zeit der portugiesischen Kolonialherrschaft ein manipulativer, seinerseits von vielen magischen Vorschriften bestimmter Katholizismus sich mit den animistischen Ahnenkulten der Afrikaner verband. »Wären die Glaubensinhalte des populären europäischen Katholizismus nicht so verderbt gewesen von magischen Elementen und Glauben an Seelen der anderen Welt, an die Einwirkung der Heiligen in das Erdenleben ... dann wäre die Fremdheit zwischen den Völkern, die sich hier trafen, größer gewesen.« (R. Ribeira, zit. n. Figge 1973, S. 16)

Alle ekstatischen Kulte sind – da persönlichkeits- und gruppenspezifisch – nur schwer zu erfassen; es gibt keine Geschichtsschreibung, keine verbindliche Theologie, nur Einzelbeobachtungen, heute auch gelegentlich Fragebogenstudien und eine verwirrende Vielfalt der Begriffe, die zur elementaren Qualität der Erlebnisse kontrastiert. Macumba, Quimbanda, Omolocó, Candomblé, Xangó, Catimbó, Nagó sind Wörter, die allein in Rio de Janeiro als Bezeichnungen für Kultvarianten verwendet wurden, ohne daß eine klare Abgrenzung möglich ist. Auch die Versuche, die Kulte aufgrund der Abstammung der Sklaven und der Kenntnisse von Anthropologen über westafrikanische (Yoruba), Bantu- und Sudanreligionen einzuordnen, sind zum Scheitern verurteilt. Als 1888 in Brasilien die Sklaverei abgeschafft wurde, ordnete der Präsident an, alle Akten über die Herkunft der Sklaven zu vernichten. Heute sprechen auch die eindeutig den afrikanischen Kulten zugeordneten ›Heiligen‹ portugiesisch, und um den Verdächtigungen, den Satan anzubeten, zu entgehen, wird fast überall behauptet, in der eigenen ›Kirche‹ gäbe es nur ›getaufte Geister‹, die zur Inkorporation zugelassen seien. Dieser Wandel macht auch den Schritt von der Macumba zur Umbanda aus, die unter diesem Namen schließlich zu einer offiziellen Religion Brasiliens wurde. »Brasilianische Medien, die keine afrikanische Sprache mehr beherrschten, konnten schließlich nicht mehr ›Gefäß afrikanischer Geister‹ sein; vielmehr meldeten sich neue, ihnen geläufige: portugiesisch stammelnde ›Alte Schwarze‹, die sich als Geister ehemaliger Kultchefs ausgaben, dann Indianergeister und andere.« (Figge 1973, S. 19)

In einer Stadtdiözese von Rio de Janeiro schätzt der Bischof siebenhundert ›spiritistische‹ und sechstausend Umbanda-Kultstätten gegenüber 38 Pfarrkirchen. Der brasilianische Spiritismus hat mit dem Tischerücken im kleinen Zirkel wenig zu tun; er begnügt sich damit, die ekstatischen Tanzpraktiken des Candomblé so weit zu vergeistigen, daß sie der gesamten Mischbevölkerung des Landes Anreiz bieten. Kollektive Trance soll die Anhänger nicht nur im Jenseits erlösen, sondern auch im Diesseits heilen. Die Ekstasetechnik der Spiritisten ist konventionell: rhythmisches Singen, Tanzen, kollektive Suggestion der ›Eingeweihten‹, die ihre rasch gewonnene Ekstase auf die Novizen übertragen.

Raffalt schildert: »Manche verfallen in Zuckungen, öffnen sich das Haar, wirbeln die Köpfe und beginnen ... die halbtierischen Schreie auszustoßen, die beweisen, daß der Heilige in sie gefahren ist. Immer mehr gleicht das Bild einem Hexensabbat – die meisten Frauen haben dicke Zigarren in der Hand, deren Rauch sie im Tanz gierig einsaugen ...« Ihnen winken Abwehr aller feindlichen (oft astrologisch) gedachten Kräfte, Schutz vor Krankheit und dauerndes Glück. Die Veranstaltungen finden nicht im kleinen Kreis statt, wie der europäische Spiritismus, sondern in großen Sälen, die mit einer Bühne und einem Kreuz aus Neonröhren ausgerüstet sind.

Man darf den therapeutischen Wert dieser Praktiken nicht unterschätzen, den wohl auch die Zahl ihrer Anhänger belegt: Rund 40 Prozent der nominell katholischen Bewohner einer Neunmillionenstadt wie Rio de Janeiro hängen dem Spiritismus an. Die Zahl der Umbanda- und Candomblé-Anhänger dürfte noch höher sein; auch hier sind viele der Teilnehmer und die Mehrzahl der religiösen Führer Frauen (eine soziologisch sinnvolle Antwort auf das rein männliche Priestertum der katholischen Kirche).

Für das psychologische Verständnis dieser ekstatischen Phänomene erweisen sich die Lehren von zwei Autoren als brauchbar, die man vielfach und zu Recht als Antipoden hingestellt hat: Carl Gustav Jung und Iwan Petrowitsch Pawlow. Untersucht man die Ekstase, so ergänzen sich der Entdecker des kollektiven Unbewußten und der des bedingten Reflexes sehr gut. Vor allem William Sargant, ein englischer Psychiater, der sich sehr auf Pawlow stützt, hat den durch den russischen Physiologen begründeten Begriff der ›transmarginalen Hemmung‹ – der seelisch-körperlichen Belastung über einen bestimmten, individuell verschiedenen ›Bruchpunkt‹ hinaus – auf religionspsychologische Probleme angewendet.

Das stundenlange, angestrengte Tanzen zu monoton-rhythmischer Musik und der Einfluß von Narkotika (Tabak bei den Spiritisten; viele Schamanen verwenden berauschende Drogen, um in Ekstase zu geraten und den Weg ins Geisterreich zu finden) führen schließlich zu einem zeitweiligen Zusammenbruch des bisher Gelernten, wie es Pawlow zuerst bei seinen Versuchstieren beobachtete – Hunden, die anläßlich einer Überschwemmung in Petersburg stundenlang in engen Käfigen unter dauernder Lebensgefahr schwimmen mußten. Dieses ›bisher Gelernte‹ ist nun bei den brasilianischen Spiritisten und wohl auch bei dem archaischen Medizinmann die Realitätsorientierung, die Summe oder besser die Struktur jener Lernprozesse, die Anpassung und Überleben des einzelnen unter normalen Umständen ermöglichen (das ›Ich‹ im Sinne der Psychoanalyse).

Dieses Ich wird durch die transmarginale Belastung überwältigt; wenn diese Überwältigung kultisch gebunden wird, läßt sie sich

regelrecht lernen, so daß es den länger Eingeweihten relativ mühelos gelingt, in Trance zu fallen und sich mit einem der vertrauten
Geister zu identifizieren. Die Überwältigung durch eine transmarginale Belastung nimmt beim Menschen eine ganz andere Form an als
beim Hund, der das Andressierte verliert und auf seine Instinkte
zurückgeht. Der Mensch greift auf sonst vollständig oder teilweise
unbewußte Phantasien zurück, die sich in der Ekstase mit einemmal
beleben. An die Stelle des realitätsorientierten Ich tritt die Identifizierung, erlebt als Identität mit dem Schutzgeist (im Fall des Schamanen) oder einem anderen ›Archetypus‹ des jeweils für wahr gehaltenen Weltbildes.
Wie wichtig solche in der persönlichen Erwartungshaltung veranker-
ten, vielfach unbewußten mythischen Prägungen sind, zeigt ein Bericht des Ethnologen Georg Seitz von den Waika-Indianern im brasilianischen Urwald. Sie verwenden eine Rauschdroge, das halluzinogene Schnupfpulver Epéna, um mit den Häkuli, ihren Ahnengeistern,
zu sprechen. Seitz beobachtete nun, wie ein in der Missionsschule
erzogener und getaufter Indio ebenfalls durch Epéna in Trance
geriet. Er sah aber nicht die Häkuli, sondern die Engel seiner
Missionare! Die Annahme einer bewußten Erwartungshaltung, der
nichts aus dem Unbewußten ›entgegenkommt‹, genügt nicht, um die
beschriebenen Phänomene zu erklären. Sie kann uns weder die Lust
und die anschließende Euphorie verständlich machen, die das Konzept der Katharsis unterdrückter Triebwünsche erläutert, noch begründen, warum die ekstatischen Erlebnisse nachher oft nicht mehr
erinnert werden. Dieses (allerdings weder notwendige noch regelmäßig auftretende) Phänomen läßt sich wohl nur so interpretieren,
daß der Betroffene in seiner Trance von unbewußten ›Komplexen‹
beherrscht wurde, die anschließend der Verdrängung anheimfallen.
Am Ideal der Psychoanalyse gemessen, die fordert: »Wo Es (also
Unbewußtes) war, soll Ich (also Bewußtes) werden«, scheint der
therapeutische Wert solcher ekstatischen Techniken fragwürdig.
Doch ist festzuhalten, daß die heilende Trance – im südamerikani-
schen Kult wie im Tanz der Buschmänner – gar nicht darauf abzielt,
den ›Behandelten‹ unabhängig von der periodisch wiederholten The-

rapie zu machen (je nach den Umständen, d. h. dem Vorhandensein von genügend Wasser, Brennholz und Nahrung, halten die Buschmänner bis zu dreimal pro Woche einen Trance-Tanz). Die in regelmäßigen Abständen wiederholte Katharsis genügt, um gestaute Affekte abzureagieren. Ein ›stärkeres‹, besser angepaßtes und enger an die Realität gebundenes Ich ist eine Forderung späterer Kulturen, in denen es notwendig ist, durch eine innere Struktur das triebhafte Verhalten einzuschränken, das bei den Jägern und Sammlern durch die Umwelt selbst reguliert wird. Ein simples Beispiel: Nur der Bauer, nicht der Wildbeuter muß soviel Disziplin haben, das Saatgetreide nicht aufzuessen. Wahrscheinlich mindert dieses disziplinierte Ich die Bereitschaft zur Trance; die brasilianischen Kultbewegungen sind in der Unterschicht stärker verbreitet als im Bürgertum.

Wir werden später sehen, daß die kollektive Trance der Buschmänner und der Anhänger des Spiritismus in einer psychotherapeutischen Methode anklingt, die im ausklingenden 18. Jahrhundert Furore (im wahrsten Sinn des Wortes) machte: der ›magnetischen‹ Behandlung Mesmers, wobei sich um die Bassins mit magisch ›mächtigem‹ Wasser die Gläubigen sammelten und unter grellen Schreien in Verzückung gerieten. Zu klarerem Verständnis der oben dargestellten Vorgänge verhelfen aber eher die Methoden J. L. Morenos, des Begründers der Gruppentherapie in Gestalt des ›Psychodrama‹ (in dem der Kranke seine seelischen Konflikte unter Aufsicht eines Psychologen spielt und dadurch nicht nur eine Katharsis erlebt, sondern auch neue Möglichkeiten der Konfliktverarbeitung erlernt). Moreno unterscheidet zwischen Gruppenkatharsis und Handlungskatharsis. Die erste ergibt sich aus den hilfreichen Wechselwirkungen zwischen den einzelnen Mitgliedern einer psychotherapeutischen Gruppe, die zweite aus spontanen, impulsiven Äußerungen eines oder mehrerer Mitglieder. Wenn wir die Essenz des Psychodramas genau betrachten, so erkennen wir in ihm eine umfassende und wissenschaftlich begründete Wiederbelebung schamanistischer Techniken (die Moreno kaum gekannt hat; in seinen Büchern erwähnt er sie jedenfalls nicht), denn die schauspielerische Darstellung und Überwindung seelischer Konflikte ist ja auch das Wesen vieler schamanistischer Geisterreisen, wobei allerdings der Schamane die Lösung dem Kranken vorspielt, während der Kranke im Psychodrama mitspielt.

Noch deutlicher wird die Verwandtschaft der von Moreno beschriebenen Katharsis, wenn wir das von ihm als gemeinsames Element aller Formen der Katharsis bezeichnete Merkmal der ›schöpferischen Spontaneität‹ betrachten. Nicht in ein Psychodrama, sondern in den (oft dramatisch gefaßten) Mythos eingeordnet, ist die Identifikation mit dem schöpferischen Prinzip des ekstatischen Kultes, mit seinem ›Gott‹, ein typisches Zeichen ob es sich nun um griechische (Dionysos, Demeter) und kleinasiatische (Adonis, Tammuz, Attis) Mysterienkulte handelt oder um Voodoo, Umbanda und den Candomblé. Da es sich durchweg nicht um theologisch fundierte Vorstellungen von einem Hochgott, sondern eher um das schamanistische Bild des ›Schutzgeistes‹ handelt, kann man die ehrwürdige Tradition solcher Kulte wie des Candomblé festhalten, den Raffalt schildert: »Unvergeßlich ist mir ein zahnloser, ausgemergelter Neger, der plötzlich vom Herannahen des Gottes, dem er diente, wie von einem Blitz getroffen wurde ... Er stieß einen heulenden Ton aus ... seine Haltung wurde königlich, sein Gesicht glänzte von Schweiß ... Aus seinem Mund fuhren Laute, deren er im normalen Leben niemals fähig gewesen wäre. Die übrigen Teilnehmer leisteten sofort Hilfsdienste, nahmen ihm die Jacke ab, zogen ihm die Schuhe aus ... Seine Existenz war ausgelöscht – ein anderer lebte in ihm. Der Sinn der Candomblé ist nicht, sich dem Gotte hinzugeben, sondern der Gott zu werden. Der Candomblézeiro wird für eine Weile selbst zu einem übernatürlichen, mit unendlicher Kraft ausgestatteten Wesen. In diesem Zustand gewinnt er nicht nur eine Ahnung, er genießt eine konkrete Erfahrung der Übernatur, und damit der eigenen Unsterblichkeit. In der Ekstase wird der Glaube abgelöst durch Gewißheit.«

Diese Szene bestätigt nicht nur, daß in der Trance die realitätsorientierten Funktionen des Bewußtseins durch bisher verborgene, möglicherweise kompensatorische (ausgleichende) Inhalte ersetzt werden (der zahnlose, ausgemergelte Afrikaner wird in seinem Alltagsleben wenig Grund haben, sich in einer göttlichen Rolle zu wähnen). Daß

sein individuelles Erleben innerhalb einer Gruppe hilfreicher Gleich-
gesinnter stattfindet, bestätigt und verstärkt die Gefühle des einzelnen und führt dazu, daß sich die gewonnenen Erlebnisse verfestigen.
Während Raffalt vermutet, daß der Inkorporation des Geistes eine
Euphorie folgt, ist Figge aufgrund seiner sehr viel gründlicheren
Forschungen skeptisch. Er macht deutlich, daß die Inkorporation am
ehesten die Qualität eines spirituellen Tourismus hat. Das Medium
entflieht einer unangenehmen Wirklichkeit und kehrt dann wieder in
sie zurück. Die Geister sind selbstbewußt, überlegen, ruhig; haben
sie das Medium verlassen, fällt es in seinen oft bedrückend ausweg-
losen Alltag zurück. »Beim überwiegenden Teil der Medien ist das
Gesicht in der Geistrolle voller und glatter, der Blick milder und
energischer. Es braucht nicht verschwiegen zu werden, daß ich
inkorporierten Alten Schwarzen[*] gegenüber gelegentlich ein Gefühl
geradezu zärtlicher Verbundenheit bemerkte, wenn sie mir wie einem jungen Verwandten irgendwelche ebenso gutgemeinten wie
banalen Ratschläge gaben; was dann zu meinem spürbaren Bedauern
in völlige Fremdheit umschlug, wenn das Medium zu sich kam und
wieder die alleinstehende Wäscherin mit drei kleinen Kindern war
oder der resignierte Speiseeisverkäufer. Nicht nur aufgrund der nun
umgekehrten Rangordnung war ihr Verhalten mir gegenüber zurück-
haltender, vielleicht gar etwas ablehnend, sie sahen effektiv schlag-
artig anders aus.« (Figge 1973, S. 155)
Die beliebteste weibliche Gottheit im Umbanda ist eine erotisierte
Jungfrau Maria, Iemanjá, die Königin des Meeres, Mutter des
Wassers (Mami Wata im Voodoo), Gottheit der sexuellen Liebe,
der Ehe. Sie wird in der Neujahrsnacht an allen brasilianischen
Stränden geehrt; in der Natur entspricht ihr die Meeresoberflä-
che, das Silber, der Mond; sie ist mit Aspekten Marias verknüpft;
ihr Zeichen ist das Herz, ihr Tag der Sonnabend, geopfert werden
ihr vor allem Toilettenartikel wie Seife, Kämme und Spiegel; als
Getränke Sekt und Mineralwasser, als Speisen Baummelone (de-

---

[*] Die Alten Schwarzen *(Pretos Velhos)* sind freundliche Ahnengeister oder Geister
verstorbener Kultchefs, die noch über afrikanische Weisheiten verfügen. Sie tragen fast
immer christliche Namen und entsprechen eher Onkel Tom als Malcolm X.

ren portugiesische Bezeichnung *mamao* an die Frauenbrust erinnert) und Maispudding. Ihre häufigste bildliche Darstellung ist –
die europäische Nixe, die Loreley mit langen blonden Haaren und
Fischschwanz.

In einer Arbeit über die mythischen Hintergründe der »Zauberflöte«
von Mozart und Schikaneder habe ich mich mit dieser Figur beschäftigt und ihre vielfältigen religionsgeschichtlichen Bezüge untersucht.
Einige Jahre später fand ich bei einem befreundeten Händler, der die
Hälfte des Jahres in Westafrika verbringt, eine Figur der Mami Wata
von der Elfenbeinküste – eine schneeweiß gefaßte, thronende Frau,
die eine Schlange in den erhobenen Armen hält und den Betrachter
starr anblickt. Und vielleicht bedeutet dem, der sich von dem Singspiel Mozarts bezaubern läßt, die nächtliche Königin dasselbe, wie
dem Umbanda- oder Voodoo-Gläubigen die Meereskönigin.

Die Schlange als Begleiterin, die nächtliche Stunde, das Auftreten als
Triade und die Klage um eine verlorene Tochter zeigen allesamt die
Nähe der nächtlichen Königin zu der asiatischen Mond- und Frucht-
barkeitsgöttin, deren Kulte so vielgestaltig sind wie ihre Namen:
Astarte, Kybele, Demeter, Isis, Eurynome, Kali; in Sumer Iahu,
woraus sich später Jehova entwickelt hat.[*]

Laut Schikaneders Bühnenanweisung fährt Sarastro auf einem
Triumphwagen, der von sechs Löwen gezogen wird. Diese Löwen
hat er seiner Feindin ausgespannt; sie waren ursprünglich die
heiligen Tiere der Mondgöttin, von der sich auch der blaue Mantel
der Marien-Ikonographie herleitet. In Kreta wurden Hunderte von
Statuetten der Göttin oder ihrer Priesterinnen gefunden: mit
glockenförmigem Rock und nackten Brüsten, eine Schlange in jeder
ausgestreckten Hand. Nach Diodorus Siculus (V,77 und V,79) waren
kretische Riten den eleusinischen Mysterien ähnlich. Die Kreter
behaupteten, alle Geheimkulte seien auf ihrer Insel erfunden worden.

»O Isis und Osiris«, singen die Eingeweihten. Isis ist die Königin der
Nacht, die Mondgöttin; ihr Kult, dessen Erbe im Mittelmeergebiet

---

[*]   R. von Ranke-Graves, *Griechische Mythologie* a. a. O., Bd. I, S. 23.

die Marienverehrung antrat, war ein wesentlicher Glaube der griechisch-römischen Welt, »die einzige heidnische Religion, die universell hätte werden können«, wie Grant sagt.[*] Isis ist die Göttin der zehntausend Namen, die alle anderen Göttinnen in sich aufnahm und sich in jede Gestalt verwandeln konnte. So hat sie Apuleius in dem spätantiken Roman »Der goldene Esel« geschildert, und viele Merkmale weisen auf die nächtliche Königin: »Ich hatte kaum die Augen geschlossen, da stieg aus dem Meer die Erscheinung einer Frau empor mit so lieblichem Antlitz, daß die Götter selbst anbetend in die Knie gesunken wären. Anmutig tauchte zuerst das Haupt, dann der ganze schimmernde Leib hervor und stand vor mir, auf der Wellenfläche schwebend. Ich will versuchen, diese überirdische Vision zu beschreiben, obschon die menschliche Sprache viel zu arm ist, aber vielleicht wird die Göttin selbst mir soviel dichterische Phantasie einflößen, daß ich einen leisen Abglanz dessen vermitteln kann, was ich gesehen habe.

Ihr langes, dichtes Haar fiel in spitz zulaufenden Locken auf den lieblichen Nacken herab und war mit einem kunstvollen Kranz gekrönt, in den alle Blumen der Erde eingeflochten waren. Gleich über der Stirn leuchtete eine runde Scheibe wie ein Spiegel oder wie das helle Antlitz des Mondes, die mir verkündete, wer sie sei. Vipern, die sich aus dem linken und dem rechten Scheitel ihres Haares emporreckten, trugen diese Scheibe, umgeben von vollen Kornähren. Ihr buntes Gewand war aus feinstem Linnen, zum Teil strahlend weiß, zum Teil krokusgelb, zum Teil feuerrot; am unteren Rand hing, von einem Windhauch bewegt, eine geflochtene Bordüre aus Blumen und Früchten.

Mehr als alles andere aber fesselte meinen Blick der tiefschwarze Glanz ihres Mantels. Sie trug ihn lose über den Körper geworfen von der rechten Hüfte bis zur linken Schulter, wo er zu einem Knoten gerafft war, der einem Schildbuckel glich; zum Teil jedoch hing er in zahllosen Falten herab, und die mit Quasten besetzten Ränder flatterten sanft. Er war am Saum und auch sonst überall mit funkelnden

---

[*] J. Grant, *The World of Rome*, London 1960, S. 297.

Sternen bestickt, und in der Mitte leuchtete ein strahlender Vollmond. In der rechten Hand hielt sie eine Bronzeklapper, wie man sie braucht, um den Gott des Schirokko zu verscheuchen; der schmale Rand war wie ein Schwertgürtel gekrümmt, und quer hindurch liefen drei kleine Stäbe, die laut klapperten, wenn sie den Griff schüttelte. Von ihrer linken Hand hing eine kahnförmige goldene Schale herab, und an der oberen Kante des Griffs schlängelte sich eine Natter entlang mit aufgeblähtem Hals und stoßbereitem Kopf. An ihren Götterfüßen saßen Sandalen aus Palmblättern, Symbole des Sieges. Alle Wohlgerüche des Ostens stiegen zu mir auf, als die Göttin mich anzusprechen geruhte: ›Du siehst mich hier, Lucius, weil ich dein Gebet erhört habe. Ich bin die Natur, die Allmutter, die Herrin der Elemente, Urkind der Zeit, Höchste der Gottheiten, Königin der Ahnen, Königin auch der Unsterblichen, die einzige Offenbarung aller Götter und Göttinnen, die da sind. Mit einem Wink beherrsche ich die leuchtenden Himmelshöhen, die wohltätigen Meereswinde, das jammervolle Schweigen der Unterwelt. Obwohl ich in vielen Gestalten verehrt werde, unter zahllosen Namen bekannt bin und man mich mit vielen Riten gnädig stimmen will, bin dennoch ich es, die von der ganzen runden Erde angebetet wird.‹«

In Brasilien ›spricht‹ die Göttin nach dem Bericht Figges so: »Ein weibliches Medium stand vor einer kleinen Kultgruppe weißgekleidet im Buchtwasser, offenbar war sie von der Meereskönigin Iemenajá besessen, denn sie machte die typischen Flatterbewegungen mit nach unten offenen Händen und ließ einen hellen Sirenengesang hören. Sie ließ sich dann in das schmutzige, übelriechende Wasser gleiten, wälzte sich darin herum und kroch dann näher zu ihren Kultfreunden, um sie mit strahlend glücklichem Gesicht zu begrüßen. Dann planschte sie, auf dem Bauch liegend, nahm von dem mit Sand vermischten Schmutzwasser mit den Händen auf und goß es sich immer lächelnd und ›sirenend‹ über den Kopf. Dabei griff sie, da sie jetzt weit am Rande lag, mehrmals ins Trockene, offenbar ohne das zu merken. Schließlich wälzte sie sich am Saum des Wassers entlang und kam dabei plötzlich zu sich. Zwei Männer halfen ihr auf und stützten die Frau, die nun plötzlich häßlich, verstört und er-

schöpft dastand und an ihrem nassen, verschmutzten Kleid zupfte.«
(Figge 1973, S. 156)
Gert Chesi vermutet, daß der Mami-Wata-Kult in Westafrika aus
Nigerias Cross-River-Gebiet stammt. 1975 wurden das erste Mal
Bildwerke dieses Kults in der New Yorker Galerie Endicott ausgestellt. Während Chesi eine Ursprungsgeschichte für »wahrscheinlich« erklärt, welche Mami Wata mit den Nixen verknüpft, die als
Galionsfiguren von europäischen Segelschiffen den Westafrikanern
auffielen, scheint es mir wahrscheinlicher, daß rückgewanderte Afrikaner den Kult aus Brasilien oder der Karibik zurückbrachten; die
kultische Verwandtschaft zwischen Iemenajá und Mami Wata ist sehr
eng, und beide haben viel mit Isis, der »weißen Göttin« (Graves 1962) zu tun, angefangen von den Schlangen, die sie begleiten,
bis zu ihrer Vorliebe für Parfüm und Schmuck.
Die Rollen des Schamanen und der Voodoo-Priesterin sind ähnlich.
Als Beispiel eine Geschichte, die Chesi mitteilt: Ikwo, Haushälterin
einer indischen Familie in Nigeria, ist Mitglied einer spiritistischen
Kirche an ihrem Heimatort. Sie träumt von einer überirdisch schönen, weißen Frau mit langen Haaren, die mit schillernden Schlangen
behängt ist. Darauf ist klar, daß Ikwo von Mami Wata ausgewählt ist,
sie kündigt ihre Stelle und läßt sich von der Mami-Wata-Priesterin in
ihrem Heimatort ausbilden. Die Schlußzeremonie besteht darin, daß
auf einem Servierbrett Opfergaben, vor allem Parfüm, Zigaretten,
Puder, Palmwein und Gin dargebracht werden. Mit diesem Tablett
gehen die Initiandin und ihre Begleiterinnen an das Flußufer. Im
Wasser nimmt Ikwo das Opferbrett vom Kopf und legt es auf das
Wasser. Jubel bricht aus, als es sogleich versinkt und die meisten
Opfergaben mit ihm; nur einige schwimmen davon. Mami Wata hat
die Gaben angenommen: Ikwo wird nun rituell gereinigt und siebenmal untergetaucht; auf dem Weg zurück in ihr Elternhaus darf
niemand sich umsehen, sonst würde die Göttin der Gesellschaft
folgen und ihr Unglück bringen.
»Es ist für den unvorbereiteten Betrachter geradezu unbegreiflich,
wie ein Konglomerat von Stilen, Gedanken, Religionen und Kon-
sumartikeln problemlos miteinander verschmilzt.« (Chesi 1987,

S. 255) Während manche Hilfesuchenden zu den »Mamissi«, d. h. den Priestern von Mami Wata gehen, fühlen sich andere von Mami Wata verfolgt und geschädigt, so daß es in Ikpe einen selbsternannten Professor gibt, der sich auf Kuren von Frauen spezialisiert hat, die sich von den Einflüssen des Wassergeistes befreien wollen.

In einem Interview Chesis wird deutlich, daß die Karriere als Voodoo-Priesterin aus ähnlichen Gründen gesucht wird wie die Karriere als Therapeut in Europa: Als Lösung einer persönlichen Sinn-Krise. Afi Kodjohu, Hausangestellte in Lomi, möchte die Zeremonie machen, sie kann sie sich aber noch nicht leisten, denn sie verdient monatlich nur 7000 CFA-Francs (CFA = Communauté Financière Africaine); 100 CFA entsprachen damals ungefähr 1 DM), während die Zeremonie 40 000 CFA kostet. Sie leidet seit ihrer Scheidung an Angstzuständen und träumt von Nixen, die sie ins Wasser ziehen wollen. Sie weiß ganz genau, welche Opfer sie für die Zeremonie anschaffen muß – unter anderem zwei Bibeln und zwölf Flaschen Parfüm. Zur Zeremonie kommen alle Verwandten; es müssen viele sein, sonst zieht die Nixe die Initiandin ins Wasser. Wenn die Fetischpriesterin eine rote Fahne aufs Meer legt, erscheint Mami Wata, aber nur einen Moment lang und nur für die Priesterin und einige Eingeweihte sichtbar. Die Nixe schenkt der künftigen Priesterin dann einen Spiegel, aus dem sie die Zukunft lesen kann. (Chesi 1987, S. 57)

Auch im afrikanischen Voodoo ist die Besessenheit durch einen (hier oft »Fetisch« genannten) Geist das zentrale heilende Element. Der Geist »reitet« den Gläubigen; er wird durch Zeremonien und wohl auch durch den suggestiven Einfluß der Priesterinnen und Priester gerufen. Die eigentliche »Besessenheit« ist aber unfreiwillig und unberechenbar. Chesis Fotos ekstatischer junger Mädchen erinnern stark an die Bilder, welche wir aus Berichten über die »hysterischen« Zustände in Popkonzerten kennen, in denen auch oft bis zu hundert Zwölf- bis Sechzehnjährige kollabieren.[*] Auch hier wirken

---

[*] Vgl. die Berichte im Winter 1996/97 über die Tournee der Back Street Boys.

körperliche Einflüsse (Erschöpfung durch stundenlanges Warten und heftiges Schreien) und erotische Erregung zusammen. Die Dynamik der Ekstase ähnelt jener des Orgasmus und der Verliebtheit; in allen Fällen wird das Alltagsbewußtsein von etwas überwältigt, das »stärker ist als mein Ich«, aber auch verspricht, dieses Ich zu erhöhen oder zu ergänzen.

In der Gruppenpsychotherapie gilt heute die Katharsis nur als erste Stufe des therapeutischen Prozesses. Sie muß von Einsicht und Neu-Lernen gefolgt werden. Doch bis heute gilt eine therapeutische Gruppe als nicht existenzfähig, wenn nicht in ihr immer wieder Emotionen kathartisch vorgebracht werden. Und wie in den Umbanda- oder Voodoo-Riten unterstützen die Gruppenmitglieder auch in dieser Situation den Gefühlsausbruch, reichen Taschentücher, um Tränen zu trocknen, und begleiten unter Umständen eine erschöpfte Teilnehmerin nach Hause.

Saturnalien und verwandte Feste

Trance und Ekstase haben also in vielen Fällen kathartische Wirkungen. Mit der Abwendung von der Realität und den Zwängen der Natur wie der sozialen Umwelt wird es möglich, durch übermäßige Kontrolle oder Angst unterdrückte Triebwünsche in der Phantasie auszuleben, wenn der Gott des Kultes von dem Betroffenen Besitz ergreift oder seine Seele die Fessel des Leibes verläßt und sich in imaginären Welten ergeht. Doch es gibt auch andere Möglichkeiten der Katharsis. Sie spielten sich von alters her in Festen und Zeremonien ab, in denen Ekstase nicht angestrebt wurde. Sie beherrschten die Rückkehr in einen kindlichen Zustand, die sogenannte Regression. Wenn der Mensch sein Verhalten nicht durch angeborene Mechanismen (Instinkte) kontrolliert und seiner Umwelt anpaßt, muß er diese Kontrolle erlernen. Das heißt auch: Das Kind verfügt noch nicht über diese Kontrolle, es erwirbt sie erst, indem es sich die Verbote seiner Umwelt zu eigen macht und sie einsichtig oder unbewußt vorwegnimmt.

Ein Stück Katharsis steckt also auch in jeder Möglichkeit, sich wieder wie ein Kind verhalten zu dürfen, seine Gefühle und Wünsche ähnlich unbefangen und unmittelbar auszudrücken.* Es gibt nun eine ganze Reihe von Festen und kultischen Zeremonien, die sich unmittelbar an das ›Kind im Manne‹ wenden – an die einzigartige (und übrigens auch eng mit künstlerisch-schöpferischer Tätigkeit verbundene) Fähigkeit des Menschen zu Regression.

Besonders charakteristisch sind die eigentümlichen Sühne-Zeremonien, welche man vor der Zerstörung ihrer Kultur durch die Weißen bei den Irokesen und Huronen in Nordamerika beobachten konnte. Bei den Irokesen, berichtet James Frazer, gingen Männer und Frauen von Wigwam zu Wigwam, zerschlugen alles, was nicht niet- und nagelfest war, warfen Töpfe um, schrien und tanzten. Da man allgemein glaubte, die Menschen seien zu dieser Zeit verrückt, wurde niemand für das verantwortlich gemacht, was er anstellte. Viele nutzten diese Möglichkeit, alte Rechnungen zu begleichen und gestaute Gefühle abzureagieren – etwa indem sie mißliebigen Stammesgenossen kaltes Wasser über den Kopf gossen oder ihnen Schmutz und Asche ins Gesicht schleuderten. Der einzige Weg, solchen Verfolgern zu entgehen, mutet sonderbar tiefenpsychologisch an: Man mußte erraten, was sie geträumt hatten.

In dieser Eigentümlichkeit spiegelt sich ein Zug wider, der die Lonouyroya-Zeremonie der Huronen ganz beherrschte. Diese wurde dann durchgeführt, wenn viele Leute in einem Dorf krank waren und alle anderen Mittel versagt hatten. Die Indianer selbst erklärten diesen Ritus als das geeignetste Mittel, alle bösen Geister aus der Siedlung zu vertreiben, die Krankheit und körperliche wie geistige Schwäche bewirken.

Eines Abends, so schildert Gabriel Sagard die Zeremonie, begannen

---

* »Für den einzelnen bedeutet die Katharsis die Möglichkeit, sich einmal wieder so geben zu dürfen, wie er denkt und fühlt. Das Verhalten, das der Patient nun zeigt, kommt dem seiner Kindheit nahe. Die Möglichkeit zur Regression auf kindliches Gebaren und Erleben ist die Hauptbedingung für das Zustandekommen der Katharsis.« R. Battegay in: Preuss, H. G. (Hrsg.), *Analytische Gruppenpsychotherapie*, München 1966, S. 30.

alle Männer wie Verrückte durch das Dorf zu laufen; sie drangen in die Hütten ein und zerbrachen alles, was ihnen in den Weg kam, warfen Feuerbrände auf die Straßen und stießen die ganze Nacht wilde Schreie aus. Dann träumte jeder von einem bestimmten Ding – einem Messer, einem Jagdhund, einem Tierfell oder was immer es sein mochte – und ging am nächsten Morgen von Wigwam zu Wigwam, mit der Bitte um Geschenke. Diese empfing jeder schweigend, bis er gerade den Gegenstand erhielt, von dem er geträumt hatte. Kaum hatte er ihn erhalten, stieß er einen Freudenschrei aus und wurde von allen Seiten beglückwünscht.

Denn wer erhielt, wovon er geträumt hatte, der mußte sich keine Sorgen mehr um seine Gesundheit machen; wer es aber nicht bekam, dessen Schicksal galt als besiegelt.

Diese von Sagard im 18. Jahrhundert beobachtete Zeremonie hat sowohl soziale wie therapeutische Aufgaben. Einerseits festigt der Austausch von Geschenken die Beziehungen, deren Gespanntheit möglicherweise nicht wenig zu den Krankheitsepidemien beitrug, welche man bekämpfen wollte. Das erträumte Geschenk und der Jubel, wenn es wirklich erhalten wurde, sind beide gruppenpsychotherapeutisch interessant. Einmal erreichte man vom anderen durch das schweigende Heischen, daß er den Stammesgenossen als Menschen mit eigenen Wünschen erkannte, die zu erraten das Leben des anderen bedeuten kann. Zum anderen wurde aber auch der Fordernde geprüft. Denn wer unerreichbare Geschenke träumte, wer neurotische Maßlosigkeit zeigte, mußte damit rechnen, enttäuscht zu werden.

So wurde die individuelle Katharsis durch die Gruppenkatharsis ergänzt und erweitert. Es ist hier unmöglich, alle Zeremonien, Kulte und weltlichen Feste aufzuzählen, bei denen die individuelle oder Gruppen-Katharsis wirksam werden. Wir wollen uns hier auf wenige, aber besonders fesselnde Beispiele beschränken, in denen psychotherapeutische Absichten bewußt oder unbewußt verwirklicht wurden.

Das Psychodrama Morenos, die früheste Form der modernen Gruppenpsychotherapie, verwendet den Rollentausch als therapeutisches

Mittel. Ihn finden wir in kultischen Festen wieder. Das bekannteste waren die römischen Saturnalien.

Sie fanden im Dezember statt, und man glaubte allgemein, auf diese Weise das fröhliche Zeitalter des Gottes der Saat und der Ehe, Saturn, periodisch zu erneuern, der die Menschen als erster lehrte, den Pflug zu führen und die Erde zu bebauen. Sein Reich war ein Goldenes Zeitalter: Es gab nicht Herren noch Sklaven, die Erde trug willig Frucht für alle, Privateigentum war unbekannt, ebenso Raub und Gewalt. Neben orgiastischen Zügen, deren kathartische Bedeutung unschwer einzusehen ist, war die Verkehrung der Rollen von Herren und Sklaven die hervorstechende Eigenschaft dieses Festes.

Sie ist in zahlreichen literarischen Quellen der Antike überliefert (Vergil, Georgica II, 536–540; Lukian, Saturnalia, 21; Seneca, Episteln 18 und 47 u. v. a.). Die rechtlosen Leibeigenen durften sich nicht nur betrinken und ihre Herren auf eine Weise anreden, die zu jeder anderen Zeit des Jahres mit Peitschenhieben geahndet worden wäre, sondern sie wurden auch von ihren Herren an der Tafel bedient. Jeder Haushalt wurde für wenige Tage eine Republik, in der die Sklaven hohe Staatsämter besetzten und Recht sprachen wie nur je ein Konsul oder Prätor.

Moreno sieht den therapeutischen Wert des Rollenwechsels darin, daß jeder Spieler die Motive erkennt, die in der Rolle seines Gegenspielers liegen. Wenn etwa ein Sohn die Rolle seines Vaters übernimmt, dessen autoritäres Gebaren er immer beklagt hat, und sie nun seinem Vater gegenüber spielen muß, so sieht er den Vater sowohl von der eigenen Seite her, denn mit seinem Spiel wird er ja nicht selbst ein anderer, als auch von der Rolle des Vaters aus.

Neben der gespielten Rolle weiß der Sohn also immer auch, was er von diesen Verhaltensweisen hält, die wahrscheinlich dem widersprechen, was er für ›natürlich‹ hält. »Das gleichzeitige innere Erleben der beiden Rollen hat einen großen therapeutischen Wert«, bemerkt Moreno. »Es hilft dem Sohn, seinen Vater besser zu verstehen, selbst wenn er nicht seine Meinung teilt. Der Sohn projiziert den Vater in sich selbst, und umgekehrt projiziert der Vater den

Sohn in sich selbst, und so sehen sich beide sowohl durch die Augen des anderen als auch durch die eigenen.«

Der Rollenwechsel läßt sich auch in der Kindererziehung verwenden. Moreno schildert eine entsprechende Szene: »Vater schläft im Schlafzimmer. Hans sagt zu seiner Mutter: ›Ich bin müde, ich möchte dort schlafen‹, indem er auf das Zimmer zeigt, wo der Vater schläft. Hans ist sehr beharrlich. Rollenwechsel wird sofort angewandt. Seine Mutter übernimmt die Rolle Hans'. ›Laß mich reingehen, Mami, ich möchte dort schlafen.‹ – ›Nein‹, sagt Hans, der die Rolle von Mami übernimmt. ›Nein, Hans, du kannst nicht, Vater schläft.‹ Er ist sehr bestimmt. Mutter als Hans besteht darauf: ›Aber ich will reingehen und jetzt dort schlafen.‹ – ›Du kannst aber nicht, du wirst Vater stören.‹ Als sein Rollenwechsel beendet war, wurde er sofort wieder er selbst, ließ die Situation fallen und erlaubte seinem Vater, ungestört weiterzuschlafen.«

Ein schwacher Nachklang der römischen Saturnalien tritt uns im Karneval, Fasching und verwandten Festen entgegen, die ja ihrerseits auf heidnische Kultbräuche zurückgehen, die lange vergessen sind. Die Maskierung, ein sehr allgemeines Element solcher Feste, kann man ebenfalls als Rollenwechsel interpretieren, der heute freilich profan und willkürlich geworden ist. Ein Fest, in dem Zuschauer am Straßenrand oder auf bezahlten Tribünenplätzen dem organisierten Maskentreiben zusehen, hat seine kathartischen Qualitäten weitgehend verloren. In den streng reglementierten Sitzungen rheinischer Karnevalsvereine, wo selbst das Gelächter kommandiert wird, sind sie ad absurdum geführt.

Bis zur Rollenumkehr gesteigerter Rollenwechsel war ein sehr charakteristischer Zug der mittelalterlichen französischen Narrenfeste. Der niedrige Klerus wählte aus seinen Reihen einen Papst oder Erzbischof der Narren. Auch die Zeit entsprach weitgehend den römischen Saturnalien: Die Wahl erfolgte am Stephanstag; am ersten Januar wurde der Narrenherrscher feierlich in die Kathedrale geleitet. Dort thronte er bischöflich bis zum Vorabend des Epiphaniefestes.

Groteske und oft sehr wenig fromme Maskeraden beherrschten das

Reich des närrischen Bischofs. Die katholische Liturgie wurde schamlos parodiert. Zerrbilder der feierlichsten Riten wurden durch vermummte Priester (die oft Frauenkleider trugen) aufgeführt, der Chor sang obszöne Lieder, Laien, die sich als Mönche und Nonnen verkleidet hatten, umdrängten den Altar, der in eine Kneipe verwandelt worden war, wo Diakone und Subdiakone Würste aßen, würfelten und zechten, während die Rauchfässer, mit Stücken alter Schuhe statt mit Weihrauch gefüllt, einen beißenden Gestank verbreiteten.

Anderswo, so E. Cortet in seinem »Essai sur les fêtes religieuses« (Paris 1867, S. 53 ff.), führte man zum Narrenfest feierlich einen Esel in die Kirche, zu dessen Ehre eine lateinische Messe zelebriert wurde, die der Priester gelegentlich durch Eselsgeschrei unterbrach. Eine ähnliche Sitte, die in Frankreich, England und Deutschland bezeugt ist, war die Wahl eines Kinder-Bischofs oder Bischofs der Unschuldigen am Tag des bethlehemitischen Kindermordes, also am 28. Dezember. Der Kinder-Bischof übernahm für einen Tag die Aufgaben des echten Oberhirten, las eine Messe (er war meist ein Chorknabe oder Ministrant) und predigte im vollen Bischofsornat von der Kanzel.

In Salisbury sind die Zeremonien, die der Kinderbischof leitete, noch im vollen Urkundentext erhalten. Messen durfte er dort nicht lesen. In anderen Orten war ihm aber sogar erlaubt, die Pfründen zu besetzen, welche während seiner eintägigen Herrschaft vakant wurden.

Auch in vielen Klöstern war bis zur Aufklärung die Rollenumkehr üblich. Bei den Franziskanern in Antibes, berichtet James Frazer, kleideten sich die Laienbrüder, welche sonst in Küche und Garten arbeiteten, in zerlumpte priesterliche Gewänder, lasen Messen in der Kirche, indem sie die heiligen Bücher verkehrt herum hielten und wilde Schreie ausstießen oder, Brillen aus Orangenschalen auf der Nase, Unverständliches murmelten. Dieser Brauch erhielt sich bis ins 18. Jahrhundert.

Nicht weniger deutlich als bei den römischen Saturnalien war der Rollentausch in vielen griechischen und orientalischen Festen und Kulten. In Kreta bedienten die Herren ihre Sklaven während eines

Hermes-Festes; ähnliche Bräuche gab es in Thessalien und Troizen (Athenaios XIV, 44). Sehr verbreitet waren die Kronia. Der griechische Kronos entspricht dem römischen Saturn. Während der Kronia setzten sich Herren und Sklaven zusammen an einen Tisch; dazu wurde erzählt, Kekrops, der erste König Attikas, habe Kronos und seiner Gemahlin Rhea einen Schrein errichtet und angeordnet, Herren und Sklaven sollten zusammen speisen, wenn die Ernte eingebracht sei.

Auch in Mesopotamien gab es den Brauch des Rollentausches, und zwar bei den Sacäa, einem Fest, das in Babylon während fünf Tagen des Monates Lous stattfand. Herren und Sklaven tauschten ihre Plätze, die Sklaven gaben Befehle, denen die Herren gehorchen mußten, in jedem Haus übernahm einer der Diener – er wurde Zoganes genannt – die Rolle des Familienvorstandes. Selbst an die Stelle des tatsächlichen Königs trat ein solcher Zoganes – meist ein zum Tode verurteilter Gefangener, der sich für fünf Tage in Purpur kleidete, aß und trank, was sein Herz begehrte, jeden Wunsch erfüllt erhielt und sogar über den Harem des Herrschers verfügen durfte. Am Ende der Sacäa jedoch wurde er seines geborgten Glanzes beraubt, ausgepeitscht und gehängt oder gekreuzigt, wie Athenaeus berichtet.

Mit dem Rollentausch haben wir den Bereich primitiver Riten verlassen. Die schriftlosen Kulturen kennen sehr selten so weitgehende Standesunterschiede, daß ein Rollentausch möglich wäre. Suchen wir den gemeinsamen Zug der besprochenen Riten zu bestimmen, so kommen wir zu der Vermutung, daß zeitweilige Auflösung, ja Umkehrung einer Ordnung diese sichert und verstärkt. Es handelt sich um einen sozialpsychologischen Regelkreis, ein feed back: Nur eine starke, ihrer selbst sichere Ordnung kann sich ihre völlige Auflösung erlauben; andrerseits trägt gerade diese Auflösung bei, die Ordnung zu verfestigen. Heute, wo der Narrenbischof undenkbar wäre, hat der echte Bischof einen großen Teil seiner Funktionen verloren. Die Aufklärung im 18. Jahrhundert verbannte nicht nur die Narren aus den Kathedralen, sondern trieb schließlich auch die Gläubigen ins Theater und in die Oper.

Die Austreibung und Übertragung von Leiden

Riten und Bräuche sind immer auch Mittel, eine Gemeinschaft von Lasten zu befreien, die wir sicherlich zu einem guten Teil mit jenen Ängsten und Sorgen gleichsetzen dürfen, welche viele mehr oder weniger neurotische Menschen behelligen. Man kann mit James Frazer vier Formen der Befreiung von Übeln bei Primitiven und in den alten Kulturen unterscheiden:

1. Die Übertragung der Übel auf einen materiellen Gegenstand.
2. Die Übertragung auf ein Tier oder einen Menschen.
3. Die Vertreibung übelwollender Dämonen, entweder nach einem besonderen Unglücksfall oder periodisch.
4. Die Übertragung auf einen Sündenbock, der vertrieben oder getötet wird.

Alle diese Maßnahmen haben einen psychotherapeutischen Aspekt. Wir müssen dabei bedenken, daß die Erkenntnis der Zwangsläufigkeit von Ereignissen wie Dürre, Überschwemmung, Seuche und Krankheit eine späte Errungenschaft des menschlichen Geistes ist. Ehe diese vorherrschend wurde, waren Neigungen mächtig, der Umwelt menschliche Motivationen zu unterlegen, d. h. eigene Ängste, Wünsche und Hoffnungen in sie zu projizieren. Nur sehr selten bewerten Angehörige schriftloser Kulturen ein Geschehen als zufällig oder ›natürlich‹. Tod und Krankheit, Mißernte und Dürre, Glück oder Unglück in der Jagd schreibt man dem Einfluß feindlicher Mächte zu, etwa den Totengeistern oder der Magie übelwollender Zauberer. In der Besprechung der Magie (1. Kapitel) haben wir versucht, diesen Gedankengang und die sich aus ihm ableitende, wichtige Aufgabe der Magie und Religion evolutionstheoretisch zu verstehen.

Bis heute hat sich bei jedem Krieg, jedem Unglücksfall und jeder Katastrophe eine Stimme gefunden, die das Ereignis als ›Strafgericht Gottes‹ deutete. Die Ängste, welche der Geburt des Bewußtseins mit einer gewissen Notwendigkeit folgen, müssen gebannt werden; die Drohung eines imaginären Feindes wird durch einen Geisterkampf abgewehrt. So versammeln sich, wann immer ein Unglück geschehen ist, die Einwohner der kleinen Insel Rook zwischen Neuguinea und Neu-Britannien, schreien, fluchen, heulen und schlagen mit Stöcken in die Luft, um den Marsába zu vertreiben, den sie für die Ursache des Mißgeschicks halten. Schritt für Schritt treiben sie ihn auf das Meer zu; ist die Küste erreicht, so verdoppeln sie ihre Anstrengungen, um ihn ins Wasser und auf eine andere Insel zu treiben. Ähnliche Bräuche gibt es in Neu-Britannien, auf Neu-Kaledonien, in Australien, Südafrika, Südostasien und bei amerikanischen Indianern (Frazer 1913, S. 109 ff.).

Die Eingeborenen verhalten sich, wenn wir einen Ausdruck der heutigen Neurosenpsychologie anwenden dürfen, extrapunitiv. Sie suchen die Schuld an dem Mißgeschick nicht bei sich selbst, in ihrem eigenen Versagen (wie etwa der intropunitive, schüchtern-gehemmte Patient mit einer depressiven Neurose), sondern außerhalb ihrer selbst. Aber diese extrapunitive Reaktion wird nicht, wie so häufig in unserer Gesellschaft, an einem Underdog ausgelassen – vom Bürochef am Angestellten, von der Ehefrau am Kind und vom Kind am Dackel. Sie richtet sich gegen einen gemeinsamen, aber ungreifbaren Feind.

Die kathartische Abreaktion von Angst, Aggression und Sorge fügt sich auch gut in die Streß-Theorie Hans Selyes; sie löst die ergotrope, anstrengungsbereite Umschaltung des Nervensystems besser als etwa das verdrängende ›Hinunterschlucken‹ des Ärgers oder intropunitive Selbstkritik.

Häufig werden Leiden und Übel, in bösen Dämonen personifiziert, periodisch vertrieben, meist im Zusammenhang mit Festen, die entweder durch den Kalender oder durch den Rhythmus von Saat und Ernte festgelegt werden. Eines dieser Feste, das Neujahrsfest der Irokesen, haben wir schon kennengelernt. Auch die europäische Volkskunde kennt zahlreiche Reste von Bräuchen, die im Grunde dieselbe Bedeutung haben: das Beweihräuchern der Häuser zum Dreikönigsfest, das Vertreiben der ›Hexen‹ durch Peitschenknall und Böllerschuß in den Rauhnächten zwischen Weihnachten und Dreikönig, die lärmenden Knallkörper und Raketen in der Neujahrsnacht, der ›Osterputz‹.

Immer wieder können wir beobachten, wie Riten ihre Kraft ganz oder teilweise einbüßen. Ein wichtiger Zug scheint hier die Abschwächung und Verdünnung zum unverbindlichen Brauch, der am Ende nur noch von Kindern (als ›Bettelbrauch‹, wie das Sternsingen der Drei Könige) und traditionell gesinnten Vereinen bewahrt wird, aber nicht mehr die Gemeinschaft erfaßt, nicht mehr von jedem einzelnen mit ganzem Herzen getragen wird. Das persönliche Engagement, das Gefühl, daß es um wichtige Fragen geht, ist in allen psychotherapeutischen Verfahren unerläßlich; fehlt die Gefühlsbeteiligung des Kranken, dann hat bis heute der Psychotherapeut wenig Chancen, etwas auszurichten.

Der psychotherapeutische Wert von Zeremonien, die denen in unseren Rauhnächten im Grunde ähneln, aber von der ganzen Gemeinschaft getragen werden, geht aus einem Bericht aus Westafrika hervor. An der Goldküste werden zu festgesetzten Zeiten alle bösen Geister aus einer bestimmten Stadt getrieben. Die Männer rüsten sich mit Keulen und Fackeln. Auf ein Signal hin beginnt ein entsetzliches Geschrei, die Bewohner fuchteln mit ihren Waffen in jeden Winkel ihrer Häuser, schlagen mit Keulen gegen Ecken und Wände, laufen dann alle auf die Straßen, schlagen in die Luft und schreien mit höchster Lautstärke, bis verkündet wird, die Dämonen hätten die Stadt durch eines ihrer Tore verlassen. Alles eilt zu diesem Tor, um sie noch einige Meilen zu verfolgen und sie davor zu warnen, jemals zurückzukommen. »Danach atmen die Leute leichter, schlafen ruhiger und sind gesünder«, bemerkt unser Berichterstatter, J. Leighton Wilson (1856).

Sehr malerisch muß eine ähnliche Reinigungszeremonie bei den alten Inkas in Peru gewesen sein. Dort wurden alle Häuser mit einem besonderen, zu dieser Gelegenheit aus Mehl und Blut gebackenen Brot gereinigt. Bei Sonnenaufgang eilten dann vier Stafettenläufer königlicher Abstammung durch die vier Hauptstraßen Cuzcos. Jeder trieb mit einer federverzierten, mit goldenen Ringen geschmückten Lanze »Krankheit und Sorgen« vor sich her, wie in den alten Chroniken steht, und verließ die Hauptstadt durch eines ihrer vier Tore. Indessen standen die Menschen in den Hauseingängen, schüttelten ihre Kleider und jubelten.

Eine ausgesprochen moderne Einsicht bestimmt schließlich die Erntefeste der Hos in Nordwestindien. Die »seltsame Überzeugung«, über die sich der Ethnologe E. T. Dalton in seinem Bericht aus dem Jahr 1872 nicht genug wundern kann, »daß zu dieser Zeit (nach der Ernte, wenn die Speicher voll sind und die Arbeit nicht mehr hart ist, W. S.) Männer und Frauen so mit lasterhaften Neigungen beladen sind, daß es absolut notwendig für ihre Sicherheit ist, eine Zeitlang ihren Leidenschaften freien Lauf zu lassen« (Dalton 1872, S. 196) – sie entspricht dem Grundsatz einer kathartischen Psychotherapie viel mehr, als es sich unser von der viktorianischen Moral geprägter Gewährsmann hätte träumen lassen. Dalton beschreibt dieses Ernteritual, in dem nach einem Opfer ebenfalls die bösen Geister mit geschwungenen Knüppeln und lautem Geschrei vertrieben werden. Daran schließt sich ein Fest, das – außer der Rollenumkehr – alle Züge der Saturnalien zeigt: Diener vergessen ihren Respekt gegenüber ihren Herren, Kinder verehren ihre Eltern nicht mehr, Frauen durchbrechen alle Bande der »Bescheidenheit, Rücksicht und Zartheit; sie werden zu rasenden Bacchantinnen«, wie Dalton bemerkt und worin er nicht nur die Sitten der Hos charakterisiert, sondern auch das Frauenideal seiner Zeit. Männer und Frauen dürfen allen sinnlichen Wünschen folgen. Da das Fest in benachbarten Dörfern jeweils zu verschiedenen Zeitpunkten stattfindet, hat jedermann Gelegenheit, auswärts nachzuholen, was er zu Hause versäumt zu haben glaubt. Während dieser Zeit haben auch die sonst so strengen Eltern der Hos keine Einwände, wenn ihre Töchter tagelang nicht nach Hause kommen.

Nach der Vertreibung von in Dämonen projizierten seelischen Spannungen wollen wir uns jetzt Riten und Bräuchen zuwenden, welche sich darauf konzentrieren, seelische und körperliche Übel auf leblose Gegenstände oder auch Menschen und Tiere zu übertragen. James Frazer hat diese Sitte rationalistisch erklärt. Er meinte, die Primitiven verwechselten körperliche und seelische Vorgänge; sie dächten, man könne Schmerzen und Sorgen ebenso auf etwas oder jemand übertragen, wie man eine Ladung Holz auf den Rücken eines anderen laden könne. Diese Interpretation erscheint uns heute zugleich allzu vernünftig und allzu primitiv.

100

Angehörige schriftloser Kulturen kennen – dafür gibt es zahlreiche ethnographische Belege – den Unterschied zwischen körperlicher und seelischer Belastung sehr wohl. Der heutige Psychologe wird bei dem Begriff der ›Übertragung‹ gleich an die ganz besondere Bedeutung denken, die er in der Lehre Sigmund Freuds angenommen hat.

In der Psychoanalyse wird erwartet, daß ein neurotisch Kranker alsbald verdrängte Gefühle und Triebwünsche auf seinen Therapeuten überträgt, d. h. diesen in eine Rolle drängt, die er unbewußt bisher allen Menschen, die ihm etwas bedeuteten, aufgezwungen hat (z. B. ein junger Mann bekommt regelmäßig mit Vorgesetzten Streit, weil er in ihnen unbewußt seinen gehaßten Vater bekämpft). Therapeutisch wichtig ist nun, daß der Psychoanalytiker auf diese Übertragung nicht blindlings reagiert (wie der Vorgesetzte, der seinen aufsässigen Angestellten schikaniert), sondern sie analysiert und dadurch die bisher unbewußten Prozesse einer bewußten Korrektur zugänglich macht.

Von dieser Übertragung können wir in den primitiven Riten nur wenig wiederfinden. Immerhin scheint in beiden Fällen eine Konfliktspannung erleichtert zu werden und die Übertragung unbewußten seelischen Vorgängen näher zu stehen als bewußten. Wenn die rituelle Übertragung vielfach bewußt und mit gezielter Absicht vorgenommen wird, so sollte uns das nicht irre machen. Hier spielt die Erfahrung eine Rolle, weniger das Wissen. Es hat sich erwiesen, daß die magische Übertragung das Unbewußte oder die emotionalen Grundstrukturen unseres Erlebens erheblich wirkungsvoller beeinflußt als rationale Überredung (auch wieder eine Parallele zur psychoanalytischen Auffassung der Übertragung).

Wenn die Matse in Togo früher zu einem Fluß gingen, der nach ihrem Glauben die Fähigkeit hatte, Trauer und Sorgen abzuwaschen, und dort ihre Trauer um einen Freund zu lindern suchten, so war diese Zeremonie sicherlich wirkungsvoller, als wenn sie sich mit den Gemeinplätzen getröstet hätten, welche Bekannte und Verwandte in solchen Fällen anzubieten pflegen. Sie banden sich Blätter einer Palme um den Hals und traten mit Trommeln in den Händen an das

Flußufer. Dann schlugen sie die Trommeln und warfen die Blätter ins Wasser. Wenn sie flußabwärts trieben, hofften die Matse, würden auch ihre Sorgen verschwinden.

Auch wenn die Eingeborenen von Timor glauben, auf ermüdenden Märschen ihre Kräfte dadurch wiederherzustellen, daß sie Steine oder Zweige hinter sich werfen, oder wenn die Eingeborenen von Babar erwarten, ihre Müdigkeit auf Steine zu übertragen, mit denen sie sich selbst schlagen (Frazer 1913, Teil VI, S. 3, 8) – dann dürfen wir mit gutem Grund annehmen, daß für diese Menschen eine solche Maßnahme zweckmäßiger ist als der Versuch, sich durch bewußte Anspannung des Willens aufrechtzuerhalten.

Die Übertragung ihrerseits hat magische Folgen. Wenn die Krankheit oder Müdigkeit auf einen Stein oder anderen Gegenstand übertragen werden kann, dann wird sie andererseits auch vom Stein auf den Menschen übergreifen, der ihn als erster aufhebt. So kurieren die Australier Zahnweh dadurch, daß sie eine Speerschleuder (einen vorn mit einem Haken versehenen Stock, der die Reichweite des Speerwurfs erhöht) erhitzen und auf die schmerzende Stelle drücken. Mit der Speerschleuder werfen sie dann das Zahnweh fort, in Gestalt eines kleinen schwarzen Steines, den man gelegentlich im Sand findet. Diese Steine werden sorgfältig gesammelt. Man schleudert sie später in die Richtung eines feindlichen Stammes, um die Zähne der Feinde schmerzen zu lassen (Dawson 1881, S. 59).

Die Bahima in Uganda behandeln Abszesse, indem sie ein Kraut über die entzündete Stelle reiben und es auf dem Pfad vergraben. Der nächste Passant zieht die Krankheit an sich; wer ursprünglich an ihr litt, ist geheilt (Roscoe 1907, S. 103). Auch lebende Tiere werden zu ähnlichen Zwecken verwendet. So hielt man in Marokko einen Eber im Pferdestall. Böse Geister sollten nicht die Pferde, sondern das Schwein aufsuchen, für das sie nach dem Bericht des Neuen Testaments eine besondere Vorliebe haben.

In Algerien war es ein volkstümliches Mittel gegen Typhus, eine Schildkröte auf der Straße umzudrehen, so daß sie hilflos mit den Beinen zappelte, und sie mit einem Topf zu bedecken: Wer den Topf aufhob, bekam das Fieber (Frazer VI, S. 31). Eine interessante magische Kur nach diesem Prinzip schließlich wird von den Torajas in Zentral-Celebes berichtet. Hier heilte eine weise Frau die Kleptomanie einer Häuptlingstochter, indem sie einen Sack mit Spinnen und Krabben auf die Hände der Patientin legte. Die Greifglieder dieser Tiere, den Händen eines Diebes nicht unähnlich, sollten die kleptomanen Neigungen der jungen Frau aus ihrer Seele entfernen (Frazer VI, S. 34).

Sündenbock-Riten

Abschließend wollen wir einen Ritus betrachten, der für die Betrachtung der primitiven (Gruppen)Psychotherapie besonders aufschlußreich ist, aber eine Reihe von Problemen aufwirft, mit denen sich auch die moderne Sozialpsychologie beschäftigt hat. Die Rede vom ›Sündenbock‹ gehört durchaus in den Zusammenhang einer Reinigungs- und Sühnezeremonie, in der die magische Übertragung von Übeln eine wichtige Rolle spielte.

Beim jüdischen Versöhnungsfest wurde über zwei Böcke das Los geworfen. Einer wurde daraufhin geopfert, dem anderen aber legte der Hohepriester beide Hände auf das Haupt und bekannte auf ihn »alle Missetat der Kinder Israels und alle ihre Übertretung in allen ihren Sünden, und soll(te) sie dem Bock auf das Haupt legen«, wie Luther die Vorschrift in 3. Mose, 16, übersetzt hat. Dieser Bock wurde von einem Mann in die Wüste geführt und dort laufen gelassen. Dieser Mann mußte sich nachher ebenso reinigen wie der Hohepriester.

Auch hier gibt es eine lange Reihe vergleichbarer Riten in verschiedenen Erdteilen und auf unterschiedlichen Kulturstufen. Viele indische Stämme führen bei Cholera-Epidemien eine Ziege oder eine Büffelkuh (in beiden Fällen muß das Tier so schwarz sein wie nur möglich) aus den Dorfgrenzen heraus und hindern sie zurückzukehren. Bei den Dinka, einem Hirtenvolk am Weißen Nil, besitzt jede Familie eine heilige Kuh. Wenn das Land durch Krieg, Hungersnot oder ein anderes öffentliches Unglück bedroht ist, wird von den

Führern des Dorfes eine Kuh ausgewählt, die als öffentlicher Sündenbock dienen soll. Das Tier wird von den Frauen an das Nilufer getrieben und über den Fluß an das andere Ufer, wo es ein Opfer der Raubtiere wird. Die Frauen aber blicken nicht zurück, wenn sie heimkehren, denn wie bei vielen magischen Riten wäre sonst die Zeremonie wirkungslos (vgl. die Initiation der Mami-Wata-Priesterin und die Strafe für Lots Weib).

Häufig wird auch, wie beim hebräischen Versöhnungsfest, ein Tier alljährlich mit den bösen Geistern eines Dorfes beladen und auf oft grausame Weise getötet, wie bei den Garos von Assam, die einen Affen in jedes Haus führen und ihn schließlich außerhalb der Siedlung und an Bambusrohren kreuzigen (Frazer VI, S. 170, 190, 193, 208).

Kaum ein Ritus hat die Aufmerksamkeit der Religionswissenschaftler und Ethnologen so auf sich konzentriert wie die Übertragung von Leiden auf einen menschlichen Sündenbock, der dann feierlich gemartert und getötet wird. So wurden bis weit ins 19. Jahrhundert hinein bei Onitsha am Niger jährlich zwei Menschen geopfert, um das Land von Sünden zu befreien. Die Opfer wurden gekauft. Dafür mußten alle Menschen Geld entrichten, die sich während des vergangenen Jahres irgend etwas zuschulden kommen hatten lassen – Brandstiftung, Diebstahl, Ehebruch oder Zauberei. Man kaufte sie im Landesinnern, einen für das Land, einen für den Fluß.

Am 27. Februar 1858 war der Missionar J. C. Taylor Zeuge einer solchen Zeremonie. Das Opfer, eine junge Frau, wurde mit nach unten gewandtem Gesicht zu Tode geschleift, vom Königspalast bis zum Fluß (Taylor 1859, S. 343). Die Yoruba in Westafrika wählten den Menschen, der später Sündenbock sein sollte, schon in der Jugend aus. Er, der Oluwo, wurde gut ernährt und bekam jeden Wunsch erfüllt. Bevor er endlich getötet wurde, zog er durch alle Straßen der Hauptstadt, viele Menschen liefen zu ihm und legten ihre Hände auf ihn, um ihre Sünden, Schuldgefühle, Sorgen und selbst ihren Tod auf ihn zu übertragen. Ehe der Oluwo enthauptet wird, führt man ihn in ein Heiligtum, das sonst nur Priester betreten dürfen; sein Ende wird laut verkündet und löst ein Freudenfest aus (Dennett 1906, S. 254).

Vielleicht hat es auch in Europa einst solche Sündenbock-Riten gegeben. Frazer deutet eine alte Münchener Sitte so. Bis ins letzte Jahrhundert hinein wurde ein Mann als ›Teufel‹ von ›Hexen‹ durch die Stadt gehetzt und später symbolisch (seine mit Heu ausgestopften Kleider) an einem Turm der Frauenkirche aufgehängt. Sicher bezeugt sind Tötungen von Sündenböcken im antiken Griechenland, wo man einen solchen Menschen Pharmakos nannte (›Heilmittel‹; derselbe Wortstamm wie in Pharmazie).

Besonders bekanntgeworden ist die entsprechende Zeremonie in Massilia, dem heutigen Marseille, in der Antike eine der blühendsten griechischen Kolonien. Wenn dort eine Seuche herrschte, bot sich ein Mann aus den ärmeren Klassen als Pharmakos an. Für ein volles Jahr wurde er auf Staatskosten ernährt, dann in heilige Gewänder gekleidet, mit geweihten Zweigen bekränzt und durch die ganze Stadt geführt, wobei man betete, alle Übel mögen auf sein Haupt fallen.

Über das Ende dieses Pharmakos widersprechen sich die historischen Quellen. Servius schreibt in seinem Vergilkommentar, daß er nur verbannt wurde (ad Aen. III, 57), während Lactantius davon spricht, daß er außerhalb der Stadtmauern vom Volke gesteinigt worden ist (Commentarii in Statii Thebaida X, 793). Auch die Athener unterhielten regelmäßig auf Staatskosten eine Reihe von Menschen, die aus verschiedenen Gründen unfähig waren, sich ihren Lebensunterhalt zu verdienen. Doch war diese Fürsorge teuer erkauft. Wollte ein allgemeiner Notstand – eine Seuche, Hungersnot oder Dürre – nicht weichen, so führte man zwei dieser Rechtlosen außerhalb der Stadtmauern und steinigte sie.

In Kleinasien wählten griechische Kolonisten im sechsten Jahrhundert einen besonders häßlichen Mitbürger aus, wenn Hungersnot oder Pest drohten. Er sollte alle Übel und Sünden auf sich nehmen. Man brachte ihn zu einem bestimmten Platz und gab ihm getrocknete Feigen, Brot und Käse zu essen. Dann schlug man ihn siebenmal mit Meerzwiebeln oder Ästen der wilden Feige auf die Genitalien und verbrannte ihn auf einem Scheiterhaufen (Nilsson 1957, S. 107). Auf der griechischen Insel Leukas stieß man jedes Jahr einen jungen

Mann von einer weißen Klippe in die Brandung. Um seinen Fall zu erleichtern, band man ihm lebende Vögel und Vogelfedern um den Leib; unten warteten Boote, die ihn falls er überlebte außer Landes bringen mußten. Schon früh ist den Gelehrten, die sich mit dem Sündenbock-Ritus befaßten, aufgefallen, daß das zentrale Motiv im kultischen Tod des Pharmakos in enger Beziehung zur christlichen Erlösungsthematik steht. Frazer hat diesen Gedanken durch den Hinweis ergänzt, daß auch in anderen Kulturen der ›Jahreskönig‹, welcher ein Jahr regiert und dann sterben muß, die Rolle des Sündenbocks übernommen hat; dieser Jahreskönig wurde vielfach als Inkarnation eines Gottes angesehen.

Ob die Ansicht Frazers von der ursprünglichen Bedeutung und Verbreitung der periodischen Königstötung nun richtig ist oder nicht, für die von ihm belegten Fälle des Sündenbock-Ritus ist die psychologische Interpretation gerechtfertigt.[*]

Der amerikanische Sozialpsychologe Gordon W. Allport hat in einer sozialpsychologischen Studie »Treibjagd auf Sündenböcke« den psychotherapeutischen Aspekt dieser Riten völlig außer acht gelassen. Allport geht es vorwiegend darum nachzuweisen, daß viele Menschen dazu neigen, eigene, verdrängte Haßgefühle oder verbotene Neigungen auf eine soziale Minderheit zu projizieren und ihre eigene Neurose gewissermaßen in diesen Sündenböcken zu bekämpfen. Beispiele sind leicht zu finden: Hitler und seine Befehlsempfänger, die Millionen von Juden auf grausame Weise umbrachten, gaben vor, auf diese Weise nur sich selbst und die Reinheit der arischen Rasse vor den Nachstellungen des ›aggressiven‹ und ›sexuell lüsternen‹ Weltjudentums zu verteidigen.

---

[*] Sie hat im angelsächsischen Sprachraum mehr Anhänger gefunden als hier (vergleiche noch jüngst Graves, R., *The White Goddess*, London 1958); im Vorwort zu der neuen Frazer-Ausgabe *(Der goldene Zweig*, Köln 1968) hat Karl Kerényi das vorsichtig-positive Urteil der heutigen Religionswissenschaft resümiert. Psychologisch gesehen, ist die periodische Königstötung recht interessant: Sie erlaubt, Aggressionen abzureagieren, die notwendig mit jener Hybris verknüpft sind, die in der Herrschaft eines Menschen über seinesgleichen liegt.

In den Vereinigten Staaten wurden die Indianer als ›heimtückisch‹ und ›grausam‹ hingestellt und nahezu ausgerottet. Später haben verschiedene Gruppen von Einwanderern diese Rolle des Sündenbocks übernommen, an denen sich eine weiße Mehrheit schadlos hält. Im Mittelalter waren es die Hexen, welche in nächtlichen Orgien die geheimsten Wünsche der Inquisitoren vollzogen und stellvertretend für diese sterben mußten.

Ein Zyniker könnte sagen: Der Zweck heiligt die Mittel. Warum treten Psychologen immer dagegen auf, Sündenböcke zu suchen, wenn ihnen ihre eigenen Theorien nahelegen, daß auf diese Weise Haßgefühle, Aggressionen und ganz allgemein psychische Spannungen abreagiert werden können?

Dagegen ist zunächst einmal einzuwenden, daß die modernen und auch die mittelalterlichen Treibjagden auf Sündenböcke gerade jene Züge der Sühnezeremonien vermissen lassen, die wir für psychotherapeutisch wirksam halten. Allports These, es bestehe eine »menschliche Tendenz«, die dahin gehe, »auf diese primitive Stufe des Denkens wieder zu verfallen und einen Sündenbock zu suchen, dem man die Schuld für unser eigenes Mißgeschick oder die eigenen Sünden aufladen kann« (Allport 1951, S. 8), läßt sich kaum aufrechterhalten. Die modernen Sündenbock-Jagden unterscheiden sich von den angeblich primitiven Riten unvorteilhaft dadurch, daß sich keiner der Jäger mehr eingestehen will, daß es seine eigenen Sünden sind, die er dem Opfer ankreidet.

Der Pharmakos diente der Polis (ob bis zum bitteren Ende gerne, ist eine andere Frage). Der Jude, der im Konzentrationslager starb, war das Opfer einer weitgehend blinden, von einer Minderheit in Gang gesetzten und betriebenen Vernichtungsmaschinerie. Zwischen dem Afrikaner, der diskriminiert wird, weil er eine andere Hautfarbe hat, und dem Oluwo, der eine magisch-religiöse Funktion erfüllt, besteht ein so großer Unterschied, daß man Allport schwerlich zugestehen kann, die moderne Suche nach dem Sündenbock spiegele ein ähnlich ›primitives Denken‹ wie die archaischen Riten.

Gerade die Elemente, welche heute fehlen, sind die eigentlich psychotherapeutischen: die bildhafte, durch eine mächtige religiöse

Überzeugung gestützte und in feierlichem Ritus vollzogene Befreiung von Sünde, Schuld und Sorge gegenüber der mit seichten Gründen verbrämten Abreaktion der eigenen Minderwertigkeit an einem wehrlosen Opfer. Neben den moralischen Einwänden, die sich immer dagegen richten müssen, wenn einem Menschen auf Kosten eines anderen geholfen werden soll, kann man geltend machen, daß der psychotherapeutische Wert von Sündenbock-Riten in einer Gesellschaft wie der unseren nicht mehr gegeben ist. Das gilt auch für einen großen Teil der übrigen archaischen Methoden der Psychotherapie und Gruppentherapie. Wir dürfen aus ihnen nicht schließen, die Wilden seien doch die besseren Menschen, wie es so viele Gelehrte und Dichter seit Rousseau getan haben. Die archaischen Kulturen mußten und konnten gemeinschaftlich bewältigen, was in der hochgradig arbeitsteiligen Moderne zur Aufgabe spezieller Berufsgruppen wird. Der moderne Psychotherapeut mag den Schamanen und den Priester, der reinigende Riten entwirft, um ihre Machtfülle beneiden, die sich ganz erheblich von seiner Spezialistenrolle unterscheiden. Aber er lebt in größerer Sicherheit und kann viel genauer abschätzen, warum das wirkt, was er tut. Der Geschichte fehlt die Macht, den Menschen zu belehren. Sie bietet sich nur an; nehmen und begreifen müssen wir sie selbst. Wenn er sich mit den Rollen seiner Vorgänger beschäftigt, kann der Psychotherapeut also beides finden: Weisheit und Selbstüberschätzung. Er kann sich mit einem idealisierten Schamanen identifizieren und zum charismatischen Guru werden, der keinen Widerspruch verträgt und jeden anderen entwertet, der auch glaubt, hilfreiche Einsichten in menschliche Verstrickungen anbieten zu können. Aber wenn er die gefährliche Nähe dieses ›heiligen Königs‹ zum Sündenbock, zum Opfer eines Ritus von Ausstoßung, ja Mord erkennt, wird der Therapeut vielleicht erkennen, daß es seine Aufgabe ist, die Grenzen seiner eigenen Macht wahrzunehmen und sie seinen Patienten zu vermitteln. Er ist dann kein Guru, kein verkappter Erlöser mehr, aber er riskiert auch nicht die völlige Entwertung, wenn sich sein Versprechen, zu helfen und zu heilen, als unerfüllbar erweist.

Literatur

Allport, G. W., *Treibjagd auf Sündenböcke,* Berlin 1951

Battegay, R., »Gruppendynamische Prozesse: Katharsis, Einsicht, Wandlung«, in: Preuss 1966 (s. dort), S. 30 ff.

Boesch, H., *Kinderleben in der deutschen Vergangenheit,* Leipzig 1900

Chesi, Gert, *Voodoo. Afrikas geheime Macht.* Wörgl 1987 (1. Aufl. 1979)

Cortet, E., *Essai sur les fêtes religieuses,* Paris 1867

Dalton, E. T., *Descriptive ethnology of Bengal,* Calcutta 1872

Dawson, J., *Australian Aborigines,* Melbourne 1881

Dennett, R. E., *At the back of the black man's mind,* London 1906

Duerr, Hans Peter, *Traumzeit. Über die Grenze zwischen Wildnis und Zivilisation,* Frankfurt am Main 1978

Ders., *Der Wissenschaftler und das Irrationale,* Bde. I u. II, Frankfurt 1981

Erickson, Milton H., Rossi, Ernest L., *Hypnotherapie,* München 1981

Figge, Horst H., *Geisterkult, Besessenheit und Magie in der Umbanda-Religion Brasiliens,* München 1973

Frazer, J. G., *The Golden Bough.* Part VI: *The Scapegoat,* London 1913

Ders., *Der goldene Zweig,* Köln 1968 (gekürzte Ausgabe)

Freud, S., *Gesammelte Werke,* London 1948 ff.

Grossinger, Richard, *Wege des Heilens. Vom Schamanismus der Steinzeit zur heutigen alternativen Medizin,* München 1982

Jensen, A. E., *Mythos und Kult bei Naturvölkern,* Wiesbaden 1960

Jung, C. G., *Von den Wurzeln des Bewußtseins,* Zürich 1953

Lennart, L., *Streß – Körper, Seele und Krankheit,* Stuttgart 1964

Lersch, Ph., *Der Aufbau der Person,* München 1965

Lévy-Bruhl, L., *Die geistige Welt der Primitiven,* München 1927

Malinowski, B., *Sex, Culture, Myth,* London 1963

Moreno, J. L., *Gruppenpsychotherapie und Psychodrama,* Stuttgart 1959

Nilsson, *Griechische Feste,* Darmstadt 1957

Preuss, H. G., *Analytische Gruppenpsychotherapie,* München 1966

Raffalt, R., »Reise im Widerspruch«, in: *Gehört – Gelesen II,* 1964, S. 1347 ff.

Reina, P., »Über die Bewohner der Insel Rook«, in: *Zeitschrift für allgemeine Erdkunde* 4, 1858, S. 356.

Sagard, G., *Le grand voyage du pays des Hurons,* Paris 1865

Sargant, W., *Kampf um die Seele,* München 1957

Taylor, J. C. u. a., *The Gospel on the banks of the Niger,* London 1859

Wilson, J. L., *Western Africa,* London 1856

4.
Die Psychotherapie der Antike*

Seit dem Jahr achttausend vor Christus wurden die unsteten Jäger und Sammler der Altsteinzeit langsam seßhaft. Man spricht hier mit einigem Recht von der neolithischen (jungsteinzeitlichen) Revolution. Der Jäger, vor dem bisher alle Tiere flohen, lernte es, sie zu zähmen und zu züchten. Der Sammler (oder besser die Sammlerin, denn mit hoher Wahrscheinlichkeit haben Frauen den Ackerbau entdeckt) begann, den Zusammenhang zwischen Saat und Ernte zu durchschauen; er verbesserte systematisch die vorhandenen Gräser mit nahrhaften Samen.

In der Folge entstanden die ersten Dörfer. Größere Siedlungen mit einer differenzierten sozialen Struktur, mit Arbeitsteilung und spezialisierten Handwerkern wurden möglich. Jetzt konnten Künstler, nicht mehr von der Sorge um den täglichen Ertrag von Jagen und Sammeln behelligt, sich in ihrer Fertigkeit vervollkommnen, Priester das religiöse Leben ordnen und mit der Absicht, die heiligen Mythen aufzuzeichnen, jene Symbole ersinnen, aus denen sich die Schrift entwickeln sollte, welche ein für allemal aus der Vorgeschichte Geschichte macht.

Die neolithische Revolution verwandelte den Menschen aus einem

---

* Die Kapitel 4 und 5 verdanken der *Geschichte der Psychiatrie* von Franz Alexander und S. T. Selesnick mehr, als es die bloße Nennung im Literaturverzeichnis aussagt.

geschichtslosen Jäger in den von der Geschichte geprägten und sie gestaltenden Angehörigen einer höheren, weiter verfeinerten, aber auch gefährdeteren Kulturform. Wir müssen bedenken, daß mit der Produktion eines Überschusses an Nahrungsmitteln und dem Zusammenschluß zu größeren Siedlungen nicht nur die höhere Kultur einer arbeitsteiligen Gesellschaft geboren wurde, sondern auch die Sklaverei, der Krieg, der Raub fremden Besitzes, der organisierte Kampf gegen andere Städte, die es zwischen den Gruppen nomadisierender Jäger und Sammler kaum je gegeben hat.

In den ältesten Städten gab es nicht nur Handwerker und Priester, sondern auch Soldaten und Heerführer. Ihre Befestigungsmauern sind vielfach das einzige Zeichen, das sich noch in Ausgrabungen nachweisen läßt, wie im Fall der rund achttausend Jahre alten Oasenstadt Jericho. Es hat auch friedliche Stadtkulturen gegeben, die manche Forscher seit Bachofen mit einem Vorherrschen des weiblichen Elements (Matriarchat) verbinden. Bachofen hat sicher übertrieben, als er die Frauenherrschaft als die älteste Form menschlicher Sozialordnung schlechthin beschrieb (denn die altsteinzeitlichen Jäger und Sammler sind meist nicht matriarchalisch organisiert). Doch scheint es gerade im Übergang vom schweifenden zum seßhaften Leben Städte gegeben zu haben, in denen Frauen an politischem Einfluß und religiöser Bedeutung die Männer übertrafen, wie erst in jüngster Zeit die Ausgrabungen von James Mellaart in Anatolien (Çatal Hüyük) zeigen konnten.

Während das viel später gegründete Troja zumindest siebenmal erstürmt und zerstört wurde, hat es in Çatal Hüyük offensichtlich zwischen 6700 und 5700 vor Christus keine gewaltsame Zerstörung gegeben. Nicht eines der Hunderte von Skeletten, die man fand, zeigt Spuren eines gewaltsamen Todes.

Wie die Seelenheilkunde zu jener Zeit beschaffen war, kann man nur vermuten. Die schamanistische Psychotherapie und der ekstatische Trancetanz mögen noch erhalten geblieben sein (tanzende Priester in Leopardenfellen auf einem Fresko von Çatal Hüyük sprechen dafür). Sicherlich war die gesamte Heilkunde von Magie durchtränkt. Die Erfahrungen der modernen Psychosomatik (s. S. 339 f.) zeigen, daß eine Therapie körperlicher Krankheiten auf dem ›Umweg‹ über die Seele keineswegs wertlos ist; wahrscheinlich war sie sogar wirkungsvoller als die wegen des geringen Wissens noch recht ungenügende körperliche Behandlung. Sicher hat es auch in den neolithischen, wie in den anderen Städten der antiken Welt zahlreiche der gruppentherapeutisch wirksamen Riten gegeben, von denen wir im letzten Kapitel gesprochen haben.

Die Bewohner von Çatal Hüyük, die zur höchsten Blüte der anatolischen Stadt über 10 000 zählten, kannten noch keine Schrift. Wir sind deshalb auf Analogieschlüsse angewiesen. Die ältesten Hochkulturen des fruchtbaren Halbmondes im Zweistromland, Palästina und Ägypten, haben schriftliche Zeugnisse hinterlassen, aus denen man, wenn auch notdürftig, die Formen ihrer Seelenheilkunde erschließen kann.

Mesopotamien

Die altbabylonische Kultur, welche sich vielfach auf sumerische Traditionen stützt, zeigt als erste eine Trennung in der Heilkunst, die erst in jüngster Zeit überwunden worden ist: die zwischen Medizin und Chirurgie (wobei letztere als Handwerk, griechisch *cheirurgeia*, galt). In Babylon behandelten *Assipu* (Priesterärzte) innere Krankheiten und besonders seelisch-geistige Störungen, während Laienärzte äußerlich sichtbare Krankheiten angingen: Wunden, Verbrennungen, Augenleiden. Die Priesterärzte waren Staatsbeamte; sie forderten offensichtlich kein Honorar für persönliche Leistungen (allenfalls eine Spende in den Tempelschatz), während die *Asu* (Laienärzte, Wundärzte) honoriert wurden (und zwar sehr gut; für eine erfolgreiche Staroperation durften sie nach dem Gesetz des Hammurabi 10 Sekel Silber fordern, soviel wie den Jahreslohn eines Handwerksmeisters).

Da sich nur Vorschriften über die Asu, nicht aber über die Priester in Hammurabis Gesetz (wohl 18. Jahrhundert vor Christus) finden, sind wir über ihre Tätigkeit weniger gut informiert. Ihr Stand war zweifellos höher als jener der Wundärzte und ihre Situation weniger riskant. Einem Wundarzt, der durch eine mißglückte Staroperation das Auge des Patienten verdorben hatte, sollte nach dem altbabylonischen Gesetz die Hand abgeschnitten werden.

Innere Krankheiten wurden, ebenso wie seelische Leiden, in Mesopotamien durch das Eingreifen von Dämonen erklärt, eine uns aus der schamanistischen Tradition bekannte Deutung, deren mögliche psychotherapeutische Folgen wir schon beobachtet haben. Auf diese Krankheiten, deren Ursache ebenso unklar blieb wie ihr Ort, wandte der Mensch offensichtlich das einzige solide Wissen an, das er besaß, nämlich die Kenntnis seiner eigenen seelischen Vorgänge, seiner Wünsche, Gedanken und Pläne.

Eine in ihrem Wesen bis heute nicht aufgehellte und mit ›gesunder Menschenverstand‹ nur höchst ungenügend gekennzeichnete Fähigkeit erlaubt uns, bis zu einem gewissen Grad ganz von selbst zu erkennen, was ein seelisch gesunder Mitmensch fühlt, denkt, wünscht und plant. Wir legen einfach unsere eigene Psyche zugrunde und können uns auf diesen Analogieschluß verlassen, solange nicht persönliche Entscheidungen den Rahmen (oder besser: die tragende Schicht) des gesunden Menschenverstandes überschreiten.

Radikal verletzt wird diese gemeinsame Schicht aber im Fall einer seelisch-geistigen Krankheit, wenn ein Mensch Dinge fürchtet, die ihn nicht bedrohen, wenn er ohne offensichtlichen Grund stark deprimiert ist, nichtvorhandene Dinge sieht (Halluzination) oder unsinnige Worte stammelt. In diesem Fall muß eine Erklärung gefunden werden. In einer Kultur, welche alle wichtigen Vorgänge magisch oder mythisch formuliert, wie der mesopotamischen (oder, wie wir noch sehen werden, der ägyptischen), wird dieses abweichende Verhalten durch den Eingriff eines Dämonen, als Besessenheit interpretiert.

Man kann sich den seelischen Zustand des Menschen in einem mythisch geprägten Weltbild kaum mehr vorstellen. In diesem Weltbild bleibt trotz vergleichsweise geringem Wissen über die kausalen Zusammenhänge der Natur keine Frage offen. Jedes Phänomen – das Steigen und Fallen der Flüsse, der Zug der Planeten, der Wechsel der Fruchtbarkeit, der weibliche Zyklus und die Eingeweide der rituell

114

geschlachteten Tiere – hängt mit jedem anderen zusammen. Wenn der seelisch kranke Mensch an Orientierungslosigkeit leidet (sie ist zweifellos eine wichtige, gewiß aber nicht die einzige Ursache seiner Störung), dann kann er in einer solchen Kultur zum Priester gehen, der ihm sein Leiden in den Ausdrücken des mythischen Weltbildes erläutert. Nach dieser Erklärung des Rätselhaften geht er noch einen Schritt weiter, indem er die mythisch gesehene Ursache mit den Mitteln bekämpft, die ihm sein Weltbild zur Verfügung stellt: mit der Beschwörung, dem Gebet, dem Anruf hilfreicher Gottheiten.

Die Heilung des Kranken ist in der babylonischen Psychotherapie mit seiner Versöhnung mit der transzendenten Welt identisch. Er muß bekennen, worin er sich versündigt hat. Erst dann beschwört der Priester den Gott, welchen er in diesem Fall für zuständig hält (je nach Krankheitssymptomen konnte er aus mehreren auswählen). Die wichtigste Gottheit der Ärzte war Ninurta (Ninazu), der zusammen mit seiner Gattin, der Göttin Gula, als ihr Schutzherr fungierte.

Die babylonischen Priester haben noch eine andere mythische Lehre begründet, die bis heute dazu verwendet wird, sehr viel, darunter auch seelische Leiden, zu erklären: die Astrologie. Sie hielten die Sterne für göttlich und glaubten an einen Einfluß der Planeten auf das Schicksal der Menschen. Da man in der ganzen Antike die Persönlichkeit eines Menschen und sein Schicksal als Einheit ansah (während der Psychoanalytiker von heute glaubt, die Träume eines Menschen würden seine Persönlichkeit enthüllen, glaubte der antike Traumdeuter, sie würden sein Schicksal aufzeigen!), verknüpften sich in der Astrologie Aussagen über den Charakter und die Zukunft des zu einer bestimmten Stunde Geborenen.

Zum Charakter gehörte auch das Temperament und damit die Neigung zu seelischen Krankheiten, die man heute Depressionen (Melancholien) und Manien nennt. Darüber hinaus haben die alten Babylonier auch eine Methode entwickelt, aus dem *Aussehen* eines Menschen seine Persönlichkeit und sein Schicksal zu erschließen, die später die Griechen unter dem Titel Physiognomik wieder aufgriffen. Sehr im Gegensatz zu dem bei uns verbreiteten Vorurteil galten in Babylon Rothaarige als Gottesmänner und Glücksbringer.

Ägypten

Der erste ägyptische Heilkundige, von dem wir wissen, ist Imhotep. Er leistete auch als Staatsmann Hervorragendes, war Arzt des Königs Djoser und baute eine bis heute erhaltene, urtümliche Pyramide. 525 wurde er zum obersten Gott der Heilkunde in Ägypten erhoben. Er hat wohl um 2850 vor Christus gelebt, zur Zeit der dritten Dynastie. Während die ersten ägyptischen Papyri, die uns über Krankheiten unterrichten, recht einfach und empirisch ausgerichtet waren (›Veterinär-Papyros‹, ›gynäkologischer Papyros von Kahun‹) – sie enthielten einfache Symptombeschreibungen und anschließend Rezepte –, wurde der Einfluß religiöser und magischer Vorstellungen später deutlicher, so etwa in dem berühmten Papyrus Ebers, der um 1550 vor Christus niedergeschrieben wurde, aber auf ältere Quellen zurückgeht.

Alle Ärzte scheinen der Priesterkaste angehört zu haben. Herodot berichtet (II, 84), daß es Fachärzte gab, die sich auf Kopfleiden, Augenleiden, Krankheiten des Unterleibs oder der Zähne spezialisierten. Die erhaltenen schriftlichen Zeugnisse der Ägypter selbst zeigen, daß es mindestens drei Gruppen von Ärzten unter den Priestern gab: innere Ärzte, Chirurgen und Beschwörer. Die letzten, die wir wohl mit den ägyptischen Psychotherapeuten identifizieren dürfen, nahmen den höchsten Rang ein.

Auch das ägyptische Leben war von Religion durchtränkt. Jeden Morgen gibt der Pharao – »er hat Ägypten blühend gemacht, seine Zukunft ist der Ursprung unseres Wohlergehens« – heißt es auf dem berühmten Stein von Rosetta, der es möglich machte, die Hieroglyphen zu entziffern – dem Sonnengott den Weg aus dem Totenreich frei, indem er die Siegel des heiligen Schreines bricht. Die Ägypter halten die Zeit des Lebens für sehr kurz, die Zeit nach dem Tode für unendlich lange. Es gibt kein spirituelles Jenseits, der Mensch begibt sich »lebend zur Ruhe«. »Daher nennen sie die Wohnungen der Lebendigen Herbergen, die Gräber der Verstorbenen aber ›ewige Häuser‹«, sagte der antike Historiker Diodor.

Man sollte meinen, daß die hochentwickelte Kunst des Mumifizierens das anatomische Wissen der Ägypter sehr bereichert hätte. Doch das ist keineswegs der Fall. Die Handwerker, welche die Toten einbalsamierten, waren offensichtlich von den Priesterärzten streng getrennt. Krankheiten wurden organisch und dämonologisch gedeutet: organisch vor allem als Veränderungen in den Körpersäften, in erster Linie des Blutes und des unsichtbaren Luftstoffes, der über die Lunge ins Herz gelangt und von dort aus durch die Schlagadern den einzelnen Organen übermittelt wird. Die drohenden Dämonen waren zahlreich; jedes Organ wurde von besonderen Geistern gefährdet.

Wie in Babylon galten seelische Krankheiten als Besessenheit durch Dämonen oder als Strafe für Sünden, wie sie Götter verhängten. In Imhoteps Tempel zu Memphis muß es eine Art psychotherapeutischer Klinik gegeben haben, in der Milieutherapie schon lange vor ähnlichen Ansätzen in Griechenland (Epidauros, s. S. 128 f.) eine wichtige Rolle spielte. Die Kranken wurden ermutigt, Ausflüge auf dem Nil zu machen, Konzerten und Tänzen beizuwohnen, zu malen und zu zeichnen. Wie noch vor wenigen Jahrhunderten in Europa galten auch in Ägypten Abführmittel für die vorzüglichsten Medikamente, die nach Herodots Bericht jeder Ägypter, der auf seine Gesundheit hielt, mindestens einmal im Monat nahm, um sich zu ›reinigen‹.

Der Pharao nahm sein Sitzklosett mit ins Grab; ein Facharzt mit dem Titel ›Hirt des Anus‹ genoß die höchsten Ehren. Der heilige Ibis, von dem der Gott Thot das Klistieren erlernte, wurde in endlosen Labyrinthen zu Hermopolis bestattet, wo man nicht weniger als vier Millionen Krüge mit einbalsamierten Ibissen entdeckt hat.

Für die altägyptische Psychotherapie gilt dasselbe wie für die babylonische: Der Priester ordnete die seelisch-geistigen Leiden in den mythischen Kosmos ein und fand die suggestiven Formeln, die zu ihrer Heilung beitragen konnten.

Altpersische Psychotherapie

Wie Ninurta der Schutzgott der babylonischen, Imhotep jener der ägyptischen Ärzte war, so wurde ein Engel des Ahura Mazdah oder Ormuzd, Thrita, der mythologische Chefarzt im alten Persien. Die Perser bekannten sich zu einer dualistischen Religion. Ormuzd, der Weltenschöpfer, verkörperte das gute Prinzip; sein Gegenspieler Ahriman den Geist des Bösen und der Finsternis. Ormuzd war auf Erden nicht allmächtig; er kämpfte dauernd gegen Ahriman und dessen Teufel, die erst in einem entscheidenden Endkampf besiegt werden sollten. Der Stifter dieser Religion, Zarathustra (griechisch Zoroaster), hat wohl im 6. Jahrhundert vor Christus gelebt.

Mit Ausnahme des hebräischen und später des christlichen und mohammedanischen Glaubens waren antike Religionen nicht dogmatisch. Die Perser verehrten bald auch andere Götter. Zumindest einer von ihnen, Mithras, wurde in der Spätantike zum Gott eines internationalen Mysterienkultes. Die persische Religion lebt heute als strenger Monotheismus und Kult des heiligen Feuers noch bei den indischen Parsen, die ihre Toten – um kein Element zu verunreinigen – den Geiern zum Fraß vorwerfen.

Man darf die Bedeutung der altpersischen Religion für eine Geschichte der Psychotherapie nicht geringschätzen. In Persien hat sich nämlich jene Vorstellung entwickelt, die durch das ganze europäische Mittelalter hindurch die Haltung gegenüber den Geisteskranken bestimmen sollte: Sie seien vom Teufel besessen. Dämonologische Deutungen von Krankheiten waren zwar auch den Assyrern und Babyloniern sowie den Ägyptern geläufig. Doch war es nicht so, daß die Kranken ausschließlich von *bösen* Geistern besessen waren; auch ein sonst wohltätiger Dämon konnte, beleidigt, den Frevler mit Wahnsinn schlagen, wie es nach Herodots Bericht etwa dem persischen König Kambyses geschah, als er – der Ägypten erobert hatte – aus Übermut einen Speer in den heiligen Nil warf und dadurch den Strom ›verletzte‹.

Die persische Religion verband Besessenheit mit dem Teufel. Judentum, Christentum und teilweise auch der Islam haben diese Vorstellung übernommen. Wenn Christus, der einen Besessenen geheilt hat, von den Schriftgelehrten verdächtigt wird, dank der Kraft Beelzebubs – des ›Herrn der Fliegen‹, des obersten Teufels – zu handeln, dann spricht aus diesem Vorwurf kein ursprünglich hebräischer Gedanke, sondern persischer Einfluß, der ja über zwei Jahrhunderte auf die Juden gewirkt hat. Und wenn der Teufel, von Jesus nach seinem Namen gefragt, diesem erwidert: »Legion heiße ich, denn es sind unser sehr viele«, dann ist das ein persischer Teufel und kein hebräischer. Denn nur die Religion Zarathustras kannte von Anfang an zahllose Teufel, eine Vorstellung, die sich im Judentum erst sehr spät findet.

Wie sah die persische Seelenheilkunde aus? Im heiligen Buch der Perser, dem ›Avesta‹ (nicht ›Zend-Avesta‹, wie man oft lesen kann; ›Zend-Avesta‹ ist das kommentierte ›Avesta‹, welches die spätere Tradition Zend einschließt), findet sich im vierten Hauptstück, das den Titel Vendidad trägt (Gesetz gegen die bösen Geister), auch eine Reihe ethisch-medizinischer Vorschriften. Es heißt darin, daß es 99 999 Krankheiten gibt, die sämtlich durch Dämonen verursacht werden.

Um sich vor ihnen zu schützen, war dauernde Vorsicht geboten. Die Perser – vor allem ihre Priester, die Magier – kannten viele Riten, um sich vor Schaden zu bewahren und dämonische Angriffe abzuwehren. Sie waren berühmte Zauberer, ebenso wie die babylonischen Chaldäer. Der Begriff der Magie kommt aus ihrer Sprache; er hängt etymologisch mit der Wortwurzel ›magan‹ (können, vermögen) zusammen und wurde von dem altpersischen *magus* für Magier, Zauberer abgeleitet (griechisch *magos*, lateinisch *magus*, altslawisch *mogo*).

Obschon im Vendidad drei Typen von Heilkundigen erwähnt werden – solche, die mit dem Messer, andere, die mit Kräutern und eine dritte Gruppe, die mit Worten heilen –, lag der gewichtigste Akzent auf den rituellen Maßnahmen der Magier. Ormuzd selbst hatte empfohlen, im Falle einer Rivalität zwischen Ärzten »zu dem zu gehen, der mit dem heiligen Wort heilt, denn er ist Arzt der Ärzte und erweist auch der Seele Gutes«.

Die Hebräer

Der grundlegende Unterschied der hebräischen Vorstellungen über Ursache und Heilung seelisch-geistiger Leiden gegenüber den Ägyptern, Babyloniern und Persern war ihr Bild eines einzigen, eifersüchtig auf seine Macht bedachten Gottes, der da sagt: »Ich töte und belebe, ich verwunde und ich heile.«

Während die anderen alten Religionen die Entstehung von Krankheiten in der Regel bösen Dämonen zu Last legten, kamen sie nach Moses (5. Mose, 32,39) unmittelbar von Gott. Auch die Heilung ging von ihm aus: »Ich, der Ewige, bin dein Arzt« (2. Mose, 15,26). Krankheit war eine göttliche Strafe und der Wahnsinn eine ihrer schlimmsten Formen; die Macht zu heilen, kam von Gott, wie es die Berichte über wunderbare Heilungen durch die Propheten belegen. Magische Vorstellungen mögen die Quellen, aus denen die Bibel schöpfte, noch stärker bestimmt haben als den endgültigen, von den Priestern nach dem Exil sorgfältig überarbeiteten Text. So scheint man angenommen zu haben, daß das Wasser des Jordans besonders heilkräftig war: Als Naaman, der aussätzige Heerführer des Königs von Syrien, mit Rossen und Wagen beim Propheten Elias vorfuhr und Heilung begehrte, ließ ihm der heilige Mann ausrichten: »Gehe hin und wasche dich siebenmal im Jordan, so wird dir dein Fleisch erstattet und rein werden.«

Doch der Syrer war nicht zufrieden, er hatte eine andere Art von Beschwörung erwartet: »Da erzürnte Naaman und zog weg und sprach: Ich meinte, er sollte zu mir herauskommen und hertreten und den Namen des Herren seines Gottes anrufen und mit seiner Hand über die Stelle fahren und den Aussatz also abtun.« (2. Könige, 5,9 ff.)

In der alten Zeit sind wohl die wichtigsten hebräischen Ärzte die Priester gewesen, da sie besondere Wege kannten, den allmächtigen Heiler anzurufen. Ein Patient, der nicht bei ihnen, sondern bei nicht weiter beschriebenen Ärzten Zuflucht suchte, war König Asa (950 bis 875 vor Christus), der dafür scharf verurteilt wird: »Aber auch in seiner Krankheit suchte er den Ewigen nicht, sondern die

Heilkünstler«, heißt es in der 2. Chronik 16,12. Die anatomischen Kenntnisse der Priester waren recht gut, da die Opfertiere vielfach regelrecht seziert wurden. Viele Organe und Gewebe werden in der Bibel erwähnt, nie aber das Gehirn; das Herz galt als Sitz der Gefühle und des Verstandes, während man das Leben im Blut des Menschen verkörpert sah. Geisteskrankheiten werden sorgfältig beschrieben; sie kamen von Gott: »Schlagen wird dich der Ewige mit Wahnsinn«, wie es im 5. Buch Mose 28,28 heißt. Sauls Psychose, die im ersten Buch Samuel geschildert wird – heute würde man sie eine agitierte Depression nennen –, wurde auf einen bösen Geist zurückgeführt, den Gott gesandt habe. Saul suchte, wie man es heute noch bei Depressiven finden kann, zuerst einen anderen Menschen (seinen Waffenträger) zu überreden, ihn doch zu töten. Als es mißlang, tat er es selbst. Auch der sonderbare Wahn, ein Tier zu sein, wird in der Bibel geschildert: Er befiel Nebukadnezar (605 bis 562 vor Christus), den Herrscher des Neubabylonischen Reiches.

Eine Fundgrube für Ansätze zu einer klinischen Psychologie und Psychotherapie ist der Talmud, die vielbändigen, immer wieder ergänzten Bibelkommentare frommer Rabbis. Wie H. R. Gold zuerst gefunden hat, kannten diese gelehrten Juden, denen offensichtlich kein menschlicher Zug fremd war, den seelischen Mechanismus der Projektion (verdrängte Wünsche werden anderen Menschen untergeschoben). In Megilla 25 schildern sie, wie ein Mann gegen das Laster eifert und andere Leute in Jerusalem genau der Verbrechen bezichtigt, die er tatsächlich selbst begangen hatte. Eine weitere psychologische Einsicht, die eine Erkenntnis Sigmund Freuds (nämlich die von der ›Wunscherfüllung‹ in unseren Träumen) vorwegnimmt, wird dem Rabbi Hunna zugeschrieben, der sagte, daß gute Menschen schlimme Träume hätten, die also Wünsche ausdrücken, welche die bewußte Moral verbietet.

Im Talmud finden sich Ratschläge, die erstaunlich modern anmuten: Rabbi Asi empfahl, die gequälten Kranken sollten frei über ihre Sorgen sprechen, ein Anklang an die verbale Katharsis ebenso wie an die psychoanalytische Technik der freien Einfälle, während Rabbi

Ami riet, die Kranken von ihren Wahnideen abzulenken. Schon um 490 nach Christus soll es in Jerusalem ein Krankenhaus gegeben haben, das sich einzig und allein der Geisteskranken annahm (Whitwell 1936, S. 28).

Indien

Erst in jüngster Zeit haben geschichtliche Studien eindeutig gezeigt, daß Indien mindestens ein Jahrtausend lang die wohl am höchsten entwickelten medizinischen Lehren dieser Epoche in der sogenannten ›Ayurveda‹ besaß, die schon um 1500 vor Christus weitgehend vervollkommnet waren. Damals kannte die indische Heilkunde bereits acht Spezialgebiete: Innere Medizin, Kinderheilkunde, Psychotherapie, Hals-Nasen-Ohrenheilkunde, allgemeine Chirurgie, Toxikologie, Geriatrie, Andrologie (S. Nayar 1967, S. 162). Die indischen Ärzte benützten moderne Operationstechniken der plastischen Chirurgie. Sie ersetzten etwa eine verstümmelte Nase durch einen gestielten Hautlappen.

Die indische Psychotherapie war weitgehend von dämonologischen Vorstellungen beherrscht; schon in den Veden finden sich Formeln, böse Geister zu beschwören. Die psychologischen Theorien erinnern an Platons Schema, das später die Psychoanalyse entmythologisiert wieder aufgegriffen hat: Unwissenheit und Triebhaftigkeit (die Begierde laut Platon, das Es laut Freud) fanden sich im Unterleib, die Leidenschaft (das Muthafte bei Platon, sublimierte Es-Impulse laut Freud) in der Brust und die verständige Güte (die Vernunft laut Platon, das Ich laut Freud) in der Stirn. Möglicherweise hat der griechische Philosoph seine Lehre über die Seelenteile von den Brahmanen übernommen, ebenso wie die griechische Lehre von den Körpersäften von der brahmanischen Physiologie beeinflußt wurde, welche Luft, Galle und Schleim unterschied.

Noch bedeutsamer für die Geschichte der Psychotherapie als die ayurvedische Medizin ist ein anderes Element der indischen Kultur: der ›Joga‹. Dieses Wort entstammt derselben Sanskritwurzel wie unser

122

›Joch‹; der Jogi sucht Kontrolle nicht nur über seine Triebe und Gefühle, sondern auch über seine Gedanken zu erlangen. Er unterjocht sich selbst und bindet sich damit gleichzeitig an das Absolute. Die entsprechenden Übungen sind mehrere Jahrtausende alt und haben vielen Religionen gedient. Sie beeinflußten die buddhistische Meditation und über sie geistige Strömungen in Indien, Tibet, China und Japan. Da die Jogis erkannt haben, daß körperliche und seelische Selbstkontrolle eng zusammenhängen, erlangen manche von ihnen durch ausdauernde Übung eine kaum glaubliche Kontrolle sonst unwillkürlicher leiblicher Funktionen. Sie können den Herzschlag und die Atmung so verändern, daß sie in einen Zustand des Scheintodes verfallen, die Körperhaut willkürlich stark durchbluten, so daß sie nackt die größte Kälte ertragen, sie sind gegen Schmerzen weitgehend unempfindlich, vermögen die Peristaltik der Speiseröhre und des Darms so zu steuern, daß ein verschluckter Gegenstand in wenigen Minuten wieder ausgeschieden wird, und viele ähnliche Kunststücke.

Diese seelische Kontrolle über sonst unwillkürliche Körperfunktionen kann zur reinen Schaustellung werden. Doch interessiert sich der Psychotherapeut für sie, weil viele seiner Patienten an Störungen jener unwillkürlichen körperlichen Funktionen leiden, die der Jogi bewußt kontrollieren kann. Sie klagen über Schlaflosigkeit, Verdauungsbeschwerden, Asthma bronchiale, Erröten oder Schweißausbrüche, sie werden von zwanghaft wiederkehrenden Gedanken und Impulsen geplagt, die sie nicht beherrschen können.

Wenn man die Joga-Techniken in die menschliche Entwicklungsgeschichte einordnen will, dann kann man sie der Magie gegenüberstellen: Während diese dazu dient, mit der Entstehung des Bewußtseins notwendig verknüpfte Gefühle von Sorge und Angst durch äußere Handlungen zu beschwichtigen, welche die analytischen Qualitäten des Bewußtseins gewissermaßen ungeschehen machen, erstrebt der Jogi eine völlige Unterwerfung aller Bewußtseinsinhalte unter seinen Willen, er sucht sein Bewußtsein ›leerzudenken‹. Gleichzeitig wird er dadurch für spirituelle Erleuchtung ›offen‹ (Samadhi in Indien, Satori im japanischen Zen-Buddhismus).

Das Element der geistigen Orientierung, welches in jeder Psychotherapie nachweisbar ist, findet sich auch im Joga: Mindestens ein Strang dieser Übungen ging von jener Lehre der indischen ›Upanishaden‹ aus, daß das Wesen der Welt mit dem unserer eigenen Seele zusammenfällt (was man in den Begriffen der westlichen Physik so ausdrücken könnte, daß Welt und Selbst aus denselben Elementen – nämlich den Atomen – aufgebaut sind). Wer sich intensiv genug in die eigene Seele versenkt, muß also vollkommene Erkenntnis erzielen und sich damit die Welt unterwerfen können.

Folgerichtig zeigen viele Legenden von indischen Jogis, wie sie durch völlige Beherrschung ihres Bewußtseins eine Reihe paranormaler Fähigkeiten erlangten – sich leichter oder schwerer zu machen als alle anderen Gegenstände, sich beliebig zu vergrößern und zu verkleinern, überall hinzugelangen und jede Gestalt annehmen zu können. Wahrscheinlich handelt es sich hier um eine Vergegenständlichung spiritueller Erlebnisse. Der durch ausdauernde Atemübungen und sorgfältig kontrollierte Haltung in Trance geratene Jogi ist sicherlich fähig, sich selbst in jeder beliebigen Gestalt und an jedem beliebigen Ort zu erleben. Da ihn seine mythischen Vorstellungen dazu führen, nicht zwischen innerer und äußerer Realität zu unterscheiden, während die meisten Nicht-Jogis diesen Unterschied machen, kann man sich unschwer vorstellen, daß introspektiv gemeinte Berichte zu Legenden über Jogis ausgestaltet wurden, die sich in die Luft erhoben, gleichzeitig an zwei Orten waren und andere Wunderdinge vollbrachten.

Es gab und gibt leibfeindliche und leibfreundliche Strömungen im Joga. Die ersten zielen auf asketische Abtötung – Fasten, jahrelanges Verharren in derselben Körperhaltung, starrer Blick in die Sonne bis zum Erblinden, Verkrampfen der Hände, bis die Nägel durch die Handteller wachsen. Leibfreundlich ist tantrischer Joga, den vor allem Sir John Woodroffe (Pseudonym: Arthur Avalon), ein hoher englischer Beamter, während seines dreißigjährigen Aufenthaltes in Indien erforscht hat.

Da in tantrischen Riten sonst verbotene Dinge praktiziert wurden (Weingenuß, ritueller Sexualverkehr, Fleischgenuß), ist der tantrische Joga in Verruf geraten, hat aber auch den Westen mehr fasziniert als die asketischen Formen des Joga. Auch ein Tantriker strebt nach der Erweiterung des Bewußtseins auf unbewußte Vorgänge und damit auch einer bewußten Kontrolle sonst unwillkürlicher Prozesse. Gemäß tantrischer Auffassung ist der Mensch ein Konzentrat des Universums, in dem alle Funktionen und Kräfte der sichtbaren und unsichtbaren Welt enthalten sind: »Was hier ist, ist auch anderswo. Was hier nicht ist, ist nirgends« (Hinze 1968, S. 264). In den tantrischen Lehren spiegelt sich die westliche Evolutionstheorie gewissermaßen nach innen gewandt wider. Man sieht im Bewußtsein nicht die Folge einer im Gegenspiel von Mutation und Selektion immer weiter verfeinerten Gehirnorganisation, sondern einen winzigen Ausschnitt aus dem umfassenden Kosmos von Intelligenz, der im menschlichen Organismus gespeichert ist und durch die Joga-Übungen geweckt werden muß. Der Jogi rekonstruiert imaginär und mythisch als Gegenwart, was der westliche Wissenschaftler real und konkret als stammesgeschichtliche Vergangenheit auffaßt. Er verfolgt die Schöpfung, deren Endpunkt er ist, zurück bis zu ihrer Auflösung in die einzelnen Zellen des Organismus und in die Materie schlechthin, die dadurch spiritualisiert wird. Der Tantriker kennt die Evolutionstheorie nicht, sondern einen hinduistischen Schöpfungsmythos, dessen kosmologischer Gehalt sich in den sieben ›Zentren‹ – *cakras* oder *padmas* – widerspiegelt, die möglicherweise mit den sieben Sphären der archaischen Astronomie zusammenhängen.*

Durchschreitet er die ersten fünf Stufen, so verliert der *Sadhaka* nacheinander die Fähigkeiten des Riechens, Schmeckens, Sehens, Tastens und Hörens. Gleichzeitig verschwinden die fünf Elemente Erde, Wasser, Feuer, Luft und Äther. Diese Reihenfolge ist jener der Schöpfung entgegengesetzt; wenn der Fortschritt des Übenden negativ beschrieben wird, so heißt dies nicht, daß es sich um einen Verlust an Wirklichkeit handelt. Vielmehr bedeutet das Abbauen

---

* Hinze (1968) glaubt deshalb, daß die babylonisch-chaldäische Geheimwissenschaft und der tantrische Joga eine gemeinsame Wurzel haben.

einer bestimmten Seinsebene, daß der Jogi ihrer nicht mehr als Daseinsbereich bedarf, sie aber jederzeit wieder betreten kann. Im Tantrismus wird das mythisch formuliert: Die zwei grundlegenden Seiten des Übenden (Sadhaka), das Bewußtsein (vertreten durch den Gott Shiva) und die Leiblichkeit (Shakti) verfolgen gemeinsam den Weg der ›Schlange‹ (Kundalini). Die Leiblichkeit des Übenden schläft zunächst im untersten Zentrum, dem Erde-Lotos, bis sie geweckt wird und das Bewußtsein auf seinem Weg durch die einzelnen Zentren oder Lotoi begleitet und alle Daseinsbereiche resorbiert.

Der Jogi, welcher zum erstenmal die höchste Stufe, den ›tausendblättrigen Lotos‹ (Lotos ist ein Symbol für das kosmische Zentrum im Körper, in das aus feinen Kanälen den Lotos-›Blättern‹ die Lebenskräfte Prana einströmen) erreicht hat, kann hier nur kurze Zeit verharren. Bald steigt die Kundalini-Shakti wieder herab, das Bewußtsein engt sich schrittweise zum normalen Sinnesbewußtsein ein. Nur allmählich kann der Jogi immer länger auf der höchsten Stufe verweilen.

Sucht man, was dem Europäer vielleicht nur unvollkommen gelingt, in das Wesen des tantrischen Joga einzudringen, so findet man in ihm eine ähnliche Haltung wie in dem ›Hymnus an die Materie‹ des großen Visionärs und evolutionstheoretischen Denkers Teilhard de Chardin, worauf zuerst Hinze hingewiesen hat:

»Du herrschst, Materie, in den erhabenen Höhen, wo die Heiligen glauben, dir auszuweichen, so durchsichtiges und so bewegliches Fleisch, daß wir dich nicht mehr von einem Geist unterscheiden. Trage mich dorthin empor, Materie, durch das Bemühen, die Trennung und den Tod trage mich dorthin, wo es endlich möglich sein wird, das Universum keusch zu umarmen.«

Die Betonung der Materie als Träger und Ansporn der Spiritualität, die bei Teilhard aus einer großartigen Vision der Stammesgeschichte des Menschen, bei den Tantrikern aus mythisch gefärbten Übungen entspringt, ist für den heutigen Psychotherapeuten interessant. Wie etwa Albert Görres gezeigt hat (1968, S. 209 ff.), ist das Unbehagen an der Materie, der Protest gegen den biologischen Zwang in Liebe,

Krankheit, Alter und Tod ein Zündstoff in vielen Neurosen. Sicher kann man die altindischen Meditations- und Joga-Übungen nicht als Psychotherapie in unserem heutigen Sinn interpretieren. Sie sind weniger und mehr, sie fordern eine exklusive Selbstdisziplin und einen hohen Grad an seelischer Gesundheit, um überhaupt in vollkommenem Maß erreicht zu werden (denn der seelisch Kranke ist selten so arbeitsfähig – auch zur Arbeit an sich selbst –, daß ihn Joga wirklich weiterbringt). Einmal erreicht, dürfte das wirklich beherrschte Joga aber zu den sichersten Schutzmitteln gegen seelische (und wohl auch körperliche) Krankheiten gehören, die überhaupt möglich sind.

Griechenland

Auch im alten Hellas ist die Seelenheilkunde von Magie und Dämonologie durchtränkt. Die Götter schlagen mit Wahnsinn, wer ihre Gebote mißachtet – Aias, von Athene verblendet, wütet nach dem Bericht in Homers »Ilias« in einer Schafherde, die er für die gehaßten Achäer hält, und tötet sich im Anschluß daran selbst, wieder zu Sinnen gekommen und maßlos beschämt. Dionysos rächt sich an seinem Feind, dem König von Theben, indem er die Frauen der Stadt in Raserei versetzt. Schließlich wird Pentheus, der dem Gott abgeneigte thebanische Herrscher, von der in Raserei verfallenen, eigenen Mutter und den anderen Mainaden (übersetzt »Rasenden«) zerstückelt.
Dem Seher Melampus gelingt es, durch magische Riten eine hysterische Epidemie einzudämmen; sein Honorar ist fürstlich: ein halbes Königreich. Heilige Riten und Feste, in denen Aggressionen und Ängste kathartisch abreagiert werden können, bestimmen das Gemeinschaftsleben in den Stadtstaaten.
Einer wahren Gehirnwäsche werden Ratsuchende im Orakel des Trophonios unterzogen (R. von Ranke-Graves, W. Sargant): Mit den Füßen voran sollen sie in ein dunkles Loch, ähnlich einem alten Backofen, steigen. Da packt sie eine über- oder besser unterirdische

Gewalt an den Fesseln, reißt sie in die Tiefe, ein Schlag auf den Kopf betäubt die Überraschten, sie sehen seltsame Bilder, von denen sie nicht wissen, ob es sich um ihre Träume handelt oder um überirdische Visionen. Nachdem sie Gerstenkuchen als Opfer an die Unterirdischen zurückgelassen haben, gelangen sie wieder in die Oberwelt. Dort werden sie von den Orakelpriestern auf dem ›Stuhl des Erinnerns‹ eindringlich befragt.

In den Tempeln des Heilgottes Asklepios deutet man Träume. Durchweg liegen diese Heiligtümer an landschaftlich besonders schönen Orten in reizvoller Umgebung. Jedes der vielen hundert Asklepieien, die es im antiken Griechenland gab, hat einen Altar, eine heilige Quelle, einen Tempel des Gottes, einen gesonderten Bezirk für die Weihegeschenke und Votivtafel und als den wichtigsten Ort für den Kranken das Abaton, eine Halle, in der er nachts schläft – in unmittelbarer Nähe zu dem Gott, der ihn in seinen Träumen besucht.

In Epidauros, wo der Heilgott begraben sein soll (auch Asklepios gehörte zu den Göttern, die von den Toten auferstanden waren), ergänzen ein Theater, eine Rennbahn und zahlreiche Gästehäuser die Anlage. Täglich treffen Kranke ein und wandern staunend, ja ungläubig durch den heiligen Bezirk, studieren die Inschriften, die von der wunderbaren Hilfe des Gottes berichten beeindruckt, aber auch skeptisch. Der Gott nahm diese Skepsis nicht übel:
»Ambrosia aus Athen, auf einem Auge blind. Sie kam hilfesuchend zum Gotte, aber beim Umhergehen im Heiligtum spottete sie über manche Heilberichte. Es sei unmöglich und unglaublich, daß Lahme und Blinde durch bloßes Träumen gesund werden könnten. Aber im Schlafe hatte sie einen Traum. Es deuchte ihr, der Gott trete zu ihr und verspreche ihr, sie gesund zu machen; nur müsse sie als Lohn ein Weihgeschenk in den Tempel stiften, und zwar ein silbernes Schwein, zum Andenken an ihre Unwissenheit. Nach solcher Rede habe er ihr das kranke Auge aufgeschnitten und Balsam eingeträufelt. Als es Tag geworden, ging sie gesund von dannen.«

So lautet eine Inschrift, die man in Epidauros selbst ausgegraben hat (zitiert nach Meyer-Steineg 1965, S. 30). Die Asklepios-Tempel hatten auf ihren Ruf zu achten; nicht jeder Kranke wurde angenommen.

Wahrscheinlich haben die Priester rein empirisch Patienten mit Beschwerden bevorzugt, die man heute ›funktionell‹ nennt, bei denen also keine groben organischen Schäden vorliegen, sondern der Ablauf gestört ist. Doch müssen wir den Berichten aus Epidauros grundsätzlich ebensoviel Glauben schenken wie den medizinisch nicht erklärbaren Heilungen schwerer Krankheiten in Lourdes, die sich keineswegs auf psychogene Beschwerden beschränken. Gewiß war in der antiken Inkubation (Enkoimesis), dem Tempelschlaf, ein gutes Stück Psychotherapie. Religiöse Zeremonien, über deren psychotherapeutische Effekte wir schon gesprochen haben, bereiteten den Kranken auf die entscheidende Nacht vor: Waschungen und Bäder, Gebete und Opfer, Fasten und das gläubige Miterleben der Heilung von Leidensgenossen, wie sie die Inschriften schilderten und die oft reichen Votivgaben beglaubigten.
So vorbereitet, betrat er die Liegehalle, wo er – oft auf dem Fell eines frischgeopferten, schwarzen Widders – schlafen sollte. Seine Phantasie mußte völlig um die wunderbare Heilung kreisen; selbst wenn diese noch nicht sogleich eintrat, mag der Kranke etwas geträumt haben, was sich auf sein Leiden bezog. Diese Träume wurden dann am nächsten Tag den Asklepios-Priestern berichtet, von ihnen gedeutet und in einen Heilplan umgesetzt, in dem auch seelische Mittel verschiedenster Art (vor allem Ablenkung) eine wichtige Rolle spielten.[*]

Die Geburt einer rationalen Kosmologie und Psychologie

Wenn die griechische Psychotherapie, wie die babylonische, ägyptische, hebräische, persische und (in geringerem Maß) indische, zunächst durchaus von religiösen und magischen Elementen bestimmt wurde, so war sie doch nicht ausschließlich von ihnen geprägt, wie

---

[*] Manche Medizinhistoriker (z. B. Meyer-Steineg und Sudhoff 1965) glauben, daß in den Asklepieien auch nachts, während des Tempelschlafs, Priester im Gewand des Gottes chirurgische Eingriffe durchführten oder Arzneimittel empfahlen. Dieser fromme Betrug erscheint mir äußerst unwahrscheinlich; die Heilberichte (Iamata) sprechen auch stets von sofortiger Genesung, die nach einer echten Operation ja nicht einträte.

alle anderen Formen der Seelenheilkunde, die wir bisher kennengelernt haben. Zum erstenmal erhebt in Griechenland der Mensch die
Stimme zu einem wissenschaftlichen Dialog mit der Natur, sucht sie
nicht im und durch den Mythos zu erfassen, sondern durch den
Logos, durch das verstandesmäßig bewiesene im Gegensatz zum
autoritativ geglaubten Wort.

Der erste der Naturphilosophen – heute würde man sie mit vollem
Recht Naturwissenschaftler nennen –, die diesen Dialog einleiten, ist
Thales von Milet. Wir kennen ihn nur aus den Anekdoten und Zitaten
späterer Gelehrter, und doch ist sein Bild ziemlich deutlich.

Thales lebte im 6. Jahrhundert vor Christus. Er ist viel gereist und
hat überall die wissenschaftlichen Erkenntnisse, nirgends das reli-
giös-magische Beiwerk aufgenommen. In Babylon, Ägypten und
Kleinasien machte er sich mit Mathematik und Astronomie, mit
Meteorologie und den Gesetzen des Kalenders vertraut. Er war der
erste Grieche, der eine Sonnenfinsternis vorausberechnete, die am
28. Mai 585 richtig stattfand, und der schon im Vorjahr erkannte, daß
eine reiche Olivenernte bevorstand. Nur um zu beweisen, daß Denken auch nützlich sein kann, kaufte er alle Ölpressen auf Lesbos und
wurde durch diese Spekulation ein reicher Mann. Obschon es ihm
also nicht an Weltklugheit fehlte, ist das Gelächter angesichts des
zerstreuten Professors noch nicht verstummt: Thales, der die Sterne
studiert und in einen Brunnen fällt, worauf eine thrakische Magd, die
noch nie in einen Brunnen gefallen ist, dieses unauslöschliche Gelächter anschlägt.

Thales fragte nach dem Urstoff der Welt und fand als Antwort das
Wasser. Man wird an die Lehre der heutigen Biologie erinnert, daß
alles Leben aus dem Wasser kommt; doch diese Vorstellung lag
Thales fern. Sein Ursprung – die arché – der Welt ist wahrscheinlich
mehr als eine Art Grundsubstanz aufzufassen. Ob Thales schon
wußte, daß der menschliche Körper zu fast drei Vierteln aus Wasser
besteht? Aristoteles, der Thales offensichtlich ebensowenig verstehen konnte wie wir, vermutete, daß der Philosoph aus Milet das
Flüssige schlechthin meinte, jenes Lebensprinzip im Körper, das als
Blut, Galle oder Samen erscheinen kann.

Ein Thales-Schüler, Hippon aus Samos, hat es anders gedeutet: »Die Lebensflamme leckt das feuchte Milieu, den belebenden Grund des Leibes, allmählich auf; die Haut welkt, der Herbst tritt ein, das ausgetrocknete Blatt fällt ab.« (Schipperges 1970, S. 58)

Einen Schritt weiter geht Demokrit, der sich völlig von der Anschauung loslöst, die dem mythischen Weltbild seine Überzeugungskraft verleiht. Das All wird aus Materie und Nichts gebildet; die Materie selbst aus Atomen, unteilbaren letzten Einheiten. Vom Wasser, dem Urelement des Thales, sagt Demokrit: »Es hat nichts Farbiges oder Süßes oder Bitteres, nicht einmal etwas, was sich feucht anfühlte oder den Sinn erregte oder beruhigte. Alles dies ist Illusion.« (Schipperges 1970, S. 59) Diese Aussage, der die zweckrationale Qualität und die technische Verwertung der modernen Naturwissenschaft fehlen, zeigt doch, daß sich die Griechen vor über zweitausend Jahren dieselben Fragen stellten wie die modernen Physiker und sich ohne Scheu auf einer ähnlichen Ebene des unanschaulichen Denkens bewegten.

Medizin ohne Psychotherapie

Es ist hier nicht möglich, viel mehr zu nennen als die großen Namen der griechischen Naturphilosophie, die sich von der mythischen Weltanschauung emanzipierte, aber ihrerseits in aller Rationalität das Mythisch-Bildhafte beibehielt. Die Logik wurde entdeckt und gleichzeitig die Sprache verabsolutiert (heute nennen wir Begriffe wie ›das Sein‹ eine ›Sprachfalle‹ ohne einen anderen als den tautologischen Sinn es ist es ist); der Zusammenhang zwischen Theorie und Empirie, zwischen begrifflichem System und beobachteter Wirklichkeit blieb noch geraume Zeit verhüllt. Die Grundelemente waren eher Symbole als Urstoffe – das Feuer des Heraklit, die Luft (Pneuma) bei Anaximenes. Sie stehen für die Suche nach der Vollkommenheit, nach dem Sein schlechthin. Besondere Bedeutung für die Heilkunde erlangten die ersten, rein rationalen Physiologien, die körperlichen Vorgänge in Krankheit und Gesundheit aus dem Zusammenwirken von Erde, Wasser und Feuer (die Schule von Elea, begründet durch Xenophanes um das Jahr 530 vor Christus) oder mit den Pythagoreern aus Feuer, Wasser, Luft und Erde erklärten. Verbrenne ein Stück frisches Holz, sagte Pythagoras, und du wirst die vier Elemente erkennen: Feuer, Wasser, Luft (Rauch) und Erde (Asche). Pythagoras schrieb den Zahlen eine ähnliche Rolle im Kosmos zu wie später Platon den Begriffen (Ideen). Die Erscheinungen sind ein Abglanz der Struktur des menschlichen Rechnens bzw. Sprechens, nicht umgekehrt. Er beeinflußte die Medizin über seine Schüler Alkmäon und Empedokles.

Alkmäon ist wohl der erste Forscher gewesen, der sich für Psychosomatik interessierte und sich Gedanken über die Funktion des Gehirns machte. Er verglich es mit einer Drüse, die Gedanken ausschied wie die Tränendrüsen Tränen, eine verblüffend moderne Vorstellung. Im 19. Jahrhundert griffen überzeugte Materialisten wie Vogt diese Ansicht mit der weniger poetischen Metapher wieder auf, das Gehirn scheide Gedanken ab wie die Nieren Urin. Alkmäon versuchte auch, Kanäle für das Hören und Sehen ausfindig zu machen, die von den Ohren oder Augen zum Gehirn führten.

Systematisch geordnet wurden die pythagoreischen Vorstellungen schließlich von Empedokles an die Schule des Hippokrates weitergegeben, in der die antike Medizin wohl ihren Höhepunkt erreicht hat. Empedokles war eine schillernde Persönlichkeit, aus deren Biographie man – sowenig man von ihm weiß – doch erschließen kann, warum die Griechen die Hybris, den Hochmut, der sich über Menschen und Götter erhebt, als ärgstes Laster verurteilten. In Marathon bei Athen geboren, studierte er bei Pythagoras und lehrte lange Zeit in Sizilien, vor allem in Agrigent, einer blühenden griechischen Kolonie.

Empedokles war ein glänzender Redner – Aristoteles sagt von ihm, daß er die Grundsätze der Rhetorik entdeckte. Von seinem Tod erzählte man sich in der Antike verschiedene Versionen: Er sei zum Gott geworden und in den Himmel aufgefahren, oder er habe sich, um diesen Glauben zu erwecken, in den Krater des Ätna gestürzt; die Wahrheit darüber sei zutage gekommen, als eine seiner Sandalen aus dem Krater geschleudert wurde, denn er pflegte eherne zu tragen (Diog. Laert. VIII, 69).

Empedokles kennt vier Elemente: Feuer, Wasser, Luft und Erde. Sie sind ewig; vergänglich sind nur ihre Mischungen und Trennungen. Liebe und Haß – Eros und Todestrieb in der Freudschen Metapsychologie – beherrschen die Beziehungen dieser Elemente zueinander. Die einzelnen Formen pflanzlichen und tierischen Lebens gehen ineinander über und setzen einander voraus (mit einigem guten Willen kann man in Empedokles also auch einen Vorläufer Darwins sehen, zumal auch er die Vorstellung vom Überleben des Tauglichsten kannte).

Die Lehre des Empedokles, von Hippokrates übernommen und durch systematische Studien am Krankenbett ergänzt, wurde zur Grundlage der antiken Medizin. Eigentlich ist sie erst im 19. Jahrhundert durch die Zellularpathologie von Rudolf Virchow und die Entdeckung der Bakterien (Louis Pasteur, Robert Koch) endgültig zerstört worden. Noch heute gibt es außerhalb der Schulmedizin Humoralpathologen, Heilpraktiker, die nach der Lehre des Hippokrates behandeln, indem sie Drogen benützen, deren Eigenschaften denen von Hitze, Trockenheit, Feuchtigkeit und Kälte entgegengesetzt sind.

In der Geschichte der Psychotherapie nimmt Hippokrates ebenfalls eine besondere, freilich vorwiegend negativ geprägte Position ein. Während bisher jede Erklärung und Behandlung von Krankheiten magische und damit psychotherapeutische Elemente enthielt (mit Ausnahme vielleicht der Wundbehandlung; doch auch Wunden wurden ›besprochen‹), können wir mit Hippokrates und der Schule von Kos den Beginn einer rein organischen Medizin ansetzen, einer Medizin, in der das Element der magischen und rituellen Psychotherapie fehlt.

Es ist durchaus richtig, in Hippokrates und seiner Schule (deren schriftlicher Nachlaß, das Corpus Hippocraticum, über mehrere Jahrhunderte reicht, wodurch der tatsächliche Einfluß des um 377 vor Christus gestorbenen ›Vaters der Medizin‹ unklar bleibt) den Anfang einer wissenschaftlichen Heilkunde zu sehen. Dennoch beginnt mit der humanen, vernünftigen und klaren Medizin des Hippokrates, die sich so wohltuend von vielen früheren (etwa der ›Drecksapotheke‹ der Ägypter) und späteren (etwa den im Mittelalter bis zur Hexenverfolgung gesteigerten dämonistischen Praktiken) Lehren der Heilkunde abhebt, jene Trennung von Medizin und Psychologie, die bis heute noch nicht überwunden worden ist.

Hippokrates danken wir den ärztlichen Grundsatz des *nil nocere*. »Wenn du einem Kranken schon nicht nützen kannst, so schade ihm wenigstens nicht«, fordert er. Doch der Einfluß sozialer und seelischer Vorgänge auf körperliche Leiden und selbst psychische Störungen (wie die Melancholie, welche Hippokrates durch einen Überfluß schwarzer Galle erklärte) wird von der griechischen Ärzteschule geleugnet. Dieses Leugnen behielt seine Macht bis in die jüngste Zeit.

Sicher war die magische, schamanistische oder dämonologische Sprache ungenau und verwirrend, wenn sie die seelischen Hintergründe von Krankheiten zu erfassen suchte. Sie arbeitete, wie wir gesehen haben, mit dem Konzept einer Unordnung in der Geisterwelt, zauberischer Verfolgung durch böswillige Hexenmeister oder mit dem Begriff der Sünde, mit deren Buße auch die Ursache des seelischen oder körperlichen Leidens verschwindet. Es hat über zweitausend Jahre gedauert, bis der rationalen Medizin, die Hippokrates begründete, wieder eine rationale Psychotherapie zur Seite trat. Offensichtlich ist dem Menschen das Nächste immer das Fernste gewesen. Er erforschte zuerst die Sterne – die Astronomie ist die älteste Wissenschaft –, dann seine natürliche Umwelt, Pflanzen, Tiere und Gesteine, dann seinen Körper, und erst zuletzt begann er, seine Persönlichkeit zu untersuchen.

Hippokrates hat eine Reihe von Thesen aufgestellt, die auch für die Seelenheilkunde interessant sind. So betonte er die *vis medicatrix naturae*, die Heilkraft der Natur, eine stets vorhandene Tendenz zur Selbstheilung, die auch bei Neurosen und Psychosen eine wichtige Rolle spielt, nicht anders als bei körperlichen Leiden. Seine Auffassung der Harmonie zwischen den Körpersäften spiegelt das moderne Konzept der Homöostase, des Gleichgewichtszustandes im Organismus wider, der durch Krankheiten ebenso verändert wird wie im seelischen Bereich etwa durch Triebspannungen. Ein wenig an den ›Lehrbrief‹ in Goethes »Wilhelm Meister« erinnert seine Mahnung: »Das Leben ist kurz, die Wissenschaft lang, der rechte Augenblick schnell vorbei, das Experiment gefährlich, das Urteil schwierig. Es genügt nicht, daß der Arzt das Notwendige tue, der Patient und seine Helfer müssen ihren Teil ebenfalls beitragen, und die Umstände müssen günstig sein.« (J. Chadwick 1950, S. 148)

In den hippokratischen Schriften finden sich verschiedene Beschreibungen seelisch-geistiger Krankheiten: Die Melancholie wird auf eine Ansammlung schwarzer Galle zurückgeführt, welche alle übrigen Körpersäfte zurückdränge und aus dem Gleichgewicht bringe. Die Epilepsie, bei der die Kranken plötzlich zusammenbrechen und sich in Krämpfen winden, galt bis zu Hippokrates als *Morbus sacer*, als heilig-verruchte Krankheit, die auf den unmittelbaren Eingriff eines Gottes oder Dämonen zurückgeführt wurde. Hippokrates glaubte, daß sie auf eine Erkrankung des Gehirns zurückzuführen sei, eine Ansicht, welche die heutige Neurologie teilt. Wahnsinn entsteht laut Hippokrates, wenn das Gehirn durch übermäßige Feuchtigkeit, Hitze oder Kälte betroffen wird. Er soll durch Medikamente geheilt werden, welche fähig sind, diese Feuchtigkeit oder Hitze zu bekämpfen etwa durch Nieswurz (Helleborus), eine giftige Pflanze, die zugleich abführt und zum Brechen anreizt. Wenn die Hippokratiker mit diesem Medikament Erfolg bei Psychosen hatten, so wohl nur deshalb, weil es den Kranken für sein unerwünschtes Verhalten bestrafte.

Die Schule von Kos beschrieb organisch-toxische Psychosen: Verwirrtheitszustände mit Halluzinationen, die durch Gifte oder hohes Fieber ausgelöst werden, und Schwangerschaftspsychosen, in denen körperliche und seelische Ursachen zusammenwirken. Sie erläuterte Phobien – unbegründete Ängste, die den Kranken etwa hindern, eine Straße oder eine Brücke zu überschreiten – und prägte den Ausdruck ›Hysterie‹ für eine rätselhafte Krankheit, deren Ursachen erst Charcot und Freud aufhellen sollten.

Die Griechen hielten sie für eine typische Frauenkrankheit, bei der sich die Gebärmutter von ihren Bändern, die sie im Unterleib festhalten, losgerissen habe und nun wie ein bösartiges Tier im Organismus herumkrieche. Es stifte bald da und bald dort Schaden, der sich aber von den wirklichen Krankheiten dadurch unterscheide, daß seine Ursache unklar, sein Verlauf unberechenbar sei. Eine hysterische Lähmung kann von heute auf morgen verschwinden, hysterische Magenkrämpfe können aus dem Nichts auftauchen und vergehen. Wie die Ägypter, empfahlen auch die Hippokratiker in solchen Fällen, die Scheide zu durchräuchern. Daneben verordneten sie den Geschlechtsverkehr, ein Vorschlag, den später noch Sigmund Freud als ›medicynisches‹ Rezept gegen Hysterie zitieren sollte.

Die Hippokratiker klassifizierten die Geisteskrankheiten in:
1. Epilepsie (Fallsucht) mit dem Leitsymptom Krämpfe,
2. Manie (Raserei) mit dem Leitsymptom Erregung,
3. Melancholie (schwarze Galle) mit dem Leitsymptom Hemmung,
4. Paranoia (Vorbeidenken) mit dem Leitsymptom einer Denkstörung.

Von diesen Ausdrücken wird einzig die Paranoia heute nicht mehr im hippokratischen Sinn gebraucht. Während man in Kos darunter vorwiegend geistige Defekte verstand, die auf Schwachsinn beruhen (Werkzeugstörungen), versteht man heute unter Paranoia eine Form der Schizophrenie, in der Verwirrtheitszustände und Wahnideen (meist Verfolgungswahn) auftreten.

Psychologen der Antike

Wenn wir den Hippokratikern die Begründung einer Medizin ohne Psychotherapie zuschreiben, müssen wir doch festhalten, daß diese Trennung nur theoretisch möglich ist. Auch in jeder körperlich gemeinten Behandlung liegt ein Stück Psychotherapie, und sicher war gerade in der Antike der Arzt selbst oft sein wichtigstes Medikament. Die Seelenkunde der Antike fuhr unter der Flagge der Weisheitsliebe, der Philosophie.

Wer das rechte Leben finden wollte, wie die Philosophen seit Sokrates, mußte sich auch Gedanken über die Natur und die Bedürfnisse der Psyche machen. Der psychologische Gesichtspunkt ist seit den Sophisten nicht mehr aus der griechischen Kulturgeschichte wegzudenken. Man hat die Angehörigen dieser Schule vielfach als spitzfindige Rhetoriker abgewertet, zu Unrecht: Auch Sokrates galt bei seinen Zeitgenossen als Sophist; als solcher tritt er in einer Komödie des Aristophanes (»Die Wolken«) auf, wo er wie ein Psychoanalytiker seine Klienten zu freiem Assoziieren anregt (diese Klienten suchen ihn freilich nicht wegen neurotischer, sondern wegen finanzieller Nöte auf).

Die spitzfindige Logik diente den Sophisten dazu, nachzuweisen, daß die kosmologischen Erkenntnisse der älteren Naturphilosophen fragwürdig seien. Wenn ein Getreidekorn zur Erde fällt, so macht es kein Geräusch; wenn du also einen Sack Weizen ausschüttest, kannst du ebenfalls nichts hören. Mit solchen Schlüssen suchten die Sophisten zu zeigen, daß der Mensch weder seiner Logik noch seinen Sinneseindrücken Glauben schenken darf. Der Mensch ist das Maß aller Dinge – dieser Satz kennzeichnet ihr Anliegen, ohne das man sich die Wendung zum Menschen in der Philosophie von Sokrates, Platon, Aristoteles und ihren Nachfolgern nicht erklären kann. Sicher haben der Niedergang religiöser und politischer Traditionen und möglicherweise auch der Wechsel von einer vorwiegend agrarischen zu einer merkantilen Ausrichtung des sozialen Lebens zu diesem Umschwung beigetragen.

Sokrates war ein großartiger Psychotherapeut, ein Existenzanalytiker sozusagen, und sicher ein Vorbild für alle gebildeten Menschen, die sich später mit dem Einfluß eines Menschen auf einen anderen beschäftigt haben. Freud hat diese Verbindung zu Sokrates nie erwähnt, aber gekannt hat er alle griechischen Philosophen sicherlich sehr gut, schließlich war er neun Jahre Primus in seiner Klasse auf einem humanistischen Gymnasium. Wir wissen nicht, wie weit die von Platon aufgezeichneten Dialoge ein richtiges Bild des Sokrates geben. Doch der häßliche, ungeheuer geduldige und im Zuhören nicht minder wie im Reden geübte Mann hat auf viele seiner Zeitgenossen einen so starken Eindruck gemacht, daß Platon nur sehr wenig geschmeichelt haben kann.

Seine Methode des Dialogs verglich Sokrates mit einer ›Hebammenkunst‹ und diese ist die Kunst des psychotherapeutischen Dialogs bis heute: Nicht dem anderen die eigene Meinung einreden, sondern ihn so führen und zur Suche in seinem Inneren anregen, daß er von selbst gewahr wird, wo bisher seine blinden Stellen lagen, welche inneren Barrieren er aufgeben muß, in welcher Richtung er gehen soll, um mehr er selbst zu werden und damit auch seinen inneren Frieden zu finden.

Über dieses Grundprinzip des sokratischen Dialogs hinaus finden wir in einigen Äußerungen, die Platon seinem Lehrer unterlegt, direkte, überraschend ›moderne‹ Äußerungen über Psychotherapie. Eines der bedeutendsten Dokumente zur Geschichte der Seelenheilkunde überhaupt ist der Dialog »Charmides«, benannt nach einem Freund des Kritias. Kritias, ein Schüler des Sokrates, dem wir auch in anderen Gesprächen begegnen, will Charmides wegen seiner Kopfschmerzen einem Arzt vorstellen. Auch Sokrates wird befragt. Er empfiehlt ein Pflanzenblatt aufzulegen, bei dessen Gebrauch aber ein Spruch gesagt werden müsse.

Sokrates macht also den Schritt, den Hippokrates getan hat, wieder rückgängig. Er erklärt, dieser Spruch sei notwendig, um die Behandlung auf den ganzen Körper wirken zu lassen. Sokrates hat diesen Spruch von einem Arzt aus dem Gefolge des Königs Zamolxis, einem Thraker, erfahren. Dieser Arzt – wie im »Gastmahl« auf Diotima, beruft sich Sokrates auch hier auf einen Fremden, wohl um seine eigene Meinung (oder die Platons) zu äußern – habe stets gefordert, man müsse »nicht das Auge allein, sondern den Kopf, und nicht den Kopf allein, sondern den ganzen Leib heilen«, ja »nicht den Leib ohne die Seele«. Und wie ein Vertreter der Psychosomatik heute den rein organisch ausgerichteten Ärzten zeigt, wie viele Patienten sie mit ihren Methoden nicht heilen können, so belehrte der thrakische Arzt auch den Sokrates, die Ärzte der Hellenen seien deshalb so vielen Krankheiten nicht gewachsen, »weil sie das Ganze nicht kennen, das man in Pflege nehmen« müsse.

Im »Charmides« vertritt Sokrates, immer aus dem Mund seines nordgriechischen Gewährsmannes sprechend, eine extrem psychosomatische Auffassung: »Von der Seele geht alles, sowohl Gutes als Böses aus, für den Körper und den ganzen Menschen, und von da aus fließt es ihm zu ... Die Seele aber, mein glücklicher Freund, muß durch gewisse Heilsprüche behandelt werden; diese Sprüche aber sind die guten Reden. Durch Reden dieser Art erwächst Besonnenheit in den Seelen (ein Psychoanalytiker würde ›Ichstärke‹ oder ›Selbstkontrolle‹ sagen W. S.); wo aber diese erwachsen und vorhanden ist, da ist es leicht, dem Kopfe sowohl als dem übrigen Körper Gesundheit zu verschaffen.«

Kritias setzt hinzu – im Einklang mit Psychotherapeuten wie Carl Gustav Jung und Erich Fromm, die in der Neurose den Ansatz zu vertiefter Einsicht und Selbstwerdung sehen –: »Da wäre ja, Sokrates, für den jungen Mann sein Kopfweh zu einem wahren Glück geworden, wenn es ihn nötigen würde, nun seinem Kopf zuliebe auch in seinem geistigen Leben besser zu werden.«

Platon und Aristoteles

Mit Platon (427 bis 347 vor Christus), einem Schüler des Sokrates, der gewiß nicht lange nur sein Schüler geblieben ist, tritt uns zum erstenmal in der Geschichte eine dynamische Psychologie entgegen, die unseren modernen Theorien weit ähnlicher ist als etwa die Physiologie des Hippokrates der heutigen Physiologie. (Das kann übrigens nicht nur für die Weitsicht Platons sprechen, sondern auch für die geringe Spannweite der Entwicklung psychologischer Theorien.)

Platon wurde durch Pythagoras mindestens ebenso stark beeinflußt wie durch Sokrates. Von dem großen Mystiker und Mathematiker übernahm er nicht nur die Vorstellung der Seelenwanderung, sondern auch den Primat der geistigen vor der sinnlichen Wirklichkeit. Unsere Sinne vermitteln uns nur schwache, schattenhafte Abbilder der Wirklichkeit, die sich den Urbildern, die allein unser abstraktes

Denken erschließen, nur annähern, sie aber nicht erreichen können. Der Begriff – jenes Etikett, mit dem wir etwa das Gemeinsame an Birken, Eichen, Erlen und Fichten als ›Baum‹ herausgreifen – wird bei Platon zur Idee des Baumes, zu einem Urbild, das vollkommener und älter ist als jeder wirkliche Baum. Es ist klar, daß ein evolutionstheoretisch ausgerichtetes Denken, welches vor allem die Anpassungsfunktion der menschlichen Sprache betont, dieser Vergöttlichung der Abstraktion nicht folgen kann. Der Begriff erscheint diesem Denken als ein wirksamer Träger von Informationen, der das Gespräch ungeheuer vereinfachen und abkürzen kann – aber er dankt seine Existenz doch nur der menschlichen Anpassung an die sinnlich erlebte Wirklichkeit. Platon hingegen betont die Existenz einer geistigen Wirklichkeit, die er vor die äußere Realität setzt: eine kühne Wendung, die man wahrscheinlich mit Carl Gustav Jung als ein eminent psychologisches Phänomen bewerten darf.

Jung hat die idealistische Konzeption – die Begriffe sind vor den Dingen dagewesen – der realistischen gegenübergestellt und sie mit einer introvertierten Persönlichkeitsstruktur, im Gegensatz zur realistischen, extravertierten Struktur, verknüpft. Daß es sich bei Platon um einen introvertierten Menschen gehandelt hat, zeigt nicht nur sein Scheitern in der praktischen Politik, sondern auch sein Entwurf eines Staatswesens, das denkbar weltfremd angelegt ist und auch den freundlichen Charakter anderer Utopien vermissen läßt. Die Philosophen sind – versteht sich – die Herrscher; Dichter wie Homer jedoch werden als jugendverderberisch kurzerhand verbannt. Befreit man die Psychologie Platons von ihrem theoretischen und mythischen Überbau, so findet man einen erstaunlichen Reichtum an klaren, meist introspektiv (durch Selbstbeobachtung) gewonnenen Lehren. Platon erkannte, daß das Prinzip der Homöostase den menschlichen Organismus beherrscht: Der Körper baut sich auf und scheidet Abfallprodukte aus, in Hunger und Durst finden sich ähnliche Rhythmen von Spannung und Entspannung wie im Atem, körperliche Zustände spiegeln seelische wider. Die Seele ist das Lebensprinzip des Körpers; sie besteht aus drei Teilen – der Vernunft (Nus), die ewig ist, von Gott stammt und in den Kopf, dem Himmel am nächsten, gelegt worden ist, dem Gefühl (Thymos), das in der Brust wohnt und Mut, Ehrgeiz, Willen umgreift; schließlich dem Begehren (Epithymia), das im Unterleib wohnt Sexualität und Hunger, das Es Freuds.

Diese platonische Auffassung fordert geradezu zu einem Vergleich mit der Psychoanalyse heraus. Es ist immer mißlich, in der Geschichte nur in Entwicklungslinien zu denken und sich um jede Anspielung auf etwas, das wir gegenwärtig besitzen, wie um eine Wegmarke zu kümmern. Andererseits ist es dem Historiker unmöglich, den Geist der früheren Zeit zu erhellen, ohne seinen eigenen Geist in ihn hineinzutragen. Die Geschichte einer wissenschaftlichen Disziplin muß immer vom gegenwärtigen Stand ausgehen und die Vergangenheit auf ihn beziehen.

Unter diesem Gesichtspunkt erkennen wir in Platons Epithymia, dem chaotisch-begehrenden Seelenteil, der unterhalb des Zwerchfells lokalisiert wird und danach strebt, sexuelle Impulse, Hunger und Durst zu befriedigen, das Es der Psychoanalyse. Doch im Gegensatz zu Freud enthält Platons Modell der Psyche zwei Gruppen von Antrieben: die der Vernunft näheren des Herzens – Mut, Ehrgeiz, Nächstenliebe – und die niedrigen, chaotischen des Unterleibs.

Platon gibt uns ein Gleichnis: »Die Seele des Menschen gleicht einem Wagen, den zwei Pferde ziehen – ein williges, tapferes, und ein störrisches, wildes. Ein Wagenlenker führt die Zügel; seine Aufgabe ist es, das Durchgehen des wilden Pferdes zu verhindern.« Man könnte angesichts dieses Bildes sagen, daß Freud nur ein Pferd kennt: nämlich das störrische, das nur mit großer Mühe vom Ich (der bewußten Kontrollinstanz) gesteuert werden kann.

Die von dem Analytiker Erich Hartmann aufgestellte Lehre einer konfliktfreien Ichsphäre entspricht dem platonischen Modell besser als dem Freuds. In dieser konfliktfreien Sphäre des Ich werden Antriebe wirksam, die nicht in einem Prozeß der Verfeinerung (Sublimierung) dem Es abgerungen werden mußten, sondern schon von Anfang an bereitstanden, wie die Kraft des willigen Pferdes, das bereit ist, sich vom *Nus,* dem Denken – einer wichtigen Ich-Funktion – leiten zu lassen.

Evolutionstheoretisch hat das Modell Hartmanns mehr für sich als jenes Freuds. Denn sicherlich ist Homo sapiens kein Wesen, das Kultur nur dann hervorbringen kann, wenn seine biologischen Triebe beschnitten und unterdrückt werden. Im Gegenteil: Die Kultur und mit ihr die erlernte Kontrolle über Triebimpulse gehören zur evolutionären Ausrüstung des Menschen. Die Kulturgeschichte zeigt, daß Freud irrte, wenn er annahm, daß nur ein Mensch kulturell produktiv werden kann, der seine Sexualität unterdrückt und die so gewonnene Triebkraft sublimiert. Es gibt oder gab viele Kulturen mit einem hohen Maß an künstlerischer Leistung ohne den viktorianischen Zwang zur Sexualverdrängung.

Erst Freuds Entdeckungen erlauben uns, die Psychologie Platons in ihrer ganzen Fortschrittlichkeit zu erkennen, denn Freud hat deutlich formuliert und der empirischen Nachprüfung zugänglich gemacht, was Platon erahnte und in dichterischen Gleichnissen ausdrückte. Diesen Gegensatz zwischen Ahnung und ›gewußtem Wissen‹ zeigt auch die Lehre Platons über den Traum, in dem er wie Freud die Äußerung von Wünschen erkennt, die im Wachzustand nicht ausgedrückt werden. Doch während Freud eine Methode angibt, den unbewußten Inhalt eines Traumes zu rekonstruieren, läßt es Platon mit einer intuitiven Einsicht bewenden, die er nicht weiter verfolgt.

Er hat auch nie eine eigentliche Psychologie geschrieben. Seine psychologischen Theorien finden sich vor allem in seinem Werk über den Staat, im Rahmen einer idealistischen Politologie. Der neben Platon größte und ihn an Einfluß noch weit übertreffende Philosoph der Antike, Aristoteles von Stagira (384 bis 322 vor Christus) holte das nach. Von ihm selbst geschrieben oder doch unmittelbar beeinflußt, verkörpert sein Werk »Über die Seele« einen Höhepunkt der spekulativen Psychologie, der bis weit in die Neuzeit nicht übertroffen wurde. Aristoteles beschreibt darin zuerst die Assoziationsgesetze. Dann untersucht er die fünf Sinne, wobei er den Tastsinn als den grundlegenden beurteilt, gibt eine Liste der wichtigsten Leidenschaften und eine Auffassung der Aggression, die von überraschender Aktualität ist.

Im Gegensatz zu Empedokles und Freud hält Aristoteles den Haß bzw. Todestrieb nicht für einen grundlegenden Antrieb, sondern für die Reaktion auf erlittenes Unrecht. Er nimmt also die Deutung vorweg, daß jede Aggression durch eine Versagung (Frustration) ausgelöst wird.

Furcht erklärt Aristoteles als Bewußtsein der Gefahr, wenn eine Niederlage erwartet wird; Mut als dasselbe Bewußtsein in Erwartung des Sieges. (Diese Erkenntnis, daß unser Verhalten durch Vorwegnahme seiner Folgen gesteuert wird, ist bis in jüngste Zeit ein wesentliches Gebiet psychologischer Experimente und vielfach bestätigt worden.)

Aristoteles betrachtete alle Empfindungen als entweder lustvoll oder unangenehm und glaubte durchaus realistisch, daß unser Denken (›Probehandeln‹ sagt Freud) darauf gerichtet ist, Schmerz zu vermeiden und Lust zu gewinnen: Eine erste Formulierung des ›Lustprinzips‹, das nicht nur Freud, sondern auch amerikanische Verhaltensforscher (z. B. Thorndike als *law of effect*, Hull als Verstärkung durch Triebreduktion) aufgegriffen haben. Daß allerdings auch das Denken vorwiegend dem Überleben dient, ist eine These, die Aristoteles so fern liegt wie der idealistischen Philosophie bis in die jüngste Zeit (auch Kant hielt die Kategorien der reinen Vernunft für absolut und auf nichts anderes zurückführbar). Für Aristoteles ist die Vernunft göttlichen Ursprungs, ein Gedanke, der seine Lehre zur Grundlage der scholastischen Theologie machte und ihre Geltung durch nahezu zwei Jahrtausende abendländischer Geschichte sicherte.

Etrusker und Römer

Rom, der Mittelpunkt des späteren Weltreiches, ist eine italisch-etruskische Gründung. Die Etrusker, ein wahrscheinlich aus Kleinasien eingewandertes Volk von Händlern und Ackerbauern, eroberten einen großen Teil von Italien und herrschten längere Zeit auch unangefochten in Rom. Sie hatten eine hohe Kultur, die weitgehend auf Übernommenem beruhte; z. B. schrieben sie ihre eigene Sprache mit griechischen Buchstaben und kauften griechische Vasen als Grabbeigaben. Auch die Römer waren stets bereit, fremde Kulte, Mythen (und auch Kunstgegenstände) zu übernehmen. Sie verfügten über einen eigenen Ritus, um im Krieg die Götter des Gegners ins eigene Lager zu locken (Elicio).

Wenn später die Christen verfolgt wurden, so nicht wegen ihres Glaubens, sondern wegen ihrer von den Juden übernommenen religiösen Intoleranz. Sie waren nicht bereit, anderen Göttern zu opfern, die – wie etwa der Kaiserkult – mit der Staatsraison eng verbunden waren. Das Opfer zu verweigern, bedeutete Hochverrat. Das ›römische‹ Christentum hat diese Tradition der Übernahme und Aneignung fortgesetzt; viele heidnische Riten wurden in die Liturgie aufgenommen, vom Osterfeuer bis zum Erntedankfest. Die interkulturellen Folgen dieser Übernahmebereitschaft spielen heute in den Voodoo-Religionen eine große Rolle (siehe dort, S. 77 f.)

Das etruskisch-römische Pantheon der alten Zeit war von erstaunlich praktischem Charakter. Man kann ihn aus den *Indigitamenta,* den Listen mit Anrufungsformeln, ablesen, in denen alle Götter – auch die mit winzigen Sonderaufgaben – genannt werden: Da gibt es Sterculinus, der die Düngung der Felder beschützt, Vervactor, der sich um das erste Umbrechen des Bodens kümmert, Redarator, der die zweite, Imporcitor, der die dritte Pflügung betreut, Sator, der die Saat, und Occator, der das Eggen überwacht, Seia und Segetia, die für das Wachstum unter oder über der Erdoberfläche verantwortlich sind.

Ähnlich ausgeprägt war die Trennung einzelner Funktionen bei den Heilgöttern und den ›psychohygienischen‹ Numina – jenen, welche das Leben des Menschen in den wichtigen sozialen Situationen beschützten: Göttinnen wie Febris und Nethitis bewahrten vor Fiebern, Scabies vor Juckreiz, Angina vor Schmerzen. Die Frau war vom Augenblick ihres ersten Rendezvous bis zur Geburt des Kindes von einer Reihe verschiedener Göttinnen mit Spezialaufgaben beschützt: Juga bewachte sie während der Liebeswerbung, Cinixia half beim Ablegen der Unterkleider, Virginensis behütete sie während der Defloration, Pertunda beaufsichtigte das Einführen des Gliedes. Weitere Göttinnen waren für die vorgeburtliche Ernährung des Kindes verantwortlich oder sorgten für die richtige Kopflage bei der Niederkunft, beschützten die Wiege und das Stillen, das Gehen- und Sprechenlernen des Kindes. Obschon wir die Riten, welche Schutz und Hilfe dieser Götter und Göttinnen beschworen, nicht kennen, dürfen wir ihnen wohl psychohygienische, Halt gebende und orientierende Funktionen zuschreiben.

Die tolerante Übernahme fremder Götter ermöglichte auch das Eindringen des Äskulap-Kultes in Rom. Um das Jahr 300, so erzählen römische Historiker, wütete eine Pest. Daher fuhren Gesandte nach Epidauros, um den Rat der Priester des Äskulap einzuholen. Während ihr Schiff auf der Reede ankerte und die römischen Priester mit ihren griechischen Kollegen debattierten, schwamm eine riesige Schlange vom Ufer zum Schiff. Nach dem Ankerlichten begleitete sie es. Sobald ein italienischer Hafen erreicht war, schwamm die Schlange – der Gott selbst in Gestalt der ihm heiligen Äskulapnatter – zur römischen Tiberinsel. Bald hörte die Epidemie auf; in Rom wurde ein Äskulapheiligtum gegründet, das später, wie ein riesiges Schiff gestaltet, die ganze Tiberinsel einnahm.

Wer heute vom Marcellus-Theater über den Ponte Fabricio auf die Tiberinsel wandert und an der Kirche San Bartolomeo vorbei durch ein enges Gäßchen zum Fluß hinabsteigt, findet dort Teile der Verkleidung des riesigen Schiffshecks mit dem Schlangensymbol, sorgfältig in gelblichen Travertin gehauen. Sie sind der einzige Rest des mächtigen Heiligtums, das die Tempelanlagen des Heilgottes trug und von einem Mast gekrönt war. Übrigens ist die Tradition der Heilstätte auf der Tiberinsel nie erloschen; sie trägt bis heute ein Hospital (Ospedale di San Giovanni di Dio der Fate Bene Fratelli).

Eigentliche Ärzte hat es in Rom offenbar lange Zeit nicht gegeben. Noch der römische Senator Cato, bekannt durch seine unermüdliche Forderung, Karthago zu zerstören, schrieb ein medizinisches Lehrbuch im Rahmen seiner Schriften über Hauswirtschaft. Er empfiehlt einfache Hausmittel (Granatrinde gegen Würmer, Wacholderwein gegen Harnbeschwerden). Sie werden durch Beschwörungen ergänzt, die Cato etwa auch bei verrenkten Gliedern empfiehlt. Ein griechischer Arzt hätte diese kaltblütig und geschickt mit einem Handgriff wieder in die richtige Lage gebracht.

Cato, der sich erbittert gegen das Eindringen griechischer Kultur in Rom wehrte, ist 149 vor Christus gestorben. Um 90 vor Christus setzte ein Abenteurer, der Rhetor und Arzt Asklepiades, die griechische Medizin in Rom durch einen (inszenierten?) Theatereffekt durch. Er beobachtete einen Leichenzug, erkannte dank seiner Kenntnisse, daß der Verstorbene scheintot war, suchte ihn wiederzubeleben und hatte Erfolg. Man erlaubte ihm, zu praktizieren, und er hatte viel Zulauf, denn er versprach schnell, sicher und angenehm zu heilen.

Seine physiologische Theorie war einfacher als die des Hippokrates. Er ging nicht von Körpersäften, sondern von der Atomtheorie Demokrits aus. Der Körper besteht aus einzelnen Atomen, zwischen denen Poren sind. Bewegen sich die Atome nicht richtig, werden die Poren verstopft, Krankheit ist die Folge. Asklepiades schwor auf einfache Mittel – warme und kalte Bäder, Bewegungsübungen, Massagen, innere und äußere Anwendung von Wein.

Themison (123 bis 43 vor Christus) vereinfachte und systematisierte die Lehre des Asklepiades zum sogenannten Methodismus. In der medizinischen Praxis muß man sich nur um den Zustand der Poren zwischen den Atomen kümmern. Sind sie zu eng, ist Wärme nötig; sind sie zu schlaff, Kälte oder zusammenziehende (adstringierende) Mittel. Eine so einfache Lehre versprach Thessalus von Tralles (10 bis 70 nach Christus) binnen sechs Monaten jedem beizubringen, der dann von ihm ein Arztdiplom erhielt. ›Thessalus‹ ist seither ein Etikett für medizinische Scharlatane; doch hat dieser erfolgreiche Marktschreier (er wurde sogar einer der Leibärzte Neros) zuerst den Unterricht am Krankenbett praktiziert, der heute noch in der medizinischen Ausbildung einen zentralen Platz beansprucht.

Ein anderer Methodist, Soranus (93 bis 138 nach Christus), leistete einen wichtigen Beitrag zur antiken Psychotherapie, den wir noch betrachten werden. Je genauer man in Rom die griechische Kultur und mit ihr die griechische Medizin kennenlernte, desto weniger konnte man die Vereinfachungen und Einseitigkeiten der Methodisten ertragen. Aulus Cornelius Celsus, ein römischer Patrizier, der womöglich nie praktizierte, sich aber ein umfängliches Wissen erarbeitet hat, schrieb ein Werk über die Heilkunde, in dem vor allem der chirurgische Teil vortrefflich war. Celsus band sich an keine Schule, respektierte jedoch Hippokrates sehr. Er glaubte, daß manchmal Dämonen Krankheiten verursachen können. Seine Vorschläge, wie Geisteskranke zu behandeln seien, spiegeln die Auffassung eines Angehörigen der Adelsklasse wider, der in seelischen Störungen gern einen Versuch erblickt, sich vom Joch einer drückenden Verpflichtung zu befreien. Celsus riet, Geisteskranke anzuketten, sie zu peitschen oder sie auszuhungern, sie in völliger Dunkelheit zu isolieren oder sie mit Abführmitteln zu behandeln. Er begründet diese Therapie im Gegensatz zu Hippokrates nicht körperlich, sondern stellt fest, sie diene vorwiegend dazu, die Kranken einzuschüchtern.

Ganz anders Soranus, der Methodist, einer der ersten nachdrücklichen Befürworter einer humanen Behandlung von Geisteskranken, deren Leiden er durch eine ›Phrenitis‹ erklärte. Phren bedeutet im Griechischen das Zwerchfell, das bei Homer als Sitz der Seele gilt; Phrenitis ist entsprechend eine Entzündung oder Überhitzung der Seele. Der griechische Ausdruck lebt heute in dem Wort Schizophrenie fort, das man vielleicht wörtlich als Zwerchfellriß übersetzen könnte. Eugen Bleuler, der diese Bezeichnung für die häufigste Form der Geisteskrankheit anwendete, verstand darunter eine ›gespaltene Seele‹. Diese konnte sich sowohl im Mangel an sozialem Kontakt und gefühlsmäßiger Resonanz als auch in einer typischen Denkstörung des Kranken ausdrücken.

Soranus empfiehlt: »Der Ort, an dem Patienten mit Phrenitis untergebracht werden, muß ein Licht aus hohen Fenstern erhalten, denn es kommt häufig vor, daß unbewachte Patienten in ihrem Wahn aus den Fenstern springen« (zit. n. Alexander 1969, S. 72). Ob man ihn warm oder kalt unterbringt, soll man davon abhängig machen, wo sich der Kranke wohl fühlt; fesseln darf man ihn nur, wenn er sich selbst zu verletzen droht. Soranus und sein Schüler Caelius empfahlen psychologische Behandlungsmethoden, obschon sie an eine körperliche Ursache der Psychosen glaubten. Sie betonten vor allem die menschliche Beziehung und das Vertrauen zwischen Arzt und Patient.

Weniger die Therapie als die Diagnostik und die Prognose (der künftige Verlauf) von seelisch-geistigen Krankheiten interessierten Aretäus (50 bis 130 nach Christus), einen anderen Eklektiker neben Celsus und später Galen. In der besten hippokratischen Tradition beobachtete er sorgfältig Geisteskranke, erforschte ihre Vergangenheit und suchte zu einem Urteil über ihre Zukunft zu kommen. Er fand, daß bei manchen Kranken Zustände manischer Erregung und trauriger Hemmung abwechselnd auftreten, wobei der Patient in den Zwischenzeiten weitgehend gesund ist. Diese Entdeckung der sogenannten zyklischen Psychosen (zyklisch = kreisförmig; wie ein Kreisbogen zu seinem Ausgangspunkt, so kehrt der zyklisch Kranke zum Ausgangszustand zurück) ist damals nicht weiter verfolgt worden, obschon sie eine der wichtigsten Einsichten der klinischen Psychologie ist und Emil Kraepelin 1800 Jahre später zu dem Ruf eines ›Vaters der Psychiatrie‹ verhalf.

Ein weiterer, eklektisch orientierter Arzt war schließlich Galen von Pergamon (131 bis 200 nach Christus), der sich das ganze Mittelalter hindurch als unbestrittene medizinische Autorität behauptete. Er soll über dreihundert Werke geschrieben haben, von denen sich dreiundachtzig Bücher und eine Reihe von Kommentaren zu den hippokratischen Schriften erhalten haben. Galen vervollkommnete die hippokratische Lehre von den Körpersäften zu einem ausgeklügelten Schema, das von den Elementen bis zu den menschlichen Temperamenten reicht – dem leichtblütigen und heiteren Sanguiniker, dem grüblerischen und traurigen Melancholiker, dem jähzornigen, energischen Choleriker und dem ruhigen, zähflüssigen Phlegmatiker. Hier das von Empedokles und den Hippokratikern angelegte, von Galen systematisierte Schema, das viele Jahrhunderte lang die abendländische und arabische Medizin beherrschte:

Element	Organ	Flüssigkeit	Temperament	Qualität
Luft	Herz	Blut	sanguinisch	warm-feucht
Wasser	Gehirn	Schleim	phlegmatisch	feucht-kalt
Erde	Milz	schwarze Galle	melancholisch	kalt-trocken
Feuer	Leber	gelbe Galle	cholerisch	trocken-warm

Wenn alle Flüssigkeiten im rechten Verhältnis zueinander stehen, ist der Mensch gesund. Wird er krank, dann sucht die Physis, die Natur selbst, das Gleichgewicht zurückzugewinnen. Der Arzt muß suchen, dabei die Natur zu unterstützen. Er kann das etwa dadurch tun, daß er die ›ausleerende Kraft‹ der Natur durch Aderlässe und Abführmittel verstärkt.

Folgerichtig zapften jahrhundertelang viele europäische Ärzte geschwächten Kranken Blut ab und purgierten sie, womit sie vielfach eher die natürliche Heilkraft ruinierten als ihr halfen. »Wenn du krank bist, hüte dich vor den Ärzten« steht noch in einem Tagebuch des Leonardo da Vinci. Da die meisten Kranken spontan gesund werden, war es für die Ärzte ja leicht, auf unzweifelhafte Erfolge ihrer Methoden hinzuweisen.

Warum ist Galen über Jahrhunderte hin widerspruchslos als Autorität hingenommen worden? Viele Faktoren haben zusammengewirkt. Einmal galt er als Christ, weil er viele seiner Werke dem von den stoischen Philosophen verehrten Schöpfergott widmete. Zum anderen gab er ein logisches System, das leicht lehrbar und in sich geschlossen war. Nicht mit Unrecht rühmte er sich also, die Bahn, welche Hippokrates nur anlegte, eben und gangbar gemacht zu haben, wie ja auch die Römer ihre Heerstraßen pflasterten, während die Griechen auf steinigen, tief aufgerissenen Fahrspuren von Stadt zu Stadt stolperten. Und schließlich war Galen ein großer Schriftsteller und, am Maßstab seiner Zeit gemessen, kritischer Gelehrter, der selbst einige bemerkenswerte Entdeckungen machte, von denen uns in der Seelenheilkunde vor allem seine anatomischen Studien über das Gehirn und die Nervenbahnen interessieren.

Galen beobachtete, daß Gehirnverletzungen bei Tieren dazu führen, daß Lähmungen auf den entgegengesetzten Körperseiten auftreten; es gibt sensorische (Sinneseindrücke vermittelnde) und motorische (die Muskeln zu Bewegungen anregende) Nerven; durchtrennt man das Rückgrat von Tieren, so werden sie unterhalb dieser Stelle unbeweglich und unempfindlich.

Psychotherapeutische Maßnahmen hatten in Galens System keinen Platz; an ihre Stelle traten Medikamente, unter denen, wie schon zur Zeit des Hippokrates, Abführ- und Brechmittel Vorrang haben. Der faulige Schleim, welcher das Gehirn zum ›Lethargus‹ (Schläfrigkeit, Unempfindlichkeit, die bei einer ganzen Reihe von Krankheiten, darunter auch gestörte Hirndurchblutung, Depressionen und Schizophrenie, auftreten können) anreizt, muß ausgeschieden werden. Nicht anders die gelbe Galle, deren Überfluß Manie, oder die schwarze, deren Überfluß Depressionen hervorruft.

Epikureer, Stoiker: Entspannung durch Einsicht

Zwar von einem Griechen (Zeno) begründet, kann man die stoische Philosophie als geistige Haltung des gebildeten, aufgeklärten Römers der Kaiserzeit betrachten, sofern er nicht einer anderen, mit der stoischen Lehre verwandten Weltanschauung anhing: der des Epikur. In beiden Fällen handelt es sich eher um psychohygienische, dem seelischen Gleichgewicht dienende Theorien als um philosophische Systematik oder Erkenntniskritik.

Stoikern wie Epikureern waren die allzu menschlichen Götter des griechischen Olymp und die auf landwirtschaftliche Zwecke beschränkten *Numina* des heimischen Bodens fragwürdig geworden. Die Stoiker glaubten vielfach an einen allmächtigen, die Harmonie der Sphären beherrschenden Gott, der sich aber nicht weiter um das Wohlergehen des einzelnen Menschen kümmere (sehr im Gegensatz zum eifersüchtigen Gott der Juden und Christen, der sich um jeden Spatzen bemühte). Die Epikureer hatten Demokrits atomistisches System übernommen und etwas abgewandelt. Im Gegensatz zu Demokrit, der die Atome strengen Gesetzen folgen ließ, behauptete Epikur, sie hätten ein bestimmtes Maß an Freiheit (so verkörpert Demokrit die deterministische Auffassung Einsteins, Epikur die statistische Heisenbergs). Dieser Selbstbestimmung der Atome entspricht auch eine Selbstbestimmung des Menschen, der sich vom Gang der Welt unabhängig machen kann.

Was ist Glück? fragen Epikureer und Stoiker. Beide finden ähnliche Antworten: der innere Frieden, der Gleichmut, die Unerschütterlichkeit (Ataraxie). Man muß den unerbittlichen Gang des Schicksals gelassen hinnehmen, ohne sich gegen es aufzubäumen, und seine Pflicht tun, fordert die Stoa. Das ist die Grundhaltung großer Reiche – von Konfuzius in China bis zu Mohammeds Islam. Die Epikureer betonen weniger die Pflicht – »halte dich von politischen Aufgaben und öffentlichen Ämtern fern« hatte Epikur empfohlen – als die Entspannung durch angenehme Beschäftigung. Man hat deshalb Epikur später als Befürworter sexueller Ausschweifung verteufelt, vor allem als sich die christliche Religion durchgesetzt hatte. Nichts ist weniger richtig. Epikur hat zwar keine moralischen Vorschriften aufgestellt, doch deutlich zu erkennen gegeben, daß er sublimierten Lustgewinn in Kunst und Philosophie der fleischlichen Lust vorzöge.*

Der Stoiker ist angepaßter als der Epikureer. Er sieht in der staatlichen Ordnung einen Teil der Weltordnung, die durch ruhige Pflichterfüllung unterstützt werden muß. Und während laut Epikur die Seele, die aus den glattesten und rundesten Atomen besteht, mit dem Leib stirbt,** haben viele Stoiker an die Unsterblichkeit der Seele geglaubt.

Psychologisch bemerkenswert ist das ausgesprochene Interesse der Stoiker am Charakter, an der unverwechselbaren Persönlichkeit des

---

* »Wenn wir also die Lust als das Endziel hinstellen, so meinen wir damit nicht die Lüste der Schlemmer ..., wie manche Unkundigen, Gegner oder auch absichtlich Mißverstehende meinen, sondern das Freisein von körperlichem Schmerz und von Störung der Seelenruhe«, sagt Epikur (Fragment 93 bei Nestle, *Die Nachsokratiker*, Jena 1923).

** »Das angeblich schaurigste aller Übel also, der Tod, hat für uns keine Bedeutung; denn solange wir noch da sind, ist der Tod nicht da; stellt sich aber der Tod ein, sind wir nicht da.« Diesen Ausspruch des Epikur zitiert Diogenes Laertius (X, 125).

einzelnen, aus der alle seine Handlungen erklärt werden können: »Der Charakter ist die Quelle des Lebens, aus der die einzelnen Handlungen strömen«, sagte bereits Zeno (gestorben 264 vor Christus), der die Schule der Stoa gründete. Stoiker wie Seneca (4 vor bis 65 nach Christus) betonten, daß nur dauernde Arbeit am eigenen Charakter die gewünschte innere Ruhe herstellen kann: Selbstüberwindung, Nächstenliebe, Anerkennung der Gleichheit aller Menschen, auch der Sklaven sind typische Forderungen der Stoiker. Aus den Äußerungen vieler römischer Philosophen wird deutlich, daß sie Neurosen, seelische Unruhe, Spannung und Angst für die Folge einer falschen Weltanschauung, einer Auflehnung gegen die Wirklichkeit in übertriebenen Ansprüchen, in blinder Liebe oder wütendem Haß halten. Aufgabe der Philosophie ist es, diese falschen Erwartungen und Wünsche zu korrigieren und dadurch seelischen Frieden zu gewinnen. Solche Probleme sind heute der Psychotherapie zugefallen.

Cicero etwa, der im Jahre 43 vor Christus durch die Häscher des Antonius ermordete Redner und Philosoph, tritt vom Standpunkt dieser praktischen Philosophie den rein organischen Erklärungen seelischer Leiden entgegen. »Warum hat man eine Kunst begründet, um den Körper zu erhalten und zu pflegen ... während man andrerseits das Bedürfnis, die Seele zu heilen, nicht so stark empfand und diese auch nicht so genau erforschte?« (Zit. n. Alexander 1969, S. 71). Alexander nennt Cicero einen der ersten Psychosomatiker, weil sich bei ihm die Ansicht findet, daß körperliche Leiden durch seelische Vorgänge verursacht werden können. Vor allem wendet sich Cicero gegen ein pseudoorganisches Verständnis der Melancholie: »Was wir Raserei nennen, heißen sie Melancholie, als ob der Verstand nur durch schwarze Galle beeinflußt werden könnte und nicht so oft durch heftigen Zorn, Furcht oder Kummer.«

Cicero erkennt auch ein grundlegendes Prinzip der psychischen Evolution: Nur der Mensch erkrankt an seelisch-geistigen Störungen. Er hat die eigentümliche Natur psychischer Leiden klar formuliert, ohne freilich über diese Formel hinaus vorzudringen: »Sämtliche Störungen und die Unruhe des Geistes gehen daraus hervor, daß die Vernunft vernachlässigt wird. Daher sind diese Störungen auf Menschen beschränkt; die Tiere sind ihnen nicht unterworfen, obgleich sie mitunter so handeln, als ob sie Vernunft hätten.« Wenn man hier statt Vernunft Einsicht oder Bewußtsein übersetzen würde (und tatsächlich meint der von Cicero in den Tusculanischen Disputationen verwendete Begriff wahrscheinlich alle diese Dinge), hätte man ein grundlegendes Konzept der modernen Psychotherapie vor sich.

Wenn ein Mensch die Ursachen seiner seelischen Probleme erkennt, wird er in der Regel dazu geführt, entweder sich selbst oder seine Lebensumstände so zu verändern, daß sich seine innere und äußere Lage bessert. Was Cicero Aufgabe der Philosophie nennt, nämlich seelische Störungen zu beseitigen, die in einer verzerrten Sicht der Wirklichkeit wurzeln –, würden wir heute von der Psychotherapie verlangen. Und wenn die philosophische Lehre, welche Cicero hier als Heilmittel anbietet, in vielen Zügen subjektiv von seinen Ansichten geprägt wird, so können wir getrost feststellen, daß dasselbe auch für zahlreiche psychotherapeutische Lehren gilt, mit denen Ärzte und Psychologen in unserer Zeit arbeiten.

Während der Arzt ans Krankenbett gerufen wird, wendet sich der Philosoph an seine Leser. Psychotherapie im eigentlichen Sinn kann er nicht betreiben. Erst als ein junger, philosophisch sehr interessierter Arzt sich mit anspruchsvollen ›hysterischen‹ Patientinnen auseinandersetzen mußte, hat sich ein Stück dieser Spaltung rückgängig machen lassen, und die Psychoanalyse wurde entdeckt. Bis dahin sind die Worte Ciceros oder Senecas untergegangen, ebenso wie die Tradition der pragmatischen Philosophie Roms durch die Kirche unterdrückt wurde, welche die Philosophie nur als Magd der Theologie duldete. Antike Tradition als Dienerin des neuen Glaubens – dieses Zusammenwirken bestimmte die Seelenheilkunde des Mittelalters, in der das Heil im Jenseits höher geschätzt wurde als die Heilung im Diesseits.

Literatur

Ackerknecht, E. H., *Kurze Geschichte der Medizin*, Stuttgart 1959

Albutt, T. C., *Greek medicine in Rome*, London 1921

Alexander, F. und S. T. Selesnick, *Geschichte der Psychiatrie*, Konstanz 1969

Atkinson, D., *Magic, Myth and Medicine*, Cleveland 1956

Bitter, W. (Hrsg.), *Abendländische Therapie und östliche Weisheit*, Stuttgart 1968

Celsus, Aulus Cornelius (engl. Übers.), *On acute disease and on chronic disease*, Chicago 1950

Chadwick, J. und W. Mann, *Hippokrates*, London 1950

Deubner, O., *Das Asklepeion von Pergamon*, Berlin 1938

Edelstein, E. J. und L., *Asclepius*, 2 Bde., Baltimore 1945

Friedenwald, H., *The jews and medicine*, Baltimore 1944

Garrison, F. H., »Persian medicine and medicine in Persia«, in: *Bulletin of the Institute of History of Medicine* 1, 1933, S. 4

Görres, A., *An den Grenzen der Psychoanalyse*, München 1968

Gordon, B. L., *Medicine throughout antiquity*, Philadelphia 1949

Herzog, R., »Die Wunderheilungen von Epidauros«, in: *Philologus*, Suppl. 22, 1931, S. 111

Hinze, O., »Zur Psychologie und Symbologie des tantrischen Yoga«, in: Bitter 1968 (s. dort), S. 259

Jayne, W. A., *On healing gods of ancient civilization*, New Haven 1925

Jung, C. G., *Psychologische Typen*, Zürich 1960

Mellaart, J., *Çatul Hüyük a neolithic town in Anatolia*, London 1967

Meyer-Steineg, Th. und K. Sudhoff, *Illustrierte Geschichte der Medizin*, Stuttgart 1965

Nayar, S., »Ayurveda – Indiens alte medizinische Wissenschaft«, in: Bitter 1968 (s. dort), S. 161

Nestle, W., *Vom Mythos zum Logos*, Stuttgart 1942

Schipperges, H., *Moderne Medizin in Spiegel der Geschichte*, Stuttgart 1970

Schmidbauer, W., »Die Schlangen am Äskulapstab«, in: *Medizinische Klinik* 63, 1968, S. 769

Schöner, F., »Das Viererschema in der antiken Humoralpathologie«, in: *Sudhoffs Archiv der Geschichte der Medizin*, Suppl. 4, 1964, S. 48

Schrenk, M., »Zur Geschichte der Psychotherapie«, in: *Hippokrates* 38, 1967, S. 970

Schumacher, J., *Antike Medizin*, Berlin 1963

Whitwell, J. R., *Historical notes on psychiatry*, London 1936

5.
Das Mittelalter: Heilung für Besessene?

Mit Galen hatte die Medizin, mit den Stoikern und Epikureern die von psychotherapeutischem Gedankengut durchzogene Philosophie der Antike einen Höhepunkt erreicht. Mit dem Untergang des Römischen Weltreiches und dem Zerfall seiner pluralistischen Kultur erreichen wir eine Zäsur.

Man darf die Geschichte der Psychotherapie wohl kaum als lineare Entwicklung beschreiben. Sie gleicht eher einem polyphonen (und nicht selten dissonanten) Musikstück, in dem die einzelnen Stimmen – Schamanismus, Tempelschlaf, körperliche Therapie, Teufelsbeschwörung, Suggestion und Hypnose, Analyse und Verhaltenstherapie – nacheinander einsetzen, schweigen und wieder anheben. Oft klingt eine neue Stimme an eine ältere, längst verstummte an – so die menschliche Behandlung Geisteskranker durch Pinel an den griechischen Arzt Soranus –, und in der Regel schweigt die ältere Stimme noch nicht sogleich, wenn eine neue einsetzt, ja sie kann sich ihrerseits weiterentwickeln. Hippokrates hat mit seiner organischen Behandlung seelischer Krankheiten die Beschwörung nicht überwunden. Immer wieder werden wir sehen, daß unser genaueres Wissen um die archaische Psychotherapie uns das Verständnis selbst jüngster Entwicklungen erleichtert.

Eine Geschichte der mittelalterlichen Psychotherapie kann sich kurz fassen, wenn sie sich auf eine der antiken beziehen kann. Die

Beschwörung von Besessenen bestimmt ihren einen Teil, die Humoralpathologie Galens ihren anderen. Freud selbst begegnete noch der hippokratischen Lehre, daß Hysterie von der Gebärmutter verursacht werde, als er den Wiener Ärzten männliche Hysteriker vorstellen wollte. Und bis heute wetteifern mit den wissenschaftlich ausgebildeten Psychotherapeuten Heilpraktiker und Joga-Lehrer, Prediger der Christlichen Wissenschaft und andere Sektierer, die Entwicklungslinien der archaischen und rituellen Psychotherapie fortführen und sie an die Bedürfnisse einer gewandelten Gesellschaft anpassen.

Mittelalter – Finsternis und Licht

›Finsteres Mittelalter‹ – dieses Schlagwort kann man auch heute noch oft hören, obschon die Historiker gegen eine solche Vereinfachung energisch protestieren. Viele würden etwa ungescheut Hexenverfolgung und Inquisition zu den typischen Eigenschaften einer mittelalterlichen Mentalität rechnen, obschon beide ihren Höhepunkt erst in der Neuzeit erreichten und eher als Zeichen der großen sozialen und geistigen Gegensätze der Renaissance gewertet werden müssen. Das Lehrbuch der Hexenverfolgung, der »Malleus maleficarum« (Hexenhammer) von Jakob Sprenger und Heinrich Krämer, wurde erst 1484 von Papst Innozenz VIII. gutgeheißen, als in Florenz der kulturelle Wandel zur Renaissance schon lange begonnen hatte. (Ihr Beginn wird meist mit der Belagerung von Byzanz im Jahr 1452 angesetzt; damals verließen viele griechische Gelehrte die bedrohte Hauptstadt des Oströmischen Reiches und wanderten nach Italien aus.)

Das Mittelalter war eine Epoche großer Gegensätze: tyrannische Feudalherren und romantische Ritter, die sich zum Schutz der Schwachen berufen fühlten, vernichtende Epidemien und Hungersnöte, Städtegründungen, in denen gewaltige Kirchen erbaut wurden, verheerende Einfälle östlicher Reitervölker und christliche Kolonialisierung, die sich nicht weniger auf Feuer und Schwert stützte als die des Islam. Seit der römische Kaiser Konstantin aus politischen Gründen das Christentum staatlich anerkannte (als vorsichtiger Mensch verehrte er aber weiterhin den *Sol invictus,* den unbesiegten Sonnengott Roms), übte das Christentum einen einigenden und zivilisierenden Einfluß auf die germanischen Stämme aus, welche das Erbe Roms antraten. Die lateinische Sprache, mit dem neuen Glauben verbunden, verhinderte auch, daß das Wissen der Antike völlig unterging.

Ohne die vermittelnde Rolle des Christentums wäre sicher die Renaissance nicht möglich geworden. Doch war der Glaube ein eifersüchtiger Herr; er duldete keine Nebenbuhler und verlangte, wenn sich Erfahrung und Offenbarung, Vernunft und Dogma widersprachen, bedingungslos das Opfer der Vernunft und der empirischen Erkenntnis. Das ging so lange gut, wie die Kirche als Hüter der wissenschaftlichen Tradition und einziger Hort der höheren Kultur (vor allem in den Klöstern) einen realen Vorsprung auf diesen Gebieten hatte, wie es im hohen Mittelalter etwa von 800 bis 1000 zweifellos der Fall war.

Als aber die Städte und das Bürgertum wirtschaftlich und kulturell erstarkten, büßte die Kirche ihre führende Rolle ein. Sie suchte jetzt im Bösen zu erreichen, was im Guten nicht mehr zu halten war, und die Spitze des Fortschritts abzubrechen, statt sich selbst an sie zu stellen. Giordano Bruno wurde verbrannt, weil er die metaphysischen Konsequenzen des kopernikanischen Weltbildes formulierte; Galilei entging demselben Schicksal nur, indem er seinen Erkenntnissen abschwor.

Die starre und hochgradig geordnete Organisation der Kirche half zunächst, die abendländische Kultur zu bewahren. Was aber die wissenschaftlichen Ideen anging, so findet man auf dem Gebiet der seelischen Behandlung nicht nur ein Stehenbleiben beim Wissen der Antike, sondern geradezu einen Rückfall in eine Irrationalität, die bereits Thales und Empedokles überwunden hatten.

Zur Psychodynamik der Besessenheit

Die Austreibung von Teufeln aus Besessenen wird von Jesus im Neuen Testament berichtet; seine Macht ging auf die Apostel und von ihnen auf Bischöfe und Priester über. Von Paulus sagt die »Apostelgeschichte« (19,11): »Gott wirkte nicht geringe Taten durch seine Hände, also daß sie auch von seiner Haut die Schweißtüchlein und Binden über die Kranken hielten und die Seuchen von ihnen wichen und die bösen Geister von ihnen ausfuhren.«

Die Heilkraft wird als eine Art Stoff aufgefaßt, die mit dem Schweiß auch auf Tücher und Binden übertragen werden kann – ähnlich wie die blutflüssige Frau Jesu Gewand von hinten berührt und so geheilt wird. Auch hier finden wir eine magische Auffassung der Heilung: Jesus »fühlte alsbald an sich selbst die Kraft, die von ihm ausgegangen war«, in der Art eines Verlustes an heilender Substanz. Doch er erklärt der Frau ihre Heilung durchaus modern als Suggestion: »Meine Tochter, dein Glaube hat dich gesund gemacht; gehe hin mit Frieden.« (Markus 5, 25–34)

Was ist Besessenheit? Menschen, die glauben, vom Teufel besessen zu sein, sind in Europa sehr selten geworden. Das liegt daran, daß soziale Umgebungen, welche diesen Glauben im Kranken fördern und unterstützen, allenfalls in Hollywood inszeniert werden (wie in den Filmen vom Typus »Der Exorzist«), aber real nur noch selten aufzufinden sind. In den afrikanisch-christlichen Mischreligionen Lateinamerikas und Westafrikas (Voodoo, Umbanda, Candomblé usw., siehe S. 77 ff.) ist Besessenheit sozusagen ein Alltagsereignis, doch kommen und gehen die Geister, ohne die Alltagsanpassung sonderlich zu stören. Sie erleichtern sie sogar, indem sie gewissermaßen einer geplagten Seele Urlaub von sich selbst verschaffen.

Am Modell der Besessenheit können wir erkennen, daß die menschliche Geisteskrankheit kein blind zerstörerischer Prozeß ist, der in der Art eines unsichtbaren Gehirntumors plötzlich die körperliche Grundlage seelischer Vorgänge zerstört. Vielmehr sind alle Geisteskrankheiten ohne grob organische Ursache (Vergiftung, hohes Fieber, Gehirnentzündung und Schlaganfälle) ausgesprochen soziale Vorgänge, die von der Umwelt des Kranken geprägt werden. Die absurden, unsinnigen Wahngedanken enthüllen bei näherer Betrachtung eigentlich immer einen verständlichen Sinn. Der Kranke versucht, mit unbewußten Impulsen, welche sein Kontrollsystem durchbrechen, fertig zu werden. Es gelingt ihm nicht, das zu leisten, ohne den Kontakt mit der Realität zu verlieren. Da Realitätsverlust immer auch Orientierungsverlust ist, dieser Verlust aber starke Angst auslöst, versucht der Kranke nun, sich eine neue, diesmal irreale und wahnhafte Orientierung zu schaffen. Heute wird er etwa glauben, er sei einerseits auserwählt, eine leitende politische Rolle zu spielen und die Demokratie zu retten, andererseits verfolgen ihn aber fremde Geheimdienste.

In einer vorwiegend religiös geprägten Umwelt und mit einer nahezu ausschließlich in den Begriffen von Gott und Teufel, Sünde und Erlösung stattfindenden Erklärung seelischer Vorgänge, wie sie im Mittelalter üblich war, wird ein psychotisch Kranker in einer ähnlichen Lage glauben, vom Teufel besessen zu sein. Das ist die einzige für ihn denkbare Rolle, in der er seine widersprüchlichen Erlebnisse, den Einbruch bisher unbewußter Impulse, den Realitätsverlust und die Suche nach einer neuen, imaginären Orientierung verbinden kann. Und wie erst in jüngster Zeit sozialpsychologisch geschulte Nervenärzte entdecken, wie stark die Wahngedanken Schizophrener von sozialen Faktoren geprägt werden,[*] so wurde auch die Besessenheit durch das Bild mitgeprägt, das sich die Familie des Kranken und die soziale Gemeinschaft, in der er lebte, von ihm und seiner Krankheit machten.

Viele Berichte über mittelalterliche Teufelsaustreibungen lesen sich wie ein Lehrbeispiel seelischer Dynamik im sozialen Raum. Der (oder öfter die) Kranke beginnt mit veränderter Stimme zu erklären,

---

[*] Beispiel: Ein Arbeiter glaubt sich in einem Betrieb hintergangen und wird abweisend. Sein Mißtrauen fällt den anderen auf; sie tuscheln hinter seinem Rücken. Er wird immer stärker isoliert und glaubt, daß eine Verschwörung gegen ihn im Gange ist; um sich zu wehren, benimmt er sich sonderbar, sagt, er werde schon noch abrechnen usw., worauf sich die anderen nur noch enger gegen ihn zusammenschließen.

er sei nicht mehr er selbst. Er fängt an, seine Umwelt obszön zu beschimpfen und womöglich alle jene moralischen Verfehlungen hervorzukramen, die man bislang in dieser Gruppe sorgfältig unter den Teppich gekehrt hat. Der Besessene sagt mit veränderter Stimme Dinge, die er vorher nie gesagt hätte. Ein bislang züchtiges Mädchen reißt sich die Kleider vom Leib und beginnt, sich selbst zu befriedigen. Die Besessenheit durch einen ›unreinen Geist‹ wird zum Negativ einer moralischen Ordnung, die ein Maximum an Triebverzicht fordert.

Im Hintergrund der Rolle des Guten, des Gläubigen, des Verzichtenden, die der jetzt Besessene bisher gespielt hat, baute sich drohend und faszinierend zugleich die Rolle eines Gegenspielers, eines Schattens auf. Jetzt handelt und redet dieser Gegenspieler, er macht der ebenfalls (und vielleicht allzu) frommen Familie schwer zu schaffen, er beschimpft den Pfarrer, der herbeigeholt wurde und den lateinischen Exorzismus stammelt, und will nicht weichen. Ja, vielleicht weiß der Teufel sogar Dinge zu sagen, welche den geistlichen Herrn empfindlich treffen; er spottet über dessen dicken Bauch oder über dessen junge Haushälterin, sagt frei heraus, was die frommen Schäflein kaum zu denken wagen.

So mag es eine Weile fortgehen. Doch der Besessene wird auch wieder geheilt. Oft sagt der Teufel sogar selbst, wenn er weichen will. Es muß ein heiliger Mann sein, ein berühmter Bischof etwa, oder man muß eine besondere Reliquie herbeiholen. Und der Bischof kommt, er spricht sein Machtwort, er hat Erfolg. Später wird der Fall seinen Seligsprechungsakten einverleibt. So ist jeder wieder zufrieden und die Ordnung im spirituellen wie im weltlichen Bereich wiederhergestellt. Der Kranke hat seinen verdrängten Schatten eine Weile kathartisch ausgelebt; er kann jetzt Ruhe finden und die Rolle des frommen Christen wieder eine Weile spielen. Vielleicht heiratet die besessene Jungfrau später und wird für immer gesund. (Entsprechende Berichte in Jacopo da Voragines »Legenda Aurea« und in Günters »Psychologie der Legende« 1949.)

160

Die Hexenverfolgung

Die Periode der Teufelsaustreibungen mutet idyllisch an, verglichen mit dem, was folgen sollte. Der Exorzismus durch einen wirklich berufenen Priester mag eine tiefe psychotherapeutische Wirkung gehabt haben. Ein Durchbruch des Unbewußten trieb den Besessenen in seine Rolle, nicht bewußte Berechnung oder Verstellung. Dem suggestiven Einfluß eines Menschen, der im Ruf der Heiligkeit stand, mag es durchaus gelungen sein, die zerstörten Barrieren wieder aufzurichten und den ›Teufel‹ zu vertreiben, das heißt, den Schatten wieder zu verdrängen. Man kann annehmen, daß die Besessenheit einem ähnlichen Gesetz gehorchte wie die Saturnalien der Antike oder das Fest des Narrenbischofs im Mittelalter (s. S. 92 f.): Die zeitweilige Auflösung der inneren Ordnung des Besessenen konnte diese Ordnung befestigen; andererseits aber vermochte nur eine starke, ihrer selbst sichere soziale Ordnung solche Ausbrüche zu ertragen und ohne Gewalt wieder zur Heilung zurückzuführen. Tatsächlich setzen die Hexenverfolgungen zu einem Zeitpunkt ein, in dem der Geist der Renaissance zu wirken beginnt und die traditionelle Ordnung fragwürdig wird. Mißbräuche innerhalb der Kirche stoßen auf Kritik. Im sozialen Bereich bringen die Bürgerheere die feudale Ordnung in Gefahr, seit das Schießpulver erfunden wurde. Die Städte brauchen Einigkeit und Frieden, um Handel treiben zu können; sie werden deshalb zu einer wichtigen Stütze des Absolutismus, der königlichen Zentralgewalt, welche die Rolle des Adels erheblich einschränkt. In der Kirche beginnt es seit 1400 zu gären. Jahrhunderte des erzwungenen Zölibats hatten die erotischen Triebe von Mönchen und Nonnen wenig einschränken können. Manche Städte schickten Prostituierte in die Klöster, um die Jungfrauen des Ortes zu beschützen; unterirdische Gänge verbanden Mönchs- und Nonnenklöster. Frauenfeindlichkeit wurde zu einer ideologischen Notwendigkeit, und die Lehre der Hexenverfolger war ausgesprochen frauenfeindlich: »Das Weib ist ein Tempel, der über eine Kloake gebaut ist.« (Bromberg 1959, S. 51)
Da Frauen die Leidenschaft der Männer erregten, mußten sie Send-

boten des Teufels sein; psychotische Frauen, die ihre sexuellen Triebe nicht mehr kontrollierten, galten den Hexenverfolgern als klare Beweise für diese Lehre. Dennoch sind die Hexenverfolgungen nicht nur eine teuflisch verzerrte Form der Suche nach Sündenböcken und ein Zerrspiegel der Psychotherapie des Mittelalters. Wie vor allem Margaret Murray nachgewiesen hat, überlebten in den Berichten vom Hexensabbat, vom Tanz um den gehörnten Teufel (der meist in Bocksgestalt verkörpert wurde), vom Geschlechtsverkehr mit ihm und vom schamlosen Kuß auf seinen After steinzeitliche Riten. Die ›schwarze Messe‹ war also ursprünglich ein eigener Gottesdienst, den die christlichen Prediger erst verteufelten.

Die schädlichen Einflüsse, welche man den Hexen zuschrieb – sie lassen die Milch der Kühe versiegen, bewirken Hagelwetter und Dürre –, zeigen noch deutlich, daß ihr Kult wohl ursprünglich (in der Altsteinzeit) die Fruchtbarkeit der wilden Tiere magisch fördern sollte, während er später sich auch auf die Fruchtbarkeit der Felder ausdehnte. Die Berichte der Hexen, sie seien zum Sabbat ›geflogen‹, erinnern sehr an die Geisterreise der steinzeitlichen Schamanen. Wie diese pflegten sich auch die Hexen durch Einreiben mit berauschenden Stoffen in Ekstase zu versetzen.[*]

Später nahm der Hexenkult auch christliche Elemente auf, die in ihr Gegenteil verkehrt wurden. Bei der ›schwarzen Messe‹ wird aus Keuschheit Unzucht, aus dem Gebet ein Fluch; ihr Höhepunkt – die ›Wandlung‹ – ist ein Koitus. Während für die gebildeten Menschen das Studium der klassischen Schriftsteller und die keimende Naturwissenschaft Oppositionsmöglichkeiten gegen die als eng und ungültig empfundenen Glaubensformen der mittelalterlichen Kirche und gegen das unwürdige Verhalten ihrer Würdenträger boten, konnten die ungebildeteren Schichten und die zur Bildung kaum zugelassenen Frauen nur in einer religiösen Sprache ihre Gegnerschaft ausdrücken.

Der Mangel an Anpassungsfähigkeit bei den angeblichen ›Hexen‹

---

[*] Über die Wirkung dieser Stoffe siehe auch Schmidbauer, W. und J. vom Scheidt, *Handbuch der Rauschdrogen*, München [8]1997, unter »Hexensalben« und »Nachtschattendrogen«.

mag in vielen Fällen durch Fehlprägungen in früher Kindheit und/oder genetische Dispositionen zu psychotischen Erkrankungen entstanden sein. Eine rein psychiatrische Interpretation der Hexenjagd greift aber zu kurz, weil sie Erklärungsmittel einsetzt, die ihrerseits in gesellschaftlichen Bedingungen wurzeln, die nicht für alle Zeiten konstant waren. Große Teile der Hexenvorstellungen und der Berichte über ihre Kulte lassen sich religionsgeschichtlich fassen. Wie heute politische und weltanschauliche Gegensätze nicht nur von realistischen und kontrollierten Menschen dargestellt und diskutiert werden, sondern auch seelisch Kranken Stoff für ihren Wahn und ihre Halluzinationen geben, so drückten auch die Hexen einen echten kultischen und geistigen Gegensatz ihrer Zeit aus, der aber seiner Nähe zum ›Schatten‹ des Christentums, zu den biologischen Trieben, deren Verdrängung die kirchliche Moral zu erzwingen suchte, auf seelisch kranke Menschen besonders anziehend wirkte.

Darüber hinaus bot die Hexenjagd auch den Verfolgern Gelegenheit, ihre eigene verdrängte und pervertierte Sexualität sowohl auszuleben wie zu bestrafen – beides in der Projektion auf die teuflische Unzucht der Hexen und die gottgewollte Rache an ihnen. Die Ideologie der Hexenjagd wurde von den Dominikanerpatres Heinrich Krämer und Jakob Sprenger entwickelt, welche 1484 die päpstliche Bulle Innozenz' VIII. (›Summis desiderantes affectibus‹) erwirkten. In ihr wird die ursprünglich allein gegen Ketzer gekehrte Macht der Inquisition auch gegen Hexen gerichtet, denen der Papst sexuellen Verkehr mit Dämonen (Incubi und Succubi) zuschreibt, ferner die Fähigkeit, »Männer, Weiber und Tiere mit heftigen inneren und äußeren Schmerzen zu quälen und die Männer am Zeugen, die Weiber am Gebären, beide an der Verrichtung ehelicher Pflichten zu verhindern.«

Der »Malleus maleficarum« oder Hexenhammer wurde von der geistlichen und weltlichen Macht als Gesetzbuch akzeptiert. Im ersten Teil dieses Buches wird die Existenz von Teufeln und Hexen bewiesen; wer sich nicht überzeugen läßt, gilt selbst als Opfer des Teufels. Im zweiten geht es darum, wie man Hexen erkennt, im dritten, wie man sie bestraft und hinrichtet. Als beste Methode, den

Teufel zu vernichten, benennen die beiden Dominikaner die Verbrennung seines ›Wirtes‹.

Der »Hexenhammer« widersprach einigen Rechtsvorschriften der Zeit und verschärfte sie. Während sonst etwa die Folter nicht wiederholt werden durfte, war es bei Hexen gestattet, nach einigen Tagen erneut zu beginnen (was man als Fortsetzung der ersten Tortur bemäntelte). Grausame Proben galten als erlaubt. Die Verdächtige wurde schmerzhaft gefesselt, indem man die linke Hand mit der rechten großen Zehe und die rechte Hand mit der linken fest verband und sie dann an einem langen Strick um den Leib ins Wasser warf: Schwamm die ›Hexe‹ oben, galt ihre Schuld als erwiesen, ging sie unter, galt sie als unschuldig.

Als sicheres Hexenzeichen gilt die *griffe du diable*, ein Muttermal, das – mit einer Nadel angestochen – nicht blutete und schmerzte. An dieser Stelle (wohl nicht selten einer hysterischen Anästhesie) hatte der Teufel die ihm Verschworene berührt, um den Bund zu kennzeichnen! Der Hexenwahn dauerte bis 1700; danach war seine größte Gewalt gebrochen, obschon noch 1860 und 1873 zwei angebliche Hexen in Mexiko verbrannt wurden. Der Höhepunkt liegt im 16. und 17. Jahrhundert (noch gegen Ende des 16. verurteilte ein einziger Inquisitor, Remigius, in Lothringen 800 Hexen zum Scheiterhaufen); im Kampf gegen diese Perversion christlicher Glaubenslehren haben sich neben Ärzten (Paracelsus und vor allem Johann Weyer) die Jesuiten Adam Tanner (gest. 1632) und Friedrich Spee (gest. 1635) hervorgetan.

Auf der anderen Seite bestätigten nahezu alle bedeutenden Päpste der Renaissance (Alexander VI., Julius II., Leo X., Hadrian VI.) den »Hexenhammer« und akzeptierten ihn als Grundlage des kanonischen Rechts. Dieses Buch ist überreich an pornographischen Szenen, Orgien zwischen den Hexen und männlichen Dämonen (Incubi) oder Hexern und weiblichen Dämonen (Succubi), in denen alle erdenklichen Perversionen ausgelebt werden. Es scheint paradox, ist aber gerade für die Psychologie der Geisteskrankheiten durchaus logisch, daß eine religiöse oder soziale Ordnung jene negativen Erscheinungen, die sie selbst hervorruft, besonders erbittert bekämpft.

Die kirchliche Moral, welche selbst den Geschlechtsverkehr zwischen Ehegatten für sündige Unzucht erklären wollte, wenn er nicht einzig und allein dem Zweck diente, Kinder zu zeugen, mußte notgedrungen einen großen Reichtum sexueller Phantasien auslösen. Menschen, die durch diese Moral besonders geschädigt worden waren und ihre verdrängten Wünsche bewußt nicht mehr kontrollieren konnten, mußten vielfach in ein seelisches Dilemma geraten, das den Inquisitoren in die Hände arbeitete. Sie äußerten einerseits ihre perversen Gedanken in wirren Reden, neigten aber andrerseits dazu, sich für diese Gedankenverbrechen selbst grausam zu schädigen, wie es noch heute viele Neurotiker tun, die Krankheit und den Verzicht auf ein normales Leben auf sich nehmen, um sich für ein Gedankenverbrechen (etwa Inzest oder Vatermord) zu bestrafen.

So lag es für einen seelisch kranken Menschen nahe, sich selbst jener Hexerei zu bezichtigen, die als gräßlichstes der Verbrechen damals in aller Munde war, wie sich auch heute noch oft genug ein seelisch kranker Mensch findet, der sich irgendeines spektakulären Verbrechens anschuldigt. Und wie die Richter mag auch die Opfer eine breite Schilderung imaginärer sexueller Akte befriedigt haben. Der seelisch Kranke, den bisher alle verachtet hatten, wurde zum Ankläger in einem Schauprozeß: die und den, angesehene Bürgerinnen und Bürger, hatte er ebenfalls auf dem Sabbat gesehen, wo sie den Nachtbock küßten und mit Incubi zusammenlagen.

Die Beschuldigten wurden nicht selten ebenfalls verhaftet (denn im Gegensatz zu vielen juristischen Vorschriften dieser Zeit wurde im Hexenprozeß dem Zeugnis der vom Teufel Besessenen geglaubt). Man erpreßte auf der Folter ein Geständnis. Die Inquisitoren konnten zusehen, wie Frauen nackt ausgezogen und am ganzen Körper rasiert wurden (denn der Teufel versteckte sich mit Vorliebe in den Schamhaaren), wie man sie bis aufs Blut peinigte, ihre Haut mit Nadeln zerstach, ihre Glieder auf der Bank ausrenkte und ihre Füße in Schraubstöcken zermalmte. Dies alles geschah völlig legal, es war ein gottgefälliges Werk, wie die Richter glaubten, die in diesen unschuldigen Frauen ihre eigenen, perversen Wünsche gleichzeitig befriedigten und bekämpften. Die Szenen, die sich abspielten, könnten aus einem Roman des Marquis de Sade stammen; doch im Gegensatz zu de Sade suchten die Richter keine fleischliche Lust, sondern glaubten, einer Moral zu dienen, die fleischliche Lust verteufelte.

Ostgriechen, Nestorianer, Araber

Durch das ganze europäische Mittelalter hindurch blieben im Oströmischen Reich, in seiner Hauptstadt Konstantinopel, dem heutigen Istanbul, die Traditionen der antiken Medizin lebendig und mit ihnen die rein organische Auffassung der Phrenitis – Kopien der Gedanken von Hippokrates und Galen –, die uns gegenüber der Hexenjagd in Westeuropa rational anmuten. Ätius von Amida beschrieb drei Formen von geistiger ›Entzündung‹, die den vorderen (Gedächtnis), mittleren (Verstand) und hinteren (Phantasie) Teil des Gehirns befallen.

Die Behauptung, arabische Eroberer hätten die alexandrinischen Bibliotheken verbrannt, weil alles wertvolle Wissen im Koran enthalten und alles nicht im Koran enthaltene Wissen wertlos sei, ist eine Zwecklüge. Tatsächlich waren sehr große Bestände schon lange vorher von fanatischen Christen in Brand gesteckt worden, die ganz im Gegensatz zu dem weisen Clemens von Alexandrien die heidnische Weisheit für schädlich hielten. Die Mohammedaner waren christlichen und jüdischen Minderheiten gegenüber toleranter als die Christen. Die römische Kirche versuchte die Waldenser und andere ›Ketzer‹ in regelrechten Kreuzzügen auszurotten. Im Islam wurden Juden und Christen als Anhänger von ›Religionen des Buches‹ zu einer Kopfsteuer verpflichtet und toleriert; nur ›Götzenanbeter‹ sollten laut der Vorschrift des Koran mit Feuer und Schwert bekehrt werden.

Eine wichtige Vermittlerrolle zwischen der antiken Tradition und der mittelalterlichen Geistesgeschichte spielten die Nestorianer, eine christliche Sekte in Syrien, deren Gründer Nestorius 431 als

Patriarch von Konstantinopel abgesetzt worden war. Nach Arabien verbannt, sammelte er dort Anhänger um sich. Die Nestorianer übersetzten viele griechische Werke ins Syrische und waren auch in der antiken Medizin so gut beschlagen, daß manche Kalifen – als der Mittelpunkt des arabischen Reiches von Mekka nach Damaskus verlagert worden war – nestorianische Ärzte konsultierten. So wurden Hippokrates, Galen und Aristoteles ins Arabische übersetzt, ärztliche Schulen der Nestorianer in Edessa und Gondischnapur gegründet. Selbst die berühmte, von Friedrich II. von Hohenstaufen geförderte Medizinschule von Salerno in Unteritalien ist von nestorianischen Ärzten besucht worden, die dort sicher viel zu einer ersten Renaissance antiker Medizin beitrugen.

Ein berühmter arabischer Arzt war Rhazes (865 bis 925 nach Christus), Chefarzt des Krankenhauses in Bagdad, eines der ersten überhaupt, das für psychisch Kranke eine eigene Abteilung hatte. Typisch für seine Haltung, welche seine umfassende Bildung ebenso beweist wie die geringe Selbständigkeit, welche auch für die europäischen Ärzte des Mittelalters bezeichnend ist, war sein Satz: »Wenn Galen und Aristoteles über ein Thema einer Meinung sind, dann ist natürlich ihre Ansicht die richtige. Wenn sie verschiedener Meinung sind, dann freilich ist es schwer, die Wahrheit zu finden.« (Robinson 1949, S. 142)

Bei Rhazes finden wir das erste Mal das Wort Psychotherapie (Psychotherapeusis). Wie die meisten Psychotherapeuten heute nicht mehr wissen, ist der Ursprung ihrer Kunst ein durchaus humorvoller und dramatischer. Rhazes sollte einen Kalifen behandeln, der an schwerer Arthritis litt und nicht mehr gehen konnte. Rhazes' Psychotherapeusis sah folgendermaßen aus. Er empfahl, durchaus traditionell und harmlos, ein heißes Bad. Während der gelähmte Kranke nun darin saß, zückte Rhazes plötzlich ein Messer und drohte ihn zu erstechen. Der Kalif konnte plötzlich laufen und war geheilt.

Rhazes aber begründet diese Maßnahme nach der Humoralpathologie damit, die Hitze des Bades allein hätte nicht genügt, den Kranken zu heilen; innere Hitze durch die heftige Angst mußte noch hinzukommen. Es wäre lehrreich, den Begründer der psychosomatischen Streß-Lehre, Hans Selye, über diesen Fall zu befragen. Immerhin scheint heftige Erregung Cortisone aus den Nebennieren freizusetzen, jene Hormone, die man mit recht gutem Erfolg in der Therapie ähnlicher Leiden verwendet wie denen, die dem Patienten Rhazes' zu schaffen machten. Darüber hinaus verdrängt ein stärkerer Affekt alle schwächeren; Todesangst vernichtet sozusagen den Schmerz, und wenn die erstarrten Gelenke erst einmal wieder bewegt wurden, erwacht das im Krankheitsprozeß verlorene Kompetenzgefühl wieder, die Glieder zu beherrschen.

Noch berühmter als Rhazes ist Avicenna (980 bis 1037) geworden, dessen medizinisches Lehrbuch »Der Kanon« die europäischen Ärzte über Jahrhunderte hin für unübertrefflich hielten. Avicenna hat ein sehr originelles psychodiagnostisches Verfahren bei einem jungen Mann angewendet, der die Nahrung verweigerte und stumm dahinsiechte. Er hatte den Verdacht, es handle sich um eine pathologische Verliebtheit, konnte ihn aber nicht erhärten, weil der Kranke nicht sprach. Deshalb ertastete Avicenna den Puls des Erkrankten und sagte ihm laut die Namen von Provinzen, Städten, Straßen und Menschen vor. Da er nun merkte, wie sich der Puls des Kranken beschleunigte, sobald er eine bestimmte Person – ein junges Mädchen – nannte, diagnostizierte er die Ursache der Krankheit, Liebe, und riet den Eltern des Patienten, ihn mit diesem Mädchen zu verheiraten. Diese nahmen den Rat an; der junge Mann genas. Ähnliche Geschichten werden freilich auch von anderen Ärzten, unter anderem einem Arzt am Hof der hellenistischen Königin Berenike erzählt. Daher ist Avicennas Rolle in dieser Anekdote nicht allzu wörtlich zu nehmen.

Das Verfahren, bedeutungsvolle Begriffe durch Pulsmessungen zu erkennen, wird bis heute in modifizierter Form im Rahmen des sogenannten Lügendetektors verwendet. Es handelt sich dabei um ein umstrittenes Mittel, herauszubekommen, ob ein Mensch lügt oder nicht. Der Lügendetektor ist ein relativ einfacher Apparat, der neben dem elektrischen Widerstand der Haut, die Atem- und Pulsfrequenz aufzeichnet. Ein Mensch, der einen Diebstahl begangen hat, wird bei Reizwörtern (›Juwelier Schrödinger‹) in einer Reihe sonst neutraler Worte eine körperliche Reaktion zeigen. Schweiß bricht ihm aus, den man zwar mit bloßem Auge nicht sieht, der aber den elektrischen Widerstand seiner Haut verändert; sein Puls schlägt schneller, wenn er mit diesen Worten die Angst verbindet, ertappt zu werden. Der Lügendetektor kann also keine Lügen entdecken, sondern nur Erregungsschwankungen im vegetativen Nervensystem, die mit ängstlicher Spannung verbunden sind. Obschon er ein wichtiges Hilfsmittel werden kann, wenn der rechte Mann die Resultate auswertet, lehnen viele Staaten seine Verwendung ab. Gut vorbereitete Menschen, die z. B. autosuggestiv Erregungszustände bei an sich neutralen Worten produzieren, können den Lügendetektor ebenso narren wie Menschen, die sich so tief entspannen, daß die Reizworte ihr Vegetativem nicht erschüttern. Psychologisch gut geschulte Anwender wiederum können solche Tricks durchschauen. Da sich Verfälschungen nicht ausschließen lassen, gibt es starke juristische Einwände gegen so »bewiesene« Zeugenaussagen; ein freiwilliger Test wird allerdings vielfach verwendet, wenn außerhalb eines Gerichtsverfahrens Glaubwürdigkeit geprüft werden soll. Ein vereinfachter Detektor wird heute noch von der Scientology-Sekte verwendet, wohl weniger, um die Wahrheit zu erkennen, als um Anhänger mit technischem Brimborium zu beeindrucken.

Araber errichteten auch die ersten Irrenhäuser des Mittelalters: 705 eines in Bagdad, 800 in Kairo und 1270 in Damaskus (Ackerknecht 1957). Da sie einem strengen Monotheismus huldigten, in dem der Teufel neben Allah keine Macht hatte, war ihre Pflege der seelisch Kranken wohlwollend und freundlich.

Die arabische Medizin trug antike Traditionen weiter und erst von ihr, gewissermaßen aus zweiter Hand, erfuhren die Ärzte der Schule von Salerno, die Friedrich II. im Jahr 1240 zur einzigen approbierten medizinischen Fakultät seines Kaiserreiches erklärte, von den antiken Schriften. (Auf demselben Weg lernten die mittelalterlichen Scholastiker die Philosophie des Aristoteles kennen, durch die sie versuchten, Glauben und Vernunft in ihrer Lehre zu versöhnen.) So war die Interpretation in der Schule von Salerno rein organisch (man erklärte Geisteskrankheiten durch Abszesse der Gehirnventrikel), von einer Psychotherapie konnte keine Rede sein. Man verschrieb eine Diät und versuchte, die krankmachenden Stoffe durch Aderlässe und Abführmittel aus dem Körper zu schaffen.

In der französischen Schule von Montpellier, die ebenfalls im 13. Jahrhundert aufblühte, kombinierte Arnold von Villanova (1240 bis 1313) die hippokratische Lehre mit der Dämonologie. Daraus resultierten grausame Behandlungsvorschläge wie jener bei Manie: »Die Haut wird in der Form eines Kreuzes eingeschnitten und die Schädelkapsel durchbohrt, damit das krankhafte Material ausgeschieden werden kann.« (Whitwell 1936, S. 195)

Astrologie und Alchimie gehörten ebenfalls zu den im spätantiken Alexandria vervollkommneten Künsten, welche auf dem Weg über die Araber den Weg nach Europa fanden. Die Astrologie wurde christlich uminterpretiert: Jesus galt als der Herr des Kalenders (als solcher ist er etwa im Baptisterium der Kathedrale von Parma in Oberitalien dargestellt); die astrologisch aufgefaßten Götter der Antike – Merkur, Venus, Mars, Jupiter, Saturn und Pluto – sind in Boccaccios mythologischen Werken unterwürfige Diener des wahren Gottes.

Für die Seelenheilkunde hatte die astrologische Konzeption der Welt eine wichtige Konsequenz: Die seelisch Kranken waren so, weil sie von den Kräften himmlischer Körper beeinflußt wurden, vor allem vom Mond. Deshalb ist etwa im Englischen *lunatic* zum Wort für wahnsinnig schlechthin geworden. Als die Fortschritte der Astronomie die Astrologie längst auf den Platz einer Pseudowissenschaft gewiesen hatten, nannte man die Nervenkrankenhäuser immer noch *lunatic asylums.*

Die Verbindung der Astrologie mit der Medizin führte nicht nur dazu, daß jeder Aderlaß zum astrologisch günstigsten Zeitpunkt durchgeführt wurde, sondern auch dazu, daß eine eigenartige Verbindung zwischen Melancholie, schöpferischem Denken und dem Planeten Saturn hergestellt wurde. Sie läßt sich, wie der Kunsthistoriker

Erwin Panofsky gezeigt hat, auf dem berühmten Dürer-Stich »Melancholie« ebenso nachweisen wie in vielen Werken Michelangelos (etwa im Moses des Julius-Grabes). Der saturnische Denker ist melancholisch, zugleich aber dringt er als einziger in die Tiefe vor und erkennt die Welt in schöpferischer Kontemplation.

Freud hat in seiner Arbeit über den Moses des Michelangelo diese Zusammenhänge ebenso verkannt wie viele Interpreten der »Melancholie« Dürers, die glaubten, sie sei gerade durch die Beschäftigung mit der Wissenschaft zum Lebensekel getrieben worden. Die Verbindung von Melancholie, saturnischem Temperament und schöpferischer Kontemplation ahnt die spekulative Verbindung von »Genie, Irrsinn und Ruhm« voraus, in der sich manche Psychiater des ausgehenden 19. Jahrhunderts (Lombroso, Lange-Eichbaum) gefielen.

Man ist sich heute weitgehend einig, daß ein seelisch kranker Künstler nicht wegen, sondern trotz seiner psychischen Störungen schöpferisch ist. Zudem sind psychiatrische Klassifikationen aufgrund historischer Dokumente noch viel unsicherer, als es diese (im Verlauf einer Krankheit oft drei- bis viermal wechselnden) Etiketten ohnedies sind. Festzuhalten bleibt, daß es im 15. und 16. Jahrhundert für viele Künstler gewissermaßen zum guten Ton gehörte, melancholisch zu sein. Vielleicht leitet sich die Tatsache, daß viele bürgerliche Gemüter immer noch zum Künstler das Wort ›verrückt‹ assoziieren, von dieser astrologischen Auffassung der Zusammenhänge zwischen Schöpferkraft und Melancholie her.

Ansätze zu einer realistischen Psychologie

In den Rittersagen des Mittelalters taucht zum erstenmal in der europäischen Geschichte das Konzept der romantischen Liebe auf. Es ist von der Ehe losgelöst, ja im Gegensatz zu ihr. Die eigene Frau durfte kein Minnesänger verehren; Dantes Dichtung kreist um die verstorbene, engelgleiche Beatrice, während ihm seine Frau Kinder gebiert und das Haus besorgt.

Auch die Minnesänger waren von den Arabern beeinflußt, deren überlegene Kultur die Kreuzritter kennenlernten. Da sie im Gegensatz zur scholastisch geprägten Wissenschaft standen, konnten sie ungescheut und nicht von vorgefaßten Doktrinen beeinflußt über die menschlichen Leidenschaften nachdenken. So kam es, daß man in ihren Liedern und Balladen eine sehr wirklichkeitsnahe Interpretation von seelischen Krankheiten findet, auf die vor allem Edith Wright hingewiesen hat.

Die Troubadoure waren überzeugt, daß ein Mensch durch seelische Krisen und Konflikte körperlich und geistig erkranken kann. In der Geschichte Iweins wird beschrieben, wie der Ritter den Verstand verliert, weil ihn seine Geliebte verläßt. Das gegen die Psychose verwendete Heilmittel beruht darauf, ihm eine neue Geliebte zu beschaffen. In »Tristan und Isolde« ist die mächtige und oft zerstörerische Wirkung menschlicher Leidenschaften so realistisch beschrieben wie in keiner Dichtung der Antike. Wright schließt: »Im Frankreich des 12., 13. und 14. Jahrhunderts herrschte also eine Vorstellung von der Psychose als einer heilbaren Krankheit, die durch eine seelische Erschütterung hervorgerufen wurde.« (Wright 1939, S. 356)

Literatur

Ackerknecht, E. H., *Kurze Geschichte der Psychiatrie*, Stuttgart 1957
Benz, R. (Hrsg.), *Legenda aurea des Jacopo da Voragine*, Heidelberg 1964
Bromberg, W., *The mind of man*, New York 1959
Browne, E. G., *Arabian medicine*, Cambridge 1921
Cambell, D., *Arabian Medicine and its influence on the middle ages*, London 1926
Coulter, Harris Livermore, Divided Legacy Bd. I: *The Patterns emerge. From Hippocrates to Paracelsus*, Washington 1973
Günter, H., *Psychologie der Legende*, Stuttgart 1949
Huizinga, J., *Herbst des Mittelalters*, Stuttgart 1961
Krämer, H. (d. i. H. Institoris), und J. Sprenger, *Malleus maleficarum* (d. i. *Der Hexenhammer*, übersetzt von J. Schmidt), Berlin 1920
Leibrand, Annemarie und Werner, *Formen des Eros. Kultur- und Geistesgeschichte der Liebe*. Bd. I: Vom antiken Mythos bis zum Hexenglauben. München 1972

Murray, A., *The witch-cult in Western Europe,* Oxford 1921
Panofsky, E., *Meaning in the visual arts,* New York 1955
Riesman, D., *Medicine in the middle ages,* New York 1936
Robinson, V., *The Story of Medicine,* New York 1944
Walsh, J. J., *Medieval medicine,* London 1920
Wright, E., »Medieval attitudes toward mental illness«, in: *Bull. Hist. Med.* 7, 1939, S. 356.

6.
Von der Magie zur Beobachtung

Die Geburt des Individuums‹ ist laut E. Jacob Burckhardt die einfachste Formel, um den Geist der Renaissance zu charakterisieren. In der bildenden Kunst wurde die Darstellung des nackten menschlichen Körpers wiederentdeckt. In der Astrologie ging es um Charakter und Schicksal des einzelnen. Bildhauer und Maler begannen ihre Werke zu signieren (was in Antike und Mittelalter nicht üblich war). Vesalius erarbeitete die menschliche Anatomie aufgrund eigener Sektionen, während man bisher Galens Beschreibungen vorgelesen und dazu Tiere zergliedert hatte. In der Psychologie entwickelten Giovanni della Porta und seine Nachfolger die Lehre von der Physiognomik, wonach man das Geheime und Verborgene – den menschlichen Charakter – von etwas Offenkundigem und Zugänglichem ablesen kann – nämlich dem menschlichen Gesicht.

Ein Merkmal der psychologischen Vorstellungen der Renaissance haben wir schon beschrieben: die astrologisch begründete Verbindung von Melancholie, dem saturnischen Temperament und künstlerischer Schöpferkraft. Das biographische Interesse erwacht; viele Künstler und Gelehrte der Renaissance schreiben Autobiographien – Lorenzo Ghiberti, Benvenuto Cellini, Girolamo Cardano. Giorgio Vasari sammelt die Lebensbeschreibungen aller ihm bekannten italienischen Künstler und entwirft anschauliche Charakterbilder. Leonardo da Vinci nennt die scholastischen und humanistischen Gelehrten, die alte Schriftsteller studieren, wenn sie Auskunft über natürliche Vorgänge erhalten wollen, »Stiefsöhne, nicht Söhne der Natur, die Mutter aller guten Autoren ist«. Er stellt nüchtern fest: »Wer sich im Streit der Meinungen auf Autorität beruft, gebraucht sein Gedächtnis und nicht seinen Verstand.« Solche Sätze, die das Heraufkommen einer neuen Zeit signalisieren, notierte der Künstler in Spiegelschrift und vergrub sie in seinen Notizbüchern, die erst Jahre nach seinem Tod gedruckt wurden.

Für die Seelenheilkunde wichtiger als Vesalius ist Cardano, einer der einflußreichsten Ärzte seiner Zeit, Universalgelehrter, Mathematiker, Astrologe und Handleser. Er glaubte an Dämonen und war doch ein erbitterter Gegner der Hexenverfolgungen. In seiner Autobiographie von 1575, »Über mein eigenes Leben« (»De propria vita«) enthüllt er freimütig und selbstbewußt die Widersprüche seines Charakters: »Die Natur hat mich zu jeglicher Handarbeit befähigt, mir den Geist eines Philosophen und wissenschaftliche Fähigkeiten, Geschmack und gute Manieren, Sinnlichkeit und Fröhlichkeit verliehen, sie hat mich fromm, treu und der Weisheit ergeben, nachdenklich, erfinderisch, mutig, lern- und lehreifrig gemacht, sie hat mich mit dem Willen ausgerüstet, es den Besten gleichzutun, neue Dinge zu entdecken und aus eigenen Kräften den Fortschritt in bescheidenem Maß zu fördern. Sie hat mich zum Studenten der Medizin bestimmt, der an Sonderheiten und Entdeckungen interessiert ist, mir Schläue, Verschlagenheit und beißenden Humor geschenkt. Ich bin in den Mysterien bewandert, ich bin arbeitsam, fleißig, scharfsinnig, lebe von der Hand in den Mund, ich gelte als frech, als Verächter der Religion, mißgünstig, neidisch, kopfhängerisch, treulos, als Zauberer und Hexenmeister, bin ein Häuflein Elend, gehässig, lasziv, eigenbrötlerisch, unsympathisch, grob, intuitiv veranlagt, eifersüchtig, obszön, verlogen, liebedienerisch, liebe Altmännergeschwätz, ich bin wankelmütig, willensschwach, unanständig, ich liebe die Frauen, ich bin streitsüchtig und infolge der Widersprüche meiner Natur und Seele gebe ich selbst jenen, mit denen ich am häufigsten verkehre, ein Rätsel auf.« (zit. n. Ore 1953, S. 25)

Cardano hat vielleicht als erster Arzt die Wirksamkeit der Suggestion in der Heilkunde entdeckt. Er war zu kritisch, um zu glauben, daß seine Erfolge allein auf die Medikamente zurückzuführen seien, die er wie seine Zeitgenossen anwendete. Er vertrat nicht nur eine Lebensphilosophie, die den Wert der Autosuggestion hoch anschlug (»Du mußt dich vor dem Unglücklichsein hüten und glauben, daß du es nicht bist«), sondern wußte auch: »Der heilt am meisten, an den die meisten glauben!« (Ore 1953, S. 47; Gorton 1910, S. 205) Weniger einsichtig auf dem Gebiet der Psychotherapie war Paracelsus (1493 bis 1541), ein exzentrischer Mystiker, dessen geschichtliches Verdienst vor allem auf dem Gebiet der Pharmakologie liegt. Paracelsus protestierte gegen die Scheinautoritäten der scholastisch geprägten Universität, verbrannte in Basel Bücher von Avicenna und Galen, »denn ich sage euch kühn, daß die Haare auf meinem Hinterkopf mehr wissen als alle eure Schriftsteller zusammen; meine Schuhschnallen besitzen mehr Weisheit als selbst Galen und Avicenna.« (Robinson 1944, S. 269) Paracelsus, ein verworrener aber unabhängiger Denker, hat die Hexenprozesse scharf abgelehnt. Sein sozialer Einfluß blieb freilich zu gering, um hier viel auszurichten. Paracelsus war ein Vorläufer der heutigen Ganzheitsmedizin, die er freilich nicht psychosomatisch, sondern kosmisch begründete. Die menschliche Persönlichkeit sei aus geistigen und stofflichen Teilen zusammengesetzt, die eng mit der Seele verbunden sind. Die Geisteskrankheiten entstehen von innen, nicht durch äußere Einflüsse; sie können, wie alle Krankheiten, durch die richtige Arznei geheilt werden. Mutig und konsequent hat noch ein zweiter Arzt die Hexenverfolger angegriffen: Johann Weyer, 1516 im heute holländischen Grave geboren. Er studierte in Frankreich und nahm dort den Namen Jean Wier an. 1550 wurde er Leibarzt des Herzogs Wilhelm von Kleve, der manchmal an Depressionen litt und Verwandte hatte, die seelisch gestört waren. Da der Herzog selbst bemerkt hatte, daß diese Kranken manche Erscheinungen zeigten, die man sonst bei Hexen beobachten wollte, neigte er Weyers Gedanken über eine seelische Krankheit als Ursache der angeblichen Hexerei zu. Im Dienste des Herzogs reiste Weyer in benachbarte Fürstentümer, sprach mit angeblichen Hexen und ihren Anklägern und wies immer wieder auf die natürlichen Ursachen der angeblich zauberischen Zeichen hin. So untersuchte er etwa ein junges Mädchen, das behauptete, der Teufel praktiziere Nadeln und Nägel in seinen Magen, und fand, daß an diesen Gegenständen nur Speichel, aber keine Spur von Magensaft haftete, das Mädchen also log (wahrscheinlich nicht bewußt, sondern in einem Dämmerzustand, wie er oft bei Hysterie auftritt).*

In einem anderen Fall, den er in seiner Schrift »De commentitis jejuniis« (»Über angebliches Fasten«) beschrieb, setzt sich Weyer mit einem anorektischen Mädchen auseinander, das damals – etwas wie den modernen Schlankheitskult gab es nicht – von sich behauptete, durch ein frommes Wunder bereits zwei Jahre ohne Speise und Trank zu leben. Weyer bewies durch genaue Kontrolle, daß die zwölfjährige Schwester dem betroffenen Mädchen Lebensmittel und Wasser zusteckte.

Interessant ist, daß Weyer, der so energisch gegen den Teufelsbetrug (»De praestigiis daemonorum«, 1563) protestierte, selbst an den Teufel glaubte. In diesem Werk polemisiert er gegen den »Hexenhammer« und schreibt die von der Inquisition beschriebenen Sabbate der »durch die Dämonen in einer uns noch nicht verständlichen Weise entzündeten Einbildungskraft« (zit. n. Alexander 1969, S. 121) der Frauen zu. Obschon er sich nicht weit von der Dämonologie entfernte, aber auf humane Behandlung der kranken Frauen drang, wurde Weyer als Erzzauberer angegriffen, wie sonst hätte er die Hexen verteidigen können?

In der Person Weyers sehen wir ein Beispiel für typische Entwicklungen in der Geschichte helfender bzw. sinnstiftender Berufe. Seine

---

* Viele Hexen lösten angeblich Krankheiten dadurch aus, daß sie Dornen, Nadeln oder kleine Giftpfeile in den Körper ihrer Opfer schossen (Hexenschuß). Dieser Glaube weist auf die schamanistische Herkunft mancher Züge der Hexerei; interessant ist, daß die richtige Therapie, nämlich die suggestive Entfernung des in den Körper praktizierten »Giftdorns« (siehe S. 52) damals schon längst vergessen war. Die Furcht vor der bösen Magie ›verteufelter‹ Religionen überdauert fast immer den Glauben an die gute Magie.

wissenschaftliche Arbeit erfüllt standespolitische Funktionen. Im Bündnis mit einem der Landesfürsten, die auch den Protestantismus in Europa durchsetzen halfen, macht er den Theologen einen Teil ihres Gebietes abspenstig und reklamiert ihn für die Medizin. Frauen, die von sich glauben, sie seien Hexen, brauchen einen Arzt, keinen Inquisitor und keinen Exorzisten.

Wie Weyer zeichnete sich auch der Baseler Arzt Felix Platter (1536 bis 1614) durch nüchterne Beobachtungsgabe und den Verzicht auf dämonologische Erklärungen aus. Aus seinen »Beobachtungen« (»Observationes«, Basel 1614) wird ein klarer, klinischer Blick ebenso deutlich wie der Mangel an verbindlichen Begriffen in der damaligen Seelenheilkunde, der jede Krankengeschichte zu einer Anekdote macht. Platter berichtet etwa von einem jungen Mann, der an der fixen Idee litt, ein Frosch sitze in seinen Eingeweiden, und Medizin studierte, um sich von seinem Peiniger zu befreien, oder von einer vornehmen Frau, deren Geist sich verwirrte, weil sie beim Schlachten eines Schweins zusah und nun glaubte, in ihrem Leib trüge sie ähnliche schmutzige Abfälle wie die Därme dieses Tieres.

Viele der ›Verwirrungen des Geistes‹, die Platter beschreibt, würde man heute Zwangsneurosen nennen: Fromme Männer und Frauen, die gerade während des andächtigen Gebetes den zwanghaften Impuls verspüren, Gott zu beschimpfen oder obszöne Worte zu denken (»Observationes« 39 und 40).

Eine von Platter beschriebene Frau, welche den Zwangsantrieb verspürte, ihren sehr geliebten Mann zu töten, verdrängte offensichtlich ihre aggressiven Neigungen. Interessant ist Platters Behandlung dieser Frau, von der er sagt, »sie habe nicht gewagt, sich einem Menschen, außer mir, zu eröffnen, damit es der Gatte nicht erführe, den sie vor allen Menschen liebe und für den zu sterben sie bereit sei. Sie sei weit davon entfernt, ihn töten zu wollen, zu welcher Tat sie jedoch täglich wider Willen getrieben werde. Sie fügte hinzu, daß sie fürchte, sie werde sich selbst eher töten als jenen. Ich tröstete sie und wandte eine Heilung durch verschiedene Aderlässe und viele Abführungen an, und mit Gottes Hilfe stellte ich sie wieder her.« (Platter, zit. n. Buess 1963, S. 62)

Die Kombination von Trost und Abführmitteln war Platters beste Waffe gegen seelische Störungen, mit der er offensichtlich keine schlechten Erfolge hatte. Auch einer schwangeren Gastwirtsfrau, die unter der Zwangsvorstellung litt, sie müßte ihr Kind gleich nach der Geburt töten, kann Platter durch diese Behandlung helfen.

Was ist Hysterie?

Autoritätsglaube und nüchterne Beobachtung, Mystizismus und Rationalismus durchdringen sich in der Renaissance. Im 17. Jahrhundert scheint die Vernunft zu siegen; das Zeitalter der Aufklärung hebt an, programmatisch von Philosophen wie Thomas Hobbes (1588 bis 1679) und John Locke (1632 bis 1704) in England, Voltaire in Frankreich und Leibniz in Deutschland formuliert. Galt den Scholastikern noch die Vernunft, welche sie wie Aristoteles nicht als Dienerin der menschlichen Orientierung in dieser Welt, sondern als eingepflanztes Licht zur Suche nach göttlicher Offenbarung auffaßten, als Hauptträgerin menschlicher Erkenntnis, so vertritt Hobbes den Vorrang der Sinneswahrnehmungen und damit der Beobachtung. John Locke unterscheidet zwischen innerer (Gefühle, Wünsche) und äußerer (Sinneswahrnehmungen) Erfahrung; seine Nachfolger George Berkeley (1685 bis 1753) und David Hume (1711 bis 1776) ergänzen, daß unser Wissen über die Welt auf diesen beiden Wegen vermittelt wird und deshalb eines objektiv wahren Charakters entbehrt.

Skeptische Suche nach konkreten Daten bestimmt bald die englische Seelenheilkunde. Einer ihrer größten Vertreter im 17. Jahrhundert, Thomas Sydenham (1624 bis 1689), fordert energisch, jede Voreingenommenheit fallenzulassen, denn »Autoren, deren Denken verschroben ist ... haben Krankheiten Erscheinungen zugeschrieben, die nur in ihren Gehirnen existierten ...« Er weist auf die Gefahr hin, Züge, die zu der eigenen Theorie passen, besonders zu betonen und zu übersehen, was sich nicht in sie fügt.

Sydenham hat erkannt, daß ›hysterische‹ (wir würden heute sagen:

psychosomatische) Beschwerden die häufigste chronische Krankheit überhaupt sind. Das einzige Zugeständnis an die Lehren des Hippokrates und Galen, welche seine Zeitgenossen immer noch beherrschen, liegt darin, daß er den männlichen Hysteriker – dessen Existenz er durchaus kannte – ›Hypochonder‹ nannte. In seinem Werk über die Hysterie »Epistolary Dissertation on the Hysterical Affections« erwähnt der englische Empiriker alle Symptome, die später auch Charcot und schließlich Freud beschreiben: die Lähmungen, die Sydenham auf heftige Gefühlsbewegungen zurückführt, die hysterischen Krämpfe, welche epileptischen Anfällen gleichen, hysterisch bedingte Nierenkoliken, seelisch ausgelöste Herzschmerzen. Um Hinweise zu erhalten, seelische von körperlich bedingten Schmerzzuständen zu unterscheiden, erkundigte sich Sydenham nach den Lebensumständen des Kranken zu der Zeit, in der die Symptome erstmals auftraten. Diese Frage stellen Psychotherapeuten bis heute; sie wissen vielleicht noch besser, daß die gesuchten Zusammenhänge sich oft erst später ergeben und durch Latenzzeiten verschleiert werden können. So erkrankt ein Mann nicht gleich nach dem Scheitern seiner Ehe an einem Magengeschwür, sondern erst, wenn sich die Geliebte, die ihm über die Trennung hinweggeholfen hat, in einen anderen verliebt.

Nicht weniger scharfsichtig als Sydenham war William Harvey, der Entdecker des Blutkreislaufes. (Diese Entdeckung versetzte der galenischen Säftelehre den Todesstoß.) In seinem Werk »Über die Bewegung des Herzens« (»De motu cordis«, 1628) beschreibt er einen kräftigen Mann, der, »nachdem er von einem, der mächtiger als er war, Unrecht und Beleidigung einstecken mußte, ohne darüber mit jemand sprechen zu können, so von Haß und Verbitterung und Erregung überwältigt wurde, daß er schließlich in eine seltsame Unruhe verfiel, an einem außerordentlichen Druck und an Schmerzen im Herzen und an der Brust litt und, da sich die Rezepte der allerbesten Ärzte als nutzlos erwiesen, im Laufe weniger Jahre ... starb.« (Zit. n. Alexander 1969, S. 132) »Ohne darüber mit jemand sprechen zu können«: In diesem eingeschobenen Satz liegt eine Vorwegnahme der kathartischen Gesprächspsychotherapie. Die englischen Empiriker des 17. Jahrhunderts haben offensichtlich mehr von Psychotherapie gewußt, als sie niederschrieben.

Noch mehr als der Begriff der Hysterie, unter dem Sydenham seelisch bedingte oder besser funktionelle Störungen schlechthin verstand, hat sich der Begriff der Neurose gewandelt, seit der englische Arzt William Cullen ihn 1777 prägte. Cullen, der Krankheiten klassifizierte wie Linné Pflanzen (und darin François Boissier de Sauvages, 1706 bis 1767, folgte), verstand unter Neurosen Leiden ohne Fieber und örtliche Symptome (z. B. einen Abszeß). Er unterschied sie in Comata (Beispiel: Schlaganfall), Adynamiae (Störungen der Lebensnerven), Spasmi (Krämpfe) und Vesaniae (Schwachsinn). Keine dieser Untergruppen ist gemeint, wenn wir heute von Neurosen sprechen. Noch Freud hatte gegen die Meinung zu kämpfen, es handle sich dabei um eine Degeneration des Nervensystems.

Cullen behandelte seelisch kranke Menschen in der galenischen Tradition mit Abführmitteln und Zugpflastern; erregte Kranke wurden gewaltsam mit Zwangsjacken gebändigt. In den Therapievorschlägen seiner Zeitgenossen scheint sich der Zorn der Aufklärung gegen alles Unvernünftige und damit auch gegen die Gegenvernunft des Wahnsinns widerzuspiegeln. Der berühmte holländische Arzt Hermann Boerhave (1668 bis 1738), der über seine Schüler Gérard van Swieten (1700 bis 1772) die österreichische, und durch William Cullen die britische Medizin stark beeinflußte, entwickelte eine Art Schocktherapie. Er übergoß Geisteskranke mit eiskaltem Wasser, schröpfte und purgierte sie.

Als angeblich wirksamstes Mittel entwickelte er den Drehstuhl, eine Art Einzelkarussell, auf dem der Unglückliche festgeschnallt und durch dauerndes Herumwirbeln betäubt wurde. Erasmus Darwin (1731 bis 1802), der Großvater des Begründers der Evolutionstheorie, hat diesen Drehstuhl ebenso verwendet wie eine Reihe amerikanischer Ärzte. Diese Methode, obschon quälender und wohl auch weniger wirksam, glich im Prinzip der heute noch verwendeten Behandlung mit Insulin- und Elektroschocks bei Psychosen. Der Schock, die momentane Unterbrechung der Kontinuität des Erlebens, zerreißt für kürzere oder längere Zeit den Zusammenhang der seelischen Vorgänge. Da die Psychose sehr oft ein Geschehen ist, das sich selbst (in Analogie zu einer kybernetischen Rückkopplung) aufrechterhält, kann durch einen oder eine Reihe solcher Schocks unter Umständen eine Wendung herbeigeführt werden. Diese Behandlung ist freilich rein symptomatisch, sie dringt nicht zu den Ursachen der Krankheit, den unbewußten Fehlprägungen des inneren Kontrollsystems der Betroffenen vor. Rückfälle sind sicher bei der Schocktherapie des 18. und beginnenden 19. Jahrhunderts nicht seltener aufgetreten als heute. Noch ein zweiter Faktor muß berücksichtigt werden: Der Schock – ob er jetzt als Insulinkoma oder Elektrokrampf, auf dem Drehstuhl, mit Keulenschlägen oder Wassergüssen ausgelöst wird – wirkt als mächtiger strafender Reiz, der unter Umständen das psychotische Verhalten abschwächen kann. Um es einfacher zu formulieren: Der Kranke fürchtet, wenn er noch einmal verrückt werde, wieder diese Therapie zu erleiden. Diese Angst kann nicht nur seine bewußten Anstrengungen unterstützen, sich zu kontrollieren, sondern auch einen unbewußt-einschüchternden Effekt haben.

Interessant ist, daß schon um diese Zeit der rein organischen Interpretation seelischer Leiden eine psychologische Deutung körperlicher Krankheiten gegenübertrat: in Georg Ernst Stahls (1660 bis 1734) Lehre von der Seele als treibender Kraft im Lebensprozeß. Stahl, Medizinprofessor in Jena und später in Halle, nimmt schon vor zweihundert Jahren einen wesentlichen Gedanken der später von Joseph Breuer seit 1890 als Vorstadium der Psychoanalyse entwickelten ›kathartischen Behandlung‹ vorweg. Er schreibt in seiner »Wahren medizinischen Lehre« (»Theoria medica vera«, Halle 1737, übersetzt von K. W. Ideler, Berlin 1831): »Sehr wichtig ist die alltägliche Beobachtung, daß der Zorn, wenn er befriedigt wird, auch dem Körper keinen Schaden zufügt; daß er hingegen unterdrückt im Gemüthe einen anhaltenden Unmut und Groll hinterläßt und im Körper Störungen der Verdauung und Ernährung, selbst Schwächung und zunehmende Erschöpfung der Lebensfunktionen nach sich zieht oder gleichzeitig Irrereden oder Krämpfe hervorbringt. So erweist sich daher eine höchst merkwürdige Gleichheit zwischen der Gemüths- und Lebenstätigkeit, dergestalt, daß, wenn der Zorn sich nicht sättigen kann, er sich auf einen anderen Gegenstand, zumal wenn dieser durch ein längeres feindliches Verhältnis verhaßt war, wirft, um an ihm sein Ungestüm auszulassen. Dergleichen Fälle kommen in unserem geselligen Zustande sehr häufig vor, und so wie bei ihnen die Richtung der Gemüthstätigkeit sich ändert, so verhält es sich auch mit den körperlichen Wirkungen des Affektes, welche anderweitige, krankhafte Paroxysmen aufwecken, z. B. Steinbeschwerden, Anfälle von Hypochondrie, Hysterie, Gicht und Podagra ...«

Ob eine krankmachende Leidenschaft wirksam wird, hängt laut Stahl von Eigenschaften ab, die wir heute Ichstärke oder persönliche Reife nennen würden: Ob ein Mensch gewöhnt ist, »gelassen sich zu sammeln, hinreichend zu vergleichen und ruhig zu urteilen« (Stahl, zit. n. Schrenk 1968, S. 22). Die Frage liegt nahe, warum Stahls psychosomatische Lehre vergessen wurde. Die Ursachen liegen wohl darin, daß die Zeit noch nicht reif war, diese Erkrankungen noch keine hinreichend große Gruppe darstellten und Stahl keine Methode anzugeben wußte, solche Erkenntnisse therapeutisch umzusetzen.

Als es in der Folgezeit durch konsequenten Einsatz des Mikroskops, der Lehre von den Körperzellen (Histologie) und der pathologischen Anatomie gelang, in vielen Fällen die Ursachen körperlicher Krankheiten aufzuklären, während die ›ganzheitlichen‹ Ärzte nur Spekulationen anzubieten hatten, wechselten praktisch alle ernsthaften Gelehrten in das Lager der rein organischen Medizin über. Sie trennte körperlich bedingte von psychogenen Leiden und ermöglichte damit, in einem zweiten Schritt, eine wirksame und ernstzunehmende Psychotherapie auf wissenschaftlicher Grundlage.

Solange unter dem Etikett Neurose körperlich-degenerative Störungen neben psychogenen Leiden wie der Hysterie verstanden wurden, solange man in der Lehre von den Geisteskrankheiten nicht funktionelle Psychosen wie die Schizophrenie und das manisch-depressive Irresein von den grob organisch bedingten[*] unterschied,

---

[*] Wie der progressiven Paralyse nach einer Syphilis-Infektion, der altersbedingten Verblödung durch Versagen der Gehirndurchblutung oder angeborenem Schwachsinn.

mußte die organische Methode seriöser wirken als die psychologische. Denn im Gegensatz zur spekulativen Suche nach seelischen Ursachen konnte sie mindestens bei einem Teil der Fälle klare körperliche Veränderungen nachweisen. Doch dieser Vorrang der organischen Methode wurde gefährlich, sobald seine Vertreter blindlings behaupteten, was noch nicht erwiesen war.

Die Bürger und die ›armen Irren‹

Gegen Ende des 15. Jahrhunderts, in einem der berühmtesten Bücher seiner Zeit, schildert der Dichter Sebastian Brant das »Stultifera navis«, das »Narrenschiff«, in dem alle Würdenträger seiner Zeit versammelt sind. Dieses Narrenschiff hat realistische Vorbilder. Man pflegte sich im Mittelalter der Geisteskranken dadurch zu entledigen, daß man sie durchreisenden Schiffern mitgab, die sie irgendwo flußabwärts aussetzten. So wurde eine andere Stadt vor die Aufgabe gestellt, sich ihrer anzunehmen. Auch gab es Orte, wo sich die Kranken versammelten, Pilgerzentren, wo ein berühmter Heiliger versprach, den Gläubigen ihre Gesundheit zu verschaffen. Ein Pilgerschiff mit Geisteskranken mag das Vorbild zu Brants »Narrenschiff« geliefert haben.
Noch älter ist ein ähnliches Motiv der Tristan-Sage: Auch Tristan ließ sich, als Irrer getarnt, von Seeleuten an der Küste Cornwalls aussetzen.
Wie Michel Foucault gezeigt hat, wird in einer kurzen Phase der Renaissance (und wohl auch nur in manchen Ländern) der Wahnsinn zum Symbol des irdischen Lebens schlechthin. Eine verrückte Alte, wie etwa Pieter Breughels Dulle Griet, taumelt vor einem Hintergrund zerstörter Städte ins Nichts, in einer Laterne das Zerrbild der menschlichen Vernunft mit sich schleifend. In den Bildern des Hieronymus Bosch spiegelt sich dieses Interesse an Träumen und Phantasmen ebenso wie in den Stichen Dürers.
In der idyllischen Bilderwelt des 14. Jahrhunderts zähmt die Jungfrau mit zarter Hand den Drachen; in der des 15. Jahrhunderts erlischt

das Licht der Vernunft, die Gebirge stürzen zusammen, die apokalyptischen Reiter brausen einher, keine Engel der Versöhnung, keine Herolde Gottes, sondern zerzauste Krieger der wahnsinnigen Rache. »Der Sieg gehört weder Gott noch dem Teufel, er gehört dem Wahnsinn«, sagt Foucault.

Die Sozialgeschichte der Geisteskranken, wie sie in jüngster Zeit von Foucault und Klaus Dörner gezeichnet worden ist, zeigt sehr deutlich, daß es erst im 17. Jahrhundert üblich wurde, die Irren abzusondern und einzusperren. Bis heute haben sich Spuren dieser Tendenz erhalten; viele große Nervenkrankenhäuser liegen weit abseits der Städte in schönen, friedlichen Landschaften. Die Toleranz gegenüber dem verrückten Verhalten eines kranken Mitmenschen ist heute gering, wohl geringer, als sie im Mittelalter war. Man will weder Krüppel noch Blinde, weder Irre noch Gebrechliche sehen.

Gewiß hat es schon vor dem 17. Jahrhundert Asyle und Hospitäler für Geisteskranke gegeben. Doch was jetzt geschieht, ist viel ›moderner‹. Es handelt sich darum, alle Menschen aus der Gesellschaft auszuschließen, welche den reibungslosen Ablauf der Bürokratie und der bürgerlichen Geschäfte stören. So sind es vor allem die ›armen Irren‹ – bis heute ein geflügeltes Wort –, gegen die sich die neuen Gesetze richten. Man baut jetzt ›Irrenanstalten‹ in und zusammen mit Zuchthäusern. Wer dem Absolutismus und der von ihm geförderten merkantilen Industrie ein Dorn im Auge ist – Arme, Arbeitslose, Vagabunden, Bettler, Sträflinge und Irre –, sie alle erhalten dasselbe ›Heim‹ – in England das *workhouse,* in Deutschland das Zuchthaus, in Frankreich das *hôpital général.*

1656 wurde eines in Paris gegründet; Foucault hat ermittelt, daß schon nach wenigen Jahren an die 6000 Männer und Frauen dort gefangengesetzt wurden, rund ein Prozent der Einwohner von Paris. Die Leiter dieser *hôpitaux* hatten Galgen und Pranger zur Verfügung, ihr Gebot war Befehl, es gab keinen Einspruch. 1676 schreibt Ludwig XIV., der Sonnenkönig, eine solche Einrichtung in jeder französischen Stadt vor. In Deutschland entstehen alsbald nach Hamburgs Beispiel von 1620 weitere Zuchthäuser – in Breslau (1668), in Frankfurt (1684), in Spandau (1684), in Leipzig (1701), Halle (1717) und Kassel (1720).

Als gegen Ende des 18. Jahrhunderts der Brite John Howard das europäische System der Zuchthäuser untersucht, findet er ein dichtes Netz solcher Institutionen vor. Der Philanthrop beklagt, daß man hinter denselben Mauern verurteilte Verbrecher, Jugendliche, die ihr Vermögen verschleuderten, Bettler, Arme und Geisteskranke unterbringe.

Monstren und Tiere ...

Als Jacques René Tenon seine »Mémoires sur les hôpitaux de Paris« verfaßt (1788), hat man im Hôtel de Dieu die »Phantasten und Phrenetiker« in abgeschlossenen Zellen untergebracht, die immer versperrt bleiben. Nahrung wird durch ein kleines Fenster hineingereicht. Der Männersaal enthält zwei Betten für je einen Kranken und zehn Betten, die jeweils zugleich vier Kranke aufnehmen sollen. Eine Behandlung gibt es ebensowenig wie bei den Frauen, die in einem Holzverschlag im Saal der Fieberkranken untergebracht sind und sich ebenfalls zu viert ein Bett teilen müssen.

In England wie in Frankreich und Deutschland gelten die Irren als ›Monster‹ (von lateinisch *monstrare* = zeigen), als Schaustücke, die gegen Eintrittsgeld vorgeführt werden. Die Besucher sind zahlreich (man hat es aus den eingenommenen Eintrittsgeldern errechnet). Ein Besuch des Irrenhauses gehörte offensichtlich zu den belehrenden Schauspielen, die bürgerliche Eltern ihren Kindern ebensowenig vorenthalten wollten wie einen Zoobesuch. Das Zeitalter der Vernunft rächte sich grausam an den Unvernünftigen. Fast möchte man eine logische Notwendigkeit darin sehen, daß immer wieder Orgien der Grausamkeit und Unvernunft, Kriege, Revolutionen das Selbstbewußtsein dieses blinden Vernunftglaubens erschütterten.

In den Zellen der Pariser Salpêtrière – einem Gebäude, dessen Namen noch verrät, daß es früher als Pulverlager diente – gehört es zum Alltag, daß Ratten die angeketteten Irren benagen. In Bedlam bei London befreit Samuel Tuke einen ›armen Irren‹ – seine Worte –, der 16 Jahre lang wie ein Kettenhund an einem großen, vertikal laufenden Eisenstab befestigt gewesen war, ohne daß man auch nur einmal versucht hätte, ihn zu behandeln oder nach seinem Befinden zu fragen. In der Salpêtrière wurden die ›tobsüchtigen‹ Frauen an die Tür ihrer Zellen gekettet. Von den Besuchern trennt sie ein langer Flur, den ein Eisengitter begrenzt; Nahrung und Stroh werden ihnen wie Raubtieren durch das Gitter zugereicht; mit Harken entfernt man den Schmutz, der sie umgibt.

Durch ihr unsägliches Elend abgestumpft, werden die Kranken zu den Tieren, als die sie die Vernunftreligion der Gelehrten abstempelt. Ihr Wahnsinn ist jener animalische Urzustand des Menschen, in dem er angeblich des eigentlich Menschlichen entbehrt, das ja jede Zeit anders bestimmt. Der Irre gilt als widerstandsfähiger als der geistesgesunde Mensch. Seine tierische Natur härtet ihn ab gegen Hunger und Durst, gegen Kälte und Schmutz; er muß nicht zugedeckt werden, er braucht keine Heizung, Stroh genügt ihm als Lager. Samuel Tuke hat eine Geisteskranke beobachtet, die bei einer Temperatur von minus 18 Grad auf Stroh lag, ohne zu frösteln. Noch Philippe Pinel, der die Irren von ihren Ketten befreite, hält ihre Widerstandskraft gegen Kälte für eine einwandfrei nachgewiesene, medizinische Tatsache.

Sind die Wahnsinnigen unverwundbar wie Tiere, so müssen sie auch wie solche dressiert werden. Man ersinnt ausgefeilte Strafprozeduren, in denen die Kranken mit den Schlägen eines Ochsenziemers zu ordentlichem Schlafen und Essen angehalten werden. Gegen Mitte des 18. Jahrhunderts gewinnt ein schottischer Bauer, ein herkulisch gebauter Mann mit dem Namen Gregory, legendären Ruhm. Er versteht angeblich die Kunst, rasende Kranke zu heilen. Seine Methode besteht in einer rudimentären Form der Verhaltenstherapie – er läßt die Kranken tüchtig arbeiten und prügelt sie für jeden widerspenstigen Akt sofort, während er für Wohlverhalten eine brummige Freundlichkeit an den Tag legt.

Die Vorstellung der Aufklärer, Geisteskranke stünden den Tieren näher als andere Menschen, hat sich in psychiatrischen Lehren lange erhalten. So hat Balthasar Staehelin (1953) nachzuweisen versucht, daß chronisch Geisteskranke instinktive Verhaltensweisen zeigen. Sie verteidigen zum Beispiel erbittert ihr ›Territorium‹ – einen Sitzplatz oder ihr Bett – gegen Eindringlinge und richten zwischen sich eine ›Hackordnung‹ auf, in der jeder Angehörige der Gruppe genau weiß, welchem ranghöheren Mitglied er ausweichen muß. Jedoch muß man sich wohl fragen, ob nicht auch hier, ähnlich wie im 17. und 18. Jahrhundert, der Aufenthalt in einer Pflegeanstalt und die äußere Vernachlässigung der Kranken das soziale Leben auf solche Rudimente eingeengt haben.

Befreit wozu?

Über kaum einen Psychiater ist soviel und soviel Widersprüchliches geschrieben worden wie über Philippe Pinel. In der nervenärztlichen Ahnenverehrung gilt er als Befreier der Irren (1793) und Begründer der Psychiatrie schlechthin, obschon bereits geraume Zeit vor ihm Joly in Genf (1787) und Chiarugi in Pisa (1789) die Geisteskranken von ihren Ketten befreit und eine humane Behandlung gefordert haben, ganz zu schweigen von den Ärzten der Antike. Kein Wunder, daß sich skeptische Stimmen meldeten, welche Pinels Verdienste einschränkten und sie mit seiner besonderen Rolle innerhalb der Französischen Revolution erklärten. Daß Pinel ein ehrlich überzeugter Humanist war, hat man aber nicht bezweifelt. Obschon Anhänger des dritten Standes und Revolutionär, hat er unter der Jakobinerherrschaft zahlreiche Adelige vor der Guillotine gerettet, indem er sie in der Bicêtre (der Anstalt für männliche Geisteskranke) festhielt und zu ›Irren‹ erklärte.

Foucault behauptet, daß Pinel die Irren unter einen viel umfassenderen Zwang stellte als den der Ketten: »Das durch die Skrupel Pinels errichtete Asyl hat zu nichts gedient und hat die zeitgenössische Welt nicht gegen den Wiederaufstieg des Wahnsinns geschützt. Vielmehr hat es dazu gedient, den Irren von der Unmenschlichkeit seiner Ketten zu befreien und den Menschen und seine Wahrheit mit dem Irren zu verketten. Von jenem Tag an hat der Mensch Zugang zu sich selbst als wahrem Wesen. Aber jenes wahre Wesen ist ihm nur in der Form der Alienation gegeben.«

Klaus Dörner urteilt nüchterner; er rekonstruiert das Verhältnis der französischen Revolutionäre zu den Geisteskranken. Bereits am 26. August 1789 erließ die Nationalversammlung die Erklärung der Menschen- und Bürgerrechte, laut denen jede Freiheitsberaubung ungesetzlich war. Eine Kommission wurde gegründet, welche über das Schicksal der *hôpitaux* beraten sollte, in denen Tausende ohne Gerichtsspruch durch die berüchtigten *Lettres de cachet* interniert worden waren. 1790 wird verfügt, sie alle freizusetzen, außer den Kriminellen und den Geisteskranken. Über diese sollte binnen drei Monaten entschieden werden, ob sie jetzt befreit oder in geeignete Krankenhäuser (die es nicht gab) verbracht werden sollten.

Das geschah drei Jahre vor Pinels Tat und zeigt einen typischen Zug der Revolution: Man glaubte, Institutionen durch Gesetze schaffen und praktisches Handeln durch tönende Worte ersetzen zu können. Es gab keine Krankenhäuser und keine psychiatrischen Kenntnisse, welche es gestattet hätten, entlassungsfähige und gefährliche Kranke zu unterscheiden. Die Befreiung blieb rein formal. Das Schicksal der Irren verschlechterte sich eher, denn nun litten sie zu allem übrigen noch Hunger, weil die kirchlichen Häuser abgeschafft worden waren. Vielfach wußte man sich keinen anderen Rat, als ›befreite‹ Irre in die Pariser *hôpitaux,* der Salpêtrière (Frauen) und des Bicêtre (Männer), zu konzentrieren. Fast gleichzeitig mit der Erklärung der Menschenrechte und dem undurchführbaren Beschluß über die Geisteskranken wird ein Gesetz erlassen, das von ihnen nur wie von den gefährlichen Tieren spricht, die im selben Artikel genannt werden: Für beide tragen die Gemeindeverwaltungen die Verantwortung.

Pinel (1745 bis 1826), der Sohn eines Wundarztes (die sich erst um diese Zeit von den Barbieren emanzipierten), war persönlich kein ›Bürger‹, wie man sich ihn heute vorstellt, obschon er leidenschaftlich für die Interessen des dritten Standes eintrat. Er studierte ganze 22 Jahre, zuerst Theologie, dann Mathematik und Medizin; während dieser Zeit lebte er vom Stundengeben. Danach, mit 39 Jahren, wählte er einen bürgerlichen Beruf und arbeitete zunächst als ärztlicher Leiter eines der ›kleinen Häuser‹ (petites maisons), die seelisch kranke Reiche betreuten.

Begeisterter Mitstreiter der Revolution, sucht er das Blutbad der Jakobiner einzudämmen, wird zum beratenden Arzt Napoleons und stirbt 1826, nachdem er schon vier Jahre vorher von der Restauration zwangspensioniert worden war.

Warum hat Pinel die im Bicêtre angeketteten Kranken befreien lassen? Man hat die humanitären Gründe betont und übersehen, daß es bereits eine gesetzliche Grundlage für diese Maßnahme gab. Pinel ist sicher auch von wissenschaftlichen Motiven bewegt worden. Er verwirft in seinem »Medizinisch-philosophischen Traktat über die geistige Entfremdung oder die Manie« (»Traité medico-philosophique sur l'aliénation mentale ou la manie«, Paris AN IX = 1788, übersetzt Wien 1801) die bisherigen Systeme, in die man geistige Krankheiten mit Phantasienamen eingeordnet hat, und konzipiert eine neue, auf Beobachtung beruhende Lehre.

Um sie zu entwerfen, ist es nötig, daß sich die Kranken innerhalb einer strikten, unveränderlichen Anstaltsordnung frei bewegen können; sie liefert gewissermaßen den Hintergrund, von dem sich ihr Verhalten abheben muß. In Pinels System reichen die seelisch-geistigen Störungen von der einfachen Melancholie (die Pinel als isolierte Störung des Verstandes auffaßt – etwa den Wahn, besonders klein zu sein) über die Manie ohne Wahn zur häufigsten Form, der Manie mit Wahnvorstellungen (wohl dem, was man heute unter einem ›schizophrenen Schub‹ oder einer ›schizophrenen Reaktion‹ versteht).

An diese drei schließen sich Demenz (Verblödung mit ungerichtetem Kommen und Gehen der Gedanken) und Idiotie an (völlige Verkümmerung des Verstandes, die angeboren oder erworben sein kann). Pinel trennt also nicht zwischen den funktionellen Psychosen und den organisch bedingten.

Nicht nur moderne Sozialpsychiater weisen darauf hin, daß die herkömmliche Anstalt mit ihrem niet- und nagelfesten Mobiliar und dem gefängnisartigen System Tobsuchtsanfälle und Verwahrlosung züchtet. Pinel, der mit dem Jakobiner Couthon 1793 das Bicêtre inspiziert, erhält von seinem Begleiter eine unwillige Antwort, als er davon spricht, die Angeketteten zu befreien. Couthon, der nach versteckten Volksfeinden sucht, widert das obszöne Verhalten der Irren an. »Bürger, bist du denn selbst ein Narr, daß du solches Vieh loslassen willst?« Pinel läßt sich nicht erschüttern: »Bürger, ich bin überzeugt, daß diese Irren nur deswegen so unerträglich sind, weil sie der frischen Luft und der Freiheit beraubt sind.« Couthon gibt nach: »Mach mit ihnen, was du willst, aber ich fürchte, du wirst selbst das Opfer deines Vorurteils werden.«

Die Geburt der ›Psychiatrie‹

Wie Pinels Traktat den Beginn der französischen, so bezeichnet Johann Christian Reils Werk »Rhapsodien über die Anwendung der psychischen Curmethode auf Geisteszerrüttungen« den Beginn der deutschen Psychiatrie. (Auch dieses ein Wort, das Reil prägte!) Von ihm kommen die ersten Vorschläge zu einer psychotherapeutischen Behandlung von Geisteskranken. Reil war ein gesuchter und erfolgreicher Arzt. Er hatte allerdings, im Gegensatz zu Pinel, nicht viel Erfahrung mit in Anstalten verwahrten Geisteskranken. Seit 1788 Professor für Medizin in Halle, hat Reil auch auf den Gebieten der Chirurgie und Pharmakologie geforscht und gelehrt.
Seine »Rhapsodien« stehen unter dem Einfluß der ersten, materialistischen Phase der Romantik. »Eine Faser in unserem Gehirn erschlafft, und der in uns wohnende Götterfunke ist zu einem Feenmärchen geworden.« (Zit. n. Dörner 1969) Nach ihr verfügt das Nervensystem über Knoten und Geflechte, die zwar mit dem Gehirn verbunden sind, aber »von demselben abspringen und als Rebellenoberhäupter ihre eigenen Züge unabhängig vom Gehirn leiten« können. In diesem Zustand, heißt es weiter, »muß die Synthese im Bewußtsein verlorengehen. Die Seele ist gleichsam von ihrem Standpunkt gerückt; unbekannt in ihrer eigenen Wohnung, in der sie

alles umgestürzt findet, hat sie Mast und Ruder verloren und schwimmt gezwungen auf den Wogen der schaffenden Phantasie in fremde Welten, Zeiten und Räume.«

Während in Frankreich und England schon praktische Maßnahmen ergriffen werden, muß sich Reil noch mit der Kritik am Bestehenden und einem kühnen Entwurf der idealen therapeutischen Einrichtung für die Kranken begnügen. Seine Kritik an der Behandlung der Irren im 18. Jahrhundert ist klassisch geworden; er hat sie in einer Zeitschrift formuliert, welche für eine Gefängnisreform kämpfte:

»Wir sperren diese unglücklichen Geschöpfe gleich Verbrechern in Tollkoben, ausgestorbene Gefängnisse, neben den Schlupflöchern der Eulen in öde Klüfte über den Stadttoren (also an der Grenze zwischen dem sakrosankten Binnenraum der Stadt und der Außenwelt! W. S.) oder in die feuchten Kellergeschosse der Zuchthäuser ein, wohin nie ein mitleidiger Blick des Menschenfreundes dringt und lassen sie, angeschmiedet an Ketten, in ihrem eigenen Unrat verfaulen. Ihre Fesseln haben ihr Fleisch bis auf die Knochen abgerieben und ihre hohlen und bleichen Gesichter harren des nahen Grabes, das ihren Jammer und unsere Schande zudeckt. Man gibt sie der Neugierde des Pöbels preis und der gewinnsüchtige Wärter zerrt sie wie seltene Bestien, um den müßigen Zuschauer zu belustigen ... Fallsüchtige, Blödsinnige, Schwätzer und düstere Misanthropen schwimmen in der schönsten Verwirrung durcheinander ... Die Officianten (Wärter) sind meist gefühllose, pflichtvergessene oder barbarische Menschen, die selten in der Kunst Irrende zu lenken über den Zirkel hinausgetreten sind, den sie mit ihrem Prügel beschreiben.«

Theatralische Therapie

Wie in manchen kultischen Festen (s. 3. Kapitel) könnte man auch in Reils ›Curmethode‹ Elemente des von Moreno entwickelten Psychodramas finden. Der Arzt wird zum Regisseur, der den Kranken in einem grandiosen, gelegentlich lächerlichen Schauspiel zur

Vernunft zurückführt. Schon die Aufnahme in die von Reil entworfe-
ne Anstalt soll ihn aller bisherigen Stützen berauben und allein dem
suggestiven ärztlichen Einfluß unterwerfen. Eine nächtliche Fahrt
in fremde Gegenden, Trommelschlag und Mohren als Wärter empfangen den seelisch Kranken. Fest umrissen ist der Charakter der
Anstaltsleiter – Psychologen sollen es sein, fordert Reil –»ihre
Rede sei kurz, bündig und lichtvoll. Die Gestalt des Körpers komme
der Seele zu Hilfe und flöße Furcht und Ehrfurcht ein. Er sei groß,
stark, muskulös, der Gang majestätisch, die Stimme donnernd, die
Miene fest ...«
Theatereffekte wie in der Maschinenkomödie seiner Zeit (man denke an Schikaneders »Zauberflöte« mit ihren Flugapparaten, mit der
Wasser- und Feuerprobe) sollen die unterste Stufe jener ›Kette von
Seelenreizen‹ sein, an der man den Kranken zur Vernunft gängelt.
Mit einem Flaschenzug wird er zum Gewölbe hochgezogen, so daß
er wie Absalom zwischen Erd und Himmel schwebt; neben ihm löst
man Kanonenschüsse, wilde Tiere und glühende Eisen bedrohen ihn,
auf feuerspeienden Drachen soll er durch die Luft reiten. »Bald kann
eine unterirdische Gruft, die alle Schrecknisse enthält, was je das
Reich des Höllengottes sah, bald ein magischer Tempel angezeigt
sein, in welchem unter einer feierlichen Musik die Zauberkraft einer
reizenden Hulda eine prachtvolle Erscheinung nach der anderen aus
dem Nichts hervorruft.«
Fast noch wichtiger als diese bizarre Theatralik sind für Reil, den
Begründer der deutschen Psychiatrie, ausgesuchte Quälereien, die
getreu nach der persischen Fabel von der Schlangengrube* dem
Zerrütteten seine Fassung wieder schenken sollen. Er muß hungern,
dursten und frieren, erhält Nies- und Brechmittel. Man steckt ihn mit
Krätze an, legt ihm blasenziehende Pflaster auf und peinigt ihn mit
Haarseilen, die eitrige Wunden hervorrufen. Glühende Eisen sollen
ihm auf den Kopf gelegt werden, brennender Siegellack träufelt auf
seine Handflächen. Man steckt ihn in einen Kübel mit lebenden

---

* Man warf den Kranken in eine Schlangengrube: Ein Erlebnis, das Gesunde um den
  Verstand bringt, sollte Kranke zur Vernunft zurückführen.

Aalen, läßt ihn über einstürzende Brücken gehen oder auf morschen Kähnen fahren, die mitten im Wasser zerbrechen. Gutes Essen und Wein winken, wenn eine Periode des Fastens den erwünschten Erfolg erzielt hat. Geschlechtliche Orgien fehlen nicht; Reil, durchaus Realist, denkt daran, Prostituierte in seiner geplanten Musteranstalt zu beschäftigen. Für Frauen vor allem soll der Koitus heilsam sein, ja auch eine Schwangerschaft, denn sie befreit den Kopf, indem der entgegengesetzte Körperteil beansprucht wird. Geht es darum, das Personal auszubilden, so denkt Reil vorwiegend an Schauspielunterricht: »Das Personal des Hauses müßte schauspielerisch hervorragend geschult sein, so daß es je nach den Bedürfnissen eines jeden Patienten alle Rollen spielen könnte, und zwar mit der höchsten Illusionsfähigkeit.« Zu diesem Sammelsurium therapeutischer Maßnahmen, das Reil nie in der Praxis erprobt hat, treten Empfehlungen, die man ganz anderen Ärzten zugeschrieben hat, und zwar mit Recht, da erst diese sie systematisch einsetzten. So gilt allgemein Hans Simon als Begründer der Arbeitstherapie, doch Reil hat sie schon hundertzwanzig Jahre vor ihm gefordert.

Literatur

Alexander, F. G. und S. T. Selesnick, *Geschichte der Psychiatrie,* Konstanz 1969
Burckhardt, J., *Die Kultur der Renaissance in Italien,* Leipzig 1930
Dörner, K., *Bürger und Irre,* Frankfurt 1969
Eckman, I., *Jerome Cardan,* Baltimore 1946
Foucault, M., *Wahnsinn und Gesellschaft. Eine Geschichte des Wahns im Zeitalter der Vernunft,* Frankfurt 1969
Gorton, D. A., *History of Medicine,* London 1910
Harvey, W., *The Works,* London 1847
Kraepelin, E., »Hundert Jahre Psychiatrie«, in: *Zeitschrift für die gesamte Neurologie und Psychiatrie* 38, 1918, S. 162
Ore, O., *Cardano: The gambling scholar,* Princeton 1953
Pinel, Ph., *Philosophisch-medizinische Abhandlungen über Geistesverwirrungen oder Manie,* Wien 1801
Platter, F., *Observationes* (Hrsg. H. Buess), Bern-Stuttgart 1963

Reil, J. C., *Rhapsodien über die Anwendung der psychischen Curmethode auf Geisteszerrüttungen*, Halle 1503

Ders., *Von der Lebenskraft*, unveränderter Nachdruck, Leipzig 1965

Skinner, B. F., *Cumulative report*, 1961

Sydenham, Th., »Dissertatio epistularis de affectione hysterica«, in: *The entire works* (Hrsg. J. Swan), London 1742

Wagnitz, H. B., *Historische Nachrichten und Bemerkungen über die merkwürdigsten Zuchthäuser in Deutschland*, Halle 1871/2

7.

Magnetismus, Hypnose, Suggestion

Die rätselhafte Kraft des Magneten, der im Gegensatz zu allen anderen Metallen Eisen anzieht, hat schon früh das Denken des Menschen beschäftigt. Da Kraft im magischen Bereich eng mit dem Leben und der Seele verschwistert ist, wird auch bald eine Tradition faßbar, welche im Magneten ein Heilmittel sieht, ähnlich geeignet, die Krankheit aus dem Leib zu ziehen wie eine eiserne Nadel zu heben. Paracelsus nennt die ›verborgene Kraft‹ des Magneten neben seiner offenkundigen; gewohnt, stets und in allem gegen die Anhänger Galens zu polemisieren, hält er diesen Fund für »mehr wert als die Galenisten ihr Leben lang gelehrt haben. Hätten sie anstatt ihrer Ruhmredigkeit den Magneten vor sich genommen, sie hätten mehr ausgerichtet als mit all ihren gelehrten Klappereien. Er heilt die Flüsse der Augen, Ohren, Nase und äußeren Glieder. Auf diese Art heilt man auch offene Schenkel, Fisteln, Krebs, Blutflüsse der Weiber. Der Magnet zieht ferner die Brüche und heilt alle Rupturen, er zieht die Gelbsucht aus und die Wassersucht zurück, wie ich oft in der Praxis erfahren habe; allein es ist unnötig, den Unwissenden alles ins Maul zu kauen.« (Zit. n. St. Zweig 1952, S. 36)
Diese Auffassung des Magneten ist von den Schülern des Paracelsus getreulich weitergegeben worden. So erfuhr auch Franz Anton Mesmer (1734 bis 1815), ein Wiener Arzt, von ihr. Dank einer reichen Heirat führte er das Leben eines Mäzens (in seinem Gartentheater

wurde Mozarts Singspiel »Bastien und Bastienne« uraufgeführt) und dilettierenden Forschers. Er hörte von einer erfolgreichen Kur an einer durchreisenden Dame, die an Magenkrämpfen litt und der sein Freund, der Astronom Hell, einen passenden Magneten hergerichtet hatte, den sie sich auf den Magen band. Die Krämpfe verschwanden. Mesmer ließ sich nun ähnliche Magnete fertigen, erprobte sie an Kranken und heilte viele, vor allem die besonders hartnäckigen ›nervös‹ Gestörten.

Mesmer hatte 1766 über ein astrologisch-mystisches Thema promoviert: »Über den Einfluß der Planeten« (»De Planetarum influxu«). In dieser Arbeit erklärte er die Kraft der Gestirne durch einen Uräther, ein mit physikalischen Methoden nicht nachweisbares Fluidum. Seine Heilerfolge mit den Magneten weisen ihm den Weg, diese Lehre auszuweiten: Die Kraft des Magneten ist mit diesem universalen Fluidum identisch. Mesmers Praxis vergrößerte sich schnell; die Originalität Mesmers liegt darin, daß er seine eigene Theorie auch wieder in Frage stellen konnte. Er fand heraus, daß seine Erfolge von der Verwendung des Magneten unabhängig waren und eher von seiner Person ausgingen.

Das Fluidum mußte also eine Qualität der belebten Natur sein. Von nun an spricht Mesmer von einem ›animalischen‹ oder ›tierischen‹ Magnetismus‹. Mesmer muß gewesen sein, was man noch heute eine Persönlichkeit von magnetischer Anziehungskraft und suggestivem Einfluß nennt. Zwar überragte er nicht, wie Zweig uns glauben machen will, seine Mitmenschen um Haupteslänge (auf einer Aufenthaltskarte, die 1798 in Paris ausgestellt wurde, findet sich sein Signalement: »176 cm groß, Haar, Augen und Augenbrauen braun, Doppelkinn, volles Gesicht«), doch bestachen sein feuriges Temperament, seine Kontaktfähigkeit, seine selbstsichere Güte, zu denen sich bald der Ruf des mächtigen Heilers gesellte. 1775 formulierte Mesmer seine Lehre in 27 Thesen, welche er an alle Akademien Europas schickte. Sie beginnen:

»I. Es findet ein wechselseitiger Einfluß unter den Himmelskörpern, der Erde und allen belebten Wesen statt.

II. Eine Flüssigkeit (Fluidum), die allgemein verbreitet und so ausgedehnt ist, daß sie keinen leeren Raum gestattet, deren Feinheit mit nichts verglichen werden kann und welche ihrer Natur nach fähig ist, alle Eindrücke der Bewegung anzunehmen, fortzupflanzen und mitzuteilen, ist das Hilfsmittel bei diesem Einfluß. III. Diese wechselseitige Wirkung ist mechanischen Gesetzen unterworfen, die bis jetzt ganz unbekannt waren.«

Psychotherapeutisch besonders interessant ist folgender Passus: »X. Die ... Kraft und Wirkung des tierischen Magnetismus kann andern belebten und unbelebten Körpern mitgeteilt werden; beide sind hierzu aber mehr oder weniger fähig.« Hier spricht Mesmer von einer Fähigkeit, andere Menschen magnetisch zu beeinflussen und diese Kraft auf unbelebte Gegenstände zu übertragen. Das spielte in seinen späteren Séancen eine große Rolle, in denen er sein Fluidum vor allem auf die sogenannten *Baquets* übertrug – Zuber, die mit Flaschen voll magnetisierten Wassers gefüllt waren und das Fluidum über eiserne Stäbe zu den Patienten leiteten.

Und schließlich:
»XXII. Aus Tatsachen, aus den von mir festgesetzten und ausgeübten Regeln wird man leicht einsehen, daß dieses Prinzip unmittelbar Nervenkranke heilen kann.«

Die überwiegende Mehrzahl der Thesen versucht, die Natur des imaginären Fluidums zu bestimmen und seine Eigenschaften zu beschreiben: Spiegel vermehren es und strahlen es zurück, es wirkt in Nähe und Ferne, kann aber durch manche Körper auch gestört und gehemmt werden. Tierischer und mineralischer Magnetismus sind verschieden; wenn die Elektrizität und der mineralische Magnetismus Kranken nützen, so nur deshalb, weil sie von tierischem Magnetismus begleitet werden.

Mesmer erkannte, daß die Wirkungen, die von ihm ausgingen, nicht physikalischer Natur waren, das heißt, dem bisherigen Wissen der Physik nicht entsprachen. Doch fand er dazu keine psychologische Erklärung, vielmehr suchte er das Lehrgebäude der gesamten Physik umzustürzen, die seit Galilei und Newton auf festen Füßen stand, obschon Michael Faradays (1791 bis 1867) Forschungen über den Zusammenhang von Elektrizität und Magnetismus noch ausstanden.

Kein Wunder, daß nahezu alle Akademien, an die sich Mesmer wandte, seine Theorie ablehnten. Sie konnten von einem geschulten Physiker der damaligen Zeit nicht ernstgenommen werden. Mesmer hingegen wurde in seinen Ansichten immer wieder bestätigt, da er sie ja nicht physikalisch beweisen wollte, sondern an Menschen, auf welches Gebiet ihm nun wiederum die Physiker nicht folgten. So liegt die Tragik Mesmers darin, daß er richtige Beobachtungen durch eine ungeeignete Theorie erklärte, während seine wissenschaftlichen Gegner mit ihren Argumenten gegen Mesmers Theorie seine Beobachtungen aus der Welt zu schaffen glaubten. Kein Wunder, daß sich viele Laien, Schwärmer und Wundergläubige, denen an kritisch durchdachten Theorien nichts lag, mit dem Magnetismus befaßten und rückwirkend Mesmer in die Nähe eines Scharlatans und Wunderheilers rückten.

Nur wer überzeugt ist, kann überzeugen. Mesmer hing seiner Idee des universalen, magnetischen Fluidums mit einer Glaubenskraft an, die seine Heilerfolge ebenso erklärt wie seine Tragik. In einer Selbstschilderung, die Justinus Kerner in Mesmers literarischem Nachlaß fand, findet sich ein Zeugnis seiner suggestiven Behandlung (es war eine Be-Handlung im ursprünglichen Sinn: Handauflegen, streichende Bewegungen entlang der Nervenbahnen), die ihm immer wieder die Gültigkeit seiner Lehre zu bestätigen schien: »Wenn ich einen an irgendeinem Ort ... festgesessenen Schmerz mit meinem Finger hinführe, wo mir's beliebt; wenn ich ihn nach meinem Gutbefinden vom Gehirn in den Magen, vom Magen ins Gehirn treibe, so kann nur die ausgemachteste Narrheit oder eine aufs höchste getriebene Bosheit den Urheber von diesen Gefühlen verkennen. In meinen Augen ist daher ein unleugbarer Grundsatz: Ein jeder Gelehrter muß in einer Stunde ebenso fest von der Wirklichkeit meiner Entdeckung überzeugt sein, als ein Schweizer Bauer, wenn ich ihn viele Monate in der Kur gehabt habe.« (Zit. n. Schultz 1952, S. 16)

Ehe er seine Thesen aufstellte, machte Mesmer eine Krise durch, die man mit einer Schamanenkrankheit vergleichen kann. »Ein verzehrendes Feuer erfüllte meine Seele«, schreibt er. »Ich suchte die

Wahrheit nicht mehr voll zärtlicher Neigungen, ich suchte sie voll der äußersten Unruhe. Felder, Wälder und die entlegensten Einöden hatten allein noch Reize für mich. Da fühlt' ich mich näher bei der Natur. In der heftigsten Bewegung glaubte ich zuweilen, daß mein von ihren vergeblichen Lockungen ermüdetes Herz sie wild von sich stieße. O Natur, rief ich bei dergleichen Anfällen aus, was willst Du von mir? Bald hingegen glaubte ich sie zärtlich zu umarmen oder voll der höchsten Ungeduld zu beschwören, sie möchte doch meine Wünsche erfüllen. Zum Glück hatte meine Heftigkeit in der Stille der Wälder niemand als die Bäume als Zeugen. Denn wahrlich, ich muß einem Wahnsinnigen sehr ähnlich gesehen haben. Alle übrigen Beschäftigungen wurden mir verhaßt. Ein jeder Augenblick, den ich ihnen widmete, schien mir ein an der Wahrheit begangener Diebstahl zu sein.«

Was nun folgt, gehört zu den interessantesten Schilderungen über den Werdegang eines Psychotherapeuten, die es in der abendländischen Literatur gibt. Was Mesmer offensichtlich spontan zu erreichen sucht, ist eng verwandt mit dem lebensumwandelnden Satori des Zen-Buddhismus, in dem es darum geht, durch ein ›Leerdenken des Bewußtseins‹ eine mystische Erleuchtung zu empfangen, in der das diskursive, stets begrenzte Denken zu intuitiver Schau und Ekstase umgestaltet wird. Mesmer berichtet:

»Ich bereute die Zeit, die ich anwandte, Ausdrücke für meine Gedanken zu suchen. Ich fand, daß wir jeden Gedanken unmittelbar ohne langes Nachsinnen in die Sprache einzukleiden pflegen, die uns die bekannteste ist. Und da faßte ich den seltsamen Entschluß, mich von dieser Sklaverei loszumachen. So gewaltig war meine Einbildungskraft gespannt, als ich dieser abstrakten Idee Wirklichkeit-Einkleidung gab. Drei Monate dachte ich ohne Worte. Als dieses tiefe Nachdenken endete, sah ich mich voll Erstaunen um. Meine Sinne betrogen mich nicht mehr wie vorhin. Alle Gegenstände hatten für mich eine neue Gestalt. Die allergemeinsten Verbindungen der Gedanken schienen mir einer genaueren Untersuchung zu bedürfen und die Menschen so ausnehmend dem Irrtum geneigt, daß ich ein nie gefühltes Entzücken empfand, so oft ich unter allgemein angenommenen Meinungen eine sonnenklare Wahrheit entdeckte. Denn dies war für mich eine seltene Probe: Daß Wahrheit und menschliche Natur nicht schlechterdings zwei unverträgliche Begriffe seien.« (Zit. n. Schultz 1952, S. 17 f.)

Es handelte sich um ein regelrechtes Bekehrungserlebnis; in der Tat erinnert Mesmers allgegenwärtiges, allmächtiges Fluidum an Eigenschaften, mit denen Religionsstifter das Wesen Gottes zu bestimmen suchten. Man begegnet in der Geschichte der Psychotherapie nicht selten solchen Lehren.

Mesmers Lebensweg und das Schicksal seiner Lehre hat Stefan Zweig anschaulich geschildert. In seinem Wiener Haus drängten sich die Kranken; um das Marmorbassin im Garten, wo früher nur Goldfische schwammen, sitzen jetzt die Patienten in dichter Kette, tauchen ihre Füße in das magnetisierte Wasser. Jeder Tag bringt neue sensationelle Erfolge; mit jedem Tag steigt aber auch die Opposition der Wiener Ärzte, die ihren Kollegen mit schlecht verhohlenem Neid verfolgen.

Endlich finden sie einen Fall, aus dem sie dem persönlich integren Mann einen Strick drehen können: Mesmer hat Fräulein Maria Theresia Paradeis, eine begabte Pianistin, die seit ihrem fünften Lebensjahr blind ist, in sein Haus aufgenommen und seine Kur versucht. Das scheinbar Unmögliche wird Wirklichkeit: Die Blinde, deren häufige Krampfanfälle auf eine hysterische Ursache ihres Leidens hinweisen, genest. Der Vater des Mädchens hat ihre Aussagen protokolliert; wer diese Protokolle liest, muß den Vorwurf des Betrugs, den man Mesmer gemacht hat, zurückweisen.

Es scheint ausgeschlossen, daß ein Mann ohne fundiertes Wissen über die Psychologie der Wahrnehmung bestimmte Details erfinden konnte, die man in diesen Protokollen findet. Als ersten Menschen sah Maria Paradeis den verehrten Mesmer; lange Zeit aber wurde sie noch durch Gesichter, vor allem durch die Nasen darin (»als wenn sie mir entgegendrohten und meine Augen ausstechen wollten«) erschreckt. Sie sah entfernte Objekte klein und nahe sehr groß; wenn sie ißt, scheinen ihr die Bissen, die sie ihrem Mund nähert, sichtbar zu wachsen. Tatsächlich sind solche Erlebnisse von vielen durch

Staroperationen geheilten Blinden beschrieben worden; die sogenannte ›Konstanz‹ der optischen Umwelt wird erfahrungsgemäß erst in einem länger dauernden Lernprozeß erworben.

Aus dem Protokoll werden aber auch die Gründe klar, welche für den späteren Rückfall der Maria Theresia Paradeis verantwortlich sind. Sie gerät in eine große Verwirrung. »So hatte sie einmal einen so heftigen Anfall, daß sie sich auf ein Sofa warf, mit den Händen rang, die Binde abriß, alles von sich stieß und unter jämmerlichem Klagen und Schluchzen sich so verzweifelt gebärdete, daß Madame Sacco oder sonst jede berühmte Aktrice kein besseres Muster zur Vorstellung der durch den äußersten Kummer geängstigten Person hätte abnehmen können. Woher kommt es, daß ich mich jetzt weniger glücklich finde als vormals? Alles, was ich sehe, verursacht mir eine unangenehme Bewegung. Ach, in meiner Blindheit bin ich weit ruhiger gewesen!«

Es findet sich hier das typische Bild einer Verschärfung neurotischer Symptome, wie sie auf die Beseitigung von Symptomen folgt, wenn diese den Kranken erleichtern, mit der Realität umzugehen. Maria muß jetzt erfahren, welche Vorteile ihr das neurotische Leiden verschafft hat. Sie sagt einmal: »Sollte ich immer bei Ansichtigwerden neuer Dinge eine der jetzigen gleiche Unruhe empfinden, so wollte ich lieber auf der Stelle zur vorigen Blindheit zurückkehren.« (zit. n. St. Zweig 1952, S. 56) Selbst während ihres Klavierspiels verwirrt die neu gewonnene Fähigkeit die Virtuosin. Spielte sie früher ganze Konzerte und wurde von ihrem Vater als Wunderkind ausgeführt (unter anderem beschenkte sie ihre Patin, die Kaiserin Maria Theresia, mit einem Jahresstipendium von zweihundert Dukaten), so wird sie jetzt durch den Anblick ihrer eigenen Finger so durcheinandergebracht, daß sie in einfachen Stücken Fehler macht.

Die Augenärzte Wiens, welche Fräulein Paradeis bisher ergebnislos behandelt haben, intrigieren gegen Mesmer. Sie haben Erfolg. Die Kaiserin empfängt ihn nicht und lehnt es ab, die gesundete Patientin Maria Theresia Paradeis zu sehen. Die Szene entwickelt sich, bei einer schweren Hysterie kaum anders zu erwarten, zum Kampf der Autoritäten. Der leibliche Vater kommt und fordert sein Kind mit gezücktem Degen von dem ärztlichen Vater zurück. Er fürchtet, mit der Attraktion einer blinden Virtuosin sei es ebenso vorbei wie mit dem Gnadensold, den die Kaiserin zahlt. Noch widersteht Maria und versucht, sich gegen den Druck der Familie zu wappnen. Wahrscheinlich handelt sie im Zusammenhang mit einer Übertragung auf Mesmer, die dieser nicht erkennen kann und in der er sie vermutlich auch bestärkt hat. Die Zeit ist noch nicht reif, um eine hysterische Fehlentwicklung aus der ödipalen Umklammerung zu befreien; es gibt keine Autonomie für eine alleinstehende Frau.

Die Szene steigert sich dramatisch, die Sittenkommission wird von der medizinischen Fakultät mobilisiert, Mesmer muß Maria Theresia ausliefern. Sie ist wieder blind geworden. Hundert Jahre später wird Freud feststellen, daß die schönsten Erfolge einer suggestiven Behandlung zunichte werden, sobald das persönliche Verhältnis zum Therapeuten getrübt wird.

Kurz nach dieser Affäre gibt Mesmer sein Wiener Haus auf und reist nach Paris. Dort, in einer kosmopolitischen und allem Neuen aufgeschlossenen Gesellschaft, wird seine Methode zu einem ungeheuren Erfolg. Wieder bemüht sich ihr Entdecker vergeblich, die französische Akademie der Wissenschaften zu überzeugen. Mesmer suchte beides, wissenschaftliche Anerkennung und öffentlichen Erfolg. Gefunden hat er nur den Erfolg. Als die Regierung zögert, eine Akademie für seine neue Lehre einzurichten, die viele gebildete Laien für die Entdeckung des Jahrhunderts halten, gründen Anhänger Mesmers eine Aktiengesellschaft.

In wenigen Monaten sind 340 000 Livres gezeichnet, in jeder Stadt gibt es eine ›Harmonische Gesellschaft‹ von Mesmer-Anhängern. In Mesmers Wohnung sammeln sich die reichen Patienten: vornehme Herren, die (so geht das Gerücht) vor allem ihrer Mannesschwäche abhelfen wollen, vornehme Damen auf der Suche nach solchen Herren, Kranke aller Schattierungen, Wundergläubige, Neugierige. Man mietet schon Tage vorher einen Platz am magnetisierten *Baquet*. Weniger zahlungskräftige Klienten müssen sich mit einem kleineren Zuber zufriedengeben und können nicht auf persönliche Therapie durch den Meister rechnen.

Während der Vorbereitung darf kein Wort gesprochen werden (denn auch Schallwellen wirken auf das Fluidum); andächtig schweigen die um den Zuber Versammelten, bis Mesmer selbst eintritt, einen eisernen Zauberstab in der Hand, in seidener Robe, und mit Würde von einem Kranken zum anderen schreitet, bald einen nach seinem Leiden fragt und ihn an der schmerzenden Stelle berührt, bald nur die Stirn des Patienten umkreist und ihn fest anblickt.

Gewöhnlich dauert es nicht lange, und die Kranken beginnen zu zittern, zu schwitzen (jeder weiß, was Tagesgespräch ist: daß eine ›Krise‹, heftige Zuckungen, Krämpfe und Ekstase das Ziel der magnetischen Behandlung sind und die Heilung herbeiführen). Von einer der am Rand des *Baquets* vereinigten Hände springt die Erregung wie ein Funke auf die nächste über. Immer mehr Kranke verfallen in Krämpfe, beginnen grell zu lachen, zu schreien, einige tanzen wild, andere wälzen sich am Boden, manche schlafen ruhig und teilnahmslos, ein seliges Lächeln auf den Lippen.

So sieht man sie auf den zeitgenössischen Stichen. Mesmer hat wiederentdeckt, was sein aufgeklärtes Zeitalter lange verloren hatte: die reinigende Ekstase, die steinzeitliche Psychotherapie. Wer von denen, die das Fluidum gepackt hat, wird am Gott dieser neuen, scheinwissenschaftlichen Religion noch zweifeln?

Die Zweifler aber bleiben unberührt; kein Krampf, keine Verzückung, keine Ekstase erreichen sie. Der Psychotherapeut hat noch keine soziale Rolle. Mesmer ist ein Psychotherapeut, der sich selbst als Naturwissenschaftler mißversteht und die psychologische Dimension seiner Arbeit nicht einschätzen kann. In seiner Ratlosigkeit versucht er, die Wissenschaft seiner Zeit neu zu erfinden und zu erklären. Angesichts der Hierarchie der Priester – auch der Priester der Wissenschaft – verwandelt er sich zurück in einen Schamanen. So muß er scheitern; er wird zum Außenseiter. In einer feudalen Gesellschaft an der Grenze der bürgerlichen Revolution gründet er wieder eine Stammeskultur.

Durch den Sensationserfolg Mesmers aufgeschreckt, bittet der König die Akademie um ein Gutachten. In der Kommission sitzen berühmte Männer: Der Astronom Bailly, der Arzt Guillotin, der im

philanthropischen Geist der Zeit eine ›humane‹ Hinrichtung fordert und eine Maschine dafür entworfen hat, Benjamin Franklin, Lavoisier, der berühmte Chemiker. (Zwei der Mitglieder dieser Kommission, Bailly und Lavoisier, werden wenige Jahre später durch die Erfindung ihres Confrère Guillotin vom Leben zum Tode gebracht.) Mitglieder der Akademie nehmen an den Séancen Mesmers teil. Sie sehen und akzeptieren ihre Wirkungen: Manche Kranken sind ruhig, still und verzückt, andere haben Krämpfe, schwitzen und husten. »Nichts ist erstaunlicher als das Schauspiel dieser Konvulsionen«, gutachtet die Kommission. »Wenn man sie nicht gesehen hat, kann man sich davon keinen Begriff machen. Man ist jedenfalls überrascht, einerseits über die Ruhe einer Reihe von Kranken und wiederum über die Erregung bei den anderen, über die verschiedenen Zwischenfälle, die sich immer wiederholen, und die Sympathie, die sich zwischen den Kranken bildet; man sieht Kranke, die einander zulächeln, zärtlich miteinander sprechen und dies mildert ihre Krämpfe. Alle sind dem unterworfen, der sie magnetisiert. Ob sie auch in einer scheinbaren Erschöpfung sind, sein Blick, seine Stimme holen sie sofort heraus.« (zit. n. St. Zweig 1952, S. 77)
Doch keines der Mitglieder der Kommission, die in Mesmers Haus am *Baquet* saßen, hat irgend etwas gespürt. Das Fluidum Mesmers läßt sich nicht nachweisen. Es wird auch von den Gläubigen nicht erkannt: Man gibt einer Kranken Tassen zur Auswahl, von denen eine mit magnetischem Wasser gefüllt ist, und sie irrt. Freilich, als Mesmer ihr die Tasse gibt, setzt die Krise sofort ein. Doch die Akademie prüft nur, ob Mesmers Theorie stimmt. Sie sucht nicht, ihrerseits seine Erfolge und seine Wirkung zu erklären. Somit ist die *nullité du magnetisme* kein falsches, aber ein ungenügendes Urteil. Deshalb ist die Geschichte der Entdeckungen Mesmers auch mit diesem Gutachten aus dem Jahr 1784 noch nicht zu Ende.

Somnambule und Medien

In demselben Jahr gibt ein Schüler Mesmers, der Marquis Chastenet de Puységur, in einem »Mémoire du Magnetisme« Experimente bekannt, die sich als folgenschwerer herausstellen als alle Theorien Mesmers. Der vornehme Franzose hat magnetische Kuren an Bauern und Hirten auf seinem Landgut versucht. Statt in die von Mesmer erwartete und deshalb auch meist eintretende ›Krise‹ mit Krämpfen und Schweißausbrüchen zu geraten (die bereits Hippokrates als wichtigen Schritt zur Genesung forderte), schläft einer von ihnen ein.

Als der Marquis ihn schüttelt und wecken will, erwacht er nicht, sondern beginnt wie ein Schlafwandler in gewählter Sprache zu reden und Befehlen automatisch zu gehorchen. Der künstliche Somnambulismus ist entdeckt; in der Folge gelingt es Puységur, noch andere Versuchspersonen in diesen Zustand zu versetzen.

Bezeichnenderweise fing im Zeitalter der Vernunft und der Aufklärung das Schlafwandeln an, die Dichter zu faszinieren. Es ist eine Alltagsbeobachtung, daß manche Menschen nachts in einem Dämmerzustand mit halbgeschlossenen Augen etwas tun und anschließend ohne eine Spur von Erinnerung erwachen. In den einfachsten und häufigsten Fällen sprechen oder schreien sie im Schlaf; komplexe Aktionen sind viel seltener.

Ich selbst habe einmal eine Frau behandelt, die häufig schlafwandelte. Besonders schlimm wurde es, seit ihr Mann sie verlassen hatte. Sie wachte beispielsweise morgens in einem verklebten Bett auf, weil sie sich nachts in der Küche ein Marmeladenbrot geschmiert hatte und mitten in dem süßen Mahl wieder eingeschlafen war. Einmal erwachte sie, als sie mit ihrem Auto an einer Ampel hielt; sie wußte nicht mehr, wie sie dorthin gekommen war und wohin sie fahren wollte.

Als ihr psychischer Streß durch eine sehr schwierige Ehescheidung nachließ, verloren sich diese gefährlichen Aktionen zunehmend. Die Vorstellung, daß der ›Mondsüchtige‹ (hier drückt sich die astrologische Auffassung der Störung aus) mit Vorliebe auf dem Dachfirst schlafwandelt und abstürzt, wenn man ihn weckt, gilt sicher nur für ganz seltene Ausnahmen, wenn sie nicht erfunden ist. Nach meinen Beobachtungen tun Schlafwandler nichts, was sie nicht auch sonst tun; sie tun es nur ohne Wissen darum oder in einem Zustand des Halbwissens, wie ihn Freud in seinen Untersuchungen über die hysterische Amnesie (Erinnerungsstörung) beschrieben hat.

Dichter wie Heinrich von Kleist haben geahnt (sein »Käthchen von Heilbronn« beweist es), daß im somnambulen Zustand Wünsche verwirklicht werden, die der Betreffende sich wach nicht eingestehen kann. Für den Somnambulen gilt alles oder doch fast alles, was wir über die Psychologie von Trance und Ekstase gesagt haben. (Auto)suggestiv beeinflußbar, ist er überzeugt, daß ihm kein Geheimnis widersteht, daß er in die Zukunft schaut, Krankheiten erspürt und vieles andere mehr.

In einer gewandelten Gesellschaft hat man die schamanistische Trance wiederentdeckt. Als wären die schamanistischen Traditionen nie verloren gewesen, schreibt man den Somnambulen jene Fähigkeiten zu, die in der archaischen Welt dem Medizinmann zukommen. Kaum ist erkannt, daß der ›Magnetisierte‹ in seinem Dämmerzustand Fragen beantwortet, so glaubt man schon, er könne auf alle Fragen Antwort geben und mit der Geisterwelt als ›Medium‹ verkehren.

Somnambule sollen Bücher mit der nackten Haut lesen können, sie decken Verbrechen auf, erspüren, bis zum Gürtel in die Erde verrufener Keller eingegraben, verborgene Schätze, sprechen Aramäisch und Griechisch, ohne diese Sprachen je gelernt zu haben, erkennen Krankheiten und wählen die einzig hilfreiche Medizin. Doch was für den Schamanen in der geschlossenen Folk-Gesellschaft gilt, trifft für die Medien des 19. und 20. Jahrhunderts und ihre Dompteure nicht mehr zu. Mit der Reise in die Geisterwelt verbindet sich nur allzuoft bewußter Betrug; kein Wunder, daß die Wissenschaft sich abwendet und die Parapsychologie bis heute keinen leichten Stand hat. Auf der anderen Seite kehren Autoren der Gegenwart wie Peter Sloterdijk zu diesen Wurzeln der modernen ›Psychonautik‹ zurück. Sloterdijk, als philosophischer Autor durch seine »Kritik der zynischen Vernunft« ausgewiesen, hat die von Mesmer geprägte Szene im vorrevolutionären Frankreich in seinem Roman »Der Zauberbaum – Die Entstehung der Psychoanalyse im Jahr 1785« beschrieben. Sein Held Jan van Leyden, ein »junger Arzt aus Wien« ist deutlich Sigmund Freud.

In der Menge romantischer Schwärmer, die sich mit dem neu entdeckten Somnambulismus befaßten, fanden sich auch einige Männer, welche das Wissen um diese sonderbaren Vorgänge einige Schritte weiterbrachten. Einer der ersten ist der Abbé de Faria, ein Portugiese, der in Frankreich lebt und sich für die neuen Tatsachen interessiert. In seinem Werk »Über die Ursache des hellseherischen Schlafs« (»De la cause du sommeil lucide«, Paris 1819) stellt er fest, daß es sich nicht um eine ›magnetische‹, sondern um eine verbalsuggestive Einflußnahme handelt. Der Zustand des Somnambulismus selbst wird von Faria ganz richtig als teilweise Abwendung von den Sinneseindrücken und Einschränkung der inneren Freiheit interpretiert. Durch sie erhöhe sich die Empfänglichkeit des Somnambulen für die Befehle des Concentrateur, wie Faria den Menschen nennt, von dem die suggestiven Befehle ausgehen.

Mit diesen Erkenntnissen verbindet der Abbé Spekulationen über den Organismus (so behauptet er, daß das Blut im hellseherischen Schlaf besonders flüssig sei) und eine vorsichtige, doch positive Bewertung der übernatürlichen Erkenntnismöglichkeiten.

Skeptisch, dann aber von der Realität der magnetisch erreichten Wirkungen überzeugt, beobachtet ein schottischer Chirurg, James Braid, im Jahr 1841 eine Abendvorstellung des französischen Magnetiseurs Lafontaine (der sich als Enkel des Fabeldichters ausgibt). Braid entwickelt darauf eine eigene, neurologische Erklärung des magnetischen Schlafs. Er beruhe auf einer einseitigen Ermüdung der Augenmuskeln, durch welche die Erregbarkeit der Sehnerven herabgesetzt wird. An sie schließen sich Müdigkeit und ein Zwang zum Schlafen an; in diesem Zustand ist der Betroffene für Selbst- und Fremdsuggestionen besonders zugänglich.

Wir sehen, wie sich jeder dieser Gelehrten ein Stück aus dem Geschehen herausgreift: der Abbé de Faria die psychologischen

Prozesse, der Chirurg Braid die neurologischen. Braid hatte mehr Einfluß, weil er die ›Hypnose‹ (dieser Begriff stammt von ihm) völlig von mystischem und magnetischem Beiwerk reinigte. Er berichtet in seinem Werk »Neurypnology, or the rationale of nervous sleep, considered in relation with the animal magnetism« (London und Edinburgh 1843), wie er einen jungen Mann in sein Arbeitszimmer kommen läßt, ihn bittet, sich auf einen Stuhl zu setzen und unbeirrt eine Flasche anzusehen. Nach drei Minuten fallen ihm die Augen zu. Braid fordert nun seine Ehefrau auf, die behauptet, sie ließe sich nicht so leicht einschläfern. Sie muß eine Porzellanschale ansehen; nach zweieinhalb Minuten schließt sie die Augen. Man weckt sie, als sie vom Stuhl zu fallen droht. Der Diener wird geholt; er soll einen Löffel in einem Glas ansehen, aus dem angeblich ein Funke hervorspringen wird. Nach drei Minuten schläft auch er.

Es handelt sich bei den magnetischen Vorgängen um autosuggestive Prozesse; kein Fluidum wird übertragen, keine hypnotische Kraft ausgeübt, der betreffende Mensch lediglich dazu angeregt, bestimmte Veränderungen in sich selbst zu suchen und sie dadurch nach dem Prinzip der Suggestion auch herbeizuführen. Obschon vorwiegend physiologisch orientiert, hat Braid klar erkannt, daß es so viele hypnotische Zustandsbilder wie Hypnotiseure gibt, da der als Autorität anerkannte Meister die Gedanken und Vorstellungen des Hypnotisierten in nahezu jede beliebige Richtung lenken kann. Braid empfahl Hypnose als Behandlung von nervös-funktionellen Leiden wie Spasmen, Krämpfen, Konvulsionen, aber auch bei Rheumatismus, in dem Muskelverspannungen eine Rolle spielen.

Noch ein anderes Phänomen wurde durch die Somnambulismus-Forschung weitgehend aufgeklärt: die Spaltung der Persönlichkeit und mit ihr die Realität dämonologischer Begriffe wie der Succubi und Incubi. Bereits Puységur hatte beobachtet, daß Somnambule sich an nichts erinnern können, was in dem Dämmerzustand, in dem sie weitgehend willenlos die Befehle des Hypnotiseurs befolgten, geschehen war. Ja, man konnte ihnen Aufträge erteilen, die sie später ausführten, ohne doch zu wissen, daß man es ihnen in Hypnose geboten hatte; zur Rede gestellt, suchten sie nach ›vernünftigen‹

Gründen (Rationalisation). Gilles de la Tourette hat in seinem Buch »Die Hysterie« (deutsche Übers. Leipzig 1894) bemerkt, daß es nicht immer eine Chimäre ist, wenn eine Frau behauptet, schwanger zu sein, ohne daß ein Mann sie umarmt hat (auch dies ein Ereignis, das Heinrich von Kleist in einer Novelle verarbeitet hat). »Ja, es gibt Incubi und Succubi; aber man muß nicht den Teufel dafür verantwortlich machen, er ist nicht der wirkliche Schuldige. Derjenige, der das Verbrechen begangen hat, hat weder Klauen, noch Schwanz, noch Hörner und kommt nicht aus der Hölle. Muß ich noch besonders sagen, daß das Opfer immer eine Somnambule ist und der Teufel ein Magnetiseur?« (Zit. n. Frey 1955, S. 21)

Noch erstaunlicher sind die freilich seltenen Fälle einer Doppel-Persönlichkeit, in denen der Somnambulismus ganz ohne suggestive Einflüsse von außen auftritt. In diesen Fällen kommt es zur sogenannten Persönlichkeitsspaltung bzw. zur multiplen Persönlichkeit. Die Kontinuität des bewußten Erlebens wird plötzlich durchbrochen, ein anderes Ich tritt auf, das seinerseits eine eigene Vergangenheit hat, da der Betroffene sich im somnambulen Zustand stets an sein Ich in vorhergehenden somnambulen Zuständen erinnert, nicht aber an sein normales Ich. Den bekanntesten Fall einer solchen vervielfachten Persönlichkeit hat Morton Prince (1854 bis 1929) beschrieben. Die Nähe zu den dämonologischen Ansichten des Mittelalters formuliert Prince selbst, wenn er im Vorwort seines Buches feststellt: »Wenn es sich hier nicht um eine wissenschaftlich-psychologische Studie handelte, wäre ich versucht gewesen, dieses Buch ›Die Heilige, die Frau und der Teufel‹ zu nennen.«

Die Heilige ist im Falle der von Prince beschriebenen Miß Beauchamp die bewußte Wachpersönlichkeit, deren Charakter alle Züge aufweist, die eine strenge religiöse Moral fordert. Egoismus, Unduldsamkeit und Lüge erscheinen ihr verwerflich; ihre Briefe wimmeln von Selbstanklagen. Und aus diesem Zustand fällt die ›Heilige‹ plötzlich in den der Teilpersönlichkeiten III und IV – die eine ist ›Sally‹, ein aggressiver Spukgeist, die andere ›der Idiot‹ (so nennt Sally die Teilpersönlichkeit IV), ein frivoles, putzsüchtiges Weibchen. Die Verbindungen zwischen den Teilpersönlichkeiten sind sehr kompliziert. Die wachbewußte Miß Beauchamp weiß weder von Sally noch vom Idioten, hingegen kennt Sally die puritanische Studentin. Ein kurioser Kleinkrieg findet statt: Ergreift Sally die Oberhand, dann tritt nicht nur in Miß B.s Erleben eine Lücke ein, sondern sie erhält auch impertinente Briefe, in denen Sally ihre Muckerei beschimpft und Spinnen ins Kuvert legt, vor denen Miß B. graut. Die Kranke geht in diesem Zustand völlig fremde Wege, sie verschleudert Geld, raucht und treibt sich herum. Wenn plötzlich aus Sally wieder Miß B. wird, dann findet sie sich ratlos und desorientiert in einer völlig fremden Umgebung ohne Erinnerung an das Vorgefallene, womöglich eine von Sally angezündete Zigarette noch zwischen den Lippen. Es ist heute nicht mehr auszumachen, inwieweit das Interesse von Morton Prince an diesen drei Persönlichkeiten seiner Patientin zu ihrem Verhalten beigetragen hat. Miß Beauchamp war zu Dämmerzuständen besonders befähigt, sie traten schon in ihrer Kindheit auf (die übrigens, wie ein Psychoanalytiker erwarten würde, durch ›schwerste Erlebnisse‹, wohl im sexuellen Bereich, charakterisiert war, über die sich Prince aus Diskretion ausschweigt). Die hypnotisch durchgeführte Therapie ergab eine Synthese von I (der Puritanerin) und IV (dem Idioten), worauf Sally ihren Spuk einstellte.

Der Streit um die Erinnerung: aktuelle Aspekte

Bis heute sind die Fälle, in denen Hypnose verschüttete Erinnerungen oder sogar komplette, aus dem Alltagsbewußtsein verdrängte Persönlichkeiten zutage fördert, wissenschaftlich umstritten. Aktuell ist die Diskussion dieser Fragen gegenwärtig in den USA, wo sich die Lage zu einem regelrechten Wissenschaftskrieg zugespitzt hat.

Dort haben vor allem zwei Fälle heftige Kontroversen ausgelöst. Der erste ist der Mordprozeß gegen George Franklin, der aufgrund einer Zeugenaussage seiner Tochter Eileen verurteilt wurde. Diese hatte während einer suggestiven Erinnerungstherapie ›gesehen‹, daß ihr Vater vor zwanzig Jahren den Schädel ihrer achtjährigen Freundin

Susan mit einem Stein zertrümmerte, nachdem er sie vergewaltigt hatte.

In dem Streit der Glaubwürdigkeits-Gutachter trug die Anklage einen Sieg davon. Franklin verbüßt gegenwärtig eine lebenslängliche Haftstrafe. Nach neueren Informationen ist der Fall dubios, nicht nur, weil die Tochter bereits vor dem Prozeß Buch- und Filmkontrakte über ihre ›wahre Geschichte‹ unterschrieb, sondern auch, weil ihre Aussagen bei genauer Nachprüfung widersprüchlich und tendenziell waren.

Ein zweiter Fall, den Lawrence Wright dokumentiert hat, zeigt die selbstschädigende Qualität des Erinnerungskultes noch deutlicher. Es geht um die Geschichte von Paul Ingram, einem Polizisten in Olympia im Staat Washington. Lange Zeit galten die Ingrams als mustergültiges Ehepaar; Pauls Frau Sandy arbeitete als Tagesmutter. Beide gehörten einer fundamentalistischen Sekte an, der ›Kirche des lebenden Wassers‹, in der persönliche Offenbarungen kultiviert wurden.

Im August 1988 nahmen die beiden Töchter der Ingrams an einer örtlichen Veranstaltung dieser Kirche teil, auf der einige ihrer Altersgenossinnen von sexuellem Mißbrauch berichteten. Jetzt schuldigte auch eine der Töchter ihren Vater an; die Polizei bekam Wind davon und verhörte Paul Ingram. Obwohl sich dieser an nichts erinnerte, bekannte er sich in Polizeiverhören schuldig, seine beiden Töchter und einen seiner Söhne unzählige Male vergewaltigt zu haben. Selbst als sich die Anklagen der ersten und später auch der zweiten Tochter ins Groteske steigerten, bemühte sich Paul Ingram, mitzuhalten. In Hypnose ›erinnerte‹ er sich, die Mädchen an ganze Pokerrunden verkuppelt zu haben, sie und seine Frau grausam mißhandelt und zum Geschlechtsverkehr mit Hunden und Ziegen gezwungen zu haben. Schließlich gestand er auch noch, er habe einen Satanskult organisiert und unzählige Säuglinge in kannibalischen Riten gemordet.

Keinem der an den Geständnissen der Mädchen und des Vaters beteiligten Experten fiel auf, wie sehr alle diese Geschichten triviale Phantasien über eine verteufelte Sexualität ausdrückten. Der Sozialpsychologe Richard Ofshe, der Paul Ingram ebenfalls verhören konnte, stellt fest, wie leicht es war, ihn dazu zu bringen, sich an eine von Ofshe vorgegebene Szene zu ›erinnern‹.

An diesem Fall wird deutlich, wie sehr dramatische und lebhafte Phantasien, die starke Triebwünsche ausdrücken, in Menschen induziert werden können. Erstaunlich ist dieses Phänomen nicht; erstaunlich ist eher, wie alles Wissen über Suggestibilität und erotische Phantasie im Jahr 1988 aus dem Bewußtsein von Akademikern verschwinden kann, während Polizeibeamte ernstlich nachgrübeln, ob sie – ohne davon zu wissen – an schwarzen Messen teilgenommen haben. Denn eine von Ingrams Töchtern klagte auch die Kollegen – zum Teil die Männer, welche ihren Vater ›überführt‹ hatten – der Reihenvergewaltigung an.

Es ist eine Illusion, anzunehmen, daß die Zeit der Hexenjagden vorbei ist, im Gegenteil: Durch das leidenschaftliche Interesse der Medien an solchem Stoff werden sie gesteigert und multipliziert. Ingram wurde schließlich zu zwanzig Jahren Haft verurteilt, weil das Gericht die Anklagepunkte des Kindsmißbrauchs für erwiesen ansah; die restlichen (Selbst)anklagen wurden nicht verfolgt, obwohl der Wahnsinn damals weitere Kreise zog. Einige der als Teilnehmer an satanischen Riten Angeschuldigten kamen für kurze Zeit in Haft. Ingrams Frau Sandy ist Presseberichten zufolge nach wie vor überzeugt, eine heimliche Satanistin zu sein; sie hat einen anderen Namen angenommen und ist umgezogen, ebenso die einzige Tochter Ingrams, die noch in ihrem Geburtsort lebt.

Die Vorstellung, daß ein Mensch ein Doppelleben führt und die eine Seite seiner Person nichts von der anderen weiß, ist seit der Geschichte über »Dr. Jekyll and Mr. Hyde« von R. L. Stevenson ein Mythos der Moderne, lange bevor Freud das Unbewußte beschrieb. Während die wissenschaftliche Beschäftigung mit dem Unbewußten fordert, Suggestionen strikt zu vermeiden, dominieren diese in den populären Konzeptionen des ›Unterbewußten‹, der ›Tiefenschicht‹, in der sich die Monster räkeln.

Amerikanische Kritiker der ›wiedergewonnenen Erinnerungen‹ haben inzwischen eruiert, daß mindestens fünfzehn Prozent der Personen, die verlorene Kindheitstraumen ›wiederfinden‹, von der Teilnahme an einem Satanskult berichten. Obwohl es fast nie Beweise für solche Riten gibt, sind sie ein sehr beliebtes Thema der Medien. Auch einige der auf die Rückgewinnung von traumatischen Erinnerungen spezialisierte Therapeuten glauben an ihre Existenz. In einem Zirkelschluß wird behauptet, daß Teilnahme an satanischen Riten eine zentrale Ursache der ›Persönlichkeitsspaltung‹ oder der ›multiplen Persönlichkeit‹ sei.

Satanskulte und multiple Persönlichkeiten

Bis zum Beginn des ›recovered memory‹-Booms in den USA trafen Anklagen des Satanismus vor allem KindergärtnerInnen, die von einem Elternteil beschuldigt wurden. Die meiste Aufmerksamkeit fand der Fall der McMartin-Vorschule in Manhattan Beach, Kalifornien. Die ErzieherInnen wurden der abscheulichsten, satanistischen Praktiken bezichtigt. Der Prozeß dauerte sieben Jahre, kostete fünfzehn Millionen Dollar und endete ohne Schuldspruch.

Heute werden in vielen Familien erwachsene Kinder ihren Eltern entfremdet, weil sie nach der Lektüre populärer Anleitungen zur Selbsttherapie oder unter dem Eindruck einer suggestiven Erinnerungsbehandlung überzeugt sind, mißbraucht worden zu sein. Da diese Behandlungen davon ausgehen, daß Zweifel an der Realität des erinnerten Ereignisses nicht für Wahrheitssuche, sondern für erneute Verdrängung stehen, nimmt es nicht Wunder, daß in den frühen Ausgaben einschlägiger Texte behauptet wird, bisher hätte jede Frau, die den Verdacht hatte, mißbraucht worden zu sein, auch entsprechende Erinnerungen aufgefunden.[*]

Seit die ersten Schadensersatzprozesse wegen falscher Inzestankla-

---

[*] Ellen Bass, Laura Davis, *The Courage to Heal: A Guide for Women Survivors of Child Sexual Abuse*, New York (Harper Perennial) 1992. Bass und Davis sind keine Psychotherapeutinnen, sondern radikale Feministinnen, ursprünglich eine Lehrerin für kreatives Schreiben und eine ihrer Studentinnen, vgl. F. Crews, »The Revenge of the Repressed«, *The New York Review of Books* Dec. I. 1994, S. 49.

gen von den betroffenen Eltern gewonnen wurden, sind die Vertreter der Gedächtnisrekonstruktion vorsichtiger geworden. Besonnen sind auch die Gegner der ›recovery‹-Therapie, wie Frederic Crews, Elizabeth Loftus und Mark Pendergast nicht. Unbewußte Bilder sollen, wenn es nach den Sprechern dieser Kontroverse geht, entweder immer Humbug oder immer wahr sein. Besonnenheit und der Versuch, menschliche Verstrickungen geduldig aufzudröseln, bleiben auf der Strecke. Die Situation bestätigt das Sprichwort, wonach in jedem Krieg die Wahrheit das erste Opfer auf dem Schlachtfeld ist. Mit der Politisierung von familiären Tragödien ist es fast unmöglich geworden, Inzestanschuldigungen kritisch zu prüfen. Der Kult des verdrängten Mißbrauchs hat inzwischen dazu geführt, daß von Feministinnen ex cathedra verkündet wird, jede zweite Frau sei ›Überlebende‹ sexuellen Mißbrauchs; umgekehrt wird von den Gegnern der Erinnerungszauberei selbst ein Skeptiker wie Freud unter die Scharlatane gezählt.

Diese Thesen und Texte sind auf die amerikanische Mittelschicht zugeschnitten (und werden von Teilen der europäischen begierig rezipiert). Es handelt sich um die verwöhnteste Subkultur, die jemals auf diesem Planeten existiert hat. Wäre ihr Rohstoff- und Energieverbrauch kein Privileg, sondern Erd-Durchschnitt, hätten wir die ökologische Katastrophe schon erlebt, die wir gegenwärtig befürchten. In dieser Kultur wachsen offensichtlich die Ansprüche an eine ideale Elternschaft proportional zu der Tatsache, daß die realen Eltern mehr und mehr darin versagen, alle in sie gesetzten Erwartungen zu erfüllen.

Da inkompetente Therapeuten kritische Augen in dem Beziehungsfeld fürchten, in dem sie arbeiten, leiten sie ihre Klienten oft an, jeden Kontakt mit ihren Eltern abzubrechen. Allenfalls noch durch einen Anwalt darf um das Erbe oder eine Entschädigung gestritten werden. Solche Mittel sind meist unprofessionell und dienen vielfach dazu, Scharlatanerie zu verschleiern.[*]

---

[*] Während einer stationären Behandlung Süchtiger oder bei gewalttätigen Angehörigen sind solche Trennungen manchmal auch im Interesse der Klienten.

Ziel einer Behandlung, welche Mehrdeutigkeiten und Ambivalenzen nicht spaltet, sondern zu erkennen sucht, ist es eher, die Realität der Eltern anzunehmen, ohne sich durch diese zu mehr verpflichtet zu fühlen, als es dem Austausch zwischen erwachsenen Partnern entspricht.

Ich vermute, daß die Sehnsucht nach Eindeutigkeit im Opfer-Sein das Versagen einer Familie spiegelt, mit Konflikten umzugehen und unterschiedliche Sichtweisen zuzulassen. Wo es eine familiäre Tradition gibt, Macht auszuüben, zu dominieren, zu unterdrücken, haben es Rattenfänger und Gurus leicht, Anhänger zu finden. Von der ekklesiogenen Neurose* erlöst allemal der charismatische Therapeut am besten. Der Erinnerungszauber gibt sich nur als Therapie aus, er ist keine Therapie. Vielen Betroffenen geht es schlechter, seit sie wissen, daß sie Opfer sind und das Stigma tragen. Sie verlieren den Glauben an sich und an ihre Umwelt. Zwar haben sie nun eine Erklärung und einen oder mehrere Schuldige für vieles, was in ihrem Leben nicht so gelaufen ist, wie sie es sich wünschten. Aber sie haben kein besseres Leben. Ihre Beziehungen zu ihren Eltern und Geschwistern sind zerrüttet. Wer ihre Sicht der Dinge nicht teilt, ist ein Feind. Ängste, Schreckensbilder, Mißtrauen, daß alle, die nicht die Täter dämonisieren, mit diesen im Bunde sind, beherrschen die Situation.

Für den geschichtlich Interessierten erscheint die Wiedererinnerungs-Therapie der Mißbrauchsopfer ein doppelt regressives Phänomen: Während die Entwicklung der Psychoanalyse von der dramatischen Katharsis, der Abreaktion ›eingeklemmter‹ Affekte und der Suggestion zur langfristigen Arbeit an Widerständen, Konflikten und unbewußter Abwehrtätigkeit führte, wird in dieser Behandlung ein überwunden geglaubtes Stück Praxis neu belebt. Warum? Die Katharsis ist zunächst einmal publizistisch wirksamer. Niemand kann aus einer realistisch nachinszenierten Psychoanalyse Bilder gewin-

---

* Moralpredigten, die wir als Kinder über uns ergehen ließen, beeinflussen unser erwachsenes Leben keineswegs immer. So ist Skepsis gegenüber dem Konzept der neurotisierenden kirchlichen Erziehung angebracht. Wer gar zu eifrig dabei ist, falsche Erlöser zu bekämpfen, trägt den Glauben an einen wahren Erlöser noch in sich.

nen, die ein Massenpublikum fesseln. Dramatisch heißt immer auch suggestiv; die Abstinenz des professionellen Therapeuten legt sich wie Eiseskälte auf das Bedürfnis nach *emotional appeal.*

Hollywood hat die Katharsis und die Persönlichkeitsspaltung – eine Kür für Schauspieler – schon immer der analytischen Arbeit vorgezogen. Die Betroffenen erleben tiefbewegt eine traumatische Szene, trocknen ihre Tränen und sind genesen. Dieses Ritual hat sich an die traditionellen Rituale der religiösen Erweckung und an die Wiedergeburts-Mythen aller Zeiten angeglichen. Solche Rückschritte werden uns in Zukunft wohl immer mehr beschäftigen.

Der Suchtmechanismus ist in den Konsumgesellschaften universell. Wider alle Vernunft in einem selbstzerstörerischen Verhalten fortzufahren, gehört zum Prinzip ihrer Regierungsparteien und Schlüsselindustrien.[*]

Einer der Texte gegen die Erinnerungstherapie bei Inzestverdacht untermauert die These, wie eine solche Behandlung ihrerseits zur Sucht werden kann. Er stammt von Richard Ofshe und Ethan Watters;[**] sie beschreiben, wie Erinnerungstherapeuten in einen Notstand geraten, weil die Symptome ihrer Patientinnen nicht, wie versprochen, nach dem ersten Auftauchen grauenhafter Kindheitserlebnisse verschwinden.

Die systemimmanente Antwort ist, daß der Mißbrauch viel schlimmer war als ursprünglich angenommen und daß nun weitere, noch fürchterlichere Erinnerungen gesucht und gefunden werden müssen. Schließlich formieren sich die Ängste zu Erinnerungen, die sich immer weiter steigern. Was ist der schlimmste Mißbrauch? Der durch den eigenen Vater. Was ist die schlimmste Folge des Mißbrauchs? Schwanger zu werden. Was ist die schlimmste Folge der unerwünschten Schwangerschaft? Kindestötung. Was ist die schlimmste Folge einer Kindstötung? Ein satanisches Ritual, in dem die Mutter ihr eigenes Kind aufessen muß.

Spätestens hier würde man von einem skeptischen Akademiker

---

[*] Vgl. W. Schmidbauer, *Weniger ist manchmal mehr.* 3. Aufl., Reinbek 1991.
[**] *Making Monsters: False Memories, Psychotherapy, and Sexual Hysteria.* New York 1994.

erwarten, daß er sich von dem distanziert, was er gefunden hat. Aber diese Distanzierung erfolgt nicht: In der Ideologie der Erinnerungstherapie macht, wer induzierte Erinnerungen anzweifelt, den Patienten erneut zum Opfer. So wird die Vergangenheit, die sich durch so viele unerwartete und oft nicht zueinander passende Erinnerungen fragmentiert hat, notdürftig zu einem Störungsbild geschustert, das seit langer Zeit von manchen Psychiatern entschieden vertreten, von anderen als Humbug bekämpft wurde: MPD, Multiple Personality Disorder.

Ofshe und Watters sehen in diesen Mehrfachpersönlichkeiten generell ein Artefakt. Wo kein Hypnotherapeut arbeitet, gibt es demnach auch keine MPD. An der Frage, ob es wirklich die satanischen Rituale gibt, an die sich relativ viele der MPD-Patienten erinnern, entzündet sich gegenwärtig eine Kontroverse, die auch die amerikanischen Hypnotherapeuten spaltet: Einerseits haben sie jedem Zweifel an den ›Erinnerungen‹ ihrer Klienten abgeschworen, andererseits können sie doch nicht an die Realität einer Unterwelt von Babyopfern und Hexenmessen in amerikanischen Kleinstädten glauben.

Geistiges Heilen und christliche Wissenschaft

Indirekt auf Mesmer zurück geht auch eine psychotherapeutische Massenbewegung, die von Mary Baker-Eddy (1821 bis 1910) gegründete Christian Science. Ein Mesmer-Schüler, der französische Arzt Poyen, fasziniert 1838 auf einem Vortrag in Belfast durch öffentliche hypnotische Experimente den Uhrmacher Phineas Pankhurst Quimby. Dieser hängt sein Handwerk an den Nagel, nachdem er unter Poyens Anleitung entdeckt hat, daß auch er magnetisieren kann. Quimby beginnt, »wie ein Wahrsager mit seinem Affen« (Zweig) landauf und landab zu ziehen, von einem 15jährigen begleitet, der als Medium dient und den Kranken während der Show die Medikamente nennt, die ihnen helfen werden. Der Glaube an das übernatürliche Wissen der Medien ist weit verbreitet. So erzielt

Quimby verblüffende Erfolge. Doch ist er kein kritikloser Scharlatan. Als er einmal beobachtet, daß auch ein billigeres Mittel, das er statt dem kostspieligen, vom Medium genannten unterschob, den Kranken heilt, zweifelt er am somnambulen Tiefblick. Er beginnt zu erkennen, daß es sich um seelische Vorgänge handelt, um den Glauben des Kranken an das Ende seiner Krankheit.

Diese Lehre entwickelt Quimby zu einem System der *mind cure,* die darauf basiert, daß viele Krankheiten auf Einbildung beruhen und man sie am besten beseitigt, indem man den Glauben an sie zerstört. 1862 sucht eine schwerkranke Frau Quimby auf, eine ältliche, schlecht ausgebildete Lehrerin, die seit Jahren gelähmt ist: Mary Baker. Es gelingt Quimby, sie von ihren (sicher hysterisch bedingten) Symptomen zu befreien. Sie lernt sein System kennen, preist ihn zunächst in einigen Artikeln in einem Lokalblättchen hymnisch und streicht später, als sie ihre eigene, sehr ähnliche, jedoch religiös gefärbte Lehre entwickelt hat, den Namen Quimby aus ihrem Buch »Science and Health«, der Bibel einer neuen religiösen Bewegung, die bald prunkvolle Kirchen errichtet und ihre Anhänger nach Hunderttausenden zählt.

Die Christian Science erklärt die Materie für wesenlosen Schein, Gott für unendlich und allmächtig; da er Inbegriff alles Guten ist, kann er keine Krankheit wollen. Wenn ein Mensch erkrankt, so ist er weltanschaulich abgeirrt und hat die Wesenlosigkeit der Materie noch nicht genügend erkannt. Wenn er angeleitet durch die wahre Wissenschaft Mary Baker-Eddys Gedanken und Willen auf das Nichtsein des Übels sammelt, wird es verschwinden.

Suggestion und Persuasion

Die Lehre Mary Baker-Eddys enthält Elemente zweier psychotherapeutischer Verfahren, die bis heute ihren Platz in der Seelenheilkunde behalten haben: der Suggestion und der Persuasion. Beide erreichten ihre größte Bedeutung im ausgehenden 19. Jahrhundert. Die Geschichte der Suggestion reicht bis zum Abbé de Faria zurück, der in den ›magnetischen‹ Wirkungen solche der Einbildungskraft erkannte. Wirklich begründet wurde eine auf Suggestion beruhende Psychotherapie durch den Landarzt Ambroise Augustin Liébeault, der im Jahr 1866 das für die psychologische Interpretation des Somnambulismus und verwandter Erscheinungen klassische Werk »Über den Schlaf und verwandte Zustände, unter dem Gesichtspunkt der Wirkung der Moral auf die Natur betrachtet« (»Du sommeil et des états analogues considérés au point de vue de l'action du moral sur le physique«, Nancy 1866) herausgab.

Die Suggestionstheorie war damals noch weitgehend unbeachtet, wurde aber sehr populär, als Liébeault 1880 den Psychiater Bernheim kennenlernte, der seine Lehren erprobte und erheblich besser darstellen konnte als der Entdecker selbst (in: »De la suggestion«, Nancy 1884).

Eigentliche Ursache magnetischer und hypnotischer Erscheinungen, behauptet Bernheim, ist weder ein rätselhaftes Fluidum noch eine Ermüdung der Augennerven, sondern die Einbildungskraft des Menschen. Die Suggestion aber, das Unterschieben kritiklos hingenommener Vorstellungen, ist das wichtigste Mittel, auf die Einbildungskraft zu wirken. Mesmer wußte nicht, was er tat; seit die Suggestion entdeckt ist, weiß der suggestiv arbeitende Therapeut, was er tut.

Bernheim hat richtig erkannt, wie eng die bisherige Psychotherapie mit emotionaler Erregung und (religiösem) Glauben zusammenhängt. Er schreibt: »Wenn ... heftige Gemütsbewegungen, ein starker religiöser Glaube und alles andere, was der Phantasie einen Eindruck macht, im Stande ist, funktionelle Störungen rückgängig zu machen und Heilungen zu erzielen, so muß man doch sagen, daß die Therapie unserer Tage diesen Fingerzeig der Beobachtung nur in geringem Maße verwertet.«

Die Hypnose, erläutert Bernheim weiter, ist vor allem ein Zustand gesteigerter Suggestibilität. Wie im natürlichen Schlaf der Traum Vorstellungsbildern mitreißende Überzeugungskraft verleiht, steigert die Hypnose die Tätigkeit der Phantasie und macht den Menschen zugänglicher. »Es ist ein physiologisches Gesetz, daß der

221

Schlaf das Gehirn in einen derartigen psychischen Zustand versetzt, daß die Phantasie alle zu ihr gelangenden Eindrücke annimmt und für wahr erkennt. Die Aufgabe der hypnotischen Therapie bestünde also darin, diesen besonderen Zustand durch den Hypnotismus hervorzurufen und die so künstlich herbeigeführte Steigerung der Suggestibilität zu verwenden, um Leiden zu heilen und zu lindern.« (zit. n. Schultz 1952, S. 33)

In Hypnose, wenn Realitätsorientierung und Selbstkritik geschwächt sind, werden Suggestionen besonders wirksam, erläutert Bernheim. Die einfachste Form der Suggestion ist die verbale. Wie der afrikanische Medizinmann, dessen Verfahren wir im 2. Kapitel beschrieben haben, behaupten Liébeault und Bernheim, daß die Symptome nicht existieren, die Schmerzen verschwinden oder sich in Wärme verwandeln, die langsam abklingt (wie schon Mesmer einen Schmerz allein mit seiner streichenden Hand überall hinführen konnte). Es wird immer deutlicher, daß nicht der Einfluß des Hypnotiseurs, sondern der Glaube des Hypnotisierten von entscheidender Bedeutung ist. Nur ein Mensch, der bereit ist, die ihm suggerierten Vorstellungen gläubig hinzunehmen und sie autosuggestiv zu verwirklichen, ist überhaupt hypnotisierbar. Allerdings muß man hier Glauben und bewußte Absicht unterscheiden. Es ist sehr wohl möglich, daß sich eine Versuchsperson bewußt der Hypnose widersetzt, ihr dann aber doch erliegt, weil sie unbewußt annahm, doch nicht widerstehen zu können.

Auch die immer wieder eindrucksvoll verfilmte Meinung, in Hypnose könne man einen Menschen zu allem bewegen, ist keineswegs richtig. Schon mancher Schauhypnotiseur hat sich, als er eine Frau im somnambulen Zustand aufforderte, sich zu entkleiden, eine Ohrfeige eingehandelt. Sicher ist es ihm in anderen Fällen auch geglückt, je nachdem, mit wem er es zu tun hatte, an welche Wünsche des ›willenlosen‹ Mediums er anknüpfen konnte. In jedem Menschen finden sich Bedürfnisse, die eigene Autonomie zu behaupten, neben Wünschen, von einer idealisierten (Eltern)Gestalt abhängig zu sein, die ›für mich denkt‹. Hypnose und Suggestion arbeiten in diesem Spannungsfeld – und die Entscheidung eines Therapeuten, sich dieser Mittel zu bedienen, findet ebenfalls in diesem Feld statt.

Bernheim hat die Macht der Suggestion in allen Lebensbereichen gezeigt (und den Begriff oft recht überdehnt, wie ihm später Pierre Janet vorgeworfen hat). Einige Beispiele: Ein Kind ißt grüne Pflaumen; »davon bekommst du Bauchweh«, sagt die Mutter – und binnen weniger Minuten hat das Kind Bauchweh. Von Mahatma Gandhi wird erzählt, daß ihm übel wurde, wenn er sich über die hinduistischen Gebote (Verbot des Fleischgenusses) hinwegsetzte. Viele angebliche Unverträglichkeiten von Speisen mögen ähnlichen autosuggestiven Einflüssen zuzuschreiben sein. Ein Arzt studiert das Elektrokardiogramm eines Patienten, seine Miene verdüstert sich, vielleicht nur, weil er sich über die Sprechstundenhilfe ärgert. Doch der Patient glaubt, er sei herzkrank. Ein Heilpraktiker geht mit der Wünschelrute durch ein Haus und findet, daß ein Bett über einer Strahlenquelle steht. Tatsächlich schläft sich's in dem umgestellten Bett von jetzt an besser. Die Suggestion ist ein Element, das in den absurdesten Lehren wirkt und dem auch die kritischsten Therapeuten oft ihren Erfolg danken.

Doch die suggestive Therapie, ob man nun die Beeinflußbarkeit dadurch erhöht, daß man den Kranken in Hypnose versetzt oder nicht, hat ihre Grenzen. Sie verlangt eine Art frommen Betrugs, die nicht jedem Therapeuten liegt. »Der Gedankengang des Kranken ist ein ganz anderer als der des Arztes; jener glaubt an eine wirkliche, physiologische Wirkung; dieser weiß, daß er nur auf die Phantasie seiner Kranken einwirkt. Ich bezweifle sehr, daß Bernheim, wenn er eines Tages Kopfweh hätte, zu mir kommen würde mit der Bitte, ihm die Hand auf die Stirne zu legen und ihm diese albernen Eingebungen zu machen. Er könnte ein schelmisches Lächeln nicht unterdrücken und würde mir sagen: ›Das ist für unsere Kranken, aber nicht für uns.‹«

Mit diesen Sätzen formuliert ein Schweizer Nervenarzt, Paul Dubois (1848 bis 1918), seine Kritik an der Suggestionstherapie. Er setzt ihr in seinem Werk »Die Psychoneurosen und ihre moralische Therapie« (»Les psychonévroses et leur traitement moral«, Paris 1904) die

›rationale‹ Behandlung durch Persuasion entgegen. Dubois will eine rationale, keine irrationale Autorität ausüben; er gibt sich als sachverständiger Arzt, nicht als herrischer Suggestor. Er will den Kranken überzeugen, nicht ihn überrumpeln, selbst wenn es mehr Mühe macht, ihm eine andere Lebensführung zu empfehlen als die Symptome suggestiv zu beeinflussen.

Dubois sagt: »Ja, er (der Kranke) wird mir mehr zu schaffen geben, als wenn ich ihm dreist eine therapeutische Suggestion an den Kopf werfe. Er wird aber vernünftiger, fähig, zu denken, und wenn er aus der Klinik entlassen ist, hat er dort nicht nur einige Beschwerden, einen Schmerz, eine Gefühlsstörung, eine Kontraktur (Sonderform einer Lähmung W. S.) zurückgelassen; er hat eine mutige Seele wiedergefunden, welche körperliche und seelische Gesundheit schafft und ihn beschützen wird, wenn die Lebensschicksale die Gelegenheitsursachen wieder auftreten lassen, welche die Krise heraufbeschworen hatten ... Persuasion heißt, seinem Kranken einen Gedanken klarmachen, den man selbst hat, ihm eine Anschauung beibringen, die man auch teilt, ihm eine psychische Kur beibringen, die man auch seinem besten Freunde, ja sich selbst anraten würde ... Suggerieren heißt hingegen, geistig überrumpeln, die Leichtgläubigkeit des Kranken ausnutzen, um ihm eine Idee beizubringen, welche ihn zwar heilen kann, jedoch in seinem Geiste eine andere Gestalt hat als im Kopfe des Arztes. Darin liegt etwas Lügenhaftes, eine absichtliche, wenn auch gutgemeinte Täuschung. Ich würde mich nur dann dazu entschließen können, wenn die Überzeugungskraft mich im Stiche ließe und ich mir vorstellen könnte, die Suggestion werde mächtiger wirken. Erfahrungen in dieser Richtung habe ich nie gemacht.« (Dubois 1904, zit. n. Schultz 1952, S. 59)

Der Persuasion verwandt ist die Logotherapie Viktor E. Frankls, in der an die Stelle der ethischen Belehrung, wie sie Dubois vertrat, die existentielle tritt. Der Therapeut unterstützt und fördert die Suche des Kranken nach einem Lebenssinn. Doch während Dubois alle anderen psychotherapeutischen Methoden für überflüssig hielt, geht Frankl durchaus von der psychoanalytischen Therapie aus und befürwortet seine Methode vor allem bei neurotischen Krankheiten mit einer existentiellen Thematik, wie sie vor allem jenseits der Lebensmitte nicht selten auftritt.

Was Persuasion, Psychoanalyse und Existenzanalyse oder Logotherapie (beide Richtungen haben einen existenzphilosophischen Hintergrund gemeinsam) verbindet, ist die Ablehnung der Manipulation des Patienten, der Täuschung, auch der gutgemeinten, auch der wirkungsvollen. Es geht nicht an, daß der Therapeut etwas vermittelt, was er selbst nicht glaubt, um den Kranken zu bewegen, seine Symptome zu verändern. Dieser Unterschied drückt sich auch in dem Prozeß aus, durch den künftige Therapeuten unterrichtet werden. Der Analytiker erfährt in seiner eigenen Analyse am eigenen Befinden, was er später anderen vermitteln soll. Der Hypnotherapeut muß nur die richtigen Techniken erlernen, indem er bei einem erfahrenen Hypnotiseur in die Lehre geht. Für ihn ist wichtig, daß seine Suggestionen wirken; für den Analytiker, daß er den Patienten versteht und ihm dieses Verständnis auch vermittelt.

Literatur

Ackerknecht, E. H. u. a., »Mesmerism«, in: *CIBA-Symposia* 9 (1948), Nr. 11
Bellanger, *Le magnétisme, vérités et chimères de cette science occulte*, Paris 1854
Bernheim, H., *Hypnotisme, Suggestion, Psychotherapie*, Paris 1891
Crews, F., »The Revenge of the Repressed«, *The New York Review of Books* Dec. I. 1994, S. 49
Cutten, G. B., *Three thousand years of mental healing*, London 1910
Darnton, R., *Der Mesmerismus und das Ende der Aufklärung in Frankreich*, München 1983
Dubois, P., *De l'influence de l'esprit sur le corps*, Paris 1901
Ders., *Les psychonévroses et leur traitement moral*, Paris 1904
Ellen Bass, Laura Davis, *The Courage to Heal: A Guide for Women Survivors of Child Sexual Abuse*, New York 1992.
Frankl, V. E., *Der Wille zum Sinn*, Bern 1972
Frey, L., »Die Anfänge der Tiefenpsychologie von Mesmer bis Freud«, in: *Festschrift zum 80. Geburtstag von C. G. Jung* (Hrsg. C. G. Jung-Institut Zürich), Zürich 1965
Gilles de la Tourette, *Der Hypnotismus und die verwandten Zustände*, Hamburg 1889

Janet, P., *Les névroses*, Paris 1919

Major, R., *Faiths that healed*, New York 1950

Mesmer, A., *Mémoire sur la découverte du magnetisme animal*, Genf-Paris 1779

Ofshe, R., Watters, E., *Making Monsters: False Memories, Psychotherapy, and Sexual Hysteria*. New York (Scribner's) 1994

Schultz, J. H., *Psychotherapie – Leben und Werk großer Ärzte*, Stuttgart 1952

Sloterdijk, P., *Der Zauberbaum. Die Entstehung der Psychoanalyse im Jahr 1785*, Frankfurt 1985

Zweig, St., *Die Heilung durch den Geist*, Frankfurt 1952

8.

Die Psychoanalyse

Gesellschaftliche Entwicklungen haben die Eigenart, daß sie zunächst unterschwellig einsetzen und ihr Beginn erst nachträglich erkennbar wird. Daher ist es auch oft so schwer, das Genie in seiner Zeit zu erkennen, weil erst später deutlich wird, daß es die Bahn der Kunst oder der Philosophie in eine neue Richtung gelenkt hat, während die Zeitgenossen nur irritiert sind und dem Künstler, der sich ihrem Geschmack anbequemt, die besseren Honorare zahlen.

Ähnliches gilt für die großen kulturellen Neuerungen, wie etwa die Entdeckung der Schrift oder die Erfindung der Kraftmaschine. Die erste Entdeckung führt in die Hochkultur, die zweite aus der Tradition in die Moderne mit Individualisierung, Pluralität und einem hektischen Takt des Fortschritts. Bezogen auf unsere Thematik: die erste, ›neolithische‹ Revolution vom Schamanen zum Priester, die zweite, ›technische‹ Revolution vom Priester zum Psychotherapeuten. Wir können freilich davon ausgehen, daß die meisten Zeitgenossen von diesen epochalen Schritten wenig bemerkt haben, weil sich für sie eigentlich nichts änderte. Erst später wurde ein Wendepunkt erkannt, festgelegt und in seiner Dynamik untersucht.

In Deutschland, anders als im restlichen Europa, werden europäische Ethnologie als ›Volkskunde‹ und außereuropäische als ›Völkerkunde‹ voneinander abgegrenzt. Beide Forschungsrichtungen widmen sich ›einfachen Kulturen‹, die es im Schatten der Hochkultur ebenso gibt wie autochton in noch nicht von Missionaren und Kolonisatoren besetzten Gebieten. Wer sich mit diesen Kulturen beschäftigt, ist immer wieder beeindruckt, wie wenig sich in Jahrtausenden verändert hat.

In prähistorischen Funden entdecke ich dieselben bäuerlichen Werkzeuge, die mein Großvater noch dengelte, schnitzte oder beim Dorfhandwerker in Auftrag gab. Was ein Silberschmied der Völkerwanderungszeit für seine Kunden fertigte und den Trägerinnen ins Grab mitgegeben wurde, hängt heute noch an Hals und Gewand von Berberfrauen in Nordafrika. Die Lebenswelt der bäuerlichen Bevölkerung, die bis zur Mitte des 19. Jahrhunderts auch in Europa über 90 Prozent aller Menschen stellte, änderte sich in Jahrtausenden nur ganz langsam. Die Städte waren lange Zeit klein; die griechische Polis begrenzte sich selbst als den Kreis, den die Stimme eines Herolds erreicht.

Entsprechend geordnet waren die Probleme der Menschen. Eine der Leitvorstellungen der Moderne ist es, daß Kinder ›ganz anders‹ werden wollen (und müssen) als Vater oder Mutter. Die im Widerspruch von lebendigem und idealisiertem Vor-Bild wurzelnden Konflikte sind eines der Hauptthemen der Psychotherapie. In der traditionellen Gesellschaft gab es diese Vorstellung nicht. Der Sohn des Schmiedes wurde Schmied, die Tochter der Bäuerin Bäuerin – und da meist nur ein Sohn die ›Heimat‹, den Hof oder die Werkstatt erben konnte, war das für die nachgeborenen Geschwister auch wirklich ein oft unerreichbares Ideal; sie mußten sich als Knechte und Mägde verdingen, konnten häufig nicht die wirtschaftlichen Grundlagen für eine eigene Familie erarbeiten. Es war eine harte und enge Welt, in der es für Phantasie und Neurose wenig Spielraum gab.

Den Historiker mutet der Gewinn der Schrift an wie eine kopernikanische Wende. Aber lange Zeit konnten nur die wenigsten Menschen schreiben. Die Gemeinsamkeiten zwischen dem heidnischen Jäger, der zu seinem Schamanen ging, und dem christlichen Dörfler des Mittelalters, der einen Priester aufsuchte, mögen die Unterschiede überwogen haben. Immer gab es Schutzgeister, beruhigende und reinigende Riten, magische Gegenstände. Die frühen Anthropologen wie James Frazer füllten viele Seiten mit solchen Ähnlichkeiten; sie zeigten, wie viele christliche Heilige und Liturgien heidnische Wurzeln hatten, vom Abendmahl (das Blut des Gottes trinken, sein Fleisch essen), bis zu den Ostereiern, dem Weihwasser, den Palmzweigen, dem heiligen Feuer und dem Reliquienkult. Diese Welt war magisch durchtränkt; die Heiligen (das beweisen zahllose Bilder in den Wallfahrtsorten) ließen sich rufen, erschienen, halfen; ihre Ankunft setzte die Gläubigen in Ekstase, die Predigt des Priesters erfüllte sie mit reinigenden Visionen.

Unser gegenwärtiges Bild von unserem eigenen ›Hochglauben‹, den die meisten während ihrer Kindheit und Schulzeit erlebt haben, ist durch die Aufklärung gereinigt, vergeistigt und in gewissem Maß auch verödet. Heftige Emotionen, Sinnlichkeit und Leidenschaft, einst kultische Dimensionen, finden die Jugendlichen nicht mehr im Gottesdienst, sondern in der Diskothek. Ekstase, die früher die Teilnehmer dionysischer Riten oder schamanistischer Tänze befiel, ist heute eine von Sanitätern versorgte Nebenwirkung der Popkonzerte, wo Hunderte jugendlicher Teilnehmerinnen ›in Ohnmacht‹ fallen.

Die aufgeklärte Gesellschaft hatte an vielen Orten signalisiert, daß sie ein Reich der Vernunft und des Fortschritts zu errichten trachtete. Die Irren wurden hospitalisiert, die Bräuche verboten, die Riten gereinigt, die Vernunft auf den Thron gesetzt. In vielen historisch-psychologischen Texten wird dazu heute die Radierung des spanischen Malers Goya gezeigt: »Der Traum der Vernunft gebiert Ungeheuer.« Sie war prophetisch.

Der Fortschrittsbegriff[*] als Konzeption der Entwicklung *aller* Menschen, als Modellvorstellung über den Gang der Geschichte (folgerichtig mit einem welthistorischen Ansatz) entstand erst während der Aufklärung in den Dekaden nach der Mitte des 18. Jahrhunderts

---

[*] Dieser Abschnitt folgt meiner Darstellung dieser Thematik in: *Jetzt haben – später zahlen. Die seelischen Folgen der Konsumgesellschaft*, Reinbek 1995.

unserer Zeitrechnung. Sein frühes Dokument ist die große Enzyklopädie, welche Diderot zwischen 1751 und 1772 herausgab, 32 Bände, das Werk illustrer Geister wie Voltaire, Buffon, Montesquieu, Quesnai, d'Alembert und vieler anderer.

Im Gegensatz zur christlichen Historie, in der (ähnlich den Mythen vom Goldenen Zeitalter bei Hesiod) zu Beginn der menschlichen Entwicklung ein Verfall oder Verlust stehen und die Erlösung, das Ziel der Geschichte, nur von außen (von Gott) kommen kann, ist jetzt der Mensch Träger der Geschichte. Diese hat ihre spirituellen Qualitäten eingebüßt und folgt den Fortschritten des Wissens, das Macht über eine früher unzähmbare Natur verspricht. In der schamanistischen Welt verstand der Heiler sich und den Kranken als Teile einer spiritualisierten Natur; in der priesterlichen kämpften göttliche und menschliche (oder göttliche und teuflische) Mächte.

Im Fortschrittsglauben ist die Natur eine Macht, die erforscht und deren Kräfte (und Rohstoffe) in den Dienst des Menschen gestellt werden. Die technische Macht durch wissenschaftliche Forschung setzt den Vernunftglauben auf dem ganzen Planeten weitgehend durch. Schnaps, Schießpulver, Aspirin und Automotoren haben mehrheitlich überall mehr magische Kräfte als Pflanzengeister, Tierseelen, magische Steine und Sternbilder. Ausnahmen bestätigen die Regel. Während in Europa Reiseunternehmen Krebspatienten zu afrikanischen Medizinmännern verfrachten, um einen letzten, verzweifelten Versuch zu starten, muß der Tourist, der in Afrika eine Frau mit Schmucknarben oder einem Lippenpflock fotografiert, gelegentlich mit einer Polizeistrafe rechnen, weil er den Ruf des Landes durch die Darstellung solcher Primitivismen schädigt.[*] In Europa werden heute überall, den Touristen zuliebe, alte Bräuche neu entdeckt und installiert, die von Behörden und Lehrern im 18. und 19. Jahrhundert als primitiv und pöbelhaft abgeschafft wurden. (Jede italienische Stadt, die auf sich hält, hat ihren Palio[**]-Ersatz.)

[*] Gert Chesi, *Voodoo. Afrikas geheime Macht,* Wörgl 1979.
[**] Der Palio von Siena ist eines der wenigen Beispiele für einen Brauch, der seit dem Mittelalter nie abgerissen ist. Es handelt sich um ein heute zur Touristenattraktion gewordenes Pferdewettrennen auf dem Hauptplatz der Stadt.

Nach den ersten Versuchen im 18. Jahrhundert wurde die Fortschrittsidee im 19. Jahrhundert zur Grundlage einflußreicher philosophischer Systeme und politischer Theorien. Sie war die Ideologie, welche die aufwühlenden Neuerungen der Industrialisierung sowohl erklären wie auch in optimistisches Licht tauchen konnte. Adam Smith, Benjamin Franklin, John Adams, John Stuart Mill, Herbert Spencer und (im Anschluß an Hegel) Karl Marx entwickelten Systeme, die zum Teil pragmatisch und wirtschaftlich orientiert, zum Teil mit den Qualitäten einer Ersatzreligion auftraten. Spencer beschrieb den Fortschritt als individuelles und evolutionäres Geschehen, Marx betonte seine kollektiven und revolutionären Qualitäten. Beiden gemeinsam war jedoch die Vorstellung eines perfekten Endzustandes, in dem alle gesellschaftlichen Übel besiegt sind.

Als bräuchte die neue Weltreligion ihre eigenen Kathedralen und Wallfahrtsorte, wurden seit der Mitte des 19. Jahrhunderts Weltausstellungen veranstaltet. Hier setzte sich der Fortschrittsgedanke Denkmäler. Der internationale Erfolg war großartig: bereits die erste Ausstellung im Londoner Kristallpalast wurde von sechs Millionen Menschen besucht. Den Rekord für das ganze 19. Jahrhundert hielt die Ausstellung in Paris zur Jahrhundertwende: 39 Millionen. Am ersten Januar 1901 schrieb die »New York World«: »Die WELT ist optimistisch genug zu glauben, daß das zwanzigste Jahrhundert allen Gefahren begegnen und sie überwinden und beweisen wird, daß es das beste ist, welches dieser ständig sich verbessernde Planet jemals gesehen hat.«[*]

Das Unbehagen im Fortschritt

Kritische Stimmen haben von Anfang an in diesem euphorischen Chor nicht gefehlt. Sie wurden nur so übertönt, daß die gegenwärtigen Dissonanzen lange Zeit kaum hörbar waren. Während naive Aufklärer (wie Turgot und Condorcet) Wissen, technische Fertigkei-

---

[*] G. A. Almond et al. (Eds), *Progress and its Discontents*, Berkeley 1982.

ten und politisch-moralischen Fortschritt immer untereinander verbunden auf dem Weg sahen, bezweifelten bereits der große Skeptiker Voltaire und auch sein Freund Diderot diese angeblich unausweichlich günstigen Auswirkungen größeren Wissens und effektiverer Technologie. Daß der Fortschritt unter Umständen sogar mehr kostet, als er wert ist, hat zuerst Jean-Jacques Rousseau als Denkmöglichkeit erschlossen. Unter dem Eindruck der Siegeszüge der Naturwissenschaften im 19. Jahrhundert dauerte es lange, ehe diese skeptische Möglichkeit neu aufgegriffen wurde.

Pioniere der modernen Fortschrittskritik sind Max Weber, Sigmund Freud, Ferdinand Tönnies und Emile Durkheim. Max Weber entwickelt in »Wissenschaft als Beruf«* den für die Spannung zwischen Progression und Regression wesentlichen Gedanken, daß heute eine Mehrheit der Bevölkerung viel weniger über die Dinge weiß, mit denen sie täglich umgeht, als das in angeblich ›rückständigen‹ Gesellschaften der Fall ist. Etwas zu wissen, ist ein spezieller Beruf, an eine Elite delegiert, von der eine vergeblich um ein mündiges Urteil ringende Masse von Stimmberechtigten abhängig ist. Sigmund Freud benennt das ›Unbehagen in der Kultur‹.** Er beschreibt die Unfähigkeit des Menschen, mit den Forderungen nach ständiger sittlicher Verfeinerung fertig zu werden und die Ambivalenz der Abhängigkeit von technischen Prothesen. Ferdinand Tönnies*** analysiert die Verwandlung kleiner, überschaubarer, von engen Beziehungen bestimmter sozialer Gemeinschaften in die anonyme, fragmentierte Gesellschaft. Emile Durkheim+ konzipiert in seiner Studie über den Selbstmord die Anomie der modernen Sozietät, einen moralischen Rückschritt, der dazu führt, daß isolierte Individuen keine gemeinsamen Ziele und keinen Halt aneinander haben.

---

* Max Weber, »Wissenschaft als Beruf«, 1919, in: M. Weber, *Gesammelte Aufsätze zur Wissenschaftslehre*, hrsg. v. J. Winckelmann, 3. Aufl., Tübingen 1968.
** Sigmund Freud, *Das Unbehagen in der Kultur*, Erstaufl., Leipzig 1930, Ges. Werke XIV, S. 421 f.
*** Ferdinand Tönnies, *Gemeinschaft und Gesellschaft*, Darmstadt 1963.
+ Emile Durkheim, *Suizide: A Study in Sociology*, New York 1951. Übers. aus d. Franz. v. J. Spaulding u. G. Simpson.

Überlegungen, daß der Fortschritt nicht der Segen, sondern der Fluch der Menschheit sei, hat es immer wieder gegeben. Sie wurzeln in zwei Situationen, die sich ergänzen, aber auch unabhängig voneinander wirken können: Einmal hat eine früher herrschende Schicht durch eine neue soziale Klasse soviel Macht verloren, daß sie die alten Tage ihrer Vorherrschaft glorifiziert. Um diesen Vorgang zu rechtfertigen und ihn weniger auffällig zu gestalten, wird er in ein Gleichnis sozialer Abstiege ganz allgemein umgesetzt. Andererseits gibt es Menschen, die sich eine gewisse Unabhängigkeit von den allgemeinen Beschönigungs- und Verleugnungsmechanismen erhalten und deshalb fähig sind, den Schleier der Idealisierung zu lüften, in den sich der Fortschritt zu kleiden liebt.

Der griechische Dichter Hesiod beschrieb in »Werke und Tage« den Niedergang der Menschheit vom goldenen über das silberne und eherne bis zum Eisenzeitalter, in dem nur noch Grausamkeit und Treuebruch herrschen. Er war ein Vertreter der alten Adelsklasse, die in Griechenland durch die neureichen Kaufleute bedrängt wurde. Eine derartige historische Position macht zum Außenseiter und erleichtert eine kritische Distanz, die kreativ gefüllt werden kann. Rousseau gehört eher zum zweiten Typus: Er war zu nachdenklich und in gewisser Weise zu selbstbezogen, um sich von dem aufklärerischen Optimismus seiner Zeit blenden zu lassen.

Das Nachdenken über den Fortschritt hatte sowohl zu Hesiods wie auch zu Rousseaus Zeit eine andere Qualität als heute. Es gab damals Spielräume, die angesichts der ökologischen Risiken gegenwärtig fehlen. Hesiod entwarf nach rückwärts gewandte Utopien der Friedfertigkeit von Tier und Mensch im goldenen Zeitalter, in dem die Erde nicht vom Pflug geritzt wurde und kein Mensch die Waffe gegen seinen Nächsten erhob. Rousseau betonte vor allem den moralischen Rückschritt vom ungekünstelten Naturkind zum Geldverleiher und Diplomaten. Die gegenwärtige Fortschrittskritik ersetzt diese moralische Frage durch eine grundlegendere. Was frommt die moralische Debatte, wenn die Lebensmöglichkeiten zerstört sind und es auf dem Planeten nur noch Stehplätze gibt? Während die Zukunftsprognosen zur Jahrhundertwende rosig waren, aber die technischen Möglichkeiten sich erst zu entfalten begannen (etwa im enthusiastisch begrüßten Straßen- und Luftverkehr), ist seit dem Zweiten Weltkrieg deutlich geworden, daß die Technik das Potential für die komplette Zerstörung der Menschheit in sich trägt. So ist der Optimismus getrübt; was nötig ist, scheint eher ein Schritt, der von dem gegenwärtigen Fortschritt fort führt, als weitere Schritte in der eingeschlagenen Richtung. In Frage steht heute auch, ob die Menschheit überhaupt das alleinige Subjekt einer tragfähigen Konzeption von Geschichte sein kann. In der Ökologiebewegung ist deutlich geworden, daß es sinnvoll ist, von der Gesamtheit der Lebewesen auszugehen. Die traditionelle Herrschaftsgeste des Menschen auf Kosten anderer Organismen, unter Preisgabe der Artenvielfalt, hat uns in große Gefahr gebracht.

Parallel dazu ist auch die Überzeugung ins Wanken geraten, daß die Wissenschaft von einem linearen, kumulativen Fortschritt bestimmt ist. Während die Prozeduren der Messung im kontrollierten Experiment und des mathematischen Modells in den klassischen Bereichen der Naturwissenschaft zu einem tieferen und in sich geschlossenen Wissen geführt haben, ist in anderen Bereichen – zum Beispiel in der Psychologie – mit diesen Methoden nur wenig erreicht worden, was über ein Beschäftigungsprogramm für akademische Lehrer hinausgeht. Die Versuche, Gesellschaft, Kultur und menschliches Verhalten mit denselben Mitteln aufzuklären wie physikalische und chemische Prozesse, sind gescheitert. Ganz ähnlich hat sich auch die Erwartung der naiven Aufklärer, daß die Kunst ständige Fortschritte machen würde, nicht erfüllt. Im Gegenteil sind viele Menschen überzeugt, daß die künstlerischen Leistungen der Vergangenheit, vor allem jene, an denen über viele Jahrzehnte hin unterschiedliche Begabungen zusammenwirken mußten (wie z. B. die Erbauer gotischer Kathedralen) heute unerreichbar sind. Kontinuierlich verbessert wurde nur der museale und konservatorische Aspekt. Wir können mehr Kunstwerke der Vergangenheit erhalten als je zuvor. Daß wir es (in Friedenszeiten) tun, drückt die verbreiteten Zweifel in unsere gegenwärtigen kreativen Möglichkeiten aus.

Die Fortschrittsidee ist gegenwärtig kein geschlossenes Konzept mehr. Sonntagsreden preisen heute nicht mehr den Fortschritt, sondern suchen eher, ihn zu verteidigen, für unverzichtbar zu erklären (wer will zurück in die Steinzeit?) und den verantwortungsvollen Umgang mit den geschenkten Möglichkeiten zu betonen. Wie sehr das Denkmuster uns bestimmt, zeigt unsere spontane Reaktion auf die viktorianischen Bürger, die voll naivem Optimismus durch die pathetisch stilisierten Pforten ihrer Weltausstellung gehen: Wir erleben, indem wir uns mit ihnen vergleichen, einen deutlichen Fortschritt in unserem Umgang mit der Fortschrittsidee.

Während die Skeptiker vor allem das Versagen der Utopie einer moralischen Verbesserung der Menschheit betonen, gibt es immer noch Autoren, die solchen Kritikern Ungeduld vorwerfen und den Determinismus der Moderne durch Technologie und Konsum nicht pessimistisch in Frage stellen, sondern sich hoffnungsvoll mit ihm identifizieren. Die klassische Bemerkung von Marx, daß ein Land, das mehr industrialisiert ist als ein anderes, diesem ein Bild seiner eigenen Zukunft zeigt, wird auf die kapitalistischen Gesellschaften übertragen.

Alle Wirtschaftssysteme werden und müssen sich in den fünf Schritten von der Subsistenz zur agrarischen und traditionellen Ökonomie zum reifen Kapitalismus und schließlich zur Konsumgesellschaft entwickeln, sagt Walt Rostow.[*] In einem Punkt hat er sich tatsächlich als Prophet erwiesen: Was 1960 noch unglaubwürdig klang, daß nämlich der Kommunismus eine ›Übergangskrankheit‹ ist, scheint sich seit der Auflösung der Sowjetunion und dem Fall der starren Grenzen in Europa und Asien zu bestätigen.

Die Welt-Konsumgesellschaft ist hier kein Alptraum eines dauernden Bürgerkrieges zwischen einer reichen Minderheit und verelendeten Massen, sondern ein entspannter Zustand allgemeinen Wohlstandes, der nur durch die Expansion von Produktion und Konsum erreicht werden kann. Bevölkerungswachstum und schwindende Rohstoffreserven werden allerdings bagatellisiert. Theoretiker wie

---

[*] Walt Rostow, *The Stages of Economic Growth: A Non-Communist-Manifesto*, Cambridge 1960.

Rostow scheinen Max Webers These über den Geist des Kapitalismus als Verfallsstufe der protestantischen Ethik zu bestätigen.* Die Vernunft verliert ihre werteschaffenden Qualitäten (für die Philosophen wie Immanuel Kant stehen). Sie wird zum taktisch genutzten Instrument, das die Welt zwar kontrolliert, die letztlich triebhaften, irrationalen Beweggründe dieser Kontrolle aber ebensowenig zügeln kann wie die materiellen Zerstörungen infolge einseitiger Vorgaben für die Ziele. In einer entzauberten Welt ersetzen oberflächliche Rationalisierungen die früheren Werte. Es gibt keinen Schutz für Schwache, keine Reservate gegen eine ungehemmte Funktionalisierung aller Bereiche des menschlichen Lebens und der Natur. Die Suche nach irdischer Leistung und Expansion hat sich als Vorwegnahme jeder anderen Form von Erlösung verselbständigt und ist in dieser weltlichen Form zum Selbstzweck erstarrt.

Der Kult des Effektiven fordert unpersönliche, bürokratische Regelungen. Gefangen in diesem eisernen Käfig verlieren die Individuen fast jeden Spielraum. Aldous Huxley (»Brave New World«) und George Orwell (»1984«) haben diese Schattenseiten der industriellen Fortschritte mit teilweise prophetischer Genauigkeit dargestellt. Die Wurzeln dieser Einschränkungen, welche die ursprünglichen Ziele der Aufklärung vom freien und vernunftbestimmten Individuum fast in sein Gegenteil verkehren, haben zwei weitere, einflußreiche Kritiker der Industriegesellschaft in den Fesseln entdeckt, die in einer Szene aus Homers Bericht über den ›ersten modernen Menschen‹, den listenreichen Odysseus, eine Rolle spielen. Weil Odysseus weiß, daß jeder, der dem Gesang der Sirenen lauschen will, unweigerlich verzaubert wird, dennoch aber seine Neugier befriedigen möchte, verstopft er seinen Gefährten die Ohren und befiehlt ihnen, sich seiner Verführbarkeit bewußt, ihn am Mast festzubinden und seine Fesseln sogar enger zu ziehen, wenn er befehle, ihn zu befreien, oder versuche, sich loszureißen.

Mit diesem Gleichnis illustrieren Max Horkheimer und Theodor W.

---

* Max Weber, *Die protestantische Ethik I, Eine Aufsatzsammlung*, hrsg. v. Johannes Winckelmann, Hamburg 1973.

236

Adorno in ihrer Untersuchung der »Dialektik der Aufklärung«, daß die Vernunftideologie des 18. und 19. Jahrhunderts im Versuch, die traditionellen Mythen zu überwinden, einen neuen Mythos geschaffen hat: die Diktatur der instrumentellen Vernunft, die Unterwerfung der Welt unter eine Berechnung, die nur dazu dient, die Menschen im Dienst einer zum Selbstzweck gewordenen Produktion zu manipulieren.[*]

In der kritischen Distanz zum Fortschrittsglauben steckt bei Tönnies, Weber und Adorno/Horkheimer ein elitäres Element. Die Industriegesellschaft nivelliert Bildungsunterschiede. Sie verschafft dem Erfinder öffentliche Anerkennung und raubt sie dem ›brotlosen Künstler‹. Der Ingenieur verdient mehr Geld als der Altphilologe. Daraus folgert Oswald Spengler[**] kurz nach der Jahrhundertwende den »Untergang des Abendlandes«.

Ein tieferes Verständnis der tragischen Seite kultureller Entwicklungen und zugleich eine wirksame Distanzierung vom Fortschrittsglauben gewinnen die französischen Strukturalisten, vor allem Claude Lévi-Strauss,[***] aus der Betrachtung des Schicksals sogenannter ›primitiver‹ Kulturen, deren Eigentümlichkeit darin entdeckt wird, daß auf sie die Kategorie des Fortschritts nicht angewendet werden kann. Sie sind bei genauer Betrachtung weder einfach noch entwickelt, sondern in ihrer Ordnung einzigartig, im Prinzip gleichwertig, in ihrer Verletzlichkeit jedoch sehr unterschiedlich. Es gibt unter den Kulturen sozusagen pflanzliche und fleischfressende Strukturen. Die ersten lassen einander ungeschoren, die zweiten dezimieren zuerst die wehrlosen Pflanzenfresser, bis am Ende nur noch Fleischfresser übrigbleiben, die nun anfangen müssen, sich gegenseitig zu verzehren.

Freud hat zuerst den Gedanken formuliert, daß große Entdeckungen

---

[*] Max Horkheimer, Theodor W. Adorno, *Dialektik der Aufklärung, Philosophische Fragmente*, Frankfurt 1969.

[**] Oswald Spengler, *Der Untergang des Abendlandes. Umrisse einer Morphologie der Weltgeschichte.* München 1929. Das Buch war bereits 1912 weitgehend vollendet; die Erstausgabe erschien dann 1917.

[***] Claude Lévi-Strauss, *Strukturale Anthropologie,* Frankfurt 1967.

durch eine wachsende Toleranz für narzißtische Kränkungen möglich werden.* Die Entwicklung der modernen Astronomie durch Kopernikus bedeutete auch, daß die Erde ein Stäubchen im All, nicht der Mittelpunkt des Universums ist. Die Theorie der natürlichen Evolution durch Charles Darwin nahm dem Menschen seine Sonderstellung in der Schöpfung. Die Entschlüsselung von Träumen, Fehlleistungen und Symptombildungen durch Freud schließlich beraubte Homo sapiens der Überzeugung, Herr im Haus der eigenen Psyche zu sein. Auch Lévi-Strauss läßt sich in dieser Reihe anführen: Sein Strukturalismus nimmt uns den kulturellen Dünkel, unser System sei besser als das der schriftlosen Kulturen, die es in den letzten dreihundert Jahren so unbarmherzig aus der Welt geräumt hat. Eine Axt aus Stahl ist nicht besser als eine Axt aus Obsidian, es sei denn, man legt das Wertsystem zugrunde, in dem diese Axt entstanden ist.

Hier liegt der Einwand nahe, daß überall dort, wo die Kultur der eisernen Äxte auf die der Äxte aus vulkanischem Glas traf, die Eingeborenen ihre Feuersteinbeile wegwarfen und sich für die Metalläxte prostituierten. Aber dieser Einwand drückt nur aus, wie schwierig es ist, uns von den eigenen Wertvorstellungen zu distanzieren. Er besagt nichts über den Wert der materiellen Kultur der Europäer und über die Unterlegenheit der ›Primitiven‹. Erkennbar wird nur, wie viel bereiter die Wilden sind, fremde Überlegenheiten anzuerkennen, als wir das von der europäischen Zivilisation sagen können. Es ist gewiß kein Zufall, daß solche Gesichtspunkte erst in einer Zeit gewonnen werden, in der deutlich wird, daß die überlegene Technik auch unvorhersehbare Gefahren bedingt. Solange es nur Steinäxte gab, waren die heute verkarsteten Küsten Griechenlands und vieler seiner Inseln üppig bewaldet. Die Stahlaxt hat den Kahlschlag möglich gemacht, der Regen spülte die fruchtbare Erde ins Meer. Angesichts der Kultursteppe erkannten die Axtträger zu spät, daß ihr perfektes Werkzeug unwiederbringlich zerstört hatte, was das mangelhafte unbewußt erhalten half.

---

* Sigmund Freud, »Die Widerstände gegen die Psychoanalyse«, *Imago*, Bd. XI, 1925, nach einer Veröffentlichung in französischer Sprache in La Revue Juive, Paris, März 1925; Ges. Werke Bd. XIV, S. 99 f.

Daß Kulturen nicht unter dem Gesichtspunkt ihrer handwerklichen, künstlerischen oder wissenschaftlichen Fortschritte betrachtet werden, sondern unter dem Aspekt der ökologischen Stabilität, ist von einigen amerikanischen Anthropologen weiter verfolgt worden. Neben Gregory Bateson* hat sich vor allem Marshall D. Sahlins** mit diesen Fragen beschäftigt. Beide betonen die inneren Gefahren einer Fortschrittskultur. Bateson weist darauf hin, daß die Beispiele der Primitivkulturen lehren, wie wenig Bewußtsein diese Menschen von der Überlegenheit ihrer Kultur unter ökologischen Aspekten haben. Sie müssen sie verloren haben, um diesen Gedanken zu fassen (der heute in vielen Eingeborenen-Bewegungen, in Australien wie im American Indian Movement, diskutiert wird). Sahlins beklagt ebenfalls die Zerstörung der Primitivkulturen, die ihre Fähigkeit zur stabilen Vernetzung mit ihrer natürlichen Umwelt über viele Jahrtausende hin bewiesen haben.

Die ökologische Betrachtungsweise konzentriert sich auf die unkontrollierbare Qualität des Fortschritts der Konsumgesellschaft. Die Metapher von Krebszellen neben gesunden Zellen liegt für einen biologisch gebildeten Betrachter nahe. Auch Krebszellen sind kurzfristig erfolgreicher als gesunde Zellen, weil sie sozusagen deren Pflanzenqualität durch animalische, fleischfressende Eigenarten ergänzen. Wenn sie die körpereigene Abwehr überwunden haben, sind Krebszellen oft biologisch so tüchtig, daß der Tumor den Organismus durch sein Wachstum in wenigen Monaten verzehrt. Dieser Prozeß scheint vom Wohl des ganzen Organismus ebenso abgekoppelt wie vom Selbsterhaltungstrieb der Krebszellen, denn im Tod des Kranken vernichten die so erfolgreichen Zellen auch sich selbst.

Ähnlich kann man aus dem rasenden Wachstum und dem Unterdrückungserfolg der Industrie- und Konsumgesellschaften nicht darauf schließen, daß es sich hier um die lebenstüchtigste Kultur in einer evolutionären Konkurrenz handelt. Möglicherweise wären bewußtseinsbegabte Zellen im Innern einer bösartigen Geschwulst vom über-

* Gregory Bateson, *Ökologie des Geistes,* Übers. v. H. G. Holl, Frankfurt 1983.
** Marshall D. Sahlins, *Culture and Practical Reason,* Chicago 1976.

legenen Wert ihres so durchsetzungstüchtigen Zelltypus und von ihrem Recht auf infiltrierendes Wachstum höchst überzeugt. Das würde einen distanzierten Beobachter jedoch nicht daran hindern, die destruktiven Qualitäten dieser Zellen zu erkennen und zu urteilen, daß diese schwerer wiegen als ihre metabolischen Vorzüge.

Dieses Beispiel hat seinen Zweck erfüllt, wenn es die Aufmerksamkeit für die bedrohlichen Qualitäten des Fortschritts schärft. So weit hergeholt die Analogie der ungehemmt wachsenden Krebszellen gegenüber den harmonisch in ihre Umwelt eingefügten, ihr mit Leben und Tod dienenden Zellen erscheinen mag: Unsere Zivilisation hat tatsächlich eine bedrohliche Wachstumsqualität, weil sie – anders als die sogenannten Primitivkulturen – bisher keine gesellschaftlichen Mittel entwickelt hat, um die gesellschaftlichen Formen der Naturbeherrschung zu meistern.* Nicht das Überlebensinteresse der Menschen, sondern etwas wie die Verehrung eines menschenverschlingenden Götzen bestimmt das Verhältnis der fortschrittsbestimmten Gesellschaften zum Warenganzen, am deutlichsten ablesbar an den Symbolen der Mobilität (wie Auto und Flugzeug) oder an den Massenmedien.

Angesichts dieser Probleme wird oft der Ruf nach einem ›Arzt der Gesellschaft‹ laut, der sie heilen kann. Aber dieser Gedanke enthält eine Regression, die Freud in »Die Zukunft einer Illusion« aufgedeckt hat. Angesichts der Ängste vor einer oft grausamen Wirklichkeit kehrt der Mensch zu seinem Kinderglauben zurück und hofft, daß es einen allmächtigen Vater gibt, der ihn aus allen Gefahren erlöst.

Freuds Werdegang

Die Psychoanalyse steht heute vor uns wie ein monolithischer Block, weitgehend die Leistung eines einzelnen, eines Revolutionärs, der neben Karl Marx und Charles Darwin zu den einflußreichsten Denkern gehört, die den Übergang vom 19. zum 20. Jahrhundert prägten

* Sahlins, a. a. O.

und bis heute fortwirken. Die Energie, mit der Freud die psychoanalytische Bewegung aufbaute und zusammenhielt, seine Neigung, mit Abweichlern so unnachgiebig zu sein wie mit seinen Gegnern, erinnern an Marx; sein mehr wissenschaftlich als sozialrevolutionär ausgerichteter Ehrgeiz und seine geniale Fähigkeit, Erfahrungen zu sammeln und in einer kühnen Theorie zusammenzufassen, an Darwin.

Wir müssen uns hier auf eine Skizze der Biographie Sigmund Freuds beschränken, die zuerst Ernest Jones in einem monumentalen, aber auch idealisierenden Werk dargestellt hat. Sie ist beispielhaft für den neuen Beruf des Psychotherapeuten, für seinen geistigen und kulturellen Hintergrund. Viele Faktoren wirkten zusammen: Daß Freud Jude war, aber sich von den eigenen religiösen Traditionen entfernt hatte und Religion mit demselben kritischen Auge erforschte wie neurotische Symptome; daß er ein Aufsteiger war, der viele soziale Schritte als erster seiner Familie zu bewältigen hatte (der erste Abiturient, Student, Doktor usw.); daß er Kind in einer Familie war, die große Spannungen überbrücken mußte. Es war die zweite Ehe seines Vaters, Freuds Mutter war sehr jung, ein nachgeborener Bruder starb früh, die Familie zog mehrmals um.

1856, im Todesjahr von Heinrich Heine, wurde Sigmund Freud am 6. Mai in Freiberg geboren, einem kleinen mährischen Städtchen. Seine jüdischen Vorfahren sollen am Rhein (in Köln) gelebt haben; nach Pogromen im 14. oder 15. Jahrhundert flohen sie in den Osten und wanderten im 19. Jahrhundert von Litauen aus über Galizien nach Deutschösterreich zurück. Als Vierjähriger kam Freud nach Wien. Sein Vater Jakob war Wollhändler, der nie mehr verdiente, als um seiner Familie eine kleinbürgerliche Existenz zu verschaffen.

Während in Freuds Selbstdarstellung von 1926 ein nüchtern-bescheidener Ton herrscht, wird aus seinen Briefen ein leidenschaftlicher Charakter deutlich, ein heftiger, durch Selbstkritik temperierter Ehrgeiz, ein unbeugsamer Mut, eine in mancher Hinsicht rücksichtslose Tendenz, das Leben nahestehender Menschen diktatorisch zu ordnen. Seiner Verlobten Martha Bernays machte Freud etwa brief-

241

lich energische Vorwürfe, wenn sie einmal eine Freundin besucht hatte, die er für moralisch fragwürdig hielt.

Der Entdecker des Ödipuskomplexes blieb als erstgeborener Sohn ein Leben lang der Liebling seiner Mutter. »Ein Mann, der der unbestrittene Liebling seiner Mutter war, behält sein Leben lang das Gefühl eines Eroberers, jenes Vertrauen auf Erfolg, das oft den wirklichen Erfolg herbeiführt«, hat Freud selbst gesagt (Jones, Bd. I, S. 5). In einem Brief aus dem Jahr 1895 an Wilhelm Fließ phantasiert Freud, halb im Scherz, ob nicht über seinem Tisch in einem Restaurant, wo er zuerst das Wesen eines seiner Träume durchschaut hatte, einmal eine Tafel angebracht werden würde: »Hier wurde Dr. Sigmund Freud am 24. Juli 1895 das Geheimnis der Träume enthüllt.«

Freuds Biographen haben diese Tagträumereien mit Freuds Zweifeln an der Kraft und Autorität seines Vaters in Verbindung gebracht. Dieser erzählte dem kleinen Sigmund einmal, wie ihm auf der Straße ein Passant mit den Worten »Jude, herunter vom Trottoir!« die Pelzhaube vom Kopf schlug. »Was tatest du?« fragte Freud empört. »Ich bückte mich über den Randstein und hob meinen Hut auf«, erwiderte der Vater.

Freud wollte den ehrgeizigen Wünschen seiner Mutter gerecht werden. Doch mußte er es tun, ohne sich auf das Vorbild eines starken, durchsetzungsfähigen Vaters stützen zu können. So klagt er in einem seiner Briefe an Martha Bernays, seine spätere Frau: »Jedesmal, wenn ich mit wem zusammenkomme, merke ich, daß der Neue von einem Antrieb, den er gar nicht zu analysieren braucht, zunächst veranlaßt wird, mich zu unterschätzen.« (E. L. Freud, hrsg., »Brautbriefe«, 1968, S. 122)

Hier liegt eine Wurzel für den in der frühen Biographie Freuds charakteristischen Zug, sich eine starke Vaterfigur zu suchen, an die er sich anschließen kann. Er findet sie zunächst in dem Physiologen Ernst Brücke, in dessen Laboratorium er arbeitet, später in dem französischen Neurologen Jean Charcot, bei dem er als Stipendiat in Paris arbeitet, schließlich in dem Wiener Arzt Joseph Breuer, dem er noch 1909 das Verdienst zubilligte, die Psychoanalyse entdeckt zu haben.

Während bei diesen drei Männern reale Qualitäten die Rolle rechtfertigten, in die Freud sie setzte, sind die Charakteristika des bedeutenden Wissenschaftlers, die Freud dem letzten seiner Freunde, Wilhelm Fließ, zuschrieb, rein fiktiv. Jones hat beschrieben, wie in dieser Freundschaft die Neurose Freuds ihren Höhepunkt erreichte, ehe sie durch seine Selbstanalyse überwunden wurde.

Verschlüsseltes Material dieser Selbstanalyse hat Freud in seine »Traumdeutung« aufgenommen, deren Erscheinungsjahr 1900 die Zeit angibt, in der er wissenschaftlich völlig selbständig wurde.

Das bis heute anhaltende Interesse an Freuds Lebensgeschichte hat verschiedene Gründe. Er ist der Held einer neuen Profession. Ihn besser zu verstehen, heißt, die Geschichte dieses Berufs besser zu verstehen und damit auch die eigene Identität. Denn der Psychotherapeut ist ein neuer Typus von Helfer; sozusagen die Antithese zu den bisherigen Rollen, die Priester und Ärzte einnahmen.

Nach dem Modell der philosophischen Dialektik entspräche der Schamane einer These, der Priester-Arzt einer Antithese und der Psychotherapeut einer Synthese, einer Vereinigung der Gegensätze auf höherem Niveau. Das gilt für die Komplexität der beruflichen Arbeit vielleicht mehr als für ihren Erfolg; wir wissen gar nicht, ob hier der Schamane schlechter abschneidet.

Wenn wir nach dem Unterschied des Psychotherapeuten gegenüber dem Arzt oder dem Priester fragen, kommen wir auf die Nähe zum Schamanen: Arzt und Priester handeln ›objektiv‹, sie versachlichen den Patienten bzw. den Gläubigen und lehren ihn, »die Weisheit der Götter zu erkennen«, wie es in der »Zauberflöte« Sarastro sagt, bzw. vollstrecken an ihm die (Natur)Gesetze der Heilung. Der Psychotherapeut hingegen handelt subjektiv; er wirkt um so mehr, je persönlicher er die emotionale Beziehung zum Kranken gestalten kann.

Folgerichtig erlernen Priester und Ärzte ihr Handwerk aus Büchern und Vorlesungen; Schamanen und Psychotherapeuten am eigenen Leib, in der Heilung einer eigenen Krankheit, in der Identifizierung mit einem Heiler, der ihr Vorbild ist, der seine Krankheit vor ihnen bewältigt hat und nun ihnen zeigen kann, welchen Weg sie einschlagen müssen, um ihre Krankheit zu bewältigen.

Natürlich gibt es auch Gemeinsamkeiten zwischen Schamanen, Priestern, Ärzten und Psychotherapeuten. Ärzte und Priester wissen meist, daß sie die von ihnen vertretenen Offenbarungen genau auf einzelne Menschen abstimmen müssen, wenn sie ihre Wirkmöglichkeiten ausschöpfen wollen. Noch in den fünfziger Jahren hatten viele Psychotherapeuten eine theologische Vorbildung (Oskar Pfister, ein Freud-Schüler der ersten Stunde, war ihr Protagonist). Heute sind Diplom-Psychologen an ihre Stelle getreten, aber die Psychologie hat auch viele der sinnstiftenden Aufgaben der Theologie übernommen.[*]

Verglichen mit den Eindeutigkeiten der ›Schamanenkrankheit‹ oder den motivierenden Zweifeln Quesalids ist die Geschichte des ersten ›modernen‹ Psychotherapeuten sehr viel komplexer; zu ihr gehört auch, daß Freud seine ersten Schritte in die Psychoanalyse im Alter von 40 Jahren tat. Dieses Modell ist in der Psychotherapie in gewisser Weise erhalten geblieben. Sie wird auch heute noch nicht als erster Beruf erlernt, sondern in einem Aufbaustudium, das gegenwärtig meist auf der Ausbildung von Ärzten und Psychologen basiert, in Ausnahmen (etwa die österreichische Regelung) aber auch alle Personen weiterführt, die einen sozialen Beruf ausüben. Bis heute hat sich in der Psychotherapie die Zwitterrolle der abgeleiteten Profession zwischen Medizin und Sozial- bzw. Geisteswissenschaften erhalten. Sie trägt die Spuren der Persönlichkeit Freuds und seiner vielfältigen Interessen, die letztlich in eine Kulturwissenschaft und Kulturkritik einmündeten.

Freuds eigene Äußerungen zu seiner Rolle als Heiler sind knapp, fast abweisend. In seiner »Selbstdarstellung« von 1925 schreibt er:

»Als Kind von vier Jahren kam ich nach Wien, wo ich alle Schulen durchmachte. Auf dem Gymnasium war ich sieben Jahre Primus, hatte eine bevorzugte Stellung, wurde kaum je geprüft. Obwohl wir in sehr beengten Verhältnissen lebten, verlangte mein Vater, daß ich in der Berufswahl nur meinen Neigungen folgen sollte. Eine besondere Vor-

---

[*] Ein Beleg dafür sind die zahlreichen Verlage, die früher vorwiegend theologische Werke herausgaben und jetzt fast nur noch Psychologen und Therapeuten als Autoren haben, die Texte zur ›Lebenshilfe‹ verfassen.

liebe für die Stellung und Tätigkeit des Arztes habe ich in jenen Jugendjahren nicht verspürt, übrigens auch später nicht. Eher bewegte mich eine Art von Wißbegierde, die sich aber mehr auf menschliche Verhältnisse als auf natürliche Objekte bezog und auch den Wert der Beobachtung als eines Hauptmittels zu ihrer Befriedigung nicht erkannt hatte. Indes, die damals aktuelle Lehre Darwins zog mich mächtig an, weil sie eine außerordentliche Förderung des Weltverständnisses versprach, und ich weiß, daß der Vortrag von Goethes schönem Aufsatz ›Die Natur‹ in einer populären Vorlesung kurz vor der Reifeprüfung die Entscheidung gab, daß ich Medizin inskribierte.«[*]

Wie wohl die meisten begabten Kinder kleinbürgerlicher Väter in der dynamisierten Epoche der Industrialisierung suchte Freud seit der Pubertät nach Vorbildern, an denen er sich orientieren konnte. Seit dem empörenden Beispiel der Feigheit seines Vaters gegenüber dem christlichen Angreifer entwarf sich der junge Freud zunächst militärische Gestalten wie den Feldherrn der Karthager, Hasdrubal, der – anders als Jakob Freud – seinen Sohn Hannibal in einem Heiligtum schwören ließ, Rache an den Römern zu nehmen. Ein genialer Feldherr, Semit wie er, der die Antisemiten in vernichtenden Schlachten besiegt, war einer der imaginären Väter Freuds. Konkret führte die pubertäre Ent-Idealisierung des Vaters Freud fort vom ›Geschäft‹ und einer langen jüdischen Tradition folgend in die ›Bildung‹. Er wurde Klassenprimus und dachte daran, Jura zu studieren, Politiker zu werden. Eine militärische Karriere war Juden weitgehend verwehrt. Während des Krieges von 1870 hatte der 14jährige Freud eine Karte des Kampfgebietes auf seinem Schreibtisch befestigt und die Schlachten mit bunten Fähnchen markiert: Er war auf der Seite der Deutschen.[**]

Was bewog Freud, diese erste Berufswahl aufzugeben und sich für die Rolle des Naturforschers und Heilers zu entscheiden? Nach seiner eigenen Aussage war es ein Vortrag von Goethes Hymnos »Die Natur« im Jahr 1873. In diesem Werk preist der Autor ein

[*]   S. Freud, *Selbstdarstellung*, in: Ges. Werke XIV, S. 34.
[**] Clark, R. W., *Sigmund Freud*, Frankfurt 1981, S. 30.

mütterliches Wesen, grandios und unbestimmt; was er Natur nennt, könnte geradesogut Gott, Schicksal, Vorsehung oder Es heißen: »Sie schafft ewig neue Gestalten; was da ist, war noch nie da, was war, kommt nicht wieder: Alles ist neue und doch immer das Alte. Wir leben mitten in ihr und sind ihr fremde. Sie spricht unaufhörlich mit uns und verräth uns ihr Geheimnis nicht. Wir wirken beständig auf sie und haben doch keine Gewalt über sie ...
Sie spielt ein Schauspiel; ob sie es selbst sieht, wissen wir nicht, und doch spielt sie's für uns, die wir in der Ecke stehen.
Die Menschen sind alle in ihr, und sie in allen. Mit allen treibt sie ein freundliches Spiel und freut sich, je mehr man ihr abgewinnt. Sie treibt's mit vielen so im Verborgenen, daß sie's zu Ende spielt, ehe sie's merken ...
Sie hat mich hineingestellt, sie wird mich auch herausführen. Ich vertraue mich ihr. Sie mag mit mir schalten; sie wird ihr Werk nicht hassen. Ich sprach nicht von ihr; nein, was wahr ist und was falsch ist, Alles hat sie gesprochen, Alles ist ihre Schuld, Alles ist ihr Verdienst.«[*]
Ein pikantes Detail in dieser Angelegenheit ist, daß dieser Text wohl gar nicht von Goethe verfaßt wurde. Er hat ihn adoptiert, wie ein Maler, der ein Bild signiert, das von ihm sein könnte. In einem späteren Zusatz schreibt Goethe: »Daß ich diese Betrachtungen verfaßt, kann ich mich faktisch nicht erinnern, allein sie stimmen mit den Vorstellungen wohl überein, zu denen sich mein Geist damals ausgebildet hatte.« Zudem war der Text »... von einer wohlbekannten Hand geschrieben, deren ich mich in den achtziger Jahren in meinen Geschäften zu bedienen pflegte«.[**]
Es ist schwer vorstellbar, daß dieses Prosagedicht allein Freuds Berufsziele vom Juristen und ›Minister‹ zum Naturforscher und Arzt wandelte. Ich vermute, daß es sich um eine Deckerinnerung handelt, welche einen aufwühlenden Prozeß verborgen hält.[***]

[*] *Goethes sämtliche Werke* 9, Stuttgart 1885, S. 661.
[**] Goethe 1885, S. 737.
[***] S. Freud, Über *Deckerinnerungen*, Ges. Werke, I, S. 531:»Ich pflege mich zu wundern, wenn ich etwas Wichtiges vergessen, noch mehr vielleicht, wenn ich etwas Gleichgültiges bewahrt haben sollte.«

Dafür spricht auch, daß Freud in seinen späten Darstellungen die eigenen Helfer-Motive herunterspielt. In »Zur Frage der Laienanalyse« sagt er:

»Nach 41jähriger ärztlicher Tätigkeit sagt mir meine Selbsterkenntnis, ich sei eigentlich kein richtiger Arzt gewesen. Ich bin Arzt geworden durch eine mir aufgedrängte Ablenkung meiner ursprünglichen Absicht, und mein Lebenstriumph liegt darin, daß ich nach großem Umweg die anfängliche Richtung wiedergefunden habe. Aus frühen Jahren ist mir nichts von einem Bedürfnis, leidenden Menschen zu helfen, bekannt, meine sadistische Veranlagung war nicht sehr groß, so brauchte sich dieser ihrer Abkömmlinge nicht zu entwickeln ... Ich meine aber, mein Mangel an der richtigen ärztlichen Disposition hat meinen Patienten nicht sehr geschadet. Denn der Kranke hat nicht viel davon, wenn das therapeutische Interesse beim Arzt affektiv überbetont ist. Für ihn ist es am besten, wenn der Arzt kühl und möglichst korrekt arbeitet.«[*]

Solche Äußerungen haben Freuds Bild als strenger, kühler Forscher bestimmt, dem jeder Heiler-Ehrgeiz fremd sei. Aber dieses Bild ist ein Wunschbild, durch das Freud seine eigene Geschichte ihrer Vieldeutigkeit beraubt. Wenn er etwas sagt, daß ihm nichts von einem Bedürfnis bekannt ist, leidenden Menschen zu helfen, dann dementiert er Äußerungen seiner Jugendbriefe wie diese:

»Voriges Jahr hätte ich auf die Frage, was mein höchster Wunsch sei, geantwortet: Ein Laboratorium und freie Zeit oder ein Schiff auf dem Ozean mit allen Instrumenten, die der Forscher braucht; jetzt schwanke ich, ob ich nicht lieber sagen sollte: ein großes Spital und reichlich Geld, um einige von den Übeln, die unseren Körper heimsuchen, einzuschränken oder aus der Welt zu schaffen ...«[**]

Sobald Freud in die therapeutische Arbeit eingestiegen war, engagierte er sich mit einem Interesse, das er später verleugnete. Wie

---

[*] S. Freud, Nachwort zur »Frage der Laienanalyse«, in: *Ges. Werke, XIV*, S. 290 f.
[**] Brief an Eduard Silberstein nach Freuds England-Reise im Jahr 1875.

nur je ein Helfer hat er gespürt, daß die Hinwendung zu Menschen, die ihn brauchen, eine antidepressive und seelisch stabilisierende Wirkung ausübte. In einem der »Brautbriefe« schreibt er an Martha:

»Mein teures Mädchen,
Ich kam heute ganz ratlos zu meinem Patienten, woher ich die nötige Teilnahme und Aufmerksamkeit für ihn nehmen würde; ich war so matt und apathisch. Aber das schwand, als er zu klagen begann und ich zu merken, daß ich hier ein Geschäft und eine Bedeutung habe.«[*]

So war für Freud die intensive Beziehung zu seinen Patienten ein Stimulans, das ihn auch an trüben Tagen belebte. Wahrscheinlich wäre ohne dieses Bedürfnis, das Freud mit vielen späteren Helfern teilt, die Psychoanalyse nicht entwickelt worden. Zu ihrer Entstehung gehört ja auch, daß der Helfer bereit ist, die ›hysterischen‹ Patientinnen nicht wie die meisten seiner Zeitgenossen distanziert zu behandeln und als ›Degenerierte‹ abzuwehren, sondern sich teilweise auf ihr Bedürfnis nach einer intensiven emotionalen Beziehung einläßt. Wenn Freud – im Gegensatz zu Breuer, der in seiner Flucht vor ›Anna O.‹'s Übertragungsliebe auch die Flucht vor der Psychotherapie antrat – das gewonnene Gebiet nicht mehr preisgab, dann trug sowohl die frühe Identifizierung mit dem karthagischen Feldherrn ihre Früchte, wie sein intensives Kontaktbedürfnis, das sich mit seinem Bild des Naturforschers verband.

Freud bei Charcot

Als Freud sich 1885 zum Dozenten für Neuropathologie habilitiert hatte, versteht er – so stellt er 1926 fest – von Neurosen nichts. Seine Interessen liegen auf dem Gebiet der Nervenanatomie und der Pathologie des Gehirns, über die er eine Reihe wichtiger Arbeiten

[*]   28. 8. 1883, zit. n. E. L. Freud 1968, S. 35.

veröffentlicht hat (über Sprachstörungen, Kinderlähmung, die Sinnesnerven und das Kleinhirn). Was ihn bewog, den Antrag auf ein Reisestipendium nach Paris zu stellen, um Charcot zu hören, war auch nicht das psychologische Interesse, sondern sein Ungenügen mit der damaligen Therapie von Neurotikern, die sich in einem pseudo-naturwissenschaftlichen, letztlich allenfalls suggestiv wirkenden Elektrisieren der Kranken erschöpfte.

Charcot war ursprünglich Neurologe und seit 1862 Chefarzt der Salpêtrière, die damals 5000 Patienten beherbergte. Stark von der organischen Theorie des Hypnotismus beeinflußt, wie sie Braid aufgestellt hatte, hielt Charcot auch die Hysterie für eine organische Krankheit, eine Schwäche des Nervensystems, die mit erhöhter Erregbarkeit der Muskulatur verbunden sei. Doch übertraf er seine Zeitgenossen an unbefangener Beobachtungsgabe. Er beschrieb als erster hysterische Symptome von Männern und wies nach, daß man neurotische Lähmungen in Hypnose willkürlich hervorrufen und manchmal auch bestehende, seelisch bedingte Lähmungen auf diesem Weg heilen kann.

Viele von Charcots Beschreibungen sind bis heute gültig; andere werden stark angezweifelt, vor allem sein Entwurf einer großen Hysterie mit besonderen Anfällen. Offensichtlich beruhten diese Anfälle nicht zuletzt darauf, daß die Kranken zusammen mit Epileptikern untergebracht waren, deren Anfälle sie umgestalteten und nachahmten. An vielen berühmten und/oder skurrilen Gestalten hat kürzlich der kanadische Sozialforscher Shorter[*] gezeigt, wie der ›wissenschaftlich‹ vorgehende Arzt und die ›nervöse‹ Patientin in der Gestaltung von Krankheiten und Krankheitssymptomen in einer Weise zusammenwirken, die wir heute vielleicht mit der Interaktion von Regisseur und Schauspielerin vergleichen würden.

Charcots Ansehen in Paris beruhte zunächst auf soliden neurologischen Diagnosen, wurde von ihm aber mit großem Sinn für Prestige und Machtausübung durchgesetzt und in Bereiche erweitert, in de-

---

[*] Edward Shorter, *Moderne Leiden. Zur Geschichte der psychosomatischen Krankheiten*, Reinbek 1994.

nen sich das medizinische ›Wissen‹ nicht von dem der Astrologie unterschied. Charcots Ruf entstand durch gute klinische Beobachtungen; er wies z. B. nach, daß die charakteristischen Schäden der Kniegelenke bei Spätsyphilis mit Rückenmarksbefall nicht durch die Grundkrankheit, sondern durch sekundäre Traumen entstehen. Weil die Kranken Tiefensensibilität und Vibrationsempfindung in den Beinen eingebüßt haben, treten sie so ungeschickt auf, daß ihre Gelenke zerstört werden.

Daß ein Gelehrter die Hypothese, die sich an einem Ort bewährt hat, auf ein noch ungeklärtes Phänomen anwendet, liegt nahe. Daß er freilich, wenn sich die Erscheinungen gegen die Hypothese wehren, nicht locker läßt, bis sie sich ihr fügen, setzt ein Forschungsgebiet voraus, in dem das ›psychosomatische‹ Zusammenspiel zwischen Arzt und Patientin Inszenierungspotentiale erschließt. Immerhin räumte Charcot mit dem Vorurteil auf, daß Hysterie nur Frauen befallen kann, weil sie von der Gebärmutter oder den Eierstöcken ›verursacht‹ wird. Wenn sie, wie er vermutet, eine Krankheit des Nervensystems ist, befällt sie auch Männer. Freud brachte diese Einsicht später nach Wien und mußte sich mit scholastischen Einwänden seiner Kollegen plagen: Da Hysterie von griechisch *hysteron* (Gebärmutter) abzuleiten sei, könnten Männer nicht an ihr leiden ...

Die ›große Hysterie‹, die Charcot entwarf und bis zu seinem Tod im Bewußtsein der europäischen Medizin verankerte, war ein Kunstprodukt, erzeugt durch suggestive Ansteckung der zusammengepferchten Patientinnen und aufrechterhalten durch die ›hypnotischen‹ Bemühungen der Assistenten, Beweis für die Theorie des Meisters zu finden.

Daß die Hysterie durch epileptoide Anfälle charakterisiert ist, denen ein ›Stadium des Clownismus‹ und ein ›Stadium der pathetischen Haltungen‹ folgen, galt so lange, wie Charcot seinen Assistenten dieses Krankheitsbild glaubhaft machte. Jules-Joseph Dejerine, der zwei Jahre nach Charcots Tod dessen Lehrstuhl übernahm, betreute ebenfalls einen ganzen Saal armer hysterischer Frauen. Aber wo unter Charcot gezuckt und geschrien wurde, ging es jetzt ruhig zu, weil der Chef keine Anfälle mochte. »In den acht Jahren, die ich nun an der Salpêtrière bin«, faßt Dejerine zusammen, »haben die Symptome der sogenannten großen Hysterie, wo sie sich in meiner Abteilung zeigten, in keinem einzigen Fall länger als eine Woche angehalten.«

Shorter sieht in diesen Ereignissen vor allem einen Hinweis darauf, wieviel Macht die Ärzte in der zweiten Hälfte des 19. Jahrhunderts über die Gestalt der Krankheiten gewonnen hatten. Seine zentrale These zur Gegenwart der psychosomatischen Erkrankungen ist übrigens, daß sie diese Macht gegenwärtig wieder verlieren. Ihre Nachfolger sind die Massenmedien. Sie machen den ärztlichen Autoritäten den Rang streitig: »Die gegenwärtig herrschenden medizinischen Paradigmen gehen in den medial kanalisierten Wortfluten von Interviews mit ärztlichen Schwarmgeistern und herzergreifenden Patienten-Passionsgeschichten sang- und klanglos unter.« Die Massenmedien wirken nicht in Opposition, sondern durch Manipulation der wissenschaftlichen Arbeiten. Während die hysterischen Kranken den Ärzten so sehr vertrauten, daß sie genau die Symptome produzierten, die diese erwarteten, ist angesichts der modernen Erschöpfungssyndrome eine neue Front aus Massenmedien und pseudomündigen Patienten entstanden, die sich trotzig gegen ärztliche, aber auch psychologische Bevormundungen wehren und wie eine Sekte davon ausgehen, daß nur Betroffene ›mitreden‹ dürfen.

Freud nennt Charcot einen »der größten Ärzte, ein genial nüchterner Mensch« (zit. n. E. L. Freud 1968, S. 111). Vor seinen Besuchen bei Charcot nimmt der junge Wiener Arzt immer eine kleine Dosis Kokain, das er als einer der ersten Ärzte erforscht hat. Er empfahl es an den Augenarzt Karl Koller (1857 bis 1944) weiter, der die Lokalanästhesie durch Kokain entdeckt und dadurch berühmt wurde.

Freuds Briefe aus Paris zeigen vielleicht zum ersten Mal einen Ansatz zu der Lehre vom Unbewußten. Er schreibt am 27. Januar 1886 an seine Verlobte: »Eins hat mich wirklich überrascht ... daß Dir solche Gedanken durch den Kopf gehen, solche böse Gedanken, die man gleich als seinem Wesen fremd erkennt und doch nicht aufzutauchen verhindern kann. Ich hatte geglaubt, daß Du die nicht kennst. Es gibt

Menschen, die gut sind, weil ihnen nichts Böses einfällt, und andere, die gut sind, weil sie ihre bösen Gedanken – immer oder häufig – überwinden. Ich hatte Dich zu den ersten gerechnet. Aber gewiß bin ich selbst schuld daran, daß Dir diese Arglosigkeit verlorengegangen ist. Es liegt schließlich auch nicht viel daran; wer mit dem Leben viel zusammenstößt, muß sie verlieren und sich dafür einen Charakter anschaffen.« (Zit. n. E. L. Freud 1968, S. 121)

Einem »bißchen Cokain, was ich genommen habe« (ebda., S. 123) verdanken wir auch die vielleicht offenste Selbstcharakterisierung des dreißigjährigen Freud. Er klagt freimütig über seine Lage: Armut, langsame Erfolge, wenig Gunst bei Menschen, übergroße Empfindlichkeit, Nervosität und Sorge und fährt fort: »Ich glaube, man merkt mir was Fremdartiges an, und das hat seinen letzten Grund darin, daß ich in der Jugend nicht jung war und jetzt, wo das reife Alter beginnt, nicht recht altern kann. Es gab eine Zeit, in der ich nichts anderes als wißbegierig und ehrgeizig war und mich Tag für Tag gekränkt habe, daß mir die Natur nicht in gütiger Laune den Gesichtsstempel des Genies, den sie manchmal verschenkt, aufgedrückt hat. Seitdem weiß ich längst, daß ich kein Genie bin und verstehe nicht mehr, wie ich es zu sein wünschen konnte. Ich bin nicht einmal sehr begabt, meine ganze Befähigung zur Arbeit liegt wahrscheinlich in meinen Charaktereigenschaften und in dem Mangel hervorragender intellektueller Schwächen. Ich weiß aber, daß diese Mischung eine für den langsamen Erfolg sehr günstige ist, daß ich unter günstigen Bedingungen mehr leisten könnte als Nothnagel (ein bedeutender Internist, unter dem Freud eine Zeitlang arbeitete), dem ich mich weit überlegen glaube, und daß ich vielleicht Charcot erreichen könnte. Damit ist nicht gesagt, daß ich's werde, denn diese günstigen Bedingungen finde ich nicht mehr, und das Genie, die Kraft, sie zu erzwingen, besitze ich nicht. Aber wie ich schwätze! Ich wollte was ganz anderes sagen. Nämlich erklären, woher meine Unzugänglichkeit und Schroffheit gegen Fremde, die Du anführst, kommt. Sie ist nur die Folge des Mißtrauens, nachdem ich oft erfahren habe, daß mich gewöhnliche oder schlechte Menschen schlecht behandeln, und wird in dem Maße schwinden, als ich nichts von ihnen zu befürchten brauche, als ich mächtiger und unabhängiger werde.* Ich tröste mich immer damit, daß mir untergebene oder gleichgestellte Personen mich nie unangenehm empfunden haben, nur Vorgesetzte oder sonstwie Überlegene. Man würde es mir kaum ansehen, und doch war ich schon in der Schule immer ein kühner Oppositionsmann, war immer dort, wo es ein Extrem zu bekennen und in der Regel dafür zu büßen galt. Als ich dann eine bevorzugte Stellung als langjähriger Primus bekam, als man mir allgemein Vertrauen schenkte, hatte man sich auch nicht mehr über mich zu beklagen. Weißt Du, was mir Breuer eines Abends gesagt hat? Ich war so ergriffen davon, daß ich ihm darauf das Geheimnis unserer Verlobung mitteilte. Er sagte, er hätte herausgefunden, daß in mir unter der Hülle der Schüchternheit ein maßlos kühner und furchtloser Mensch stecke. Ich habe es immer geglaubt, und mich nur nie getraut, es wem zu sagen. Mir war oft so, als hätte ich den ganzen Trotz und die ganze Leidenschaft unserer Ahnen, als sie ihren Tempel verteidigten, geerbt, als könnte ich für einen großen Moment mit Freude mein Leben hinwerfen. Und dabei war ich immer so ohnmächtig und konnte die glühenden Leidenschaften nicht einmal durch ein Wort oder ein Gedicht zum Ausdruck bringen. So habe ich mich immer unterdrückt, und das, glaube ich, muß man mir ansehen.« (Zit. n. E. L. Freud 1968, S. 124)

Dieses Selbstporträt läßt nichts zu wünschen übrig, wenngleich die Tatsache, daß hier der Entdecker der Psychoanalyse spricht, manche Sätze mehr unterstreichen mag, als es einem in der leichten Euphorie des Kokain-Rausches geschriebenen Liebesbrief zukommt. (»Solche dumme Geständnisse mach ich Dir, mein süßer Schatz, und eigentlich ganz ohne Anlaß, wenn es nicht das Cocain ist, was mich zum Reden treibt«, fährt Freud abrupt fort.)

Wir sehen einen leidenschaftlichen, furchtlosen Menschen, der eine ambivalente, zwischen übertriebener Bewunderung und Haß schwankende Beziehung zu Autoritätspersonen hat. In den Briefen

---

* Dieser Satz gibt vielleicht einen Hinweis darauf, warum Freud die von Alfred Adler beschriebene Gesetzmäßigkeit des Minderwertigkeitsgefühls und des ausgleichenden Machtanspruchs nicht entdecken konnte, vgl. S. 301.

an Martha klagt Freud öfters über seine »Neurasthenie«, seine Depressionen und schreibt sich eine »sehr anständige ›neuropathologische Belastung‹, wie man es heißt« zu (Brief vom 10. Februar 1886), da zwei Onkel von ihm nervenkranke Kinder hatten, von denen ein Sohn an Epilepsie, ein Sohn und eine Tochter an Psychosen und ein weiterer Sohn an Schwachsinn litten. Kein Wunder, daß Freud später an seinem von Stefan Zweig gezeichneten Charakterbild in »Heilung durch den Geist« manches auszusetzen hatte. Er wandte sich gegen die zahlreichen Mißverständnisse psychoanalytischer Fachausdrücke,* die Einordnung neben dem Magier Mesmer und der Gesundbeterin Mary Baker-Eddy – und auch gegen das kritiklose Lob: »Dieser große Arzt war bis zu seinem siebzigsten Jahre niemals ernstlich krank, dieser feinste Beobachter des Nervenspiels niemals nervös, dieser hellsichtige Durchforscher aller Seelenabnormalitäten, dieser vielverschriene Sexualist in allen seinen persönlichen Lebensäußerungen ein Leben lang unheimlich einlinig und gesund.«

Freud sah sich weit selbstkritischer: Er wußte darum, daß er nikotinsüchtig war und es trotz einer Krebserkrankung der Mundhöhle blieb, daß er leidenschaftlich seine Hobbys als Archäologe und Sammler von Ausgrabungen pflegte.

In den ersten Jahren seiner ärztlichen Arbeit, die Freud nach seiner Rückkehr widerwillig aufnahm, um die brotlose Arbeit als Forscher zu beenden und endlich seine geliebte Martha heiraten zu können, verwendete er in einer gemischten, aber vorwiegend neurologischen Praxis nahezu ausschließlich die Hypnose. Er verzichtete also weitgehend darauf, organische Nervenleiden zu behandeln, was ihm nicht schwerfiel, da deren Therapie meist wenig aussichtsreich ist und ihre Zahl viel geringer war als die der Neurotiker, die einen Arzt nach dem anderen aufsuchten, ohne daß ihnen einer helfen konnte. Viele hätten sich mit dem Erreichten zufriedengegeben. Freud war ein guter Hypnotiseur, seine Erfolge trugen ihm den »Ruf des Wunder-

---

* Vgl. etwa S. 257: »Ob die Libido sexuell ›besetzt‹ ist ...« Oder S. 254, wo Psychosen mit Neurosen verwechselt werden.

täters« ein, wie er selbst bemerkt. Dennoch wurden bald seine wissenschaftlichen Interessen wieder wach.

Die Hypnose erinnerte ihn zu sehr an Magie, da sie über den Sinn und die Ursache der Symptome nichts zu sagen weiß und immer mit der nämlichen Gebärde ihnen die Existenz zu verbieten sucht. Darüber hinaus mißlang es immer wieder, einen Kranken zu hypnotisieren. In anderen Fällen ließ sich keine so tiefe Hypnose erzielen, wie Freud wünschte. Lag es an der Technik, die er verwendete? Um sich Gewißheit zu verschaffen, reiste Freud 1889 nach Nancy, wo Liébeault und Bernheim (s. S. 221 ff.) die damals bekannteste Schule des Hypnotismus begründet hatten. Er beobachtete, daß man in Hypnose dem Kranken Aufträge geben kann, die später von ihm verwirklicht werden, ohne doch von ihnen zu wissen, und erhielt so einen starken Eindruck über die Möglichkeit unbewußter seelischer Vorgänge. Aber ihm wurden auch die Grenzen der Hypnose deutlicher.

Freud hat eine seiner Patientinnen, eine vornehme und begabte Hysterika, nach Nancy nachkommen lassen. Nie ist es ihm gelungen, sie in eine wirklich tiefe Hypnose mit Somnambulismus und nachträglicher Erinnerungslosigkeit zu versetzen. Bernheim versucht ebenfalls, diese Kranke zu hypnotisieren, doch auch er scheitert. Er gesteht Freud, daß er seine aufsehenerregenden Erfolge mit Hypnose nur bei den mittellosen Spitalpatienten aus der Arbeiterklasse erziele, die im Arzt ein höheres Wesen sehen, nicht aber bei seinen gebildeten und kritischen Privatpatienten. Freud führt eine Reihe anregender Gespräche mit Bernheim und übersetzt später dessen beide Bücher über die Suggestion ins Deutsche.

Von der Katharsis zur Analyse

»Dann nahmen wir oben in Hemdsärmeln ... Nachtmahl, und dann kam ein langes medizinisches Gespräch über die ›moral insanity‹ und Nervenkrankheiten und merkwürdige Fälle, auch Deine Freundin Bertha Pappenheim kam wieder aufs Tapet«. So schreibt Freud am 13. Juli 1883 an seine Verlobte. Der Freund, mit dem er speiste, war

14 Jahre älter als er und hieß Joseph Breuer. Bertha Pappenheim, später eine kämpferische Vertreterin der Frauenemanzipation, hat in der Geschichte der Psychoanalyse historische Bedeutung gewonnen. Sie wurde unter dem Pseudonym Anna O. in den von Breuer und Freud gemeinsam verfaßten »Studien über Hysterie« (1895) beschrieben.*

Anna O.s Krankheit war aufgetreten, als sie ihren schwer leidenden Vater pflegte. Sie war damals 21 Jahre alt und litt an einer steifen Lähmung der rechten Körperhälfte, teilweiser oder völliger Blindheit, heftigem nervösem Husten, einmal wochenlang an einer Unfähigkeit, trotz quälenden Durstes zu trinken, sie konnte ihre Muttersprache eine Zeitlang weder sprechen noch verstehen und verfiel häufig in einen Zustand der Verworrenheit. Statt, wie es die meisten Ärzte seiner Zeit getan hätten, diese Störungen als nervöse Degeneration zu bagatellisieren, beschäftigte sich Breuer geduldig mit der Kranken.

Es fiel ihm auf, daß sie in ihren geistesabwesenden Zuständen bestimmte Worte vor sich hinmurmelte. Breuer versetzte nun Anna O. in Hypnose und sagte ihr diese Worte wieder vor; sie ging darauf ein und erzählte jedesmal eine Reihe trauriger, oft poetisch schöner Phantasien, die gewöhnlich die Situation eines Mädchens am Krankenbett seines Vaters zum Ausgangspunkt hatten. Konnte die Kranke eine Reihe solcher Tagträume erzählen, so war sie nachher wie befreit und kehrte aus dem Dämmerzustand in einen Zustand klaren Bewußtseins zurück, bis sie nach einigen Tagen wieder immer verwirrter wurde und auf dieselbe Weise behandelt werden mußte.

Allmählich gelang es Breuer aber, durch sein *chimney sweeping* mehr zu erreichen, als eine vorübergehende Erleichterung. Manchmal verschwanden Symptome auch für immer, wenn es gelang, sie in der Hypnose bis zu ihrem ersten Anlaß zurückzuverfolgen und einen

---

* Zur Verschlüsselung wurden die Initialen im Alphabet um einen Buchstaben vorgerückt und ein passender Vorname gesucht. In dem Roman *Und Nietzsche weinte* hat der amerikanische Gruppentherapeut Irven Yalom 1996 die Geschichte von Bertha Pappenheim und Josef Breuer verarbeitet.

damals unterdrückten Affekt, eine heftige Gefühlsbewegung zu wiederholen. Zum ersten Mal beobachtete das Breuer, als Anna O. nicht mehr trinken konnte und trotz heftigen Durstes das ersehnte Glas Wasser zurückstieß. Nach einigen Wochen erinnerte sie sich in der Hypnose plötzlich an eine Szene, in der sie ihre englische Gouvernante beobachtet hatte, wie diese einen kleinen Hund, ein ekelhaftes Vieh, aus einem Wasserglas trinken ließ. Anna O. hatte damals ihren heftig aufwallenden Ekel unterdrückt; jetzt in der Hypnose gab sie ihm energisch Ausdruck, verlangte anschließend zu trinken und erwachte, das Glas noch an den Lippen, seither von dieser Störung völlig geheilt.

Diese Entdeckung Breuers ist für die Geschichte der Psychotherapie sehr wichtig: Zum ersten Mal erkannte man, daß ein hysterisches Symptom kein willkürliches Produkt eines geschwächten Gehirns ist, sondern daß es durch seelische Vorgänge geprägt oder, wie Freud sagte, determiniert wurde. Nach dem griechischen Wort für Verwundung, *Trauma*, nannte man auch diese seelischen Verletzungen Traumen, wobei bereits Breuer erkannte, daß viel öfter als ein einzelnes Trauma (wie im Fall des trinkenden Hundes) eine ganze Kette von Traumen die Neurose verursachte. Es stellte sich heraus, daß man, um ein Krankheitszeichen der Hysterie zu beseitigen, die krank machenden Erinnerungen in Hypnose wieder aufsuchen und zusammen mit dem damals unterdrückten Gefühl wiederholen mußte. Breuer verglich die hysterischen Symptome mit einem posthypnotischen Auftrag, einem jener Befehle, die der Hypnotiseur während einer tiefen Hypnose erteilt und die später von der Versuchsperson ausgeführt werden, ohne daß diese einen Grund für ihre Handlung angeben kann. Er glaubte, daß Erlebnisse in einem hypnoseähnlichen, hypnoiden Zustand besonders leicht zu Traumen werden. Werden sie nun wieder erinnert, so wirkt diese Erinnerung reinigend, kathartisch; Breuer nannte sein Verfahren Psychokatharsis; die eingeklemmten Gefühlserregungen sollten in der Hypnose abreagiert werden.

Die kathartische Methode war ein erster Schritt von einer Unterdrückung der neurotischen Symptome durch Gegensuggestionen, wie sie Bernheim pflegte, zu einer kausal-aufhellenden, die Ursachen der Neurose selbst angreifenden Behandlung. Freud ging nun noch einen Schritt weiter. Er beschloß, auf die Hypnose, eine launische, im Belieben des Kranken stehende Helferin, zu verzichten. Er hatte nämlich gefunden, daß die schönsten Resultate der Hypnosetherapie weggewischt waren, sobald sich das persönliche Verhältnis des Kranken zum Arzt trübte. Als einmal eine Patientin, die Freud in Hypnose durch die kathartische Methode von ihren hysterischen Schmerzen befreit hatte, beim Erwachen die Arme um seinen Hals schlang, war er nüchtern genug, den Zufall nicht seiner persönlichen Unwiderstehlichkeit zuzuschreiben, sondern jenem mystischen Element, das der Hypnose anhaftete und in ihrem Hintergrund wirkte. Auch Breuer hatte es kennengelernt. Ihn bewog es, um seines Familienfriedens willen künftig auf kathartische Psychotherapie zu verzichten.

Freud hingegen versuchte, auf neuen Wegen weiterzukommen. Auch er gab die Hypnose auf. Doch wie sollte er ohne sie zu den vergessenen Traumen vordringen, die er für die Ursache der neurotischen Symptome hielt? Eine Erinnerung an Bernheim kam ihm zu Hilfe: Wenn ein Patient nach der Hypnose sich nicht erinnern konnte, was denn während des somnambulen Zustandes geschehen sei, war es Bernheim sehr oft gelungen, durch eindringliches Zureden, er wüßte es gewiß, wenn er nur nachdrücklich genug nach den verlorenen Erinnerungen suche, zuerst ein Stück und schließlich den gesamten Inhalt der Hypnose wieder zu erwecken. Wie Bernheim legte auch Freud den wachen Kranken die Hand auf die Stirne und versicherte ihnen, sie wüßten ganz gewiß, wie die vergessene, krank machende Szene beschaffen gewesen sei. Und er hatte manchmal Erfolg, obschon sich das Verfahren als anstrengend und zeitraubend erwies.

Vielfach brachte sein Drängen aber keine brauchbaren Erinnerungen an den Tag, wohl aber Anspielungen, scheinbar unzusammenhängende Erlebnisse, Einfälle, die nicht im Bewußtsein des Kranken, wohl aber dank der psychologischen Intuition Freuds auf die krank machenden Traumen hinwiesen. So entstand die klassische, bis heute am meisten verwendete Methode der analytischen Psychotherapie: die Technik der ›freien Einfälle‹ (freien Assoziationen). Freud fordert die Kranken auf, sich in ihren Mitteilungen gehenzulassen, wie man es in einem Gespräch tut, bei dem man »aus dem Hundertsten in das Tausendste gerät«, es sei nicht wichtig, unsinnig, anstößig oder ungehörig. Besonders nachdrücklich verlangt er, keinen Gedanken oder Einfall aus diesem Gespräch auszuschließen, der beschämend oder peinlich sei.

Nötigte Freud seine Kranken zu solchem freien Assoziieren, dann fanden sich bald Stockungen in den Einfällen. Der zeitliche Zusammenhang zerriß, Lücken traten auf, die sich nicht schließen wollten, auch wenn der Therapeut den Kranken eindringlich auf sie hinwies. Freud entwickelte daraus das Konzept des ›Widerstandes‹, der sich beim seelisch Kranken dagegen richtet, verdrängte Erlebnisse zum Bewußtsein zuzulassen. Jetzt wurde Freud auch klar, warum die Hypnose so oft versagt. Ihr gelingt es nicht, den Widerstand deutlich zu machen, da sie den Kranken in einen Zustand eingeengten Bewußtseins versetzt und auf diese Weise diesem Problem ausweicht. Mit diesem Schritt von der Psychokatharsis zur Psychoanalyse wurde nicht mehr das Abreagieren der krank machenden, gestauten Gefühle angestrebt, sondern die Überwindung des Widerstandes gegen die Rückkehr des Verdrängten und mit ihr der Ersatz der Verdrängung, eines unvollkommenen und ungesunden Abwehrmechanismus, durch das bewußte Urteil.

Verwundbare Kindheit

Mit dem Notbehelf der freien Einfälle hat Freud eine einzigartige Methode psychologischer Forschung entdeckt, die allein genügen würde, seine wissenschaftliche Bedeutung hoch anzuschlagen. Er hat das bald erkannt und immer wieder seine wissenschaftlichen Gegner aufgefordert, doch selbst diese Methode anzuwenden, ehe sie seine Theorien verwürfen. Sie taten es nicht und setzten ein pathetisches Vorurteil gegen seine aus der Erfahrung geschöpften

Ergebnisse. Freud hat das verbittert und ihn auch dazu geführt, daß er später rationale Kritik an der Psychoanalyse mit irrationalen Widerständen gegen ihre Resultate vermengte, ein den wissenschaftlichen Fortschritt erheblich behinderndes Verfahren, in dem später viele Freud-Schüler den Begründer der Psychoanalyse noch weit übertrafen.

Dieser Widerstand gegen die Psychoanalyse, den Freud teilweise mit Recht dem Widerstand des Neurotikers gegen das Bewußtwerden verdrängter Impulse zur Seite setzte, entzündete sich vor allem an Freuds revolutionärer Konzeption einer kindlichen Sexualität, zu der ihn die immer wieder auftretenden Berichte seiner Patienten über sexuelle Erlebnisse in ihrer Kindheit führten. 1895, zur Zeit der »Studien über Hysterie«, war Freud noch weit von dieser Auffassung entfernt. Doch seit er die psychotherapeutische Technik der freien Einfälle anwendete, wurde er immer mehr zu ihr hingeführt. Wenn wir uns erinnern, daß im ausgehenden 19. Jahrhundert ein britischer Hofgynäkologe es für eine abscheuliche Verleumdung erklärte, Frauen hätten überhaupt sexuelle Empfindungen, wenn wir bedenken, daß man bereits den Namen von Kleidungsstücken, welche die Geschlechtszonen zu bedecken pflegen, für unaussprechlich hielt und selbst die Beine der Klaviere mit Pluderhosen bedeckte, um Männer nicht sexuell zu erregen, dann können wir uns vorstellen, welche Erlebnisse und Gedanken einen Patienten Freuds beherrschen mußten, der aufgefordert wurde, alles zu sagen, was ihm in den Sinn kam.

Bald freilich ergänzten sich die Verdrängungen, welche der Zeitgeist setzte, und die Erwartungen, welche die revolutionäre Bewegung der Psychoanalyse in den Kranken hervorrief. Man wußte, daß ein Psychoanalytiker die Sexualität für den Angelpunkt der Neurose hielt, und in der Folge hat auch kaum mehr ein Psychoanalytiker freie Einfälle gehört, in denen vom Sexus nie die Rede war. Ebenso wie Träume sind auch freie Assoziationen lenkbar; die Forschung über das verbale Konditionieren hat deutlich gezeigt, daß eine Versuchsperson ganz unbewußt im Gespräch mit Vorliebe jene Gegenstände wählt, die der Gesprächspartner durch seine Aufmerksamkeit belohnt, und sei es nur, daß er gelegentlich hm-hm sagt, nickt oder in eigenen Worten wiederholt, was der Proband sagte.

Unter den von der viktorianischen Moral geprägten Großbürgern Wiens, die Freud behandelte, war seine rückhaltlose Betonung des sexuellen Elements in der seelischen Krankheit nicht nur angebracht, sondern auch notwendig, um wirklich etwas auszurichten. Denn, wie Freud 1909 mit der ihm eigenen, ernsthaften Ironie sagt: »Die Menschen sind überhaupt nicht aufrichtig in sexuellen Dingen. Sie zeigen ihre Sexualität nicht frei, sondern tragen eine dicke Oberkleidung aus Lügengewebe zu ihrer Verhüllung, als ob es schlechtes Wetter gäbe in der Welt der Sexualität. Und sie haben nicht unrecht, Sonne und Wind sind in unserer Kulturwelt der sexuellen Betätigung wirklich nicht günstig; eigentlich kann niemand von uns seine Erotik frei den anderen enthüllen ... Leider sind auch die Ärzte in ihrem persönlichen Verhältnis zu den Fragen des Sexuallebens vor anderen Menschenkindern nicht bevorzugt, und viele von ihnen stehen unter dem Banne jener Vereinigung von Prüderie und Lüsternheit, welche das Verhalten der meisten ›Kulturmenschen‹ in Sachen der Sexualität beherrscht.«

Die sexuellen Traumen, welche Freuds Patienten berichteten, schienen zunächst wirkliche Ereignisse ihrer Kindheit zu sein – sehr oft die Verführung durch einen nahestehenden Erwachsenen, nicht selten geradezu durch den Vater bei neurotischen Frauen, durch die Mutter bei neurotischen Männern.

Die realistischen, mit großer Überwindung erinnerten Berichte über solche Szenen führten Freud eine Weile in die Irre. Er glaubte, daß tatsächlich solche sexuellen Erlebnisse, die den noch unreifen Organismus des Kindes überfordern und schädigen, die Wurzel einer späteren Neurose verkörpern. Als er schließlich erkannte, daß er die Phantasien seiner Kranken für Realität genommen hatte, ist er sehr erschrocken und hat eine Weile geglaubt, er sei mit seiner ganzen Technik in die Irre gegangen. Doch es gelang ihm, diesen neuen Gesichtspunkt bruchlos in seine Theorie einzubauen, die er nach der »Traumdeutung« in den »Drei Abhandlungen zur Sexualtheorie« von 1905 darstellte. In ihnen zeigt sich ein weiterer, epochemachender Schritt Freuds. Er kann zeigen, warum manche Menschen durch ein Trauma seelisch krank werden, andere aber nicht. Bisher hatte man solche Unterschiede durch den vagen Begriff der Degeneration erklärt, einer erblichen Schwäche des Nervensystems, die nicht so sehr das Leiden erklären als das therapeutische Versagen der Ärzte entschuldigen sollte.

Freud erkennt, daß die wesentlichen Fundamente für die Neurose in einer Zeit gelegt werden, an die wir uns als Erwachsene kaum erinnern: in den ersten sechs Jahren der Kindheit. Um diese Zeit ist das System der Verhaltenskontrolle, das der Mensch im Gegensatz zu den Tieren erlernen muß, noch sehr unvollkommen. Ein Kleinkind drückt alle Wünsche und Triebimpulse ohne Zögern und Scham aus, solange es keinem Widerstand von seiten seiner Erzieher begegnet. An diesem Widerstand lernt es, seine Impulse zu kontrollieren, indem es allmählich die Verbote seiner Erzieher vorwegnimmt und sich nach ihnen richtet. Was vorher äußerer Widerstand, Strafe für unerwünschtes, Lob und Lohn für erwünschtes Verhalten war, wird nun eine innere Kontrolle, welche das Verhalten so steuert, daß Strafen vermieden und ein Maximum an persönlicher Befriedigung erreicht wird. Diese Kontrollinstanz nennt Freud das Ich; die Summe der sozialen Verbote, welche das Kind erlernt und auf sein eigenes Verhalten anwendet, das Über-Ich. Beide entwickeln sich aus dem triebhaften Es an jener Zone, in der es mit der Realität zusammentrifft.

Das Kind verfügt nur über ein schwaches Ich, das eine weit günstigere Umwelt braucht als der Erwachsene, um nicht zu Schaden zu kommen.

Doch die Umwelt läßt es des öfteren an Toleranz und Entgegenkommen für die leiblichen Bedürfnisse und die Suche nach Lust des Kindes fehlen – jene Lust, die für Freud immer und überall sexuell ist und aus der die erotische Liebe des Erwachsenen nur einen kleinen Ausschnitt gibt. So wird das Kind gezwungen, Teilstücke seiner ursprünglichen Triebhaftigkeit gewaltsam zu unterdrücken, um nicht die Liebe seiner Eltern zu verlieren, deren Verlust es mehr als alles andere fürchtet. Das schwache Ich des Kindes muß also Impulse verdrängen, welche das stärkere Ich des Erwachsenen bewältigen könnte. Diese Abwehr schwächt jedoch die Persönlichkeit so, daß das Ich späteren Belastungen nicht mehr den vollen Widerstand entgegensetzen kann, der den Gesunden auszeichnet. Die enge Verknüpfung von Freuds Erklärung der Neurose aus verdrängten (sexuellen) Impulsen mit seiner Lehre von der kindlichen Sexualität ist oft übersehen worden. Nur wer versäumt, sie zu sehen, kann der Psychoanalyse vorwerfen, sie strebe eine sexuelle Enthemmung an. Im Gegenteil: Die Erfahrungen Freuds sprachen schon früh dafür, daß eine verdrängte Regung weit mehr Macht über Seele und auch über den Körper ausübt als eine bewußte. Wird die Verdrängung aufgehoben, dann folgt daraus keine Enthemmung. An die Stelle der unvollkommenen Kontrolle durch die Verdrängung tritt vielmehr die ungleich wirksamere Kontrolle durch das bewußte Urteil. Der Psychoanalytiker hilft dem Kranken, jetzt mit dem stärkeren Ich des Erwachsenen jene Verdrängungen zu korrigieren, die für das Kind notwendig waren.

Wie sieht nun die kindliche Sexualität aus, deren Regungen zu solchen unglücklichen Ereignissen Anlaß geben können? Ihre erste Phase ist von der oralen, auf den Mundbereich konzentrierten Libido (Triebkraft) beherrscht: Der Säugling sucht im Saugen Lust. An sie schließt sich die anale Phase an, in der die Reizung des Afters, der Streit zwischen dem Kind, das den Kot anhalten, und dem Erwachsenen, der ihn heraus haben will, die kindliche Welt in dem auf Sauberkeit bedachten Haushalt moderner Großstädte beherrscht. Endlich folgt die phallische Phase (Phallos, männliches Glied), in der die Geschlechtsorgane als Lust-Spender entdeckt werden, in der manche Kleinkinder sich selbst zu befriedigen lernen und in der nach Freuds Beobachtungen der Sohn sich oft in die Mutter verliebt, die Tochter in den Vater, während der gleichgeschlechtliche Elternteil als Nebenbuhler gehaßt wird.

Gerade am Beispiel der Libidotheorie, wie Freud seine Vorstellungen über die Entwicklung der kindlichen Sexualität nannte, wird deutlich, wie sehr sich in Freuds Werk Beobachtung und Spekulation vermengen. Alles, was er gesehen hat, gibt es. Doch hat er beileibe nicht alles gesehen, was es gibt. Seine Theorien jedoch hat er so lückenlos formuliert, daß viele seiner Schüler an ihnen fest-

hielten und festhalten, als ob sie ein neues Evangelium wären. Die
›orale Phase‹ kann man schon bei vielen Säugetieren beobachten;
es handelt sich um eine stammesgeschichtlich erworbene Verhal-
tensweise, welche dem Überleben eines auf die Ernährung durch
die Mutterbrust angewiesenen Tieres dient. Die orale Lust hat also,
biologisch gesehen, mit der Sexualität nichts zu schaffen; wenn man
sie in einer sexualisierenden Sprache beschreibt, dient das allenfalls
der Kommunikation zwischen Analytikern untereinander und ihren
Patienten. Die anale Phase, die Freud ebenfalls für biologisch festgelegt hielt, beruht auf dem Eingriff des sozialen Zwanges in einen
natürlichen Ablauf. Die anale ›Perversion‹ – Kotschmieren, Kot-
spiele – beobachtet man nur bei Kindern, denen die Ausscheidung
durch überhitzte Verbote interessant gemacht wird; das mag zu
Freuds Zeit noch die Regel in den Kinderstuben gewesen sein, ist
es heute aber nicht mehr. Die phallische Phase und den sie begleitenden Ödipuskomplex hat Freud ebenfalls für allgemein menschliche Entwicklungsstadien gehalten. Heute weiß man, daß sie in
typischer Form nur in patriarchalisch organisierten, großbürgerli-
chen Familien auftreten, aus denen Freuds Patienten kamen. Als
Freud seine empirisch-analytisch erarbeiteten Kenntnisse auf
kunstgeschichtliche, mythologische und kulturgeschichtliche Fragen anwendete, hat er vielfach Schiffbruch erlitten, weil er die
spezifische soziologische Situation, in der er sein Material gewann,
nicht genügend berücksichtigte und etwa in seinem Werk »Totem
und Tabu« den Urvater der prähistorischen Horde mit sämtlichen
Trieben des frustrierten Viktorianers seiner Epoche ausstattete,
ohne die ganz anderes aussagenden Ergebnisse der Kulturanthropologie zu berücksichtigen.
1984 hat der amerikanische Historiker J. M. Masson der Psychoanalyse im allgemeinen und Freud im besonderen vorgeworfen, die
›richtige‹ Theorie der Verführung und des Mißbrauchs von Kindern
als Ursache von Neurosen aufgegeben zu haben.* Es sei nicht For-
schungsergebnis, sondern politischer Kompromiß gewesen, wenn

---

* J. M. Masson, *Was hat man dir, du armes Kind, getan*, Reinbek 1984.

Freud die Neurosen durch kindliche Phantasien erklärt habe, die abgewehrt würden. In der Folge würden Psychoanalytiker den Opfern realer inzestuöser Gewalt einreden, sie hätten sich das alles nur eingebildet. Was mich angesichts dieser Thesen anmutet wie ein intellektueller Rückschritt, sind die Entweder-oder-Fragen. Entweder Täter oder Opfer. Entweder kindliche Phantasie oder realer Mißbrauch. Entweder hat Freud gelogen, als er die Verführungstheorie aufgab, oder sich getäuscht, als er sie konzipierte. In Wahrheit soll ein Analytiker nicht glauben, daß an einer Biographie entweder alles wahr oder alles erfunden ist. Die Analyse gilt der Mischung aus Dichtung und Wahrheit.

Die Masson-Polemik stützt sich nicht auf Tatsachen, sondern auf Interpretationen. Freud hat, entgegen aller Unterstellungen, ausdrücklich empfohlen, nach beidem zu suchen: dem realen Trauma und der Phantasie, die es verarbeitet. Den Schritt, sich für Verarbeitungen in der Phantasie zu interessieren, macht Masson rückgängig.[*] Er steht damit aber nicht allein, sondern drückt eine Zeitströmung aus. Die Entwicklungen sozialer Einstellungen angesichts so verschiedener Themen wie dem Mißbrauch von Kindern, der ›Rückführungstherapie‹[**] und der Beschäftigung mit sexuellen Abstinenzverfehlungen hängen zusammen. Sie illustrieren eine polemische Wendung im gesellschaftlichen Verhältnis zur Sexualität.[***] Viele Verhaltensweisen, mit denen die antiautoritären Eltern der 68er Zeit ihre Kinder davor

---

[*] Jonathan Lear hat jüngst auf die Widersprüche des »Freud-Bashing« hingewiesen, in dem Freud sowohl unterstellt wird, er habe an der Realität der Mißbrauchserinnerungen gezweifelt, wie andererseits, er sei verantwortlich für die Zerstörung von Familien durch falsche Erinnerungen an sexuellen Mißbrauch. Während Masson Freud unterstellt, daß er die Beweise für realen Mißbrauch unterdrückte, um seine Karriere zu fördern, stellt Lear fest: »Ich halte es für unmöglich, Freuds Schriften zu lesen, ohne zu dem Schluß zu gelangen, daß Masson derjenige ist, der die Beweise unterdrückt, um seine eigene Karriere voranzubringen.« Vgl. J. Lear, »Prozac oder Psychoanalyse?«, in: *Psyche* 50, 1996, S. 603.

[**] Durch die »verschüttete« Mißbrauchserinnerungen mit suggestiven Mitteln zugänglich gemacht werden sollen, vgl. S. 215 f.

[***] Ausführlich untersucht wird die Problematik der sexuellen Abstinenzverfehlungen in W. Schmidbauer, *Wenn Helfer Fehler machen*, Reinbek 1997.

bewahren wollten, die Last sexualfeindlicher Prägungen zu tragen, gelten Ende der achtziger Jahre als sexueller Mißbrauch und führen dazu, daß Töchter den Kontakt zu ihren Vätern abbrechen. Die Konsumgesellschaft muß ihre konstitutionellen Neigungen zur Regression mit solchen Mitteln bekämpfen. Der Analytiker solcher Situationen fühlt sich heute schon fast gezwungen, jede kritische Anmerkung zu undifferenzierten Verteufelungen regressiver Erscheinungen mit einer Beteuerung zu balancieren, er sei selbstverständlich gegen sexuellem Mißbrauch und gegen ungehemmtem Drogenkonsum. Es ist die Dynamik von Dammbauten oder gespanntem Gummi, die hier zum gesellschaftlichen Leitbild zu werden droht. Wer den Schutzwall nicht befestigt, gefährdet ihn. Der Unterschied zwischen dem Bösewicht und seinem Anwalt wird verwischt: Wer Beschuldigungen kritisch prüft, kann nur ein heimlicher Täter sein. Im Kampf gegen tabuisierte Regressionen verliert der Rechtsstaat seine kritische Distanz.

Die Bedeutung der Träume

Auf der Suche nach Wegen, welche den unzuverlässigen Zugang zum Unbewußten, welchen die Hypnose bot, ersetzen sollten, fand Freud einen, den er bald als Königsweg (via regia) höher schätzen sollte als alle übrigen: den Traum. Ursprünglich haben ihn wohl die oft unter den freien Einfällen seiner Patienten auftauchenden Bruchstücke aus Träumen dazu veranlaßt, sich näher mit dieser vor ihm nur flüchtig erforschten Provinz unseres Seelenlebens zu beschäftigen. Er begann, systematisch seine eigenen Träume aufzuzeichnen und sie zu analysieren. Betrachten wir einen, an dem die Methode von Freuds Traumdeutung ebenso klar wird wie die schonungslose Selbstkritik, welche seine Selbstanalyse auszeichnet. Freud träumt: »Freund R. ist mein Onkel. Ich empfinde große Zärtlichkeit für ihn. Ich sehe sein Gesicht etwas verändert vor mir. Es ist wie in die Länge gezogen, ein gelber Bart, der es umrahmt, ist besonders deutlich zu sehen.«

Die erste Regel der Traumdeutung lautet, möglichst viel über den Träumer in Erfahrung zu bringen.* Freuds Aussagen über seine damalige Situation sind biographisch interessant. Zum Zeitpunkt des Traumes hatte er gerade erfahren, daß man ihn (im Frühjahr 1897) beim zuständigen Minister zur Ernennung zum Professor vorgeschlagen hatte – nicht wegen seiner psychologischen Arbeit, die damals eben erst begann, sondern wegen seiner Forschungen über die Anatomie des Nervensystems. Der Professorentitel bedeutete nicht nur eine öffentliche Ehre, sondern konnte auch die Einnahmen eines frei praktizierenden Arztes beträchtlich steigern, auf die Freud damals angewiesen war. Noch am Vorabend des Traums hatte Freund R., wie Freud zum Professor vorgeschlagen, den Minister besucht und sich nach den Aussichten erkundigt. Weniger zurückhaltend als Freud, war es ihm gelungen, den hohen Herrn in die Enge zu treiben und eine Antwort zu erhalten, in der kaum verhüllt gesagt wurde, gegenwärtig seien die Aussichten für Juden gering, ernannt zu werden.

»Als mir der Traum im Laufe des Vormittages einfiel, lachte ich und sagte, der Traum ist Unsinn. Er ließ aber nicht nach und ging mir den ganzen Tag nach, bis ich mir endlich am Abend Vorwürfe machte. Wenn einer deiner Patienten zur Traumdeutung nichts zu sagen wüßte als, das ist Unsinn, so würdest du es ihm verweisen und vermuten, daß sich hinter dem Traum eine unangenehme Geschichte versteckt, welche zur Kenntnis zu nehmen er sich ersparen will. Verfahr mit dir selbst ebenso; deine Meinung, der Traum sei ein Unsinn, bedeutet nur einen inneren Widerstand gegen die Traumdeutung. Laß dich nicht abhalten! Kaum ist dieser Widerstand überwunden, kommt der erste Einfall: Ich habe doch nur einen Onkel gehabt, sagt sich Freud, den Onkel Joseph. Mit dem war es eine traurige Sache. Er ist mit dem Gesetz in Konflikt gekommen und wurde schwer bestraft. Freuds Vater pflegte zu sagen, ein schlechter

* Sie findet sich schon bei dem spätantiken Schriftsteller Artemidor, der im zweiten Jahrhundert nach Christus ein Werk über Traumdeutung verfaßte, in dem ein bestimmter Inhalt ganz anders interpretiert wird, je nachdem, ob ihn ein Kranker oder Gesunder, ein Freier oder Sklave, ein Armer oder Reicher träumte.

Mensch sei der Onkel ja nicht, aber ein Schwachkopf. Wenn aber jetzt mein Freund R. im Traum mein Onkel ist, dann will der Traum sagen: Er ist ein Schwachkopf. Auch der blonde Bart paßt dazu: Onkel Joseph hatte einen solchen Bart. Zu dem Trauminhalt fällt Freud noch etwas ein: Wenige Tage vorher hat er mit einem zweiten Kollegen, der ebenfalls Professor werden soll, gesprochen; dieser zweifelte an der Ernennung, weil er einmal von einer Erpresserin angezeigt worden war. Vielleicht würde man das damals eingestellte Verfahren wieder ausgraben, um ihm einen Strick zu drehen. Damit, bemerkt Freud, hat er den Schwachkopf wie den Verbrecher, deren Rolle Onkel Joseph stellvertretend übernommen hat: Mit beiden wenig schmeichelhaften Etiketten belegt er – genauer: sein Unbewußtes – die beiden ebenfalls auf den Professorentitel wartenden Bekannten. Der Grund dafür ist unschwer zu finden: Wenn es die jüdische Konfession ist, welche die Ernennung verhindert, dann muß auch Freud seine Hoffnungen begraben. Sind es aber andere Gründe – ist der eine Kollege ein Schwachkopf, der andere ein Verbrecher –, dann kann er weiter hoffen. Freud würde gegen jedermann bestreiten, sein Freund R. sei ein Schwachkopf, sein Kollege ein Verbrecher. Doch sein Unbewußtes wünscht, daß es so sei. Auch die zärtlichen Gefühle im Traum kann Freud deuten: Sie sind eine Maske, die die tatsächliche Intention des Unbewußten verschleiern soll.«

»Der Traum ist der Hüter des Schlafes«, sagt Freud. Auf diesem Satz ruht seine Traumlehre, in der er zum erstenmal seine neuartige Psychologie ausführlich darstellt. Uns allen sind Träume bekannt, die das bestätigen: Man müßte aufstehen, sich ankleiden – und träumt diese Verrichtungen, sieht sich schon am Frühstückstisch sitzen, während man noch behaglich im Bett liegt. Im Schlaf ist die innerseelische Kontrolle herabgesetzt; sonst unbewußte Wünsche suchen sich bemerkbar zu machen. Man könnte sich fragen, warum beim Schlafenden die Kontrolle nachläßt. Das läßt sich unschwer stammesgeschichtlich deuten: Da der Schläfer sich nicht bewegen kann, ist eine maximale Kontrolle seiner unbewußten Impulse nicht mehr notwendig, da sie ohnedies nicht ausgeführt werden können.

Diese Interpretation wird durch die neuere, physiologisch ausge-richtete Traumforschung (William Dement, David Foulkes, Eugene Aserinsky, Nataniel Kleitman) bestätigt. Während der traumreichen Schlafphasen, die man daran erkennt, daß die Augäpfel rasch be-wegt werden (REM-Phasen von *Rapid Eye Movement*), sind die Gehirnteile, welche die menschlichen Körperbewegungen steuern, maximal gehemmt, während sonst die nervöse Aktivität (sie läßt sich aus dem Hirnstrombild erschließen) eher dem Wachzustand entspricht.

Im Schlaf können sich also sonst unbewußte Wünsche bemerkbar machen und die halluzinatorische Erfüllung anstreben, welche für das Unbewußte offensichtlich in manchen Situationen fast ebenso wertvoll ist wie die wirkliche Erfüllung. Allerdings, wenn die von mächtigen Triebtendenzen gespeisten latenten Traumgedanken kraß ins Bewußtsein träten, wäre es um den Schlaf des Träumers geschehen. Er würde schweißgebadet erwachen, wie es ja manchmal geschieht – sehr selten, denn wir träumen jede Nacht mindestens 90 Minuten (rund 24 Prozent des gesamten Schlafes, vgl. Foulkes 1969), gleichgültig, ob wir uns an die Träume erinnern oder nicht (man hat das festgestellt, indem man Menschen, die sich sonst nie an einen Traum erinnerten, während der REM-Phasen weckte und dann fast immer einen Traumbericht erhielt). Deshalb sucht der Traum die Wünsche des Unbewußten so zu erfüllen, daß sie den Träumer nicht erschrecken (die Angst ist ja ein Warnsignal, das äußere wie innere Gefahren ankündigt und den Organismus zu Gegenmaßnahmen zwingt). Freud erklärt das so: Der unbewußte Wunsch, der Traumgedanke (welcher mit einem wachen Gedanken wenig zu tun hat, sondern eher ein ungestalteter Triebimpuls ist), muß eine Zensur passieren, welche ihn so zurechtfrisiert, daß er seinen anstößigen Charakter in der Regel verliert. Freud hat eine Reihe von solchen entstellenden Maßnahmen dieser Zensur be-schrieben: die Verschiebung (ein unwesentliches Element wird stark betont, ein wesentliches tritt in den Hintergrund), die Verdichtung (mehrere Vorstellungen werden in eine Kurzformel gedrängt, wie die »Freund R. ist mein Onkel«, oder die symbolische Umgestaltung, welche laut Freud vor allem sexuelle Inhalte der Traumgedanken betrifft und etwa den Penis als Spazierstock, Degen oder Gießkanne, das weibliche Organ als Haus, Höhle und Schachtel, den Koitus schließlich als Treppensteigen darstellt.

Freud selbst hat einmal jede Traumdeutung, die nicht durch freie Assoziationen abgesichert sei, unwissenschaftlich genannt. Die Einfälle zum Traum sind das methodisch und therapeutisch Wesentliche; die Symboldeutungen bleiben immer unsicher. Moderne Traumforscher glauben, daß man mit Freuds Methoden manche Träume geradezu verblüffend aufhellen kann. Sie sind jedoch keineswegs geeignet, sämtliche Träume zu deuten, wie es Freud noch angenommen hat (Foulkes 1969). Viele Psychoanalytiker haben nach Freuds Beispiel die Methodik der Traumdeutung unverändert auf die Deutung von Mythen, Märchen, Kunstwerken und Dichtungen übertragen, ein Verfahren, das zwangsläufig in die Irre führen muß, wie ich in einer Studie über den Ödipus-Mythos und seine Interpretationen gezeigt habe (Schmidbauer 1970).

Übertragung und Gegenübertragung

Die legendäre analytische Couch ist ein Relikt aus der Hypnosetherapie, das Freud übernahm, weil ihm das entspannte Liegen der Kranken die freien Einfälle zu fördern schien. In der klassischen Psychoanalyse, die sich seit 1900 nahezu unverändert als psychotherapeutische Methode erhalten hat, sitzt der Analytiker am Kopfende der Couch, so daß der Patient ihn nicht sehen kann – eine sehr weise Maßnahme Freuds, der nicht wollte, daß ihn die Patienten anstarrten, aber wohl auch erkannte, daß die von ihm geforderte Neutralität des Analytikers nur auf diese Weise gewährleistet wird. Anders läse der Patient aus dem Mienenspiel des Therapeuten ab, wie dieser auf das Gehörte reagiert, und dirigierte seine Einfälle weitgehend unbewußt in eine bestimmte Richtung. Freud empfahl, die Patienten jeden Tag eine Stunde zu behandeln, um den analytischen Prozeß nicht durch zu lange Zwischenräume zu unterbrechen. Eine Psychoanalyse dauerte zu seiner Zeit noch bei weitem nicht so lange wie heute, wo dreihundert bis fünfhundert Stunden eher die Regel als die Ausnahme sind und manche Patienten über tausend Stunden lang behandelt werden. Der hohe Aufwand an Zeit und Kosten ist ein praktischer Nachteil der Psychoanalyse. Er hat zu vielen Korrekturversuchen geführt, mit denen wir uns noch befassen werden. Es gab schon immer und gibt auch heute noch viele Pseudoanalytiker, Psycho-Genies, die nach einem halbstündigen Gespräch die kühnsten Deutungen vorbringen, seelische Krankheiten im Handumdrehen auf eine simple Formel bringen oder inquisitorische Fragen stellen, alles Maßnahmen, die ein geschulter und selbstkritischer Psychotherapeut vermeidet. Denn er weiß, daß es beispielsweise keinen Sinn hat, einen Kranken mit einer Deutung zu überrumpeln. Selbst wenn sie zutrifft, wird dadurch nur der Widerstand verstärkt und der therapeutische Prozeß aufgehalten. Würde es genügen, einem Neurotiker seine verdrängten Wünsche auf den Kopf zuzusagen, die Lektüre eines Handbuchs der Neurosenlehre müßte jede Therapie ersetzen können.

Jeder Anfänger der Psychoanalyse bangt wohl zuerst vor den Schwierigkeiten, welche ihm die Deutung der Einfälle des Patienten und die Aufgabe der Reproduktion des Verdrängten bereiten werden. Es steht ihm aber bevor, diese Schwierigkeiten bald gering einzuschätzen und dafür die Überzeugung einzutauschen, daß die einzigen wirklich ernsthaften Schwierigkeiten bei der Handhabung der Übertragung anzutreffen sind.[*]

Im vorangehenden Abschnitt haben wir die Ursprungsgeschichte der Psychoanalyse, den Fall »Anna O.«, nach dem Gründungsmythos erzählt, wie ihn Freud berichtet hat. Die Wahrheit ist erst später aufgedeckt worden; sie zeigt, daß die Entwicklung der kathartischen Methode weit komplikationsreicher war, als es die von Breuer mitgeteilte Krankengeschichte erwarten läßt. In Wahrheit begann die Psychoanalyse mit einer Verstrickung. Die erste, kathartisch orientierte Behandlung dauerte zwei Jahre; fast täglich spra-

---

[*] S. Freud (1915), »Bemerkungen über die Übertragungsliebe«, *Ges. Werke, X,* S. 306.

chen Bertha und Breuer mehr als zwei Stunden miteinander. Breuer forderte Bertha auf, die ›eingeklemmten Affekte‹ abzureagieren; Bertha, die eine Weile nur Englisch sprach, nannte das *chimney sweeping.*[*] Als Breuer den Fall veröffentlicht, stellt er Anna O. als geheilt dar. Die Wahrheit sah anders aus, und es mutet merkwürdig an, daß Freud, der um sie wußte, dennoch diese geschönte Darstellung duldete.

Breuer hatte die Behandlung am siebten Juni 1882 beenden wollen. Am Abend desselben Tages wurde er zu Bertha gerufen. Sie war sehr erregt, wand sich unter ›Geburtswehen‹ und sagte, das ›Kind‹ sei von ihm. Breuer versuchte vergeblich, seine Patientin durch Hypnose zu beruhigen und verließ dann fluchtartig das Haus. Damit war die Arzt-Patient-Beziehung gescheitert. Bertha wurde in den nächsten Jahren in verschiedenen Sanatorien behandelt, unter anderem wegen einer Morphiumsucht, die während der Arbeit mit Breuer entstanden war.

Viele Merkwürdigkeiten umgeben diesen Gründungsmythos der Psychoanalyse. Zunächst einmal scheint Breuers Verhalten weit über das hinauszugehen, was als ärztliche Behandlung gelten darf. Über mehr als ein Jahr hin oft zweimal täglich Besuche mit intensiven Gesprächen – kein Wunder, daß Breuers Frau eifersüchtig wurde. Nach Anfangserfolgen verschlechtert sich Berthas Zustand derart, daß Breuer sie in ein Sanatorium einweisen läßt. Bertha reagiert mit verstärkter Anorexie und Selbstmordversuchen; Breuer nimmt täglich mehrstündige Kutschfahrten auf sich, um die Behandlung weiterzuführen. Er gibt Bertha, was er geben kann – Morphium, so daß sie süchtig wird und spezielle Diäten. Breuer füttert Bertha; sie nimmt nur Nahrung von ihm an.

Einmal kann Bertha wochenlang nichts trinken. Ein Arzt, der heute eine Anorexie behandelt, würde sie vor die Alternative stellen, entweder Flüssigkeitszufuhr unter Zwang zu akzeptieren oder ihr Widerstreben aufzugeben. Der liebevolle Breuer weicht auf saftrei-

---

[*] Diese Krankengeschichte wird in allen Freud-Biographien ausführlich reflektiert, u. a. E. Jones, *Das Leben und Werk von Sigmund Freud,* Bd. I, Bern 1960 und P. Gay, *Freud, eine Biographie für unsere Zeit,* Frankfurt 1987, S. 80f.

ches Obst aus und entdeckt schließlich in Hypnose die berühmte Szene (s. S. 257), mit deren Hilfe Generationen von Studenten die kathartische Behandlung erläutert wurde. Sie ist ohne Breuers Hingabe kaum vorstellbar.

Breuers Biograph hat diesen grenzenlosen Einsatz des Arztes von Bertha Pappenheim damit verknüpft, daß Breuers Mutter starb, als dieser drei Jahre alt war. So war Bertha genauso alt war wie Breuers Frau Mathilde, als er sie heiratete, und wenig jünger als dessen Mutter, als er sie verlor.[*] Ernest Jones rückt in seiner Freud-Biographie Breuer in ein schlechtes Licht, indem er ihm unterstellt, er habe Berthas Behandlung abgebrochen, um mit Mathilde eine zweite Hochzeitsreise nach Venedig zu machen. Er mystifiziert die Angelegenheit noch weiter durch seine Behauptung, auf dieser Reise sei Breuers jüngste Tochter gezeugt worden, die »nach sechzig Jahren Selbstmord begehen« sollte.[**] In Wahrheit wurde diese Tochter bereits drei Monate vor der Beendigung der Behandlung von Anna O. geboren, und Breuer verbrachte in diesem Jahr seine Ferien am Traunsee.[***]

Die Mystifizierungen, welche in der analytischen Geschichtsschreibung den Fall Anna O. umgeben, hängen mit dem Versuch zusammen, narzißtische Bedürfnisse der beteiligten Ärzte zu befriedigen und Unsicherheiten durch eine Mischung aus Größenanspruch und Entwertung von Rivalen zu bekämpfen. Breuer, der sich redlich

---

[*] Albrecht Hirschmüller, *Physiologie und Psychoanalyse im Leben und Werk Josef Breuers,* Bern 1978.

[**] E. Jones, a. a. O., Bd. I, S. 267. Jones sagt auch, in späteren Äußerungen habe Breuer Anna O. den Tod gewünscht, »damit die Arme von ihrem Leiden erlöst werde« (S. 268). Breuers Brief an Auguste Forel vom 21. November 1907 faßt die Übertragungs-Verstrickung bei schweren narzißtischen Störungen zusammen: »So habe ich damals viel gelernt ... aber auch, daß es für den Arzt unmöglich ist, einen solchen Fall zu behandeln, ohne daß seine Praxis und sein Privatleben vollkommen ruiniert werden.« Ich halte es für naiv, wenn Analytiker in technischen Lehrtexten eine glatte Lösung solcher Fälle versprechen. Mir scheint eher, daß die typische berufliche Biographie sich derart gestaltet, daß der angehende Analytiker mindestens ein Mal in solche Verstrickungen gerät und ihnen künftig nicht so sehr durch verbesserte Technik als durch sorgfältigere Auswahl seiner Patienten entgeht.

[***] Gay, a. a. O., S. 746.

bemüht hat und schließlich erschöpft aufgab, wird darin zum ängstlichen Mann, der verzagt, wo Freud mit klarer, kühner Einsicht die Behandlung gerettet, die Übertragungsliebe entdeckt und Anna O. geheilt hätte.

Diese Selbstüberschätzung verdient einen Advocatus Diaboli, der gegen sie einwendet, daß wir nicht wissen, ob ein korrekt die Übertragung analysierender Analytiker mit dieser Patientin womöglich weniger weit gekommen wäre als der verachtete Breuer, der sich immerhin zwei Jahre in ein kreatives Chaos begab und sich schließlich, versengt, beschädigt und mit dem Wunsch, nie wieder dorthin zu geraten, daraus rettete.

Freud selbst war hier immer weit vorsichtiger und selbstkritischer als die ihn glorifizierenden Mythographen. Er wußte, daß Breuers Entdeckungen, die sich dem offenen, vorurteilslosen Zuhören schuldeten, ebensolche Pioniertaten waren wie seine eigenen. Und er ahnte womöglich, daß Breuers Resignation nach der Therapie von Anna O. ihn davor bewahrte, angesichts ähnlicher Enttäuschungen zu kapitulieren.

Die frühen Krankengeschichten Freuds, die alle Frauengeschichten sind, verraten noch an vielen Stellen, wie sehr die Entdeckung der Psychoanalyse dadurch mitgeprägt wurde, daß dieser junge, ehrgeizige Arzt sich dort, wo seine Kollegen ihm nichts Brauchbares mitzuteilen wußten, von seinen Patientinnen belehren ließ. So hat Fanny Moser, deren Deckname in den »Studien über Hysterie« »Emmy v. N.« lautet, Freud die »Grundregel« beigebracht. Sie tadelte, daß er sie durch Fragen peinigte, und forderte ihn auf: »Ich solle sie nicht immer fragen, woher das und jenes komme, sondern sie erzählen lassen, was sie mir zu sagen habe.«[*]

Auch den Abbruch einer Behandlung, weil eine Patientin zu heftige erotische Wünsche äußert, berichtet Freud. Breuers panische Flucht verwandelt er allerdings in einen taktischen Rückzug: von der Manipulation durch Hypnose schreitet er zur Analyse der Manipulationen, welche die Kranke verinnerlicht hat und nun in der therapeutischen

---

[*] S. Freud (1895), »Studien über Hysterie«, *Ges. Werke*, I, S. 116.

Situation neu inszeniert. Diese Aufmerksamkeit für die Beziehung zu den Kranken war die wesentlichste Voraussetzung der Psychoanalyse.

Freud stellte fest, daß »selbst die schönsten Resultate« der hypnotischen Behandlung »plötzlich wie weggewischt waren, wenn sich das persönliche Verhältnis zum Kranken getrübt hatte«, daß also »die persönliche affektive Beziehung doch mächtiger war als die kathartische Arbeit.«[*] Und die erotischen Wünsche sind eine mächtige Ursache solcher Trübungen.

»Als ich einmal eine meiner gefügigsten Patientinnen ... durch die Zurückführung ihres Schmerzanfalls auf seine Veranlassung von ihrem Leiden befreite, schlug sie beim Erwachen ihre Arme um meinen Hals. Der unvermutete Eintritt einer dienenden Person enthob uns einer peinlichen Auseinandersetzung, aber wir verzichteten von da an in stillschweigender Übereinkunft auf die Fortsetzung der hypnotischen Behandlung.«[**]

Die Frau und der Arzt verhalten sich wie ertappte Liebende, die ein unerlaubtes Verhältnis stillschweigend beenden. Aber Freud ist nicht so traumatisiert wie Breuer, der seine Erlebnisse verdrängen möchte und künftig vergleichbare Situationen meidet. Er betont seine Selbstkritik: »Ich war nüchtern genug, diesen Zufall nicht auf die Rechnung meiner persönlichen Unwiderstehlichkeit zu setzen, und meinte, jetzt die Natur des mystischen Elements, welches hinter der Hypnose wirkte, erfaßt zu haben. Um es auszuschalten oder wenigstens zu isolieren, mußte ich die Hypnose aufgeben.«[***]

Die Verwirrungen, welche in den subjektiv und persönlich gewordenen Beziehungen der neuen Helfer auftauchen, spiegeln sich in den widersprüchlichen Gleichnissen, mit denen Freud die Qualität der ›Übertragungsliebe‹ faßt. Oben haben wir gelesen, wie sehr sich der Arzt von solchen Verstrickungen freihalten soll, wie es darum geht, die heiße (Übertragungs)Liebe durch Zurückführung auf das Infantile abzukühlen. Der Analytiker weist auf die Qualität der Wiederholung

---

[*]   S. Freud (1925), »Selbstdarstellung«, *Ges. Werke,* XIV, S. 52.
[**] S. Freud, *Ges. Werke,* XIV, S. 52.
[***] S. Freud, *Ges. Werke,* XIV, S. 52.

und des Widerstandes in dieser Liebe hin, konfrontiert mit ihrer unpassenden Qualität, die von Ernst und Arbeit ablenkt. Auf der anderen Seite ist es gerade diese Liebe, welche die Möglichkeit in sich trägt, die Patientin dauerhaft zu verändern. Im Dezember 1906 schreibt Freud an Jung: »Ihnen wird es nicht entgangen sein, daß unsere Heilungen durch die Fixierung einer im Unbewußten regierenden Libido zustande kommen (Übertragung), die einem nun bei der Hysterie am sichersten entgegenkommt. Diese gibt die Triebkraft zur Auffassung und Übersetzung des Unbewußten her; wo diese sich weigert, nimmt sich der Patient nicht die Mühe oder hört nicht zu, wenn wir ihm die von uns gefundene Übersetzung vorlegen. Es ist eigentlich eine Heilung durch Liebe. In der Übertragung liegt dann auch der stärkste, der einzig unangreifbare Beweis für die Abhängigkeit der Neurosen vom Liebesleben.«[*]
Zunächst redet Freud sich selbst und seinen Schülern eher zu, diese Übertragungsliebe zuzulassen. Dann gilt es, ihr Wesen zu erkennen und ihre Kraft zu nützen. Denn erst wenn sich die Libido der Kranken in der Übertragung an den Arzt bindet, gewinnt dieser sozusagen den archimedischen Punkt, um die Neurose aus den Angeln zu heben. Ohne diesen Punkt, der durchaus dem ›Rapport‹ zwischen Hypnotiseur und Medium vergleichbar ist, besteht diese Aussicht nicht. Aber während der Hypnotiseur sein geheimes Wissen behalten muß, ist es Aufgabe des Analytikers, es mitzuteilen und auf diesem Weg das vernünftige Ich der Kranken zu einem unerschütterlichen Bundesgenossen zu gewinnen, das mit ihm schließlich die infantilen Wurzeln der Übertragung erkennt und sich in dieser Erkenntnis sowohl von der Neurose wie vom Arzt befreit.
Freud spielte mit dem Gedanken, daß die erwiderte Übertragungsliebe ein höherer Wert, ein ›Idealfall‹ sei, demgegenüber die ärztliche Distanz dazu führe, daß die regelrecht durchgeführte Analyse einer Übertragung die Liebe ebenso auflöse wie den Haß und den Arzt zu eben jenem Fremden mache, der er vorher gewesen sei. Er zeigt seine Empfänglichkeit für die Versuchung, der auch Breuer ausge-

* *Freud/Jung Briefwechsel*, Frankfurt 1974, S. 13.

setzt war und die er in der Umarmungsszene darin verschlüsselt, daß er ein peinliches Ereignis – das Eintreten des Dienstboten – für erlösend erklärt. Im Unbewußten gibt es kein Nein, so daß sich gerade mit Hilfe der von Freud entdeckten Aufklärungen rekonstruieren läßt, wie empfänglich Freud für den Rausch der Verliebtheit (»ich war nüchtern genug«) und den Traum der Unwiderstehlichkeit ist (»nicht auf die Rechnung meiner persönlichen Unwiderstehlichkeit zu setzen«).

Die nächste Etappe in der Entwicklung ist die Analyse der Gegenübertragung – also des Pendants zur Übertragung beim Analytiker selbst. Dieses Konzept hat sich aus der Auseinandersetzung von Freud mit dem Verhalten seines damaligen Lieblingsschülers Jung in der (von Jung so genannten) Spielrein-Affäre entwickelt. Das Drama verläuft sozusagen spiegelbildlich zu dem Drama der Anna O. Während Breuer angesichts der Verliebtheit seiner Patientin in seine Ehe zurückflüchtet, kann Jung der Übertragungsliebe seiner Star-Patientin Sabina Spielrein nicht widerstehen. Da es den Liebenden nicht gelingt, ihre Gefühle zu verbergen, mischen sich nacheinander Angehörige und Freunde ein. Interessant ist jedoch nicht nur die Dynamik der Affäre, sondern auch ihre nachträgliche Bewertung, in der sich ein ähnlicher Bedarf nach therapeutischer Überheblichkeit bemerkbar macht wie im Urteil über Breuers Verhalten.

Schon in seinem vierten Brief an Freud erwähnt Jung seine Patientin, deren Fall er später auch publiziert hat.[*] Es ist die Zeit der ersten Begeisterung und Über-Identifizierung des Schweizers mit Freuds Sexualtheorie.

»Ein Erlebnis aus jüngste Zeit muß ich bei Ihnen abreagieren, auf die Gefahr hin, Sie zu langweilen. Ich behandle gegenwärtig eine Hysterie nach Ihrer Methode. Schwerer Fall, 20jährige russische Studentin, krank seit sechs Jahren.

---

[*] Beschrieben in Jungs Vortrag »Die Freudsche Hysterielehre«, Amsterdam 1907, C. G. Jung, *Ges. Werke*, Bd. 4, Abs. 53–58.

1. Trauma: 3.–4. Lebensjahr. Sieht, wie der Vater ihren älteren Bruder auf den nackten Hintern schlägt. Starker Eindruck. Muß nachher denken, sie hätte dem Vater auf die Hand defäkiert. Vom 4.–7. Jahr angestrengte Versuche, sich auf die eigenen Füße zu defäkieren, folgendermaßen: Sie setzte sich mit einem unter-geschlagenen Fuß auf den Boden, preßte die Ferse gegen den Anus und versucht, zu defäkieren und gleichzeitig das Defäkieren zu hindern. Hält so mehrfach den Stuhl bis zwei Wochen lang zurück! Weiß nicht, wieso sie zu dieser sonderbaren Geschichte gekommen ist; es sei völlig triebartig gewesen, dabei ein wonniges Schauer-gefühl. Später wurde dieses Phänomen durch heftige Onanie abge-löst.

Ich wäre Ihnen äußerst dankbar, wenn Sie mir Ihre Ansicht über diese Geschichte in wenigen Worten mitteilen würden.

Mit vorzüglicher Hochachtung
Ihr sehr ergebener C. G. Jung.«[*]

Freuds Antwort bleibt ganz im Rahmen der Klinik, des ärztlichen Dialogs über einen Fall, der die eigenen Theorien bestätigt – jener unerschütterliche Dienst, den die ›hysterischen‹ Kranken des 19. und auch 20. Jahrhunderts ihren Ärzten erweisen.[**]
Freud antwortet:

»An Ihrer Russin ist erfreulich, daß es eine Studentin ist; ungebildete Personen sind für uns derzeit allzu undurchsichtig. Die berichtete Defäkationsgeschichte ist hübsch, nicht ohne zahlreiche Analogien. Sie erinnern sich vielleicht aus meiner ›Sexualtheorie‹ an die Be-hauptung, daß Zurückhaltung der faeces schon vom Säugling als Lusterwerbsquelle ausgenützt wird. Das 3.–4. Jahr ist die bedeut-

[*] Brief vom 23. 10. 1906, *Briefwechsel Freud/Jung*, Frankfurt 1974, S. 7.
[**] Edward Shorter, *Moderne Leiden. Zur Geschichte der psychosomatischen Krankheiten*, Reinbek 1994. Der Autor beschreibt (vgl. S. 249 f.), wie die Ärzte um Charcot durch ihre Theorien die Kranken zu ihren Symptomen brachten. Wer die frühen psychoana-lytischen Arbeiten liest, entdeckt viele Hinweise darauf, daß dieses Entgegenkommen der Kranken nach Charcots Entmachtung weiterging.

samste Periode für die später pathogenen Sexualbetätigungen (eben-
daselbst). Der Anblick des geschlagenen Bruders weckt eine Erinne-
rungsspur aus dem 1.–2. Jahr oder eine dahin versetzte Phantasie. Es
ist nichts Seltenes, daß kleine Kinder die Hand dessen, der sie trägt,
beschmutzen. Warum soll ihr das nicht so passiert sein? Damit wacht
also ihre Erinnerung an die Zärtlichkeiten des Vaters in ihrer frühen
Kindheit auf. Infantile Fixierung der Libido auf den Vater, der typische Fall, als Objektwahl; analer Autoerotismus. Die dann doch von
ihr gewählte Stellung muß sich ins Einzelne auflösen lassen, scheint
noch aus anderen Momenten zusammengesetzt. Welchen? Die Anal-
erregung muß sich dann in den Symptomen als Triebkraft erkennen
lassen; selbst im Charakter. Solche Leute zeigen häufig typische
Kombinationen gewisser Charakterzüge. Sie sind sehr ordentlich,
geizig und trotzig, was sozusagen die Sublimierungen der Analerotik
sind. Fälle wie dieser, die auf verdrängten Perversionen beruhen,
sind besonders schön zu durchschauen.«[*]

Erst drei Jahre später, im März 1909, taucht diese Patientin
wieder auf. Jung reagiert alarmiert auf ein Telegramm Freuds, das
ihn an eine Verabredung zu einem Familienbesuch (Jung und
seine Frau beim Ehepaar Freud) in Wien mahnt, über die Jung
nun seit Februar nichts mehr hat hören lassen. Er redet sich
zunächst auf seine Arbeitsbelastung hinaus – ein fragwürdiges
Argument gegenüber Freud, der täglich von 8 Uhr morgens bis 8
Uhr abends Analysen macht und dennoch prompt auf jeden Brief
antwortet. Schließlich rückt er mit einem kleinen Teil der Wahrheit heraus:

»Zu guter Letzt oder vielmehr zu schlimmer Letzt nimmt mich
gegenwärtig ein Komplex fürchterlich bei den Ohren, nämlich eine
Patientin, die ich vor Jahren mit größter Hingabe aus schwerster
Neurose herausgerissen habe, hat mein Vertrauen und meine
Freundschaft in denkbarst verletzender Weise enttäuscht. Sie mach-

[*] *Briefwechsel Freud/Jung*, a. a. O., S. 8 f.

te mir einen wüsten Skandal ausschließlich deshalb, weil ich auf das Vergnügen verzichtete, ihr ein Kind zu zeugen. Ich bin immer in den Grenzen des Gentleman ihr gegenüber geblieben, aber vor meinem etwas zu empfindsamen Gewissen fühle ich mich doch nicht sauber, und das schmerzt am meisten, denn meine Absichten waren immer rein gewesen. Aber sie wissen ja, daß der Teufel auch das Beste zur Schmutzfabrikation verwenden kann. Ich habe dabei unsäglich viel gelernt über die Weisheit der Eheführung, denn bislang hatte ich von meinen polygamen Komponenten trotz aller Selbstanalyse eine ganz unzulängliche Vorstellung. Jetzt weiß ich, wo und wie der Teufel zu fassen ist. Diese schmerzlichen und doch höchst heilsamen Erkenntnisse haben höllisch in mir gewühlt, mir aber gerade dadurch, so hoffe ich, moralische Qualitäten gesichert, deren Besitz für mein späteres Leben von größtem Vorteil sein wird. Die Beziehung zu meiner Frau hat einen großen Zuwachs an Sicherheit und Tiefe dadurch gewonnen.«[*]

Die Einzelheiten in dem Beziehungsgeflecht um Sabina Spielrein sind nachträglich kaum mehr zu klären. Es gibt sechs Protagonisten: Neben dem Liebespaar Sabina und Carl Gustav Sabinas Mutter und Emma Jung als weibliche, Freud und Jungs Chef Bleuler als männliche Träger imaginierter und realer Moralismen. Ausgelöst wird die Krise durch Briefe von Emma Jung an Freud und vermutlich auch an Sabinas Mutter. Jung streitet nach außen hin alles ab. Freud gegenüber spricht er von den »Grenzen des Gentleman«, Sabinas Mutter gegenüber versucht er sogar, den Spieß umzukehren: Da er in den letzten Jahren kein Honorar mehr genommen habe, sei er auch nicht mehr Arzt der Patientin, sondern ein Freund. Wenn Sabinas Mutter wieder die Stunden honoriere, könne sie auch ganz sicher sein, daß er ihre Tochter in Frieden lasse.

Jungs erster, stark von Rechtfertigungsversuchen geprägter Geständnisbrief dokumentiert sein Schwanken zwischen Schuldgefühl

[*] *Briefwechsel Freud/Jung,* a. a. O., S. 229 f. Jungs Einsichten und Treueschwüre in bezug auf seine Ehe verraten viel von dem Druck, unter dem er stand, und auch davon, daß er Freud nicht als Freund, sondern als Autorität erlebte.

und Verleugnungswunsch. Er klingt ganz und gar nicht nach der Routine eines ertappten Verführers. Jung ist augenscheinlich überwältigt von der Begegnung mit seinem Doppelleben. Er reagiert mit Panik und projizierter Aggression gegen die ›Undankbare‹. Wie sehr sich Freud in dieser Angelegenheit zurückhält, wird daraus deutlich, daß er in seinem Brief erst lange über die Einladung nach Amerika schreibt, ehe er auf Jungs Verzweiflung eingeht und versucht, ihm eine goldene Brücke zu bauen:

»Von jener Patientin, die Sie die neurotische Undankbarkeit der Verschmähten kennengelernt hat, ist eine Kunde zu mir gedrungen. Muthmann sprach bei einem Besuch von einer Dame, die sich ihm als Ihre Geliebte vorgestellt und meinte, es würde ihm nur imponieren, wenn Sie sich soviel Freiheit bewahrt hätten. Wir waren aber auch in der Vermutung einig, daß die Sache anders liege und nicht ohne Zuhilfenahme der Neurose von seiten der Angeberin zu erklären sei. Verleumdet und von der Liebe, mit der wir operieren, versengt zu werden, das sind unsere Berufsgefahren, derentwegen wir den Beruf wirklich nicht aufgeben werden.
Navigare necesse est, vivere non necesse. Übrigens: ›Bist mit dem Teufel du und du/und willst dich vor der Flamme scheuen‹? So ähnlich sprach doch der Herr Großvater. Ich komme auf dieses Zitat, weil Sie in der Darstellung dieses Erlebnisses entschieden in den theologischen Stil verfallen.«[*]

Aus Freuds Antwort wird überdeutlich, wie sehr er fürchtet, daß Jung sich ähnlich verhalten könnte wie Breuer. Er redet ihm mit allen erdenklichen Zitaten und Schmeicheleien zu, angesichts seiner emotionalen Verstrickungen die Psychoanalyse nicht aufzugeben. »Navigare necesse est, vivere non necesse« war ein Plutarch entlehnter Wahlspruch der Hanse-Städte Hamburg und Bremen. Ursprünglich soll er in einer Ansprache des Feldherrn Pom-

[*] Freud, 9. 3. 1909, in: *Briefwechsel Freud/Jung*, a. a. O., S. 233.

peius an seine Matrosen im Kampf gegen die Piraten gefallen sein. Das Goethe-Zitat – »Großvater« ist ein versteckter Appell an Jungs Narzißmus, denn dieser kultivierte die Familiensaga, daß sein Großvater Carl Gustav ein natürlicher Sohn Goethes gewesen sei – entstammt dem »Faust«. Freud versammelt gewissermaßen eine Schar von Heroen, um seinen wankelmütigen Freund zu trösten.

»Ihre gütigen und befreienden Worte haben mir gutgetan«, schreibt Jung sogleich zurück. Von einer Geliebten will er aber gar nichts wissen: »Die von Muthmann kolportierte Geschichte ist mir ganz dunkel. Eine Geliebte habe ich wirklich nie gehabt, sondern bin überhaupt der denkbar harmloseste Ehemann.«[*]

Am vierten Juni entwickelt sich die Geschichte weiter. Sabina Spielrein hat Kontakt mit Freud aufgenommen; dieser fragt bei Jung nach, worum es sich handle, und wird aufgeregt in einem Telegramm (das verloren ist) und einem Brief informiert:

»Die Spielrein ist dieselbe Person, von der ich Ihnen geschrieben ... Es war mein psychoanalytischer Schulfall sozusagen, weshalb ich ihr eine besondere Dankbarkeit und Affektion bewahrte. Da ich aus Erfahrung wußte, daß sie sofort rückfällig wurde, wenn ich ihr meinen Beistand versagte, zog sich die Beziehung über Jahre hin, und ich hielt mich schließlich quasi für moralisch verpflichtet, ihr meine Freundschaft weitgehend zu vertrauen, solange bis ich sah, daß dadurch ein unbeabsichtigtes Rad ins Rollen geriet, weshalb ich schließlich abbrach. Sie hatte es natürlich planmäßig auf meine Verführung abgesehen, was ich für inopportun hielt. Nun sorgt sie für Rache. Jüngst hat sie über mich das Gerücht ausgestreut, ich werde mich binnen kurzem von meiner Frau scheiden lassen und eine bestimmte Studentin heiraten, was einige meiner Kollegen in gewisse Aufregung versetzte. Was sie jetzt plant, ist mir dunkel. Ich vermute nichts Gutes; es müßte denn sein, daß Sie zu einem Ver-

* *Briefwechsel Freud/Jung*, a. a. O., S. 234.

mittlungsversuch mißbraucht werden sollen. Ich brauche wohl kaum zu sagen, daß ich die Sache endgültig abgeschnitten habe.«*

Psychoanalytische Kongresse unterscheiden sich nicht immer von der Stimmung eines Herrenabends. Als Carotenuto im Dezember 1982 seine Erkenntnisse aus den in Genf gefundenen Spielrein-Papieren vortrug, ging es vor allem darum, daß einige Diskutanten ganz sicher zu wissen glaubten, Jung habe trotz des beständigen »Sie« in seinen Briefen Sexualverkehr mit Sabina gehabt.** Das nämliche behauptete Bruno Bettelheim in einem Artikel im Zürcher Tagesanzeiger.***
In Wahrheit hat sich Jung relativ rasch von seiner Gegenübertragungspsychose erholt und sich mit Sabina versöhnt. In einem Brief vom 21. Juni 1909 – die überstürzte Trennung muß sich Anfang dieses Jahres abgespielt haben – faßt er die Situation zusammen:

»Lieber Herr Professor!
Ich habe Ihnen in meiner Spielrein-Affäre Gutes zu melden. Ich habe viel zu schwarz gesehen. Ich erwartete nach der von mir herbeigeführten Trennung sozusagen mit Sicherheit eine Rache und war nun tief enttäuscht über die Banalität der Form. Vorgestern hat sich nun Frl. Spielrein bei mir eingefunden und in *anständigster Weise* mit mir gesprochen, wobei es sich auch herausgestellt, daß ein über mich herumschwirrendes Gerücht gar nicht von ihr stammt. Ich habe aus erklärlichem Beziehungswahnsinn das Gerücht ihr zugeschoben, was ich also hiermit zurückziehen möchte. Ferner hat sich Frl. Spielrein in bester und schönster Weise von der Übertragung freigemacht und keinerlei Rückfall erlitten (außer einem Weinkrampfe unmittelbar nach der Trennung). Die Absicht, zu Ihnen zu kommen, zielte nicht etwa auf Intrige, sondern darauf, den

---

* *Briefwechsel Freud/Jung,* a. a. O., S. 252 f.
** A. Carotenuto, *Trasgressioni. Astrolabio,* Roma 1983, S. 121.
*** B. Bettelheim, »Skandal in der Psychofamilie. C. G. Jung und seine Anima.« *Tagesanzeiger* X/1983, S. 19 f.

Weg zu mir zu einer Unterredung zu bahnen. Nun hat sich Frl. Spielrein aber nach Ihrem zweiten Brief direkt an mich gewendet. Ohne in eine hilflose Reue zu verfallen, beklage ich doch die Sünden, die ich begangen, denn ich bin in weitem Maße an den hochgehenden Hoffnungen meiner ehemaligen Patientin schuldig. So diskutierte ich ernstlich (nach meinem ursprünglichen Prinzip, alle Menschen bis zur Grenze des Möglichen ernstzunehmen) mit ihr das Problem des Kindes, wobei ich mir einbildete, ich rede theoretisch, natürlich stak Eros dahinter. So schob ich auch alle anderen Wünsche und Hoffnungen ganz auf Seite meiner Patientin, ohne das gleiche an mir zu sehen. Als sich auf diese Weise die Situation so zugespitzt hatte, daß bei weiterem Perversieren der Beziehung nur noch sexuelle Akte das Bild richtig schließen konnten, da wehrte ich mich in einer Weise, die sich moralisch nicht verteidigen läßt. In meinem Wahne befangen, ich sei quasi das Opfer der sexuellen Nachstellungen meiner Patientin, schrieb ich an deren Mutter, daß ich nicht der Befriediger der Sexualität ihrer Tochter, sondern bloß der Arzt sei, weshalb sie mich von der Tochter befreien solle.[*] In Anbetracht des Umstandes, daß die Patientin noch kurz vorher meine Freundin war, die mein weitgehendes Vertrauen hatte, war meine Handlungsweise eine durch die Angst eingegebene Schufterei, die ich Ihnen als meinem Vater sehr ungern gestehe.«[**]

Freud antwortet darauf am 30. 6. 1906:

»Lieber Freund ... Ihr Brief hätte mich auch mit größeren Missetaten von Ihrer Seite versöhnt; vielleicht bin ich schon zu parteiisch für

---

[*] Das besonders beschämende Detail des nachträglich geforderten Honorars erspart sich Jung hier zu nennen. Er schrieb an Sabinas Mutter: »Ich schlage Ihnen darum vor, um meine Stellung als Arzt, von der Sie wünschen, daß ich sie beibehalten möge, zu umgrenzen, mir ein Honorar auszusetzen als angemessene Entschädigung für meine Bemühung. Damit sind Sie absolut sicher, daß ich meine Pflicht als Arzt unter allen Umständen respektieren werde.« Zit. n. Carotenuto, a. a. O., S. 92.
[**] *Briefwechsel Freud/Jung*, a. a. O., S. 260 f.

Sie. Ich habe Frl. Spielrein unmittelbar darauf ein paar liebenswürdige, Genugtuung bietende Zeilen* geschrieben und dafür heute Antwort bekommen, merkwürdig ungelenk – ist wohl keine Deutsche? – oder sehr gehemmt, schwer zu lesen und schwer zu verstehen. Nur soviel ist daraus zu entnehmen, daß es ihr sehr nahegeht und sie sehr im Ernst ist.«**

Es ist keine Frage, daß Jung einen schweren Fehler gemacht hat, der Sabina und ihn selbst belastet. Aber die Gerechtigkeit gebietet, auch Jungs Schuldbekenntnis zu achten. Wenn er von einem »Beziehungswahn« spricht, er sei Opfer von Sabinas sexuellen Nachstellungen, von der »durch die Angst eingegebenen Schufterei« seiner Briefe an Sabinas Eltern, dann finde ich ein Maß an Selbstkritik, das ich unter wohlausgebildeten Therapeuten der Gegenwart nach vergleichbaren Abstinenzverletzungen keineswegs immer entdecken konnte.

Jung hat Sabina auch später gefördert und den Kontakt mit ihr gepflegt, sich also durchaus bemüht, den Schaden gutzumachen und zu begrenzen. Das mag wenig sein und ist doch, verglichen mit dem durchschnittlichen Verhalten gekränkter Männer, gewiß keine Selbstverständlichkeit.

Bertha Pappenheim hat später ein engagiertes und produktives Leben geführt; ebenso Sabina Spielrein. Daß beide Therapeuten im Scheitern an ihrer Gegenübertragung so wenig Verständnis und Wohlwollen bei ihren Zunftgenossen fanden, gehört zu jenen Phänomenen, die Freud in einem späteren Brief an Sabina Spielrein beklagt: »Ich bin freilich oft gekränkt darüber, daß ich das persönliche

---

* »Ich habe heute durch Dr. Jung selbst Einsicht in die Sache bekommen wegen welcher Sie mich besuchen wollten, und sehe nun, daß ich Einiges richtig errate, anderes fälschlich zu Ihrem Nachteil construirt habe. Wegen dieses letzteren Anteils bitte ich Sie um Entschuldigung. Meinem Bedürfnis nach Achtung vor den Frauen entspricht es aber sehr, daß ich mich geirrt habe, und daß die Verfehlung dem Mann und nicht der Frau zur Last fällt, wie mein junger Freund selbst zugibt. Nehmen Sie den Ausdruck meiner vollen Sympathie für die würdige Art, wie Sie den Conflict gelöst haben.« Zit. n. Carotenuto, a. a. O., S. 117.
** *Briefwechsel Freud/Jung*, a. a. O., S. 262.

Wesen und das gegenseitige Einvernehmen unter unseren Mitgliedern nicht auf das Niveau heben kann, das ich von Psychoanalytikern fordern möchte.«[*]

Ich vermute, daß diese hämischen Abwertungen mit einer Reaktionsbildung durch moralische Überanpassung zusammenhängen, wie sie in der deutschen Psychoanalyse nach dem Hitlerreich dominierte. Eine amerikanische Analytikerin wie Ethel S. Pearson hat es leichter, nüchtern und abgewogen zu urteilen.»Obgleich Jung sich in eine intensive persönliche Beziehung mit ihr verstrickte, sich ihr gegenüber schwankend verhielt und sie im Stich ließ, als er fürchten mußte, daß eine Entdeckung ihres Verhältnisses seine Karriere gefährden würde, zerbrach die zuvor schon psychisch stark gehandikapte Frau daran keineswegs. Sie wurde vielmehr gesund und konnte sich sogar ihre Gefühle für ihn bewahren. Obendrein fand sie durch die Behandlung – was zweifellos heißt, durch die Identifikation mit dem geliebten Analytiker – auch noch ihre Lebensaufgabe.«[**]

Der Arzt spielt, wie Sándor Ferenczi gesagt hat, die Rolle eines Katalysators, der die im analytischen Prozeß frei werdenden Gefühle zunächst auf sich zieht, um sie anschließend wieder der Außenwelt zuzuführen. Die Übertragung spielt übrigens nicht nur in der Psychotherapie, sondern in jeder mitmenschlichen Beziehung eine Rolle. Das Kind ist durch seine Erzieher, in der Regel die Eltern, in eine bestimmte Richtung geprägt worden und reagiert nun auf jeden Menschen, den es kennenlernt, in den Bahnen, welche diese Prägun-

---

[*]   Freud an Spielrein am 27.10.1911, zit. n. Carotenuto, a. a. O., S. 117.
[**] Ethel S. Pearson, *Dreams of Love and Fateful Encounters. The Power of Romantic Passion*, New York, Norton 1988. Zit. n. d. deutschen Übersetzung, die 1990 unter dem (unglücklichen) Titel *Lust auf Liebe* erschienen ist, S. 339. Pearson leitet die psychoanalytische Ausbildung an der Columbia-Universität und ist vor allem durch ihre Untersuchungen über die Geschlechtsunterschiede in der Übertragungs-Gegenübertragungsliebe bekannt geworden. Pearson diskutiert in aller Ruhe die (auch von Bettelheim in seinem Vorwort zur amerikanischen Ausgabe des Buchs von Carotenuto geäußerte) Frage, ob wir sicher sein können, daß der therapeutische Erfolg ebensogut gewesen wäre, wenn sich Jung so verhalten hätte, wie wir es gegenwärtig von einem gewissenhaften Therapeuten erwarten.

gen vorschreiben. Der Erwachsene wiederholt also dem Therapeuten gegenüber jene weitgehend unbewußten zwischenmenschlichen Haltungen, die er früher seinen Eltern oder anderen Erziehern zuwandte.

Wir erkennen, warum Freud den Analytiker auffordert, neutral zu bleiben, die eigenen Wünsche nicht in der Analyse laut werden zu lassen, denn nur so kann er die Übertragung als solche erkennen – als Schema, in das der neurotisch Kranke alle Menschen zwängt, die ihm begegnen, nicht als persönliche Antwort auf die Persönlichkeit des Analytikers. Während im normalen Leben niemand zwischen Übertragung und persönlicher Antwort auf eine andere Persönlichkeit unterscheidet, kann der Analytiker die Übertragung des Neurotikers analysieren und dadurch klären. Ein Beispiel: Vielleicht zum erstenmal erkennt ein junger Mann, der bisher mit allen Autoritätspersonen in Schule, Universität und Beruf nach kurzer Zeit Streit bekam, daß er tatsächlich immer noch unbewußt seinen Vater bekämpft – wenn er nämlich seinen Analytiker ebenfalls als drohend erlebt, aber von diesem nicht wie von Lehrern oder Vorgesetzten bestraft, sondern angehört und in seinen Gefühlen verstanden wird. Freud hat den Heilungsvorgang später zweigliedrig dargestellt: Die Neurose des Kranken wird in eine Übertragungsneurose verwandelt, in der die krank machenden Verdrängungen gegenüber dem Analytiker wieder aktualisiert werden. Diese Übertragungsneurose wird in einem zweiten Teil der Therapie analysiert; erst wenn sie beseitigt ist, darf die Analyse abgeschlossen werden. Die Heilung der neurotischen Symptome selbst kann schon während der Übertragungsneurose eintreten; doch zu dieser Zeit darf laut Freud die Behandlung nicht unterbrochen werden. Das soll erst geschehen, wenn die Übertragung selbst analysiert worden ist.

Während Freud in seiner Anfangszeit eine Selbstanalyse (anhand eigener Träume) und gründliches Studium der psychoanalytischen Literatur für eine ausreichende Ausbildung des künftigen Psychotherapeuten hielt, setzte sich bald die zuerst von Carl Gustav Jung ausgesprochene Forderung durch, jeder künftige Analytiker müsse einen ›Selbstversuch‹ – eine Lehranalyse machen, in der vor allem seine eigenen, unbewußten Reaktionen auf andere Menschen untersucht werden, die später als Gegenübertragungen die Therapie stören könnten.

Die Lehranalyse hatte freilich auch noch eine Reihe anderer, nicht eingestandener Funktionen. Sie sollte hartnäckige Zweifler an der Psychoanalyse ebenso ausschließen wie Kandidaten, die wegen ausgeprägter und hartnäckiger Neurosen ungeeignet sind, therapeutisch zu arbeiten. Das Element der Bekehrung in der Lehranalyse wird heute kritisch gesehen. Während früher der Lehranalytiker beurteilte, ob der Kandidat geeignet ist oder nicht, sind heute die meisten Ausbildungsinstitute »non reporting«, d. h. die Lehranalyse ist geheim, ihre Ergebnisse gehen nicht in Ausbildungsurteile (wie Zulassung zur Patientenbehandlung oder Abschluß der Supervisionspflicht von Behandlungen) ein.

Es ist übrigens nie nachgewiesen worden, daß eine Lehranalyse die Qualifikation eines Therapeuten steigert. Die meisten Psychoanalytiker sind aber davon überzeugt. Vielleicht sollten auch Ärzte einmal ihre Kliniken oder Praxen als Patienten aufsuchen und Richter eine Woche in einem Gefängnis verbringen? Der Rollentausch hat als Ritus (s. S. 69 f.) ausgedient; die Einfühlung in lebendige Menschen, die von Berufs wegen wie Sachen behandelt werden, könnte er auch an anderen Orten fördern als in der Psychotherapie. Die erste Lehranalyse der Geschichte würde heute von keinem Lehrinstitut mehr akzeptiert. Sie fand an einem Dutzend Abendspaziergängen in den Straßen Wiens statt, auf denen Freud mit dem Zürcher Psychiater Max Eitington (1881 bis 1943) plauderte.

Freud hielt seine Methode für Menschen unter 50 Jahren mit guter Intelligenz und ethischer Entwicklung für geeignet, nicht für verwirrte Neurotiker in Dämmerzuständen oder desorientierte Geisteskranke. Zwangsneurosen, Phobien, Angstanfälle und psychogene Körperkrankheiten bei Hysterie galten ihm als die wichtigsten Diagnosen, in denen eine Psychoanalyse hilfreich werden kann. Nervös-Erschöpfte sind unfähig, sich einem Verfahren zu unterziehen, das Anstrengung verlangt und keine sofortige Hilfe bietet. Süchtige und

Perverse, die Lust aus ihren Symptomen gewinnen, ändern sich nicht freiwillig.

Freud hat die Grenzen seiner Methode klar gesehen und auch erkannt, daß eine gegenseitige Beziehung notwendig ist, um Erfolg zu haben, wobei er nüchtern und ohne die Attitüde des Wunderheilers bemerkt: »Bei wertlosen Personen läßt den Arzt bald das Interesse im Stiche, welches ihn zur Vertiefung in das Seelenleben des Kranken befähigt.« (Freud 1904, S. 13) Die Psychoanalyse ist »an dauernd existenzunfähigen Kranken und für solche geschaffen worden, und ihr Triumph ist, daß sie eine befriedigende Anzahl von solchen dauernd existenzfähig macht.« (Freud 1905, S. 43)

Freud selbst hat eine Reihe von Patienten geheilt, die vorher jahrelang in Anstalten lebten und bei denen man eine lange Reihe anderer Methoden ohne Erfolg versucht hatte. Daher wohl auch der große Aufwand an Zeit und Mühe, den die klassische Analyse fordert, und den abzukürzen Freud selbst bei leichteren, weniger lang bestehenden Neurosen für möglich hielt. Zu Freuds Zeit war es noch nicht üblich, den Heilerfolg einer psychotherapeutischen Methode in Maß und Zahl zu fassen. Daß Freud vielfach in für aussichtslos geltenden Fällen helfen konnte, ist aber historisch erwiesen. Eine ganze Reihe von Statistiken weist aus, daß durch psychoanalytische Therapie rund ein Drittel der Behandelten geheilt, ein weiteres Drittel wesentlich gebessert wurde, während ein letztes Drittel unverändert blieb (genaue Zahlen geben Johannes Cremerius, Annemarie Dührssen, Karl Ernst).

Ein erklärter Gegner der Psychoanalyse, der deutsch-englische Psychologe Hans Jürgen Eysenck, versuchte 1960 diese Statistiken durch den Hinweis zu entkräften, daß nach amerikanischen Versicherungsstatistiken 75 Prozent aller Neurosen binnen einiger Jahre von selbst heilen. Dann wäre die Heilungs- und Besserungsquote der Psychoanalyse mit rund 66 Prozent eher schlechter als die spontane Heilungsquote. Doch läßt sich mit ungeprüften Statistiken sehr viel beweisen. Der Fehler an Eysencks These liegt darin, daß die Ärzte der Versicherungen einerseits auch leichte Neurosen aufzeichnen, die kaum je einer psychoanalytischen Behandlung zugeführt werden, andrerseits aber auch sehr schnell eine Neurose als geheilt bewerten, wenn die Symptome für eine Weile leichter werden oder wie oft bei funktionellen Körperstörungen sich auf ein anderes Organ konzentrieren. Wenn man in den Erfolgsprüfungen eindeutige und meßbare Kriterien verwendete, wie es bei den Dührssen-Studien etwa die Zahl der nötigen Krankenhaustage von Versicherten darstellt, dann schneidet die Psychoanalyse sehr gut ab.* Sie ist sogar wirksamer als die Organ-Medizin, welche von chronischen Krankheiten kaum 20 Prozent kausal heilen kann (vgl. H. Schultz-Hencke 1950). Wie hartnäckig Neurosen und funktionelle Syndrome (also nervöse Körperstörungen wie Herzklopfen, Bronchialasthma, Magenschmerzen ohne organischen Befund) fortbestehen, wenn man sie nicht behandelt, hat Johannes Cremerius gezeigt.

Bejaht man die Frage nach den Erfolgen der Psychoanalyse, so ist damit natürlich nichts darüber ausgesagt, ob ähnliche Heilquoten nicht mit anderen, weniger Zeit und Geld beanspruchenden Methoden erreicht werden können. Diese Frage wird gegenwärtig diskutiert, wobei vor allem deutlicher wurde, wie schwer es ist, unterschiedliche Theorien neutral und gerecht zu bewerten (Grawe 1994, Mertens 1994). Wenn der Gewinn an Reife und Einsicht das Ziel einer Therapie ist, schneidet sie schlechter ab, als wenn gemessen wird, wie rasch sie Symptome zum Verschwinden bringt, besser. Einig ist man sich inzwi-

---

* Die Beobachtung, daß sich bei analytisch-psychotherapeutisch behandelten Patienten die Zahl der Krankenhausaufenthalte hochsignifikant vermindert, ist in einer im Frühjahr 1996 abgeschlossenen katamnestischen Studie bestätigt worden, die von dem Dachverband der deutschen Psychoanalytiker eingeleitet, von der Universität Konstanz (F. Breyer) betreut und in den *Nachrichten der Deutschen Gesellschaft für Psychoanalyse, Psychotherapie, Psychosomatik und Tiefenpsychologie* (DGPT) am 24. 6. 1996 referiert wurde. Weitere Ergebnisse: Es macht keinen Unterschied, ob Ärzte oder Psychologen behandeln; auch die Schulrichtung (Freud, Adler, Jung) scheint keine Rolle zu spielen; Gruppen- und Einzeltherapie sind gleich erfolgreich. Die Wirksamkeit steigt mit der Dauer der Behandlung; die Wirkung ist um so größer, je schwerer die Störung ist. Auch eine lange Psychoanalyse ist insofern wirtschaftlich, als sie sich bereits zweieinhalb Jahre später durch Verminderung der Inanspruchnahme anderer Gesundheitsleistungen mehr als amortisiert hat. Besonders ökonomisch ist die Gruppentherapie: Sie hat nach gut zwei Jahren mehr als das Dreifache ihrer Kosten eingespart.

schen aber auch unter Analytikern, daß Qualitätskontrolle notwendig ist und kein Psychotherapeut sich in das Sektierertum zurückziehen sollte, das es lange Zeit unter orthodoxen Analytikern gab, die mit dem Eifer des religiösen Zeloten die reine Lehre des Meisters verteidigten und jeden Versuch, Theorie oder Praxis zu verändern, als Abweichung bewerteten. Der Widerstand gegen die kulturkritischen Aussagen der Psychoanalyse, der sich zu Freuds Zeit als direkter Angriff gegen seine Sexualtheorie und als persönliche Verunglimpfung äußerte (›Lustlümmel‹ hat ihn ein namhafter deutscher Psychologe genannt; die Nazis verbrannten seine Bücher wegen ihrer ›zersetzenden‹ Tendenz), kleidet sich andrerseits heute nicht selten in den durchsichtigen Hochmut jener ›Kenner‹ der Freudschen Lehre, die sie ›seit langem überwunden‹ haben.

Freuds Originalität

Freuds Werk steht heute wie ein monolithischer Block vor uns, sagten wir eingangs. Doch wenn wir die europäische Geistesgeschichte genauer betrachten, finden wir viele einzelne Züge, die Erkenntnisse der Psychoanalyse vorwegnehmen. Der französische Psychiater Moreau de Tours (1804 bis 1884), der als erster Haschisch nahm, um die Erfahrungen von Psychotikern besser zu verstehen, hat klar gesagt, daß ein Geisteskranker im Wachzustand träumt; er unterschied zwischen dem triebhaft-subjektiven, nicht an der Wirklichkeit orientierten Erleben des Geisteskranken und des Träumers (dem ›Primärprozeß‹ Freuds) und dem realitätsorientierten, logischen Denken (›Sekundärprozeß‹ nach Freud). Der Psychiater der Romantik Johann Christian Heinroth (1773 bis 1843) konzipierte innerhalb einer religiös ausgerichteten Psychiatrie, welche Geisteskranke für Sünder erklärte, eine Seelenlehre, die der Freuds bis in die Namen für die einzelnen Seelenteile hinein gleicht. Heinroth sah als niedrigste Funktionsebene die Instinktkräfte, deren Ziel Lust sei (das Es Freuds), als mittlere das Ich (so nannte es auch Freud), das nach Sicherheit gegenüber der Außenwelt strebe, und als höchste das Über-Uns (Über-Ich bei Freud), welches er als Vertreter einer höheren, auf Nächstenliebe ausgerichteten Ordnung auffaßte, der dem selbstsüchtigen Ich entgegentritt. Carl Gustav Carus (1789 bis 1869), der Arzt, Maler und Schriftsteller, beschreibt in seinem Buch »Psyche« des langen und breiten das Unbewußte, welches er mit der schöpferischen Lebenskraft gleichsetzt. Carus behauptete, daß alle Krankheiten in diesem unbewußten Seelenleben wurzeln. Der Psychologe und Pädagoge Johann Herbart (1776 bis 1841) erwähnt eine Bewußtseinsschwelle, unterhalb derer seelische Vorgänge unbewußt ablaufen. Er erläuterte, daß im Kampf zwischen Vorstellungen stärkere die schwächeren verdrängen. Philosophen wie Schopenhauer und Nietzsche führten schon lange vor Freud das seelische Erleben auf unbewußte Triebmächte zurück; Nietzsche hat die Dynamik der Verdrängung genau beschrieben: »Das habe ich getan, sagt mein Gedächtnis. Das kannst du nicht getan haben, sagt mein Stolz. Endlich gibt das Gedächtnis nach.« Karl Eduard von Hartmann (1842 bis 1906) schrieb eine ganze »Philosophie des Unbewußten«, in der er den Willen Schopenhauers zum Unbewußten umformuliert und zwischen einem absoluten (Wesen der Natur), einem physiologischen (Körpervorgänge) und einem seelischen Unbewußten unterscheidet, aus dem alle Verhaltensmuster entspringen. Kaum eines der Elemente in Freuds Psychologie ist also grundlegend neu; seine Lehren sind vielfach vorweggenommen worden. Seine Originalität liegt vor allem darin, daß er Spekulation und empirische Beobachtung, die Lehre vom Unbewußten und eine Methode, sie im Alltag und an Kranken zu bestätigen, miteinander verknüpfte. Ein entschlossener Mut hat ihm das erleichtert, seine überragende Intelligenz und nicht zuletzt seine stilistischen Fähigkeiten ermöglichten seinen Erfolg. Keiner seiner Schüler und Kritiker hat die Darstellungskraft Freuds erreicht. Stefan Zweig, der doch gewiß ein begabter Stilist war, scheint uns heute in seinem verschnörkelten und überhitzten Freud-Porträt von 1932 seltsam altmodisch gegenüber der lapidaren Klarheit von Freuds »Traumdeutung« oder der ersten Krankengeschichten, die an die dreißig Jahre älter sind.

Vielleicht wäre es allerdings der Psychoanalyse als Wissenschaft besser bekommen, wenn ihr Begründer ein Mann von minderem Rang gewesen wäre – vorausgesetzt, einem solchen könnte es gelingen, sich gegenüber einer Welt voll Widerständen durchzusetzen. Freuds Beschreibungen seelischer Tatbestände wirken bis heute so überzeugend, daß sich viele seiner Anhänger des bildlichen Charakters dieser Sprache nicht bewußt bleiben und sich in ihr bewegen, als seien Freuds Begriffe die Tatsachen selbst, als gäbe es etwa ein ›strenges Über-Ich‹ tatsächlich und nicht nur eine Kette einzelner Lernvorgänge im sozialen Raum, die nachwirken und das Verhalten des Betroffenen übersteuern. Vieles an der Psychoanalyse ist – Freud hat es noch gesehen – Mythologie; ein Mythos gebärdet sich stets endgültig und geschlossen, diese Züge hindern aber die wissenschaftliche Weiterarbeit. Die Libido, welche ›fließen‹ und bestimmte ›Objekte‹ (etwa andere Menschen) ›besetzen‹ oder in körperliche Krankheiten ›umschlagen‹ (konvertieren) kann, die ›oralen Tendenzen‹, der ›polymorph-perverse Säugling‹, um nur einige Beispiele zu nennen – das sind Wortmünzen, die der Kommunikation dienen können, aber noch nichts erklären. Wenn man sie selbst schon für Erklärungen nimmt, dann begibt man sich der Chance, wissenschaftlich weiterzukommen. Ob man eine Mutter, die ihre Kinder – Mädchen wie Jungen – in ihren Lebensäußerungen einengt und stets ihren Willen durchsetzt, ohne dem Kind Spielraum zu seiner Entwicklung zu geben, jetzt ›phallisch-kastrierend‹ nennt, wie in psychoanalytischen Zeitschriften, oder einfach ›überbeschützend‹, ist eine Frage der Übereinkunft. Äußerst fragwürdig scheint es mir hingegen, zu glauben, der eine Ausdruck sage mehr als der andere. Man gibt durch ihn nur zu erkennen, daß man einer bestimmten Schule angehört, zu deren Initiationsriten eine gewisse Abhärtung gegen diesen Jargon gehört.

Die sozialen Gründe für die immer noch mangelhafte Integration der Psychoanalyse in die Wissenschaften vom Menschen sind komplex. Sie hängen vor allem damit zusammen, daß Freud keinen universitären Rahmen für seien neuen Gedanken fand und sie deshalb privat in eigenen Instituten organisierte. Die moderne Psychotherapie beginnt so nicht als Teil der etablierten Einrichtungen, sondern als Antithese zu ihnen, als Bewegung, ähnlich der ›Jugendbewegung‹, der ›kommunistischen Bewegung‹ und anderer innovativer sozialer Kräfte, deren bösartige Karikatur später die faschistischen Bewegungen waren.

Die psychoanalytische Bewegung beginnt 1907 mit der Gründung der ersten Psychoanalytischen Gesellschaft in Wien, der Freud selbst präsidierte. Ein Jahr später organisierte Carl Gustav Jung den ersten internationalen Kongreß in Salzburg (1908), eine Reihe namhafter Schweizer Psychiater (unter ihnen Eugen Bleuler, der den Begriff Schizophrenie einführte) schlossen sich an. 1910 gründete Leonhard Seif die Münchner Psychoanalytische Gesellschaft, im nächsten Jahr folgten New York und eine Reihe anderer amerikanischer Städte. Die Münchner Soziologin und Psychoanalytikerin Sieglinde Eva Tömmel hat gezeigt, daß es gerade diese Qualität war, welche auf lange Sicht dazu beitrug, daß sich von den neurosenpsychologischen, therapeutisch ausgerichteten Autoren in der zweiten Hälfte des 19. Jahrhunderts gerade Freud durchsetzte. Es gab auch andere herausragende Therapeuten (wie Dubois, den Entdecker der Persuasion) und zum Teil auch Theoretiker des Unbewußten (wie Paul Janet). Aber nur Freud verknüpfte wissenschaftliche Reputation, theoretische Neuerungen, ausgeprägte soziale Interessen (er schrieb täglich zehn und mehr Briefe an seine Freunde und Schüler) und den Geist eines Führers, der andere motivieren und eine Gruppe zusammenhalten kann. »In Freud treffen objektive wissenschaftliche Qualifikation mit subjektiver Radikalität zusammen, die in dem unerhörten und einzigartigen Experiment seiner Selbstanalyse kulminierten. Hieraus resultiert wohl letzten Endes auch die Faszination an der Person und an dem Werk Freuds, die nicht zufällig in der Bildung des ersten Netzwerkes ihren sozialen Ausdruck fand.« (Tömmel 1985, S. 285)

Mit dem Erfolg der Psychoanalyse mehrte sich aber auch die Zahl der abtrünnigen Schüler, ein Wort, das man sonst nur in der Religionsgeschichte hört, das aber nicht ohne Grund immer wieder in den Berichten über die psychoanalytische Bewegung erscheint. Freud duldete nicht, daß jemand der psychoanalytischen Vereinigung angehörte, der bestimmte Grundsätze (infantile Sexualität, Ödipuskomplex, Verdrängung) nicht anerkannte. Man hat ihm Intoleranz vorgeworfen; Eugen Bleuler, der schon 1911 wieder austrat, hat Freuds Prinzip »Wer nicht für uns ist, der ist gegen uns« beklagt. Doch steckt in dieser Intoleranz Freuds ein reaktiver Zug. Nur wer sich dauernd gegen ungerechte und unsachliche Angriffe von außen wehren muß, wird schließlich aus dem Vertreter einer neuen, revolutionären Idee zum Verteidiger eines Dogmas, das er erst durchgesetzt wissen will, ehe er die dankbarere Rolle des toleranten Gelehrten wieder übernimmt.

Daß sich Bleuler von der Psychoanalyse abwandte, hat für die europäische Seelenheilkunde nur unerfreuliche Folgen gehabt. Die Schüler Freuds organisierten sich unabhängig von den Universitäten und entwickelten ihre Lehren ohne Kontakt mit der Psychiatrie, in der sich das Denken in Begriffen der ›Erbkrankheiten‹ bis zum bitteren Ende der Euthanasie-Aktionen des Dritten Reiches weiterentwickeln konnte, während die amerikanische Psychiatrie die Psychoanalyse weitgehend aufnahm und verarbeitete. Damit ging die international führende Rolle der deutschen Nervenheilkunde verloren. Aber auch der Psychoanalyse hat ihre Isolierung geschadet; ihre Historiker beklagen heute die ›Gedankenkontrolle‹ (Alexander 1969, S. 278), den hemmenden Einfluß der Institutionalisierung, den Vereinscharakter der psychoanalytischen Lehrinstitute und ihre Tendenz zur Ahnenverehrung.

Literatur

Ackerknecht, E., *Kurze Geschichte der Psychiatrie*, Stuttgart 1967
Alexander, F., und S. T. Selesnick, *Geschichte der Psychiatrie*, Konstanz 1969
Cremerius, J., *Die Beurteilung des Behandlungserfolges in der Psychotherapie*, Berlin 1962
Dührssen, A., »Die Beurteilung des Behandlungserfolges in der Psychotherapie«, in: *Zeitschrift für psychosomatische Medizin, 1957*, S. 201–210

Ders., »Katamnestische Ergebnisse bei 1004 Patienten nach analytischer Psychotherapie«, in: *Zeitschrift für psychosomatische Medizin*, 1962, S. 94–113

Ellenberger, H. F., *Die Entdeckung des Unbewußten*, Bern 1973

Eysenck, H. J., *Wege und Abwege der Psychologie*, Hamburg 1960

Frankl, V., *Der unbewußte Gott*, Wien 1949

Freud, E. L. (Hrsg.), *Sigmund Freud – Brautbriefe*, Frankfurt 1969

Freud, S., *Gesammelte Werke*, London 1948 ff.

Im Text zitiert:

Die Traumdeutung, Wien 1900

Die Freudsche psychoanalytische Methode, Wien 1904 (zitiert nach Darstellungen der Psychoanalyse, Frankfurt 1969)

Über Psychotherapie, Wien 1905

Über Psychoanalyse, Fünf Vorlesungen, Wien 1909

Janet, P., *Nevroses et Idees fixes*, 2 Bde., Paris 1898

Jones, E., *Das Leben und Werk von Sigmund Freud*, Bd. 13, Berlin-Stuttgart 1962

Ders., *Free Associations. Memoirs of a Psychoanalyst*, New York 1959

Grawe, K., Donati, R., Bernauer, F., *Psychotherapie im Wandel. Von der Konfession zur Profession*, Göttingen 1994

Mertens, W., *Psychoanalyse auf dem Prüfstand? Eine Erwiderung auf die Metaanalyse von Klaus Grawe*, München 1994

Reich, W., *Die Funktion des Orgasmus*, Köln 1968

Sachs, H., *Freud, Master and Friend*, Cambridge 1944

Schmidbauer, W., *Mythos und Psychologie*, München 1970

Tömmel, S. E., *Die Evolution der Psychoanalyse*, Frankfurt 1985

Zweig, St., *Die Heilung durch den Geist*, Frankfurt 1952

9.

Die psychoanalytische Bewegung

Man kann sich Freud sehr wohl ohne die ›Abtrünnigen‹ vorstellen, nicht aber diese ohne ihn. Niemand unter seinen Schülerinnen und Schüler hat Freuds wissenschaftlichen Rang und Einfluß erreicht. Freilich mußte der Druck durch Freuds Entdeckungen und seinen großen persönlichen Einfluß auf alle, die an diesen Entdeckungen teilhaben wollten, einen Gegendruck hervorrufen. Es wäre ungerecht, den Mut und die Originalität jener Männer zu unterschätzen, die sich gegen die übermächtige Persönlichkeit des ›Meisters‹ zur Wehr setzten. Aber es wäre auch verfehlt, die Spaltungen allein auf wissenschaftliche Differenzen zurückzuführen.

Freud hatte immer Freunde, die wissenschaftlich mindestens ebensoweit, wenn nicht weiter von der Psychoanalyse abwichen wie Adler, Jung, Rank oder Stekel. Einer von ihnen war Ludwig Binswanger, der ganz andere Wege ging als Freud (er war stark von der Existenzialphilosophie beeinflußt und nannte seine Arbeit »Daseinsanalyse«), sich aber persönlich immer mit Freud verbunden fühlte und stets in herzlichem Ton mit ihm korrespondierte. Ein anderer war Georg Groddeck, ein spätgeborener Schamane, der Begründer der Psychosomatik und Entdecker des Begriffes ›Es‹, dessen bizarre Originalität Freud gegen die ›Freudianer‹ verteidigte. »Ich bin selbst ein Ketzer«, schrieb Freud 1920 an Groddeck, »der sich noch nicht zum Fanatiker umgewandelt hat. Fanatiker, Leute, die imstande sind, ihre eigene Beschränktheit feierlich ernst zu nehmen, vertrage ich nicht.«[*]

Adler und Jung, die wichtigsten ›Abtrünnigen‹, zogen beide Freuds Zorn auf sich, sobald sie sich durch Entwertung seiner Forschungen oder seiner Persönlichkeit zu profilieren suchten. Auf solche Kränkungen hat Freud empfindlich reagiert und dann versucht, ›seine‹ Bewegung von diesen Elementen zu reinigen. Viel unauffälliger sind freilich die zahlreichen Situationen, in denen sich Freud als erheblich toleranter und offener erwies als die Freudianer, die oft heftig gegeneinander agitierten und sich gegenseitig verleumdeten. Oberflächlich betrachtet, ist Freud an Spaltungen beteiligt; eingehender untersucht, muß man seine Integrationskraft bewundern. Ohne seine Überredungskünste und gelegentlichen Machtworte hätten sich viele seiner eifersüchtigen und ehrgeizigen Schüler gegenseitig aus der ›Bewegung‹ geboxt. Aber dieser Prozeß ist weitgehend unsichtbar geblieben, während die Abtrünnigen viel Lärm machten und allen auffielen.

Durch die Spaltung zwischen Theologie und naturwissenschaftlicher Medizin war die Rolle des Seelenführers für jene Bevölkerungsschichten vakant geworden, die aus den Traditionen ihres Glaubens herausgefallen waren, aber an der nüchternen Naturwissenschaft keinen Halt mehr finden konnten. Wer ihnen Sicherheit geben und ihnen den Sinn ihrer Konflikte zwischen Trieb und Norm begreiflich machen wollte, durfte nicht Priester und konnte nicht mehr Arzt sein. Es war ein neuer Beruf – Freud nennt ihn einmal den ›weltlichen Seelsorger‹, der neue Anforderungen stellte, die viel mehr persönlichen Zusammenhalt und auch persönliche Auseinandersetzungen erforderten, als das im aufgeklärten Priester- oder Arzttum der Fall war.

Das sozialgeschichtliche Modell der psychoanalytischen Bewegung läßt sich vielleicht am ehesten in den Ordensgründungen etwa des Franziskus entdecken, dem es auch darum ging, durch persönliches Beispiel und enge, emotional geprägte Beziehungen eine Institution

---

[*] Zit. n. G. Groddeck, *Der Mensch und sein Es*, Wiesbaden 1970, S. 36.

zu reformieren, in der die fromme Lüge und der Widerspruch von Anspruch und Realität dominierten. Franziskus wollte wirklich Christ sein in einer Welt, in der die meisten Christen nur dem Namen nach Christen waren. Dieses Modell, etwas wirklich zu sein und nicht nur fassadär zu scheinen, durchzieht Reformen in den Hochkulturen und gehört auch zur psychoanalytischen Bewegung. Aus ihm wird verständlich, weshalb die gegenseitige Kontrolle und auch die Neigung zur Spaltung so entwickelt war. Auch der Franziskanerorden spaltete sich einige Male, weil schon bald nach Franziskus' Tod Mönche, welche die Regeln ›wirklich‹ befolgen wollten, sich nicht mit anderen verständigen konnten, deren Regelverständnis sie als oberflächlich oder unecht ablehnten.

Authentizität, eine in der Psychotherapie sehr wesentliche Kategorie, gehört eher in das Feld der Ästhetik als in das der Wissenschaft. Tatsächlich legt die Vielzahl der therapeutischen Schulen nahe, daß wir es hier mit einer zumindest stark ästhetisierten Wissenschaft zu tun haben.[*] Der Therapeut muß wirklich an das glauben, was er sagt; es geht nicht an, daß er Auswendiggelerntes anwendet. Und da es um das unsichtbare, flüchtige Innere geht, brauchen Psychotherapeuten offensichtlich Institutionen, die nur wenige Differenzen in sich tragen. Wenn wir die Streitigkeiten um den ›heilen Heiler‹, den nichtneurotischen Analytiker betrachten, wie sie sich zwischen Freud und C. G. Jung entsponnen haben (s. S. 310–317), dann verstehen wir genauer, weshalb die Kränkungen und wechselseitigen Entwertungen zwischen Therapeuten so erbittert sein können. Daher die großen Neigungen, sich aufzuspalten, eigene Schulen zu bilden und rivalisierende Schulen defensiv zu entwerten.

Entwertung einer anderen Sicht drückt immer die Unsicherheit und Instabilität der eigenen Sicht aus. Wer wirklich überzeugt ist und seine Überzeugung beweisen kann, muß keine fremde Überzeugung entwerten. Nicht der selbstbewußte, sondern der selbstunsichere

---

[*] Vgl. A. Schreyögg, »Zur Ästhetisierung von Psychotherapie«, in: *Internationale Psychotherapietagung*, hrsg. R. Bösel, Wien 1996, S. 138 f.

Kämpfer oder Führer schreit heraus, er sei der Größte. Unsicherheit, ob der eigene Helfer-Weg der richtige ist, scheint in der modernen Gesellschaft unausweichlich. Eine Bewegung sucht Sicherheit in ihrer Dynamik, ihrem Vorwärtsschreiten. Daher die Leidenschaft der modernen Psychotherapeuten, künstliche Sicherheiten zu produzieren, indem sie ihre eigene Sicht der Dinge nicht nur forschend belegen, sondern auch durch Entwertung anderer Sichtweisen narzißtisch aufwerten. Auf diese Weise versuchen sie die Unsicherheit ihrer eigenen Position durch eine Art Eroberungskrieg zu überspielen.

Wenn ›Bewegung‹ ein Element der Politik ist, das von Freud in die Wissenschaft eingeführt wurde, dann hat diese Neuerung neben den oben angesprochenen narzißtischen Merkmalen auch politische Qualitäten. Denn in Psychotherapie geht es immer auch um Macht, meist in den subtilen Formen der Herrschaft und weniger in denen grober Gewalt oder autoritären Drucks. Die auch im psychotherapeutischen Schulenstreit aufzufindende Bereitschaft, die eigenen Gedanken nur gut, die Gedanken des Gegners hingegen nur schlecht zu finden, erinnert wiederum an ähnliche Verhaltensweisen von Politikern. Auch diese bleiben fast immer einer genauen Betrachtung der Schattenseiten ihrer Erleuchtungen verschlossen. Sie unterstellen sich selbst das Licht, dem Gegner aber die Finsternis.

Der erste Abtrünnige ist Alfred Adler (1870 bis 1937). Seine Biographie steht zunächst im Zeichen jener Kompensation von Organminderwertigkeiten, deren psychologische Analyse ihn später berühmt machen sollte. Bis zum vierten Lebensjahr konnte Adler wegen einer Rachitis nicht gehen; kaum hatte er sie überwunden, erkrankte er an einer ernsten Lungenentzündung und erlitt später, als er wegen seiner Schwäche unsicher auf den Beinen war, mehrere Unfälle. Doch er gab nicht auf, sondern entschloß sich, Medizin zu studieren und so vom Kranken zum Arzt zu werden.

Adler war ausgesprochen sozial interessiert, das Elend der Arbeiter – vor allem der Schneider – bewegte ihn tief. Seine erste wissenschaftliche Arbeit ist ein »Gesundheitsbüchlein für das Schneidergewerbe«. Gewohnt, für unterdrückte Minderheiten einzutreten, hat

Adler auch einen Vortrag Freuds, der von den Wiener Ärzten abgelehnt wurde, sehr wohlwollend in einer Zeitschrift referiert. Daraufhin lud ihn Freud 1902 ein, an den jeden Mittwochabend stattfindenden Diskussionen teilzunehmen, aus denen später die erste psychoanalytische Gesellschaft hervorging.

Fünf Jahre später schrieb Adler seine »Studie über die Minderwertigkeit von Organen« (Wien 1907). Ist von paarigen Organen eines minderwertig, so vermag das nicht betroffene (etwa eine Niere) den Ausfall zu kompensieren. Ähnliche Kompensationen lassen sich auch im Verhalten beobachten. Demosthenes überwand sein Stottern, indem er mit Kieseln im Munde die Brandung überschrie, und wurde ein großer Redner; Lord Byron brachte es trotz seines verkrüppelten Fußes zu weit überdurchschnittlichen Leistungen in vielen Sportarten.

Später haben Adler und seine Schüler in den Biographien aller großen Männer nach jenen Minderwertigkeiten geforscht, in deren Kompensation nach ihrer Ansicht das Wesen des Genies lag. Doch nicht aus jedem Stotterer wird ein Demosthenes, nicht jeder Junge, der schlecht hört, wird ein großer Komponist wie Beethoven, nicht jeder kleingewachsene Offizier ein Napoleon.

Freud bewertete Adlers Arbeit über die Organminderwertigkeit sehr positiv und erwartete von ihm als dem ›Mediziner‹ seines Kreises eine weitere Studie über ›die biologischen Grundlagen der Triebe‹. Im nächsten Jahr stellte sich Adler eine ähnliche Aufgabe, doch in einer anderen als der von Freud erwarteten Richtung. Er entwickelte die Lehre eines Aggressionstriebs, die somit auf ihn und nicht auf Freud zurückgeht, wie heute oft behauptet wird.

Adler beschrieb den Aggressionstrieb als einheitliche Kraft, welche dazu dient, ein gefährdetes seelisches oder körperliches Gleichgewicht wiederherzustellen, indem sie die ursprünglichen Motive (Sexualität, Ehrgeiz) in sich aufnimmt und befriedigt. In seiner Arbeit »Der Aggressionstrieb im Leben und in der Neurose« begründete Adler die Lehre von einer Triebverschränkung, die Freud später von ihm übernommen hat. Auch den Gedanken, daß Triebe sich unter dem Einfluß der Abwehr in ihr Gegenteil verwandeln können (Sadismus – Masochismus), dankt die Psychoanalyse Adler.

Damals hielt Freud das Konzept eines Aggressionstriebs noch für überflüssig, um normales und neurotisches Verhalten zu erklären, das seiner Ansicht nach durch das Gegenspiel von ›Ichtrieben‹ und ›Sexualtrieben‹ interpretiert werden konnte. Erst später (1923) hat Freud in seiner Arbeit »Jenseits des Lustprinzips« die Ich- und Sexualtriebe als Lebenstrieb zusammengefaßt und sie dem ›Todestrieb‹ gegenübergestellt, der angeblich danach strebt, lebende Strukturen aufzulösen und in den anorganischen Zustand zurückzuversetzen.

Diese Vorstellung von einem Todestrieb findet sich übrigens bereits bei Leonardo da Vinci, der von einem Wunsch spricht, in das ursprüngliche Chaos zurückzukehren, einer Sehnsucht, die vermeintlich auf das nächste Jahr, unbewußt jedoch auf die Auflösung des Körpers gerichtet sei (»la speranza e il desiderio del ripatriarsi e ritornare nel primo caos fa a similtudine della farfalla al lume ...«).*

Man hat mit Recht gesagt, daß diese neue Triebtheorie Freuds religiöse Züge hat und einem Mythos um Eros und Thanatos gleicht (Görres 1966). Sie vernachlässigt darüber hinaus die kulturanthropologischen Daten, welche zeigen, daß es aggressionsreiche (unsere eigene), aber auch sehr aggressionsarme Kulturen gibt – ein Gesichtspunkt, den auch Konrad Lorenz nicht berücksichtigt hat (vgl. Plack 1968, Schmidbauer 1968).

Adler hat die Konzeption des Aggressionstriebs bald wieder verlassen und später ironisch bemerkt, er freue sich, ihn Freud als Geschenk vermacht zu haben. Während Freud Adlers Arbeiten von 1908 (Aggressionstrieb) noch wohlwollend beurteilte, spitzte sich der Gegensatz 1910 zu, als Adler die Lehre von der Minderwertigkeit und ihrer Kompensation auf seelische Vorgänge ausdehnte und

---

* »Die Hoffnung und der Wunsch, das ursprüngliche Chaos wiederzugewinnen und dorthin heimzukehren, gleicht dem Streben des Schmetterlings zum Licht des Menschen, der in beständigem Streben immer den neuen Frühling, den neuen Sommer erwartet ... und nicht sieht, daß er seine Auflösung ersehnt.« Aus: *Disputa ›pro‹ e ›contra‹ la legge di natura.* Hrsg. Augusto Marinoni, Biblioteca univ. Rizzoli Bd. 387 bis 389, S. 166.

damit der Libido-Theorie ins Gehege kam, die Freud für seine wesentliche Errungenschaft hielt.

Die Floskel »ich habe solche Minderwertigkeitskomplexe« gehört heute schon beinahe der Alltagssprache an. Ihre Beliebtheit wird dadurch nicht beeinträchtigt, daß sie falsch ist: Komplexe sind unbewußt; worunter der Betreffende leidet, sind allenfalls Minderwertigkeitsgefühle, die Adler 1910 zuerst an Kindern, die sich mit Erwachsenen vergleichen, beschrieb.

Doch was Adler und Freud schließlich trennte, war eine sozialpsychologische Neuformulierung Freudscher Thesen durch Adler, verbunden mit einer Abwertung der Funde Freuds. Freud behauptet in seiner Libidotheorie, daß kleine Mädchen Knaben um ihr Glied beneiden und eine Zeitlang glauben, sie selbst seien eines solchen Organs beraubt worden (Penisneid). Der kleine Junge hingegen fürchtet nichts mehr, als daß man ihm sein Glied abschneidet (Kastrationskomplex). Beide Gefühlshaltungen werden später verdrängt und können, je nach ihrer Stärke, neurotische Symptome auslösen. Freud hat hier kulturell-soziale Faktoren mit biologischen vermengt. Er glaubte, daß der Kastrationskomplex universal sei, während wahrscheinlich nur in einer so prüden Gesellschaft wie der des ausgehenden 19. Jahrhunderts die Selbstbefriedigung des Kindes mit schnöder Regelmäßigkeit auf die neurotisierende Drohung stieß, man werde das schuldige Organ abschneiden. Parallel dazu mußte die Verdammung der kindlichen Neugier, sobald sie sich auf Sexuelles richtete, das kindliche Interesse ungeheuer steigern und die Fülle kindlicher ›Sexualtheorien‹ vermehren.

Freud glaubte aufgrund seines Materials, daß aller Forscherdrang (auch der wissenschaftliche) aus einer Sublimierung der kindlichen Sexualforschung hervorgeht. Aber wenn es sich hier um einen allgemein menschlichen Vorgang handeln würde, wäre es um die Wissenschaft unserer Zeit sehr schlecht bestellt, in der die kindliche Sexualneugier vielfach befriedigt wird und deshalb bei weitem nicht jene seelische Stoßkraft erhält, die Freud noch sah (und die er irrtümlich etwa auch dem Forschen des Leonardo da Vinci unterlegen wollte, der ebenfalls in einer wenig prüden Zeit aufwuchs und sich in aller

Unschuld eine Sammlung unanständiger Witze anlegte, die Freud in seiner Leonardo-Studie zufällig (?) übersah).

Erich Fromm hat die enge Beziehung zwischen Verbot und kindlicher Neugier durch ein kleines Experiment demonstriert. Verbietet man einem Kleinkind energisch, sich mit einem Fleck an der Wand zu befassen, so ist nach wenigen Tagen an der Stelle dieses Flecks ein Loch im Putz. Verbietet man einem Kleinkind energisch, sich mit seinen Geschlechtsteilen zu befassen ... so wird man sicherlich eine Reihe jener Vorgänge beobachten, die Freud in seiner Libidotheorie für allgemein menschlich und zwangsläufig hielt.

Freud formulierte mit dem ›Penisneid‹ und dem ›Kastrationskomplex‹ dieselben Vorgänge, welche Adler als ›männlichen Protest‹ der Frau und ›Minderwertigkeitsgefühl‹ des Mannes beschrieb. Frauen in unserer patriarchalischen Gesellschaft, erläutert Adler, beneiden den Mann nicht um sein Organ, sondern um den sozialen Vorrang, den es symbolisiert. Sie möchten auch Männer sein und lehnen ihre Weiblichkeit unbewußt ab, was sich in Symptomen wie Menstruationsbeschwerden, Geschlechtskälte oder homoerotischen Bindungen äußert.

Umgekehrt gleicht ein Mann, der sich übertrieben männlich gebärdet, nicht seine Kastrationsangst aus, sondern ein Gefühl allgemeiner Unzulänglichkeit. Im folgenden Jahr ging Adler noch einen Schritt weiter, indem er Freuds Sexualtheorien offen kritisierte und auch den Ödipuskomplex neu interpretierte: Das Kind neide dem Vater nicht den sexuellen Besitz der Mutter, sondern seine patriarchalische Machtposition – wie auch der mythische Ödipus nicht seinen Vater erschlug, um die Mutter zu heiraten, sondern die alternde Jokaste lediglich in Kauf nahm, um selbst den Thron zu besitzen.[*]

1911 trat Adler mit neun der 35 Mitglieder aus der Wiener Psychoanalytischen Gesellschaft aus und gründete die Gesellschaft für freie Psychoanalyse, auch ein Beweis dafür, wie sehr Entwertungen diese Spaltung prägten. Ein Jahr später verschwand ›Psychoanalyse‹ aus

---

[*] Über diese individualpsychologische Ödipus-Deutung, die vor allem Lazarsfeld und Joseph Rattner vertraten, s. Schmidbauer 1970, S. 89 ff.

dem Titel; Adler nannte seine Gründung Gesellschaft für Individualpsychologie. Damit begann Adlers produktivste Zeit; 1912 vollendete er sein einige Jahre später erschienenes Buch »Der neurotische Charakter«, in dem er Freuds kausale Betrachtungsweise durch eine finale ersetzt, die sich vor allem auf die fiktiven Lebensziele neurotisch Kranker konzentrierte.

Schon Freud hatte erkannt, daß eine Neurose dem Kranken nicht nur Nachteile, sondern auch Vorteile bringt (›sekundärer Krankheitsgewinn‹), beispielsweise erhöhte Zuwendung von seiten seiner Umwelt, eine finanzielle Entschädigung (Rente), einen Zuwachs an Macht (der Ehemann getraut sich nicht mehr, seine ›herzkranke‹ Frau abends allein zu lassen). Adler betonte dieses unbewußte Arrangement in der Neurose, einen Lebensplan (später: Lebensstil), der dem Kranken verhelfen soll, seine kindlichen Minderwertigkeitsgefühle zu überwinden und durch sein Leiden Macht zu gewinnen. Adler war hier nicht weniger einseitig, wohl aber weniger gründlich als Freud; 1913 erklärten er und seine Schüler kategorisch, »alle Willensstrebungen des Neurotikers sind von seiner Prestigesucht diktiert«.

Man hat Adler oft vorgeworfen, wie Freud alles auf den Sexualtrieb, so führe er das menschliche Verhalten auf das Machtstreben, den ›Willen zur Macht‹ Nietzsches zurück. Beides ist gleich unrichtig. Adler sah im Machtstreben einen krankhaften Zug, einen Versuch, Minderwertigkeitsgefühle auszugleichen. Für den menschlichen Grundtrieb hielt er das ›Gemeinschaftsgefühl‹, das Streben nach sozialer Kooperation.

Auch hier ergänzte er im Grunde Freuds auf die individuelle Triebkonstitution gerichtete Auffassung. Stammesgeschichtlich gesehen, sind soziale Antriebe von so hohem Selektionswert (ein Lebewesen mit der langen Kindheit des Menschen kann nur in Gruppen überleben), daß man sie gewiß gleichberechtigt neben die sexuellen Triebe stellen kann und wahrscheinlich der Aggression überordnen muß. Dafür spricht auch, daß kulturanthropologisch gesehen das Gruppenleben ein viel beständigerer Zug des Menschen in allen Erdteilen ist als die Aggressivität, welche in der Regel den Interessen der Gruppe untergeordnet wird.

Adler änderte die psychotherapeutische Methode Freuds. Er setzte sich seinem Patienten gegenüber, um zu zeigen, daß er ihn als gleichberechtigten Partner anerkannte.* Ein freies, ungezwungenes Gespräch soll an die Stelle der freien Einfälle treten; die Zahl der wöchentlichen Behandlungsstunden ist geringer. Der Therapeut soll sich dem Kranken aufmerksam zuwenden und warmherziges Interesse zeigen, so daß dieser nicht oder kaum das Gefühl hat, angegriffen und kritisiert zu werden. Träume greift er auf, um die Einstellung des Kranken zu gegenwärtigen Lebensproblemen aufzuzeigen (während Freud in ihnen vor allem nachwirkende infantile Triebimpulse aufzuspüren suchte; daß ihm Adlers Standpunkt aber nicht ferne lag, zeigt die von uns zitierte Analyse des Onkel-Traums).

Der Sinn der Psychotherapie liegt laut Adler darin, dem Patienten zu zeigen, daß er fiktive Ziele mit falschen Mitteln zu erreichen sucht. Das Unbewußte wird anerkannt, doch tritt es in den Hintergrund, während der Therapeut in der Haltung eines gleichberechtigten Sachverständigen zu zeigen sucht, wie der falsche Lebensstil und das neurotische Arrangement in frühen Erlebnissen wurzeln. Ziel der Behandlung ist es, den Kranken umzuerziehen, was durch seine Einsicht und die positive Beziehung zum Therapeuten ermöglicht wird.

Adler hat erkannt, daß die Neurosenprophylaxe in der Kindheit einsetzen muß, wenn Neurosen in infantilen Konflikten wurzeln. Er und seine Schüler gründeten die ersten Erziehungsberatungsstellen und beschrieben die krank machenden Folgen typischer Erziehungsfehler, wie übermäßiger Verwöhnung, übermäßiger Härte oder sozialer Vernachlässigung.

---

* Wiederum eine entwertende Auffassung: Wenn in der Psychoanalyse der Patient liegt und der Analytiker sitzt, dann soll das kein Machtgefälle demonstrieren, sondern einen Funktionsunterschied: Der Patient soll sich möglichst entspannen, soll keine nichtverbalen Signale vom Analytiker empfangen, um frei sprechen zu können. Allerdings trifft Adler ein subjektives Erleben von Patienten, die sich liegend ›ausgeliefert‹ fühlen.

Carl Gustav Jung (1875 bis 1961)

Im Gegensatz zu Adler, dessen Interesse für psychologische Probleme durch Freud geweckt wurde, war Jung bereits ein ausgebildeter Psychiater, als er mit Freud Kontakt aufnahm. Er hatte eine Reihe psychologischer Studien über die Gesetzmäßigkeiten jener ›freien Assoziationen‹ durchgeführt, die in der Psychoanalyse eine so große Rolle spielen. In den »Studien zur Wortassoziation« von 1906 konnte Jung nachweisen, daß gefühlsbetonte, unbewußte Inhalte die Worteinfälle seiner Versuchspersonen beeinflußten, wenn man sie bat, auf ein bestimmtes Reizwort (›Mutter‹) das erste Wort zu sagen, das ihnen einfiel (beispielsweise ›warm‹, ›groß‹, ›Kind‹). War in diesem Fall der Befragte ein neurotisch Kranker mit einer unbewußten Mutterbindung, so ermittelte Jung, daß die Länge der Zeit, bis er eine Antwort fand, die Antwort selbst oder sein Verhalten, während er sie gab, von den durchschnittlichen Reaktionen normaler Versuchspersonen abwichen. Er führte diese Abweichung auf ›unbewußte Komplexe‹ zurück. Unter Komplex verstand er die Kombination einer Gruppe von Vorstellungen mit einem starken Gefühl (*Complexus* = lateinisch ›das Zusammengesetzte‹). Freud entlehnte diesen Begriff später, als er die Formel vom ›Ödipuskomplex‹ prägte.

Während Freud in seiner Privatpraxis vorwiegend neurotisch Kranke behandelte, lernte Jung, der damals an der psychiatrischen Klinik im Burghölzli bei Zürich unter Eugen Bleuler arbeitete, auch Geisteskranke kennen. Seit Pinel und andere, human orientierte Nervenärzte sie von ihren Ketten befreiten (s. S. 227), hatte sich das Schicksal der Psychotiker kaum gebessert. Während die romantische Psychiatrie (Reil, Heinroth, Carus, Moreau de Tours) noch versuchte, sie seelisch zu behandeln, setzte sich in der zweiten Hälfte des 19. Jahrhunderts immer stärker die Auffassung durch, es handle sich hier um organische Krankheiten des Gehirns, die man psychologisch weder verstehen noch behandeln könne.

Die Anziehungskraft solcher Lehren wurde dadurch noch erhöht, daß es tatsächlich gelang, in manchen Fällen organische Gehirnschäden nachzuweisen, etwa bei der durch den Syphiliserreger im dritten

Stadium ausgelösten progressiven Paralyse. Man erwartete, auch in den restlichen Fällen bald körperliche Ursachen zu finden, und tröstete sich, solange man sie nicht nachweisen konnte, mit der Annahme einer erblichen Entartung, einer Degeneration, durch die Charcot auch die hysterischen Symptome erklärte.

Freud hatte diese Auffassung der Hysterie weitgehend zerstört. Jung unternahm einen ähnlichen Versuch, was die Geisteskrankheiten anging, doch hat er diese These nicht so hartnäckig vertreten wie Freud. Auch Jung verließ später die Arbeit in der psychiatrischen Klinik und behandelte vorwiegend Neurotiker.

Als Jung sich mit Geisteskranken befaßte und sein Assoziationsexperiment an ihnen erprobte, galten die Lehren des Nervenarztes Emil Kraepelin (1856, im selben Jahr wie Freud, geboren, aber schon 1926 gestorben) noch nahezu ungebrochen. Kraepelin glaubte, daß man grundsätzlich zwischen einer in ›Schüben‹ fortschreitenden und einer phasenhaft wechselnden Form der Geisteskrankheit unterscheiden muß. Die erste nannte er *Dementia praecox* (lat. für vorzeitige Verblödung), die andere das manisch-depressive Irresein. Wenn ein Jugendlicher oder Erwachsener an Halluzinationen und Wahnideen leidet, sich sonderbar benimmt, läppische Reden führt (›*Hebephrenie*‹) oder zwischen Stummheit und Tobsucht wechselt (›*Katatonie*‹), dann leidet er an Dementia praecox; hat er wahnhafte Ideen und fühlt sich verfolgt, an Paranoia.

Zeigt er hingegen abwechselnd Zeiträume krankhafter Traurigkeit oder übertrieben heiterer Stimmung mit Gedankenflucht, sexuellen Ausschweifungen und Größenwahn, aus denen er jeweils wieder in einen normalen Zustand zurückkehrt, so leidet er an manisch-depressivem Irresein (das laut Kraepelin erheblich seltener ist als die Dementia praecox).

Besonders nachteilig wirkte sich nun aus, daß Kraepelin die vorzeitige Verblödung für unheilbar hielt und glaubte, sie schreite unaufhaltsam fort. Die Diagnose einer Dementia praecox kam einem sozialen Todesurteil gleich. Man steckte den Unglücklichen in eine Anstalt; wenn er dort ohne alle sozialen Anregungen gefühlsmäßig versandete und tatsächlich verblödete, hatte Kraepelins Theorie wieder einmal ihre Gültigkeit bestätigt. Jung war einer der ersten Psychiater, der diesem unheilvollen Konzept entgegentrat. Er bemerkt in seinem Werk »Die Psychologie der Dementia praecox« (1906), daß man die angeblich unverständlichen Reden und Wahninhalte verstehen und durch die Lebensgeschichte der Kranken erklären kann, wenn man sich nur die Mühe macht, sich eingehend mit ihnen zu beschäftigen.

Jung vertritt die damals revolutionäre Vorstellung, daß biochemische Veränderungen im Gehirn der Kranken die Folge, nicht die Ursache der krank machenden psychischen Komplexe seien. 1914 ist er sogar noch einen Schritt weiter gegangen und hat festgestellt, daß man in einzelnen Fällen Kranke aus der Dementia praecox wieder in ein normales Leben zurückrufen könne, wobei man allerdings auf die Neutralität und Distanz der traditionellen psychoanalytischen Therapie verzichten müsse. Sicherlich hat Jung auch Bleuler beeinflußt, der 1911 den Ausdruck Dementia praecox als fehlerhaft zurückwies und vorschlug, von Schizophrenie zu sprechen. Dieses Wort hat sich durchgesetzt.

Seit April 1906 korrespondierte Jung mit Freud; 1907 reiste er mit seiner Frau und Ludwig Binswanger nach Wien, um ihn persönlich kennenzulernen. Die erste Begegnung dauerte dreizehn Stunden und beeindruckte beide Partner zutiefst. Für Freud bedeutete der neue Anhänger viel, da Jung als ›Arier‹ die Psychoanalyse davor bewahren konnte, eine vorwiegend jüdische Angelegenheit zu werden. Die Kontakte zwischen den beiden Männern waren aber von Anfang an nicht ohne inneren Zündstoff. Jeder von ihnen ist wohl eine zu ausgeprägte und starke Persönlichkeit gewesen, als daß sie friedlich als Schüler und Lehrer nebeneinander schreiten konnten.

Binswanger erzählt, daß beide einander bereits nach dem ersten Treffen Träume deuteten. Vermutlich ist Freuds Interpretation von Jungs Traum viel aufschlußreicher als dieser Traum selbst, den Binswanger leider vergessen hat. Freud deutete nämlich, Jung wolle ihn entthronen und seinen Platz einnehmen (Binswanger 1957, S. 2). Jedenfalls ordnete sich Jung zunächst unter und wurde von Freud mit verschiedenen Ehren belohnt (welche die Wiener Gruppe erbosten).

Auf dem zweiten internationalen Kongreß der Psychoanalytiker 1910 in Nürnberg ließ Freud Jung zum Präsidenten der Internationalen Vereinigung wählen. Wie sehr Jung damals unter Freuds Einfluß stand, zeigt seine 1909 erschienene Arbeit über »Die Bedeutung des Vaters im Schicksal des Einzelnen«, in der er sagt: »Wenn wir jetzt alle weitreichenden Möglichkeiten der infantilen Konstellation überblicken, müssen wir sagen, daß unser Lebensschicksal im wesentlichen mit dem Schicksal unserer Sexualität identisch ist.« (Jung 1909, zit. n. Ges. W. Bd. 4, S. 320) Doch die beim ersten Besuch Jungs in Wien latenten Konflikte zeigten sich bereits im selben Jahr wieder, als Jung Freud auf dessen Amerikareise begleitete und man sich erneut gegenseitig die Träume erzählte. Aber diesmal gab es eine Auseinandersetzung um deren Deutung.

Angeblich verweigerte damals Freud die Einfälle zu einem Traum. Wenn er sie sage, könnte er seine Autorität verlieren. Jung legte das als Mangel an Vertrauen aus, doch der gegenseitige Respekt wurde noch längere Zeit nicht gestört. Noch 1911 hat Freud (gegenüber Binswanger) geäußert: »Wenn das Reich, das ich gründete, verwaist, kann kein anderer als Jung das ganze Erbe antreten.« Hier tritt wieder der Eroberer auf, der einen würdigen Kronprinzen für sein Reich sucht.

Auch die Trennung von Jung hing stärker mit einer Trübung der Beziehung als mit wissenschaftlichen Differenzen zusammen, die später als Begründungen nachgereicht wurden. Der Konflikt ist für Streitigkeiten zwischen Therapeuten beispielhaft und kann demonstrieren, wie schwierig es ist, die neuen Herrschaftsinstrumente verantwortlich und zielbewußt einzusetzen. Es entspinnt sich ein Kampf um das Privileg, wer wessen Neurose deuten darf, wer glaubwürdig ist. Nichtanalytiker müssen, wenn sie jemanden nicht überzeugen können, resignieren. Analytiker können deuten, d. h. unbewußte Widerstände bei ihrem Rivalen orten, der dann, zum Patienten gemacht, sein Unrecht einsehen müßte. Was aber, wenn der Rivale auch Therapeut ist und den Spieß umdreht?

Die letzte Phase der Auseinandersetzung der inzwischen durch eine Reihe wechselseitiger Kränkungen aus dem Honigmond ihrer

Freundschaft gerissenen Männer begann, als Freud versuchte, Jung auf einen Schreibfehler hinzuweisen und diesen als Fehlleistung zu deuten. Es war eine winzige Bemerkung, aber im Kampf um die Macht gibt es keine Kleinigkeit. Jung hatte, von den Wiener Rivalen um Freuds Gunst der Annäherung an Adler beschuldigt, mit dem Satz reagiert: »Selbst Adlers Spießgesellen wollen mich nicht als einen der Ihrigen erkennen.«

Um dem Leser zu zeigen, in welchem Ton die Kontrahenten miteinander umgehen, zitiere ich aus dem Briefwechsel.

Am 16. Dezember 1912 schreibt Freud an Jung:

»Lieber Herr Doktor,

ich werde den Vorschlag auf Namensänderung der ›Zeitschrift‹* sowohl dem Verein als auch den beiden Redakteuren vorlegen und Ihnen dann über das Ergebnis berichten. Das Persönlichnehmen alles Objektiven ist nicht nur (regressiv) menschliche Eigenart, sondern auch ganz besonders Wiener Unart. Ich bin aber ganz froh, wenn solche Ansprüche nicht an Sie erhoben werden. Sind Sie nun ›objektiv‹ genug, ohne Ärger nachstehendes Verschreiben zu würdigen?

›Selbst Adlers Spießgesellen wollen mich nicht als einen der Ihrigen erkennen.‹

Dennoch ganz der Ihrige

Freud«

Fast postwendend, am 18. Dezember 1912, antwortet Jung:

»Lieber Herr Professor,

darf ich Ihnen einige ernsthafte Worte sagen? Ich anerkenne meine Unsicherheit Ihnen gegenüber, habe aber die Tendenz, die Situation in ehrlicher und absolut anständiger Weise zu halten. Wenn Sie daran zweifeln, so fällt das Ihnen zur Last. Ich möchte Sie aber darauf

---

* Wegen Spannungen mit dem Verleger Bergmann sollte eine neue psychoanalytische Zeitschrift gegründet werden.

aufmerksam machen, daß Ihre Technik, Ihre Schüler wie Ihre Patienten zu behandeln, ein Mißgriff ist. Damit erzeugen Sie sklavische Söhne oder freche Schlingel (Adler-Stekel und die ganze freche Bande, die sich in Wien breitmacht). Ich bin objektiv genug, um Ihren Truc zu durchschauen. Sie weisen rund um sich herum alle Symptomhandlungen nach, damit setzen Sie die ganze Umgebung auf das Niveau des Sohnes und der Tochter herunter, die mit Erröten die Existenz fehlerhafter Tendenzen zugeben. Unterdessen bleiben Sie immer schön oben als Vater ...

Sehen Sie, mein lieber Herr Professor, solange Sie mit diesem Zeugs laborieren, sind mir meine Symptomhandlungen ganz wurscht, denn die wollen gar nichts bedeuten neben dem beträchtlichen Balken, den mein Bruder Freud im Auge trägt. – Ich bin nämlich gar nicht neurotisch – unberufen! Ich habe mich nämlich lege artis und tout humblement analysieren lassen, was mir sehr gut bekommen ist. Sie wissen ja, wie weit ein Patient mit Selbstanalyse kommt, nämlich nicht aus der Neurose heraus – wie Sie ... Adler und Stekel sind Ihrem Truc aufgesessen und wurden kindisch frech. Ich werde öffentlich mich zu Ihnen halten, unter Wahrung meiner Ansichten, und werde insgeheim in meinen Briefen anfangen, Ihnen einmal zu sagen, wie ich wirklich über Sie denke. Ich halte diesen Weg für den anständigsten.

Sie werden über diesen sonderbaren Freundschaftsdienst schimpfen, aber vielleicht tut es Ihnen doch gut.

Mit besten Grüßen
Ihr ganz ergebener Jung«

Es gibt zwei Antworten Freuds auf dieses Schreiben. Die erste wurde nicht abgeschickt. Sie fand sich in Freuds Nachlaß und ist viel versöhnlicher als die zweite. Nachdem er über den neuen Titel der Zeitschrift geschrieben hat, wendet sich Freud dem persönlichen Brief Jungs zu:

»Es tut mir leid, Sie mit dem Hinweis auf Ihr Verschreiben so sehr gereizt zu haben, und ich meine, Ihre Reaktion geht über den Anlaß weit hinaus. Über Ihren Vorwurf, ich mißbrauche die Analyse, um meine Schüler in infantiler Abhängigkeit zu halten, und sei darum für deren infantiles Benehmen gegen mich selbst verantwortlich, sowie über alles, was Sie darauf aufbauen, will ich nicht urteilen, weil alles Urteilen in eigener Sache so schwer ist und keinen Glauben erweckt. Nur zu den tatsächlichen Grundlagen Ihres Aufbaues will ich Ihnen Material liefern, ob Sie ihn dann selbst der Revision unterziehen. Also ich bin daran gewöhnt, in Wien den entgegengesetzten Vorwurf zu hören, daß ich mich mit der Analyse der ›Schüler‹ zu wenig befasse. In Wirklichkeit hat zum Beispiel Stekel, seitdem er vor etwa zehn Jahren aus meiner Behandlung getreten ist, kein Wort mehr zur Analyse seiner eigenen Person von mir gehört, und bei Adler habe ich es noch sorgfältiger vermieden. Was ich je Analytisches über die beiden gesagt, wurde zu anderen und hauptsächlich zu einer Zeit geäußert, da sie nicht mehr im Verkehr mit mir standen. Ich weiß also nicht, warum Sie so sicher in der Annahme des Gegenteils sind. Indem ich Sie herzlich grüße

Ihr Freud.«

Der Brief, den Jung tatsächlich erhielt, wurde erst zwölf Tage später geschrieben. Freud hat kaum je einen Brief zurückgehalten und ihn dann neu verfaßt; daß er es in diesem Fall tat, und wie er es tat, drückt aus, wie sehr ihn die Angelegenheit bewegte. Der erste Text war verbindlich, er enthielt nur den Vorwurf der Voreiligkeit, vermied die Konfrontation und hielt die freundschaftliche Beziehung offen. Die Situation stand sozusagen auf Messers Schneide, denn auch Jung hatte inzwischen offenbar ein schlechtes Gewissen und schrieb am selben 3. Januar 1913, an dem Freud seinen zweiten Brief absandte, noch einen freundschaftlichen, um Versöhnung ersuchen-den Brief, der sich mit dem Schreiben Freuds kreuzte. Er wünscht Freud Glück zum neuen Jahr, tröstet ihn über den Konflikt mit der These, daß gegensätzliche Strömungen die Lebensenergie der Psychoanalyse fördern, versichert Freud, er wolle ihn nicht quälen und fordert nur »Gegenrecht« für einen »freundschaftlichen Standpunkt«. Aber Jung beharrt auch darauf, er wolle Freud »dieselbe analytische Fürsorge angedeihen lassen, die Sie mir zeitweise offerieren. Sie wissen ja, im Verständnis der psa. Wahrheiten kommt man gerade so weit wie man in sich selber kommt. Hat man neurotische Symptome, so wird's auch am Verständnis fehlen irgendwo. Wo, haben die Ereignisse bereits gezeigt. Wenn ich also ungeschminkt offen gegen Sie bin, so soll das zu Ihrem Besten geschehen, auch wenn's weh tut ...«

Jetzt der abgesandte Brief Freuds, ebenfalls auf den 3. Januar 1913 datiert. Nach einer sachlichen Mitteilung über den Titel der Zeitschrift kommt Freud auf Jungs Geheimbrief zu sprechen:

»... Aus ihrem vorigen Brief kann ich nur einen Punkt ausführlich beantworten. Ihre Voraussetzung, daß ich meine Schüler wie Patienten behandle, ist nachweisbar unzutreffend. In Wien macht man mir den entgegengesetzten Vorwurf. Ich soll für die Unarten von Stekel und Adler verantwortlich sein; aber in Wirklichkeit hat ...«

Von hier ab wiederholt Freud den Text seines ersten Entwurfes, doch ersetzt er den offenen Schlußsatz dort – »ich weiß also nicht ...« durch einen Absatz, in dem er Jung die Freundschaft aufkündigt. Hier der Wortlaut:

»Im übrigen ist Ihr Brief nicht zu beantworten. Er schafft eine Situation, die im mündlichen Verkehr Schwierigkeiten bereiten würde, im schriftlichen Weg ganz unlösbar ist. Es ist unter uns Analytikern ausgemacht, daß keiner sich seines Stückes Neurose zu schämen braucht. Wer aber bei abnormem Benehmen unaufhörlich schreit, er sei normal, erweckt den Verdacht, daß ihm die Krankheitseinsicht fehlt. Ich schlage Ihnen also vor, daß wir unsere privaten Beziehungen überhaupt aufgeben. Ich verliere nichts dabei, denn ich bin gemütlich längst nur durch den dünnen Faden der Fortwirkung früher erlebter Enttäuschungen an Sie geknüpft, und Sie können nur gewinnen, da Sie letzthin in München bekannt haben, eine intimere Beziehung zu einem Mann wirke hemmend auf ihre wissenschaftliche Freiheit. Nehmen Sie sich also die volle Freiheit und ersparen Sie mir die angeblichen ›Freundschaftsdienste‹. Wir sind einig darin, daß der Mensch seine persönlichen Empfindungen den allgemeinen Interessen in seinem Bereich unterordnen soll. Sie werden also niemals Grund finden, sich über Mangel an Korrektheit bei mir zu beklagen, wo es sich um Arbeitsgemeinschaft und Verfolgung wissenschaftlicher Ziele handelt; ich kann sagen, so wenig Grund späterhin wie bisher. Anderseits darf ich dasselbe von Ihnen erwarten.«

Jung antwortet wenig später:

»Ich werde mich Ihrem Wunsche, die persönliche Beziehung aufzugeben, fügen, denn ich dränge meine Freundschaft niemals auf. Im übrigen werden Sie selbst am besten wissen, was dieser Moment für Sie bedeutet. ›Der Rest ist Schweigen‹.«

Mit diesem Hamlet-Zitat schließt C. G. Jung seinen letzten persönlichen Brief an Freud.[*]
Die Korrespondenz beider Männer belegt den Schwung, aber auch das Risiko der psychoanalytischen Bewegung; die Ambivalenz der neuen, tief in das Verständnis menschlichen Verhaltens eindringenden Lehre wird deutlich: Der psychoanalytische Diskurs kann Beziehungen aufbauen, die sonst nicht möglich wären, aber auch Beziehungen zerstören, die ohne ihn Bestand hätten. Die Leidenschaft, mit der sich jeder der beiden Männer einsetzt, um verstanden zu werden, birgt auch die Gefahr unerträglicher Verletzungen. So können Beteuerungen, daß die Freundschaft doch alle Wahrheiten ertragen müßte, nicht wahr bleiben. Hätte Freud darauf verzichtet, Jung seine Fehlleistung unter die Nase zu halten, wenn er gewußt hätte, was er damit anrichten würde? Hätte Jung sich in seiner Invektive beherrscht, wenn er gewußt hätte, daß Freud ihm die Freundschaft aufkündigen würde?

[*] Der *Briefwechsel Freud/Jung* wurde 1974 von William McGuire und Wolfgang Sauerländer publiziert. Die zitierten Briefe finden sich auf S. 593 ff.

Es ist müßig, in der Geschichtsschreibung die Frage zu stellen, was gewesen wäre, wenn ... Aber in der Betrachtung von Beziehungen vertiefen solche Fragen die Einsicht in schicksalhafte Verstrickungen. Der Wechsel im Ton von Freuds erstem, nicht abgesandten Brief zu dem zweiten, der den Bruch einleitet, läßt auf einen inneren Prozeß schließen, in dem Freud nicht milder, sondern härter wird, in dem apodiktische Urteile seine anfängliche Trauer und Konzilianz ersetzen. Jung hingegen ist anfangs verletzend; später wirbt er wieder und versucht, das Verbindende nicht über dem Trennenden zu vergessen.

Der Bruch zwischen Freud und Jung ist deshalb so interessant, weil er ein konstitutionelles Risiko der Psychotherapie in der Moderne in einer neuen Variante erschließt: den Übergriff, die Respektlosigkeit, die Analyse ohne Einverständnis des Analysierten. Freud hat Jung nur gestupst, vielleicht in der Hoffnung, die drohende Entfremdung rückgängig machen zu können. Jung fühlte sich gestoßen und stieß noch heftiger zurück. Freuds Freundschaftsbegriff war gänzlich anders als der von Jung; einen Freund anders als in milder Ironie oder in intellektuellem Urteil anzugehen, lag ihm fern. Jung hingegen ist überschwenglich, er hat Freud glühend idealisiert und entwertet ihn jetzt ebenso radikal.

Wir wissen heute, daß beide Männer Mühe hatten, den Bruch zu verarbeiten. Freud war im Sommer 1913 so deprimiert, wie ihn seine Familie niemals vorher und nachher während eines Urlaubs erlebt hatte. Jung stürzte aus seiner Manie, in der er allen Ernstes gedacht hatte, Freud wäre ein dankbarer Abnehmer seiner Neurosenzuschreibungen, durch den Verlust seines Rückhalts in der psychoanalytischen Bewegung in eine tiefe Depression, von der er sich nur langsam erholte. Freud blieb für den Rest seines Lebens auf Distanz zu den Männern, die versuchten, den Platz zu gewinnen, den Breuer, Fließ und Jung nacheinander eingenommen hatten. Am meisten darunter gelitten hat sein Schüler Sándor Ferenczi.

Auf dem dritten internationalen Kongreß der Psychoanalytiker 1913 in München trat Jung das letzte Mal zusammen mit Freud auf. Er hielt einen Vortrag, in dem er seine später ausführlich dargestellte

316

Lehre der Psychologischen Typen auf die Gegensätze innerhalb der Psychoanalyse anwenden wollte und darauf hinwies, wie sehr Unterschiede in der persönlichen Einstellung psychologische Theorien beeinflussen können. Freud, der auf empirischen Tatsachen bestehe und den Lustgewinn aus der Außenwelt betone, verkörpere eine extravertierte, Adler hingegen, der die inneren Ziele betone, eine introvertierte Haltung. Jung forderte – seiner damaligen Selbstüberschätzung getreu, in der er sich über Freud und Adler zusammen stellen wollte – eine ausgewogene analytische Psychologie, welche beiden seelischen Typen gleiche Aufmerksamkeit schenke.

Jungs Interesse für religionsgeschichtliche Fragen, für Mythologie, Alchimie und Parapsychologie hat verhindert, daß Jung nach seinem Bruch mit Freud die praktischen Methoden der Seelenheilkunde weiter so sehr beeinflußte, wie es seiner Bedeutung eigentlich entspräche. Immerhin verwendete er als erster einige Methoden, die viel Interesse gefunden haben. Er ließ seine Patienten malen und deutete mit ihnen zusammen die entstandenen Bilder; er suchte durch ›Amplifikation‹, wobei der Therapeut eigene mythologische und religionsgeschichtliche Einfälle zum Traummaterial seiner Patienten äußert, die Kranken zur Erkenntnis allgemeinmenschlicher geistiger Strukturen, den sogenannten ›Archetypen‹ zu führen. Jung erweiterte auch den Bereich der Psychotherapie über die Lebensmitte hinaus, indem er die Suche nach einem übergreifenden Lebenssinn unterstützte, die vielfach in diesem Alter einsetzt.

Otto Rank (1884 bis 1939)

Selbst wo er von einem so kritischen und an der Erfahrungswelt orientierten Forscher wie Sigmund Freud verwendet wurde, hat der Begriff des Unbewußten viel Anlaß zu Spekulation gegeben. Die Auffassung, daß unbewußte Vorgänge nur verschlüsselt und entstellt zu Bewußtsein kommen, mußte dazu führen, daß jeder Autor seine persönliche Idiosynkrasie im menschlichen Unbewußten abgebildet sah. Viele Freudianer haben der Libidotheorie eine geradezu kosmische Bedeutung verliehen, indem sie in Mythen und Sagen überall Sexualsymbole erkannten. In seiner Interpretation des Prometheus-Mythos etwa sieht Freud in folgenden Einzelheiten Penis-Symbole: im Fenchel-Stiel, in dem Prometheus das Feuer raubte, im Adler, der an seiner Leber fraß, in der Hydra, die Herakles erschlug, und im ägyptischen Phönix, der sich alle hundert Jahre selbst verbrennt und dann aus der Asche wiedergeboren wird (Sigmund Freud, »Gesammelte Werke«, Bd. 16).

Otto Rank hat in seinem Werk »Das Trauma der Geburt« eine menschliche Urtendenz postuliert, in den Mutterleib zurückzufinden. Auch den Ödipuskomplex hat Rank neu interpretiert. Das Kind richtet nicht sein keimendes sexuelles Begehren auf die Mutter, sondern suche das Trauma der Geburt zu überwinden und sich von seiner Angst vor dem mütterlichen Geschlechtsteil zu befreien, indem es in ihn eindringe, was aber wiederum durch die Geburtsangst verhindert werde (nicht durch die Angst vor dem Vater bzw. die Kastrationsangst, wie Freud annahm).

Freud, der das Geburtstrauma als Auslöser späterer Angstanfälle sah (eine heute durch empirische Studien von René Spitz und biologische Überlegungen – Angst ist eine phylogenetisch sinnvolle Alarmreaktion – entkräftete These), nannte Ranks Werk zunächst den »bedeutendsten Fortschritt seit der Entdeckung der Psychoanalyse«, forderte aber weitere Nachprüfungen, vor allem einen Vergleich von durch Kaiserschnitt entbundenen Kindern mit normal geborenen.

Die übrigen Psychoanalytiker waren kritischer. Sie konnten sich nicht damit abfinden, daß Rank den Vater völlig aus seiner Neurosentheorie ausklammerte. Rank regte sich über diese Kritik sehr auf. Er suchte Hilfe bei Freud, der ihn analysierte und fand, daß Rank den Vater deshalb aus seiner Lehre ausgeschlossen hatte, weil seine persönlichen Probleme in dieser Richtung lagen. Für den Geist der psychoanalytischen Auseinandersetzungen ist ein Brief sehr bezeichnend, in dem Rank im Dezember 1924 seine Theorie widerrief. Seine Biographin Jessie Taft zitiert ihn: »Meine affektiven Reaktionen gegenüber dem Professor und Ihnen (der Brief war an das

Komitee, einen Kreis treuer Analytiker um Freud gerichtet, der nach den Abspaltungen von Adler und Jung gegründet wurde W. S.), insofern Sie für mich die ihm nahestehenden Brüder repräsentieren, entsprangen unbewußten Konflikten ... Von einem Zustand, den ich jetzt als neurotisch ansehe, habe ich mich plötzlich wieder gefunden ... Aus analytischen Besprechungen mit dem Professor, in denen ich im Detail die Reaktionen aufklären konnte, die auf affektiven Einstellungen beruhten ... gelang es mir, vor allem die persönliche Beziehung zu klären, da der Professor meine Erklärungen für befriedigend hielt und mir persönlich vergeben hat.« (Taft 1950, S. 110) Rank hat sich 1929 von Freud losgesagt; ein Jahr später gestand er, die Lehre vom Geburtstrauma maßlos überbewertet zu haben. In seinen späteren Werken »Genetische Psychologie« (1931), »Die Kunst und der Künstler« (1932) wies Rank auf den entscheidenden Wert des ›Willens‹, einer Ich-eigenen Energiequelle, hin, welche die schöpferische Entwicklung der Persönlichkeit ermöglicht und die Triebe so lenken kann, daß sie weder rein äußerlich angepaßt (Durchschnittsmensch) noch in zielloser Rebellion vergeudet werden (Neurotiker). Der Therapeut muß dem Kranken helfen, sowohl die übertriebene Bindung an elterliche Einflüsse als auch sinnlose Rebellion zu überwinden, indem er ihm in der Übertragung eine mitmenschliche Beziehung ermöglicht, welche den Willen des Patienten respektiert, ihn von seinen Schuldgefühlen befreit und die Individuation des schöpferischen Selbst fördert. Die von Carl Rogers entwickelte, zu großer Popularität und Breitenwirkung gelangte ›nicht-direktive‹ oder ›klientenzentrierte Gesprächspsychotherapie‹ beruht auf der Weiterentwicklung (und zum Teil Trivialisierung) von Ranks Thesen.

Die Neo-Psychoanalyse

Adler und Jung haben eigene tiefenpsychologische Schulen begründet, Rank bereits nicht mehr. Mit den Frauen und Männern, deren Beiträge zur Seelenheilkunde man unter dem Titel Neo-Psychoanalyse zusammenfassen kann, verhält es sich ähnlich.

Manche von ihnen blieben in der bestehenden, internationalen psychoanalytischen Vereinigung; andere trennten sich von ihr und gründeten eigene Vereine, oft auch mitbedingt durch politische Verhältnisse oder persönliche Differenzen. Aber seit Freud nicht mehr lebte, konnte sich jeder auf ihn berufen und seine Theorie als Fortentwicklung oder auch als Rückkehr zur Lehre Freuds ausgeben.

So könnte man Karen Horney (1885 bis 1952) mit demselben Recht eine Neo-Adlerianerin nennen wie eine Neo-Freudianerin. Da beides nicht eben schöne Ausdrücke sind, die zudem wenig aussagen, wollen wir künftig auf sie verzichten und uns auf Skizzen der einzelnen Gesichtspunkte beschränken, die von den neueren Autoren besonders betont wurden.

Bei Horney ist es die Kultur, die im Einzelfall Modelle für typische Konflikte liefert. Sie erkannte, daß Freuds Lehre selbst kulturell geprägt ist, und kritisierte wie Adler die These vom Penisneid, auf die ihrer Ansicht nach nur ein patriarchalisch eingestellter Herr im Haus kommen kann, der Freud ja auch tatsächlich gewesen ist. Während man in der orthodoxen Psychoanalyse großen Wert darauf legte, die kindliche Sexualentwicklung zu rekonstruieren, betonte Horney die Bedeutung gegenwärtiger Konflikte für die Psychotherapie. Als einen der wichtigsten Konflikte in der modernen Industriegesellschaft sah sie den Gegensatz zwischen dem Erfolgsstreben im gegenseitigen Wettbewerb und den christlichen Traditionen der Nächstenliebe sowie dem profunden Wunsch des einzelnen, geliebt zu werden.

Ein ähnliches Problem behandelt Erich Fromm, der ebenfalls eine mittlere Position zwischen Freud und Adler einnimmt, in seinem Buch »Die Flucht vor der Freiheit« (»Escape from Freedom«, 1941), in dem er die Angst des befreiten Menschen in der pluralistischen Gesellschaft schildert, der nicht weiß, nach welchen Werten er sich richten soll. Diese Angst kann dazu führen, daß ein Wunsch nach Beherrschtwerden und starken Autoritäten (einem ›starken Mann‹) wach wird, der im Faschismus ausgebeutet wird.

Fromm und Horney wurden durch den Nationalsozialismus gezwungen, in die Neue Welt zu emigrieren. Mit Hitlers Machtergreifung hebt eine dunkle Periode für die deutsche Psychotherapie an. Freuds Werke wurden verbrannt. Jung war skrupellos genug, auf einem Kongreß 1934 den arischen Geist gegen die jüdische Psychoanalyse wachzurufen. Ein Vetter Görings wurde an die Spitze der Deutschen Gesellschaft für Psychotherapie gestellt. Wer auf Freuds Erkenntnisse nicht verzichten wollte, mußte sie so formulieren, daß von ihrem Autor nie die Rede war. Das Kunststück ist Harald Schultz-Hencke (1892 bis 1953) in seinem Buch »Der gehemmte Mensch« gelungen. Schultz-Hencke hat den Freudschen Begriff der Verdrängung durch den der ›Hemmung‹ ersetzt und bestimmte Neurose-Formen mit dem Zeitpunkt verknüpft, zu dem die kindliche Entwicklung durch ungünstige Einflüsse beeinträchtigt wird. Die Lehre vom Trauma ersetzte er durch den Begriff der Mikrotraumen, die sich wie eine Kette aneinanderreihen; damit schuf er eine Brücke zur lernpsychologischen Auffassung der Neurose, in der nurmehr von einzelnen Lernprozessen gesprochen wird.

Die frühe psychoanalytische Lehre von einem einzigen Grundtrieb (der Sexualität), welche Freud später zu dem dualistischen Modell der Lebens- und Todestriebe ausarbeitete, hat Schultz-Hencke zu einem pluralistischen Konzept menschlicher Antriebe erweitert, in dem neben der Sexualität das Besitz- und Geltungsstreben, die Aggression und die Zärtlichkeit eine Rolle spielen (die Freud als ›zielgehemmte Sexualität‹ bewertete). Seine Form der Psychotherapie, die Schultz-Hencke auch ›Desmolyse‹ genannt hat (griechisch: Lösung von Fesseln), entspricht weitgehend der Freuds, doch ist die Zahl der nötigen Stunden pro Woche etwas vermindert.

Schultz-Hencke verglich die Neurose mit einem tropischen Baum, der Luftwurzeln getrieben hat. Selbst wenn man den Hauptstamm kappt – das infantile Trauma –, kann er noch stehenbleiben, da inzwischen die gesamte Persönlichkeitsentwicklung durch das ursprüngliche Trauma beeinträchtigt worden sei und korrigiert werden müsse. Ein typisches, von ihm anschaulich geschildertes Kennzeichen des Neurotikers (und Psychotikers) ist laut Schultz-Hencke der Konflikt zwischen Riesenansprüchen und Hemmung. Der Kranke will Ausgezeichnetes leisten und sucht sein Versagen durch immer höhere Ansprüche auszugleichen, statt seine Hemmungen zu erkennen, die seine Arbeit ebenso beeinträchtigen wie seine zwischenmenschlichen Kontakte.

Die NS-Psychotherapie in Deutschland*

Bis 1933 war die Deutsche Psychoanalytische Gesellschaft (DPG) die größte psychoanalytische Institution der Welt. 1908 hatte Karl Abraham das Berliner psychoanalytische Institut gegründet, 1920 wurde von Eitington eine psychoanalytische Poliklinik und Lehranstalt gestiftet. Viele österreichische und amerikanische Analytiker kamen nach Berlin. Die ›Kurierfreiheit‹ für Nichtärzte in Deutschland gestattete auch Laienanalytikern die Arbeit in einem Heilberuf. In Berlin arbeiteten z. B. Fenichel, Sachs, Bernfeld, Wilhelm und Annie Reich, Bally, Horney, Alexander, Fromm, Jacobson, Alice und Michael Balint, Radò, Klein, Reik. Im Jahr 1928 nahmen 837 Interessenten an Kursen des Instituts teil. 1932 hatte die DPG 56 Mitglieder.

Im Mai 1933 wurden nach einer Hetzkampagne Freuds Bücher verbrannt. Der jüdische Vorstand der DPG trat auf Drängen ›arischer‹ Analytiker zurück, die Sanktionen fürchteten. 32 DPG-Mitglieder waren bis 1934 emigriert. Die in Deutschland verbliebenen jüdischen Mitglieder wurden 1935 zu einem ›freiwilligen‹ Austritt bewogen, weil man ein Verbot der DPG fürchtete. Die Mehrheit der verbliebenen ›arischen‹ Analytiker wollte auch unter solchen Umständen das Fortbestehen der Institution sichern. Auch hier zeigt sich eine der Schattenseite der Ausübung von Psychotherapie als ›Bewegung‹: Sie ist bereit, sehr fragwürdige Dinge zu tun, um sozusagen die eigene Haut zu retten. Nachher werden solche merkwürdigen Konzessionen dann verdrängt und verleugnet. Tatsächlich

---

* Dieser Abschnitt stützt sich auf Arbeiten von Gudrun Brockhaus, der ich an dieser Stelle für ihr Material danke.

wurde bis zu den grundlegenden Arbeiten von Regine Lockot die Situation oft so dargestellt, daß die Psychotherapie in der NS-Zeit ›unterdrückt‹ war und die Psychotherapeuten nach 1945 aus ihrer ›inneren Emigration‹ zurückkehrten.

Die ›Rettung‹ der Psychoanalyse rechtfertigte für die deutschen Psychoanalytiker nichtjüdischer Abstammung Memoranden, die die Nützlichkeit der Psychoanalyse für NS-Zwecke beschrieben, eilfertige Anfragen an Behörden, Bitten um Absegnung durch Parteifunktionäre. Sie nahmen das Verbot von Freuds Schriften und die ›Arisierung‹ der psychoanalytischen Terminologie in Kauf und gaben sie teilweise als Fortschritt aus. Noch 1989 sagte mir Adolf Däumling, ein einstiger Ausbildungskandidat des Reichsinstituts, später Psychologieprofessor in Bonn, die NS-Zeit habe doch das Gute mit sich gebracht, daß sich die streitenden tiefenpsychologischen Schulen hätten vertragen müssen (vgl. dazu die Dokumentation von Lockot, 1985).

Die Anhänger Alfred Adlers waren in Deutschland seit 1919 organisiert. Sie hatten Erziehungsberatungsstellen in Zusammenarbeit mit den Jugendämtern aufgebaut. Adlers ›Gemeinschaftsgefühl‹ paßte zwar inhaltlich in die ideologische Nazi-Landschaft, war aber ebenfalls wegen Adlers jüdischer Herkunft diskreditiert. Für die bindungsstiftende Qualität psychotherapeutischer ›Schulen‹ spricht, daß Adlers Theorie eher von den Nationalsozialisten akzeptiert wurde, weil M. H. Göring von einem Individualpsychologen ausgebildet worden war.

Alle prominenten NS-Psychotherapeuten waren Mitglieder der ›Allgemeinen Ärztlichen Gesellschaft für Psychotherapie‹ (AÄGP). Der amerikanische Historiker Geoffrey Cocks sieht eine bestimmte Ausrichtung der AÄGP schon vor 1933. Sie war protestantisch-konservativ und stand daher in einem weltanschaulichen Gegensatz zur eher liberalen und vorwiegend jüdischen Gesellschaft der deutschen Psychoanalytiker (Cocks 1985, S. 47). Die AÄGP teilte diese Haltung mit dem dominierenden Teil des Bildungsbürgertums und vor allem der deutschen Ärzteschaft, die von allen Berufsgruppen den höchsten Anteil an NSDAP-Mitgliedern aufwies: 45 Prozent.

Psychotherapie nach dem Verständnis der AÄGP sollte die ärztliche Autorität erneuern und nicht, wie es Freud so gründlich getan hatte, hinterfragen. Mit der Neugründung der AÄGP als Deutsche Gesellschaft (DAÄGP) wurde M. H. Göring, ein Vetter von Hermann Göring, zu ihrem ›Führer‹ bestimmt. Der Psychiater Ernst Kretschmer[*] trat vom Vorsitz zurück und Jung übernahm ihn nach Absprache mit den Deutschen; diese suchten mit seiner internationalen Reputation die sonst zu parteinah erscheinende Gesellschaft aufzuwerten. Der für April 1933 geplante Kongreß in Wien wurde abgesagt und auf Druck der Deutschen Gesellschaft im Mai 1934 in Bad Nauheim durchgeführt. Ein Verbot der DPG hätte die deutsche Psychotherapie nicht verkraftet. So gingen Göring und die anderen Nazis in der Vorbereitung des Kongresses den Weg des Kompromisses und brachten Vertreter verschiedener bekannter Therapieschulen in dem sog. ›Deutschen Heft‹ des ›Zentralblattes für Psychotherapie‹ zusammen. Um die ›Deutsche Seelenheilkunde‹ zu formulieren, mußten sie auf Nicht-Parteimitglieder zurückgreifen. Schultz-Hencke galt übereinstimmend »als der Analytiker, der noch am ehesten für die Schaffung einer neuen deutschen Seelenheilkunde zu gewinnen war« (Lockot 1985, S. 62).

1934 erschien eine Sammlung von zehn Aufsätzen mit dem Titel »Deutsche Seelenheilkunde«. Die Arbeiten sollen die Programmatik der ›Deutschen Allgemeinen Ärztlichen Gesellschaft für Psychotherapie‹ entwerfen, die in ihrer Gründungserklärung »bedingungslose Treue« zu Adolf Hitler gelobt und deutsche Ärzte zusammenfassen möchte, die im Sinn der nationalsozialistischen Weltanschauung eine seelenärztliche Heilkunst ausüben (zit. nach Lockot 1985, S. 62). »Wir Psychotherapeuten wollen zeigen, daß auch wir gewillt sind, an dem Aufbau des neuen Reiches mitzuwirken, dadurch daß wir an der Gestaltung einer deutschen Seelenheilkunde arbeiten.« (Göring 1934, S. 7)

Man ist heute überrascht, wie viele prominente Psychotherapeuten

---

[*] Ihm wurde das geflügelte Wort über die Psychopathen zugeschrieben: In guten Zeiten diagnostizieren wir sie, in schlechten regieren sie uns. Kretschmer war ein angesehener Konstitutionsforscher, aber auch ein erklärter Gegner der Psychoanalyse.

sich auch nach dem Ende der Nazi-Zeit zur Mitarbeit bereit fanden. Harald Schultz-Hencke definiert in seinem Aufsatz »Die Tüchtigkeit als psychotherapeutisches Ziel«. Nach 1945 in der Psychotherapie-Szene bekannt sind auch die Adler-Schüler Fritz Künkel und Leonhard Seif, die hier zum Kampf gegen die gemeinschaftsschädigende Neurose aufrufen. Die NS-Funktionäre sind uns weniger vertraut: Cimbal, Haeberlin, Matthias Heinrich Göring, der seiner Verwandtschaft mit dem Reichsmarschall die Leitung des 1936 in Berlin gegründeten ›Reichsinstituts für psychologische Forschung und Psychotherapie‹ verdankte, in dem die vorher getrennten ›tiefenpsychologischen‹ Therapieschulen zwangsvereinigt wurden.

Im Vorwort betont der Herausgeber Göring, die Aufsätze enthielten nicht eine intellektuelle Gesinnungsäußerung, sondern ein erlebnismäßiges Bekenntnis zur nationalsozialistischen Idee, zum Werk Adolf Hitlers. Er stellt in seinem Eingangs-Beitrag »Die nationalsozialistische Idee in der Psychotherapie« (S. 11–17) diese als »das beste Bindeglied zwischen den verschiedenen Richtungen« (S. 16) dar. Als Aufgabe der Therapeuten sieht er die Erziehung der Menschen, deren Behandlung erbbiologisch sinnvoll erscheint, zu wahrem Gemeinschaftsgefühl und freiwilliger Unterordnung. Die Gegensätze zwischen den Therapeuten seien unwichtig gegenüber ihrer Bereitschaft, dem NS-Staat zu dienen.

Gustav Richard Heyer stand in München den Künstlerkreisen um George und Gundolf nahe. Von ihm heißt es, er sei von Jung, seinem Lehranalytiker und Duzfreund, zu einer positiveren Einstellung zum Nationalsozialismus bewogen worden. In seinem Artikel betont er die Gegensätzlichkeit aller Lebensprozesse und kritisiert die Psychologie vor Jung als rationalistisch und einseitig. Freud oder Adler hätten es nicht gewagt, sich der gewaltigen Macht des Blutes auszusetzen. Jetzt breche die Zeit des Irrationalen, des Unbewußten an. Jung überwinde die Einseitigkeiten, seine meisterliche Seelenlehre könne nicht erlernt, sondern nur durch eigenes Sein gelebt werden. Der Jung-Schüler Wolfgang Müller Kranefeldt vergleicht »Freud und Jung« (S. 24–38). Seine Kritik an Freud bezieht sich zunächst auf dessen Materialismus, wird aber rasch in der Tradition solcher Auseinandersetzungen entwertend und persönlich. Freud habe sich der Erfahrung des Lebens nicht gestellt, sei eng und starr. Jung dagegen bezeichnet Kranefeldt als »die Verdichtung des Lebens selber«. Johann Heinrich Schultz verteidigt unter der Überschrift »Der Yoga und die deutsche Seele« (S. 61–69) die indischen Yogatechniken gegen einen möglichen Vorwurf des Wesensfremden. Schultz leitete im ›Reichsinstitut‹ die Poliklinik. Er war für die Ausbildung der Ärzte zuständig. Erst in jüngster Zeit ist das Ausmaß seiner Verstrickung in das nationalsozialistische System bekannt geworden (Der Spiegel 26/1994).

Harald Schultz-Hencke war unter den 10 Autoren das einzige Mitglied der Deutschen Psychoanalytischen Gesellschaft. Er verfertigte seinen Beitrag zur »Deutschen Seelenheilkunde« ohne Wissen der anderen Mitglieder des Berliner Psychoanalytischen Instituts; das verstimmte diese auch deshalb, weil von dem neuen ›arischen‹ Vorstandsmitglied Müller-Braunschweig ein sogenanntes Memorandum verfaßt worden war, in dem dieser die Möglichkeiten der Psychoanalyse beschrieb, »den gerade jetzt neu herausgestellten Linien einer heroischen, realitätszugewandten, aufbauenden Lebens- und Weltauffassung wertvoll zu dienen« (Müller-Braunschweig nach Lockot, S. 143). Die Psychoanalyse bemühe sich, »unfähige Weichlinge zu lebenstüchtigen Menschen« umzuformen.

Enthielt dieses Memorandum neben dem Unterwerfungspassus auch noch eine positive Beschreibung psychoanalytischer Arbeit, so besteht Schultz-Henckes Aufsatz »Die Tüchtigkeit als psychotherapeutisches Ziel« (S. 84–98) hauptsächlich in einer Ablehnung der Psychoanalyse. Er tadelt die Sexualtheorie und die Kritik der Religion. Die Psychoanalyse müsse in freiwilliger Selbstbesinnung auf »Wertgefühl, Wille, Blut und Leben« das Therapieziel auf »Zucht, Disziplin, Dienstbereitschaft und Einordnung« festlegen.

Die »Deutsche Seelenheilkunde« ist nicht unter dem Zwang zu einer präzisen Einpassung in ideologische Schablonen zustande gekommen. Die Nazis konnten für dieses neue Gebiet keine klaren Vorstellungen vorgeben. Göring schreibt in seinem Vorwort zur »Deutschen Seelenheilkunde«:

»Es ist selbstverständlich, daß bei einer so jungen Wissenschaft, wie es die Psychotherapie ist, Gegensätze vorhanden sind. Heute kommt es nicht darauf an, diese Gegensätze zu beseitigen. Das Wichtigste ist, daß jeder bestrebt ist, seine Gedanken dem nationalsozialistischen Staate dienstbar zu machen, in Übereinstimmung mit der Idee Adolf Hitlers zu denken, zu arbeiten und seine Heilkunst auszuüben.« (Göring 1934, S. 7)

Eine Autorengruppe – G. Brockhaus nennt sie »Tiefensucher« (vgl. Kindler 1977, S. 839)[*] – zentriert ihre Texte um Begriffe wie Leben, Tiefe, Erfahrung, Fülle, Blut, Echtheit. Für die andere Gruppe, die Brockhaus »Volkserzieher« nennt, sind Einordnung, Volksgemeinschaft und Opfer zentrale Begriffe. Die Volkserzieher wollen die Schäden am Volkskörper beseitigen, die durch Neurotiker entstehen. Die Anwendung von Psychotherapie entscheidet sich nach dem Grad der gesellschaftlichen Nützlichkeit. Danach muß der Arzt die »therapeutischen Geschütze« (Schultz-Hencke) auswählen. Alles Abweichende, Triebhafte, Egoistische muß unterdrückt werden. Parolen wie: »Du bist nichts, dein Volk ist alles«, und »Gemeinnutz geht vor Eigennutz« werden therapeutisch unterfüttert.

Zu dieser Volkserzieher-Gruppe gehören die Adler-Schüler Göring, Seif und Künkel. Auch der hier als Vertreter der Psychoanalyse geltende Schultz-Hencke und der Ärzte-Funktionär und aktive Nazi Cimbal lassen sich in diese Gruppierung einordnen.

Diesen Autoren garantiert der Nationalsozialismus offenbar Ordnung. Die Texte erheben sich über die Neurotiker, denen die Autoren angeblich helfen wollen.

»Die Texte treten mit einem pseudophilosophischen Gestus auf, dessen Theatralik uns fremd geworden ist«, sagt Brockhaus. »Selbst in meinen Kurzzusammenfassungen habe ich der Versuchung nicht widerstehen können, sie durch das Zitieren einiger Formulierungen der Lächerlichkeit preiszugeben. Aus der ›Deutschen Seelenheilkunde‹ ließe sich eine stattliche Stilblütensammlung gewinnen. Aber viele Formulierungen – die ›heidnische Blutleuchte‹, die Beschrei-

---

[*] Nina Kindler schreibt in einer Anmerkung zu ihrer Arbeit über Heyer: »Ralph Bircher (geb. 1899) nennt Heyer bewundernd den ›Tiefseefischer‹.«

bung Jungs als ›die Verdichtung des Lebens selber‹, das ›Raunen vom kosmogonischen Eros‹, die ›Seelenführung, aus den Mächten und Kräften des Blutes gespeist‹ – wirken nur komisch, weil der hochgestimmte Ton und das Vokabular nicht mehr zeitgemäß sind. Die ironische Distanz versperrt den Zugang zur Erkenntnis einer eigenen Nähe zu faschistischen Produkten. Sieht man von der sprachlichen Verpackung ab, finden sich in den Arbeiten viele vertraute Gedankengänge. In den Bildungsinstitutionen der Nachkriegszeit hat ja die deutsche Innerlichkeitskultur ungebrochen überlebt. Die Idealisierung von Ganzheit, Authentizität, Synthese, die Kritik des analytischen Denkens ist uns gegenwärtig aus den ›humanistischen‹ Therapieschulen vertraut. In der ›Seelenheilkunde‹ wie in dem aktuellen Diskurs dient dabei die Freudsche Psychoanalyse als Kontrastfolie, vor der sich die eigene, nur schemenhaft gezeichnete Position abheben soll. Der Psychoanalyse wird Intellektualität vorgeworfen, kaltes und destruktives Analysieren und Kritisieren, Angst vor dem lebendigen Fühlen, Reduktion der Therapie auf Sprache und Verstand, Körperfeindlichkeit etc.
Andere Topoi der Seelenkundler werden nicht nur von Psychoanalyse-Kritikern humanistischer oder esoterischer Therapieverfahren geteilt. Sie sind vielmehr Hintergrundannahmen fast aller therapeutischer Verfahren. Dies gilt für einen ganzheitlichen Zugang in den Humanwissenschaften und die Kritik an einem physikalisch-naturwissenschaftlichen Vorgehen in der Psychologie. Auch die kulturkritische Wendung gegen Technisierung und Instrumentalisierung menschlichen Verhaltens wird von vielen geteilt werden.«
In dem Briefwechsel über die ›Deutsche Gesellschaft für Psychotherapie‹, die Lockot (1985) dokumentiert hat, zeigen die Autoren der »Deutschen Seelenheilkunde« ihr Selbstverständnis als Vordenker der deutschen, der fortschrittlichen Psychotherapie. Was mögen sie mit dem verschwiegenen, aber eigentlich unvermeidbaren Wissen gemacht haben, daß sie diese Position dem Exodus so vieler deutschsprachiger Psychotherapeuten von internationaler Geltung verdankten?
Bis heute ist die Psychoanalyse-Szene in Deutschland durch die

Folgen der NS-Zeit gespalten. Die DPG hat überlebt, aber sie wurde in der Nachkriegszeit zur Organisation der Anhänger von Schultz-Hencke, während eine Gruppe unter Müller-Braunschweig (der während der NS-Zeit kaum weniger Konzessionen an die Nazis gemacht hatte als Schultz-Hencke) Anschluß an die Internationale Psychoanalytische Vereinigung (IPV) suchte. Schließlich gründeten die Analytiker, die wieder in die IPV aufgenommen werden wollten, eine eigene Organisation, die DPV (Deutsche Psychoanalytische Vereinigung). Sie vertrat die Freudsche Lehre gegen die Neoanalyse Schultz-Henckes, der zäh daran festhielt, seine Neuerungen seien ein echter Fortschritt und keine Anpassung an die NS-Zeit.

Die Anhänger Jungs und Adlers haben eigene Verbände gegründet und fanden leichter den internationalen Anschluß wieder. Alle Tiefenpsychologen schlossen sich in einem Dachverband zusammen (Deutsche Gesellschaft für Psychoanalyse, Psychotherapie und Psychosomatik, DGPT), um beispielsweise Verträge mit den Krankenkassen auszuhandeln. Gegenwärtig gibt es Institute der DPG, der DPV, der Vereinigungen von Jung- und Adler-Anhängern sowie solche, die nur in der DGPT sind. Die Ausbildungen sind durch den Dachverband standardisiert. Alle DGPT-Institute können für die Kassenzulassung ausbilden, aber nur die DPV-Institute eröffnen den Zugang für die Mitgliedschaft in der IPV. Die sakramentale Qualität der analytischen Bewegung ist heute zumindest teilweise institutionell erstarrt. Nur die von einem durch die Organisation anerkannten Analytiker gespendete Lehranalyse führt zur Aufnahme in den Verband der Freudianer. Freud hatte es anders gehalten. Er nahm alle auf, die interessante Beiträge zur Psychoanalyse leisteten. Die in der DPG verbliebenen, zunächst isolierten Analytiker haben inzwischen mit Dissidenten anderer Länder eine internationale Organisation aufgebaut, die eigene Tagungen (Fora) veranstaltet.

Sándor Ferenczi (1873 bis 1933)[*]

Der ungarische Neurologe und Psychoanalytiker Sándor Ferenczi (er hatte seinen ursprünglichen Namen Fraenkel der Landessprache angepaßt) war einer der engsten Freunde und Mitarbeiter Freuds. Er hat versucht, den von Jung verlassenen Platz an Freuds Seite einzunehmen. Es gelang ihm und Freud erheblich länger, mit ihren Spannungen konstruktiv umzugehen; vielleicht hat aber nur der frühe Tod Ferenczis nach einer dramatischen Verstrickung mit einer Patientin den Ausbruch eines offenen Konflikts verhindert.

Im Grunde ist es eine einzige Patientin, an und mit der Ferenczi seine vieldiskutierten therapeutischen Neuerungen entwickelte: stärkere Aktivität, Konzentration auf reale Traumatisierungen, Entspannungssuggestionen an den Patienten, Abkehr von der Distanz und Neutralität, weitgehendes Entgegenkommen angesichts von Wünschen, Sitzungen zu verlängern, den Analytiker in den Urlaub zu begleiten, die Rollen zu tauschen (mutuelle Analyse, der Patient kann, wenn er es wünscht, auch die freien Einfälle des Analytikers abrufen).

Wer war diese Frau, deren Bild in der Psychoanalysegeschichte schwankt, die von manchen[**] an die Seite der ›großen Patientinnen‹ gestellt wird, die – wie Anna O. oder Dora – mit wichtigen theoretischen Neuerungen verknüpft ist, von anderen als pathologische Lügnerin und Ferenczis böser Geist bewertet? Elisabeth Severn würde heute sicher als narzißtische Persönlichkeitsstörung auf Borderline-Niveau charakterisiert: Zu krank, um ohne ständige Symptome, dramatische Zusammenbrüche und Klinikaufenthalte zu leben, andererseits zu gesund, um die Krankenrolle zu akzeptieren. Solche

---

[*] Der folgende Abschnitt ist eine überarbeitete Fassung einer Passage aus W. Schmidbauer, *Wenn Helfer Fehler machen*, Reinbek 1997.

[**] Vgl. Ch. Fortune, »The Case of RN. Sándor Ferenczi's Radical Experiment in Psychoanalysis«, in: L. Aron und A. Harris (Hrsg.), *The Legacy of Sándor Ferenczi*, Hillsdale 1993, S. 101–120. Zit. n. der Übersetzung von Erika Nemeny, in: *Psyche* 48, 1994, S. 683–706. Die Einschätzung von RN als großer Anregerin stammt von B. Wolnstein, »Ferenczi, Freud an the origins of American Interpersonal Relations«, *Contem. Psychoanal.* 25, 1989, S. 672–685.

Menschen suchen Hilfe und mißtrauen dem Helfer, weil sie sofort anfangen, ihm seine vermeintliche narzißtische Übermacht zu neiden; im typischen Fall wird der Arzt erst idealisiert, dann trennt sich der Patient im Streit und sucht den nächsten, idealisierten Arzt. Besonders problematisch ist es, wenn solche Persönlichkeiten selbst Therapeuten werden; sie wiederholen dann dieses Muster, idealisieren einen Lehrer, lassen ihn dann fallen, entwerten ihn und bewundern den nächsten.

Elisabeth Severn (1879–1959) hieß ursprünglich Leonta Brown. Unter diesem Namen wurde sie in einer Kleinstadt im Mittelwesten geboren und streng religiös erzogen. Sie litt an Eßstörungen und ›Nervenzusammenbrüchen‹, die durch Sanatoriumsaufenthalte behandelt wurden, wobei die Besserung immer nur kurze Zeit anhielt. Dennoch heiratete Leonta; 1901, im Alter von 22 Jahren, bekam sie ihr einziges Kind, eine Tochter mit Namen Margaret, die später Tänzerin wurde und deren Auskünfte die wichtigste Quelle über Leonta Brown sind. Wie bei schweren Persönlichkeitsstörungen von Frauen nicht selten, war die Beziehung zu dieser Tochter die Konstante in Leonta Browns Leben; ihre Ehe ging bald in die Brüche.

Nach einer Behandlung bei einem theosophischen Arzt, der die ›hysterische‹ Qualität ihrer körperlichen Beschwerden erkannte und versuchte, sie in der Kraft des ›positiven Denkens‹ zu unterrichten, geschah wieder etwas Typisches: Statt gesund zu werden, wurde Leonta Brown Heilerin. Sie schrieb an ihre Mutter: »Ich werde jetzt daran arbeiten, selbst Heilerin zu werden. Es ist keine Frage, daß ich dazu die Kraft habe. Es wäre die Erfüllung meines Lebens, in dieser Weise anderen Menschen zu helfen.«[*]

Da selbsternannte Prophetinnen in ihren Vaterstädten nichts gelten, reiste die frischgebackene Heilerin nach Texas und ließ sich Visitenkarten mit dem Aufdruck »Elisabeth Severn, Metaphysikerin« machen. 1912 ging sie nach England. Mit jeder Ortsveränderung wuchsen ihre Qualifikationen; seit sie 1913 ein Buch »Psychotherapie – Lehre und Praxis« publiziert hatte, nannte sich Elisabeth Severn

[*] Brief aus der Sammlung von M. Severn, zit. n. Fortune a. a. O., S. 686.

Ph. D. In diesem 1913 publizierten Buch behauptete sie, sie habe unter anderem einen Hirntumor durch die von ihr vermittelten positiven Kräfte geheilt. 1914 ging sie nach New York. Sie mietete sich in einer Hotel-Suite ein und eröffnete eine psychotherapeutische Praxis. Nach außen eine eindrucksvolle und erfolgreiche Frau mit dem Aplomb einer Hochstaplerin, litt sie sehr unter ihrer Isolation (»sie hatte keine Freunde oder Kollegen, nur Patienten«, erzählte ihre Tochter später) und konsultierte die verschiedensten Ärzte, darunter auch den Psychoanalytiker Otto Rank. Vielleicht hat ihr dieser Sándor Ferenczi empfohlen; er wußte von dessen Faible für Frauen mit (angeblich) übernatürlichen Fähigkeiten.[*]

Jedenfalls ging Elisabeth Severn 1924 nach Budapest und begann eine Behandlung bei Ferenczi. Sie quartierte sich in einem vornehmen Hotel ein und brachte einige gutgestellte Patienten aus Amerika mit sich, die ihre Behandlung bei ihr fortsetzten, während sie selbst Ferenczi aufsuchte. Die Analyse dauerte zunächst immer nur einige Monate und wurde dann durch die Rückkehr von Frau Severn nach New York unterbrochen. Am 7. Juli 1925 hatte Ferenczi Geburtstag (er wurde 52 Jahre alt); dazu schenkte ihm Elisabeth Severn ihr zweites Buch mit der Widmung: »Mit Anerkennung für den, der imstande ist, immer noch den Duft der Kränze vergangener Jahre wahrzunehmen, Sándor Ferenczi, von seiner dankbaren Schülerin, Elisabeth Severn.«[**]

Wie wenig Ferenczi die Hochstaplerin durchschaute, drückt sein Empfehlungsbrief für Freud im selben Jahr aus, in dem er sie als Dr. Severn, Amerikanerin und »fleißige Psychologin« vorstellte, die bei ihm in Analyse sei. 1926 kam Ferenczi selbst nach New York und hielt Vorlesungen für Sozialarbeiter; dort nahm Severn an einer Gruppe von Laienanalyti-

---

[*] Fortune, a. a. O., S. 687. Vgl. *Freud-Ferenczi, Briefwechsel*, Bd. I/1, 1908–1911, Wien 1993. Ferenczi konsultierte öfter Wahrsagerinnen und versuchte auch Freud zu bewegen, sich der okkultistischen Erscheinungen anzunehmen, was dieser – weit skeptischer – auch tat; er berichtet darüber in S. Freud, »Neue Folge der Vorlesungen zur Einführung in die Psychoanalyse«, *Ges. Werke* XV.

[**] Fortune, a. a. O. Die Hauptquelle über Elisabeth Severn ist ihre Tochter Margaret, mit der die Mutter fast täglich korrespondierte; allerdings hat die Tochter die Briefe später, einem Wunsch der Mutter entsprechend, verbrannt.

kern teil, die Ferenczi – auch aus Ärger über die Einschränkungen der Laienanalyse durch das New Yorker Psychoanalytische Institut – damals gründete. Privatleben und Arbeit vermischten sich; Severn reiste mit Ferenczi und dessen Frau Gizella zurück; sie besuchten Groddeck in Baden-Baden und kamen dann nach Budapest.

Die Analyse entwickelte sich seit 1928 zu einer dramatischen Verstrickung. Statt besser, ging es Severn immer schlechter; statt weniger, brauchte sie mehr Behandlungszeit. Ferenczi traf sie monatelang jeden Tag drei bis vier Stunden. Weil Severn – außer wenn sie ihre eigenen Patienten sah – ›zu krank‹ war, um ihn aufzusuchen, kam Ferenczi in ihr Hotel. Er besuchte sie zu jeder Tages- und Nachtzeit, sie begleitete ihn in den Urlaub. Als sich ihr Zustand im Juni 1930 dennoch weiter verschlechterte, telegrafierte er an ihre Tochter und bot an, auf sein Honorar zu verzichten, wenn sie dafür in Budapest bleibe und für ihre Mutter sorge. Schließlich bat Severn Ferenczi auch noch darum, sich von ihr analysieren zu lassen, und er gestand es ihr zu; später rationalisierte er seine Nachgiebigkeit als technischen Kunstgriff (›mutuelle Analyse‹).

Die Versuche Ferenczis und auch Severns, diese Verstrickung positiv zu sehen und die entdeckten Kindheitstraumen als besonders tiefe Einsichten zu bewerten, muten an, als hätten sich beide entschlossen, den Schein zu retten, um nicht akzeptieren zu müssen, daß die ganze Mühe mehr geschadet als genützt hatte. Jedenfalls führte auch Ferenczis letzte Nachgiebigkeit nur dazu, daß Severn ihm im März 1932 vorwarf, er lasse sich nicht wirklich auf die Analyse durch sie ein. Ferenczi versuchte vergeblich, die Rolle des Analytikers zurückzugewinnen; am 2. Oktober 1932, kurz vor dem Manifestwerden seiner Blutkrankheit, schrieb er in sein therapeutisches Tagebuch: »Versuch, einseitig fort zu analysieren. Emotionalität verschwand; Analyse insipid, Relationship – distant. Ist irgendwann einmal Mutualität versucht worden, dann ist die Einseitigkeit nicht mehr möglich ...«[*]

[*] S. Ferenczi, *Ohne Sympathie keine Heilung. Das klinische Tagebuch von 1932.* Hrsg. J. Dupont, Frankfurt 1988, S. 279.

Der Schluß ist sehr traurig: Ferenczi war todkrank; Severn sah nur ihre eigene Kränkung über den Rückzug des Menschen, den sie schon längst nicht mehr als Therapeuten achtete, sondern als »vollkommenen Liebhaber« (miß)brauchte. Während Severn sich wünschte, auch öffentlich als Analytikerin ihres Lehrers Ferenczi aufzutreten, bestand Ferenczi nach Severns Mitteilungen darauf, daß sie seine Analyse durch die eigene Analysandin geheimhalte. Sie solle erklären, sie sei von ihm geheilt. Das war sie jedoch so wenig, daß ihre Tochter Margaret Ferenczi einen erbitterten Brief schrieb, als Elisabeth Severn in desolatem Zustand nach der Beendigung ihrer neunjährigen Therapie in Paris ankam. Ferenczi hat nicht mehr geantwortet; er ist im Mai 1933 gestorben. Severn hingegen erholte sich rasch. Mitte Juni fuhr sie bereits nach London, wo sie ihre eigene Praxis wieder aufnahm. Sie starb im Februar 1959, 79 Jahre alt, in New York an Leukämie.

Vor dem Hintergrund der neueren Literatur zum *False Memory Syndrome*[*] muten die Berichte über Severns traumatische Erinnerungen wie ein Paradebeispiel an: Ihr Vater hatte sie, so erinnerte sich Severn, seit dem Alter von anderthalb Jahren sexuell mißbraucht, er hatte sie unter Drogen gesetzt, sie an viele andere Männer verkauft und schließlich gezwungen, einen Mord zu begehen.

Erich Fromm sagte, daß Ferenczi zwischen Freud und Groddeck stand, sich keinem von beiden wirklich zuneigen konnte und daher scheitern mußte. Freud steht für die analytisch-abstinente, wissenschaftliche Disziplin, Groddeck für die künstlerische Hingabe an die anarchische, spielerische Realität des Es. Herbert Will[**] hat versucht, die Situation genauer zu klären: Hier der verwurzelte, letztlich nur sein Eigenes erkennende Groddeck, dort der geniale For-

---

[*]   Die kritische Literatur zur hypnotischen Rückführung und zur Diagnose ›multipler Persönlichkeiten‹ ist angewachsen. Vgl. u. a. Michael D. Yapko, *Suggestions of Abuse: True and False Memories of Childhood Sexual Trauma*, New York 1994, sowie Claudette Wassil-Grimm, *Diagnosis for Disaster: The Devastating Truth about False Memory Syndrome and Its Impact on Accusers and Families*, New York 1995.

[**]   H. Will, »Ferenczi und Groddeck – eine Freundschaft.« *Psyche* 48, 1994, S. 720–737.

scher Freud, dem es vor allem um sein wissenschaftliches Ansehen und die Durchsetzung seiner Theorien ging; in der Mitte Ferenczi, der sich verausgabt, um Freud zu beweisen, daß er zwar in der Theorie sein Schüler, in der Praxis aber der größere Heiler ist. Denn sein Ziel, dem er soviel Kraft und Gesundheit opferte, war es, an und mit Elisabeth Severn die erste wirklich vollständige und gültige Analyse in der Geschichte dieser Wissenschaft vorzulegen.

Sicherlich war es eine Wurzel von Ferenczis Verhalten, sich in einem von seiner Abhängigkeit zu befreien und gleichzeitig Freuds Anerkennung doch noch zu gewinnen. Insofern entspricht die Beziehung bis zu ihrem tragischen Ende dem Muster, dessen Ambivalenz sich in dem jetzt publizierten Briefwechsel zwischen Ferenczi und Freud bereits 1910, nach der gemeinsamen Sizilienreise, zeigte: Freud reagiert nüchtern-liebevoll auf Ferenczis Überschwang, er will nicht dessen leidenschaftliches Werben um Intensität erwidern, die Freundschaft jedoch pflegen. Ferenczi hingegen läßt bereits damals ahnen, was ihn gegenüber Severn so verführbar machte: eine Sehnsucht nach grenzenloser Nähe, die er mit »absoluter gegenseitiger Offenheit«* umschreibt.

Die tyrannische Qualität dieser Bedürfnisse drückt sich in einem ergreifenden Pendeln zwischen Vereinnahmung und Zurücknahme, vorwurfsvoller Ansprüchlichkeit und idealisierender Hochschätzung des eben noch als karg entwerteten Freud aus.**

Wie die Situation für Ferenczis nächste Freunde aussah, läßt sich aus dem Briefwechsel zwischen Gizella Ferenczi und Groddeck ablesen. Im Januar 1930 schreibt Gizella in ihrem gebrochenen Deutsch nach Baden-Baden: »Sándor arbeitet mit viel Interesse – besonders Prinzessin Severn hält und nützt ihn aus – soviel sie kann (manchmal vier Stunden

---

* Von makabrer Ironie ist die Tatsache, daß Ferenczi seine intensivsten Versuche mit der totalen Offenheit zwischen Analytiker und Analysand bis hin zum Rollentausch in der mutuellen Analyse mit einer Hochstaplerin erlebte. Scharlatane beherrschen oft die Kunst einer überoptimalen Ehrlichkeit, die wahrhaftiger wirkt als die ganz gewöhnliche Wahrheit.

** *Freud-Ferenczi, Briefwechsel*, Bd. I/1, a. a. O., S. 305 f.

täglich), aber trotzdem ist er nicht ganz derselbe wie er war. Nur Euch gestehe ich es – und bitte Euch es für ein Geheimnis zu betrachten. Er ist oft ein Rätsel für mich den ich nicht lösen kann. Nacht für Nacht erwacht er mit Kopfschmerzen – und nur der schwarze Kaffee hilft dagegen. Von mir verlangt er Liebe die ich so gerne geben möchte denn mein Herz ist ja voll für ihn – aber nicht nur daß er mir keine Gelegenheit gibt – aber er tut alles, mir die Courage zu nehmen. Sándor ist seelisch krank – und ich nehme ihm nichts übel.«[*]

Gizella hat später sehr um ihren Mann getrauert. Groddeck gegenüber erwähnt sie eine Äußerung von Lou Andreas-Salomé, die gefragt habe, ob Groddeck, Ferenczis Arzt, der ihn öfter in seinem Sanatorium in Baden-Baden behandelte, nichts habe tun können. Groddeck hat darauf geantwortet: »Ich habe hier und da versucht, ihn auf die Gefahr seines Weges aufmerksam zu machen; aber ebensowenig, wie man einen reißenden Strom mit der hohlen Hand aufhalten kann, ebenso wenig konnte man Sándor helfen. Wenn man sagt, daß ich das vielleicht gekonnt hätte, so ist das ein Irrtum. Er war, so nahe wir uns standen und so sehr wir befreundet waren, schon weit weg von mir in einem Sternenflug, dem ich mich nicht anschließen konnte und wollte.« (19. Februar 1934)

Der »Sternenflug« des Therapeuten ist der Größenwahn, durch grenzenlosen eigenen Einsatz und Raubbau an seinen Kräften könne er Wunder wirken. Unmögliches muß ihm doch gelingen! Was tatsächlich geschieht, ist ein Unrecht nicht nur an seiner Gesundheit und seiner Familie, sondern auch an den Patienten – sowohl an denen, die durch den Verschleiß der eigenen Kräfte für die grandiose Phantasie nicht mehr angemessen versorgt werden können, wie auch an der Person, der soviel geopfert wird und die daher in unrealistischen Erwartungen bestärkt und mit Schuldgefühlen belastet wird. Freud hat sich gegenüber Ferenczis narzißtischer Bedürftigkeit abgrenzen und ihm lange Zeit Halt geben können. Severn hingegen nahm alles und mehr als das, was Ferenczi eigentlich Freud hatte geben wollen. Sie war so bedürftig, daß Ferenczi seine Bedürftigkeit in sie projizie-

[*] Zit. n. Will, a. a. O., S. 726.

ren und sich dann bis zur völligen Erschöpfung verausgaben konnte, um indirekt auch seine eigenen Größenphantasien und Symbiosewünsche zu erfüllen.

Mir scheint Groddecks Metapher vom »Sternenflug« passender für diese tragische Situation als die Kommentare späterer Analytiker, welche Freud vorwerfen, er hätte Ferenczis präödipale Übertragung auf ihn für eine ödipale gehalten.[*] Das klingt so, als sei eine erkannte Übertragung auch schon eine aufgelöste, und diese Vorstellung ist ihrerseits eine Größenphantasie.

Freuds eigene Reaktion auf Ferenczis tödliche Krise als Analytiker und Therapeut zeigt, daß er eine wesentliche Seite des Helfer-Syndroms an Ferenczi erkannt hatte, freilich auch, daß er sich offenbar nicht in der Lage sah, etwas dagegen zu unternehmen. In einem Brief an Jones eine Woche nach Ferenczis Tod beschreibt er dessen übermächtigen, unbewußten Wunsch, eine bessere Mutter zu sein als die eigene Mutter:

»Im Mittelpunkt stand die Überzeugung, daß ich ihn nicht genug liebte, seine Arbeiten nicht anerkennen wollte, auch daß ich seine Analyse schlechtgemacht hatte. Damit standen seine technischen Neuerungen in Zusammenhang, er wollte mir zeigen, wie liebevoll man seine Patienten behandeln müsse, um ihnen zu helfen. Es waren in der Tat Regressionen zu den Komplexen seiner Kindheit ... So wurde er selbst eine bessere Mutter, fand auch die Kinder, die er brauchte, darunter eine suspekte Amerikanerin, der er oft 4–5 Stunden am Tag widmete (Mrs. Severn?). Als sie abgereist war, glaubte er, daß sie ihn durch Schwingungen über den Ozean beeinflusse, erzählte, daß sie ihn analysiert und dadurch gerettet habe. (Er spielte also beide Rollen, die Mutter und das Kind.) Sie scheint eine Pseudologia phantastica[**] produziert zu haben, er glaubte ihr die merkwürdigsten Kindheitstraumen, die er dann gegen uns vertrat. In diesen Wirren verlosch seine

---

[*] T. Bokanowsky, zit. n. Will, a. a. O., S. 734; vgl. a. M. Ermann, »Sándor Ferenczis Aufbruch und Scheitern. Sein Umgang mit der Regression aus heutiger Sicht«, in: *Psyche* 48, 1994, S. 706–719.

[**] Pseudologia phantastica, die heute veraltete psychiatrische Diagnose ›krankhaftes Lügen‹.

einst so glänzende Intelligenz. Aber wir wollen seinen traurigen Ausgang als Geheimnis unter uns bewahren.« Freud nannte Elisabeth Severn Ferenczis »bösen Geist«[*]; in seinem Ansinnen, die Ereignisse geheimzuhalten, zeigt sich wieder die Polarisierung zwischen Ferenczis Ideal der grenzenlosen Offenheit[**] und politischem Pragmatismus. Man kann tadeln, daß beide Männer ihren bereits auf der gemeinsamen Sizilienreise manifesten Konflikt nicht lösen konnten; man kann aber auch anerkennen, daß sie trotz ihrer Dissonanzen so lange und derart intensiv zusammenarbeiteten, bis Ferenczi in den Strudel einer Regression geriet, die nicht nur Elisabeth Severn, sondern auch ihn selbst erfaßte.

Seit den siebziger Jahren erlebt Ferenczi eine Renaissance; selbst sein aberwitziges Unternehmen mit Elisabeth Severn wird mit einem Glanz des Wagemuts umgeben.[***] Michael Balint, Ferenczis bekanntester Schüler, hat in seinem Kommentar nur bedauert, daß Ferenczi die Behandlung von Elisabeth Severn nicht abschließen konnte, nicht aber erwähnt, daß ihn die Anstrengung das Leben kostete.

Die Ferenczi-Renaissance drückt aus, daß die Ambivalenz zwischen Abstinenz und Relaxation, Versagen und Gewähren in der Psychotherapie ein Dauerthema ist und es auch bleiben wird. Ich habe allerdings den Verdacht, daß dieser Konflikt heute schärfer polarisiert als früher ausgetragen wird, parallel zur tieferen Prägung auch der Intimsphäre, der Familie und der Psychotherapie durch die Konsumgesellschaft. Ferenczi hat sich in seinen veröffentlichten, von ihm nach außen vertretenen Texten über die »Kinderanalyse bei Erwachsenen« immer damit auseinandergesetzt, daß sowohl Versagen wie Gewähren, sowohl Phantasie wie Realtrauma ihren Platz im therapeutischen Dialog haben müssen.

---

[*] Als Freud, selbst sterbenskrank, 1938 von den Nazis zur Emigration gezwungen worden war, hat Anna Freud Elisabeth Severn noch einmal in Freuds neues Heim in Hampstead eingeladen. Wir wissen nicht, ob und worüber die beiden gesprochen haben; vermutlich wurde aber das Thema des bösen Geistes nicht angeschnitten.

[**] Das er bereits selbst in seinen Anweisungen an Severn, die mutuelle Analyse geheimzuhalten, konterkarierte.

[***] J. M. Masson, *Was hat man dir, du armes Kind, getan?* Reinbek 1984

Georg Groddeck und die Psychosomatik

Die erlebte Trennung von denkendem, bewußtem Ich und materieller Umwelt, die unser Erleben prägt, hat bis heute viele Menschen veranlaßt zu glauben, daß sie einen Körper haben, nicht dieser Körper sind. Obschon diese Haltung viel älter ist, führt man sie in der Regel auf den Philosophen René Descartes zurück, der zwischen ausgedehnten, materiellen Körpern und dem immateriellen Selbstbewußtsein unterschied. Wenn wir uns in den Finger schneiden, so läßt sich die von Descartes postulierte Wechselwirkung zwischen Materie und Seele verfolgen.

Ein scharfes Stück Metall berührt unter Druck unsere Haut, sie gibt nach, wie es etwa auch der Apfel täte, den wir eigentlich zerschneiden wollten. Doch an diesem Punkt hört das objektive Geschehen auf, uns zu beschäftigen; wir betrachten diesen Schnitt nun ›von innen‹ als Schmerz im Finger. Ungleich geheimnisvoller und sehr viel schwerer zu erklären sind aber jene Vorgänge, die sich abspielen, wenn wir lachen und weinen, erröten, zornig oder ängstlich sind. Jedesmal löst das subjektive Gefühl nachweisbare körperliche Veränderungen aus. Wenn wir uns aber genau selbst beobachten, dann werden wir finden, daß von ›auslösen‹ eigentlich keine Rede sein kann; der körperliche Vorgang ist nur die äußerlich wahrnehmbare Seite des seelischen Erlebnisses, wie etwa auch ein Gedicht einerseits eine Reihe kunstvoll geordneter Worte, andrerseits aber der Ausdruck eines inneren Gefühls ist.

Wir können uns selbst von innen sehen, aber auch als materiellen Gegenstand. Die Menschen neigen dazu, im allgemeinen stets jenen Gesichtspunkt einzunehmen, der ihnen das Leben erleichtert. Daher kommt es, daß die Identität des körperlichen und seelischen Vorgangs allgemein anerkannt ist, wenn es sich um angenehme Dinge – etwa die geschlechtliche Liebe handelt –, während man gegen Krankheiten gerne die entgegengesetzte Haltung einnimmt. Sie sind es, die es uns in uns selbst unbequem machen. Deshalb müssen sie von außen kommen, ein Defekt in dem nun plötzlich als Maschine erlebten Körper sein. Dieses verzwickte psychologische Problem hat uns der evolutionäre Schritt zur Sprache und zum reflektierenden Bewußtsein beschert, der es uns erlaubte, unser Ich von einer Gegenstandswelt abzuheben und uns selbst – unseren Körper – wie einen Gegenstand zu betrachten – mit jenen Sinnen, die sich stammesgeschichtlich entwickeln, um unsere Orientierung in der Außenwelt zu fördern.

Jeder seelische Vorgang ist zugleich auch ein körperlicher Vorgang, eine Veränderung der elektrochemischen Muster von Nervenerregungen in unserem Gehirn. Es ist deshalb falsch, Psychosomatik als die Lehre der seelisch verursachten Körperkrankheiten zu bestimmen, da unsere seelischen Vorgänge ja immer auch körperliche Vorgänge sind. Unsere Erlebnisse hängen wohl nicht unmittelbar mit körperlichen Krankheiten zusammen; sie tun es sicher mittelbar, über die sie begleitenden funktionellen Veränderungen im Gehirn. Doch über diese funktionellen Veränderungen wissen wir noch sehr wenig. Vor allem kennen wir auch keine wirksamere Methode, auf sie einzuwirken, als die Psychotherapie.

Der Übergang von einer ›funktionellen‹ zu einer ›organischen‹ Störung ist fließend, doch kann man sehr oft eindeutig feststellen, ›wer jetzt angefangen hat‹: der feinstrukturierte, funktionelle Gehirnprozeß, dessen Innenseite wir als Gefühl oder Gedanken erleben, oder die mechanische, grobe Zerstörung von körperlichem Gewebe.

Ein Lehrbeispiel für psychosomatische Zusammenhänge bietet der sogenannte doppelte Blindversuch, mit dem man heute in der Regel Medikamente prüft. Dabei weiß weder der prüfende Arzt noch der Patient, ob dieser nun ein (möglicherweise) wirksames Mittel oder einen nach unserem Wissen pharmakologisch wirkungslosen Stoff (Zucker, Mehl, Gelatine, Injektion mit physiologischer Kochsalzlösung) erhält. Beiden ist immer nur die Kennziffer des Präparates bekannt (so daß der Patient nicht am Mienenspiel des Arztes merken kann, ob er nun ein effektives oder wirkungsloses Mittel bekommt). Ein dritter Forscher wertet die Resultate aus und vergleicht das Medikament mit dem ›Placebo‹, dem wirkungslosen Stoff, dessen lateinischer Name aus dem Introitus einer Messe entnommen ist; übersetzt bedeutet er ›ich werde gefallen‹.

Und das Placebo gefällt: In rund 40 bis 60 Prozent vieler Beschwerden hilft es zuverlässig. Arthur Jores macht die Placebowirkung für einen großen Teil von Eigenheiten der medizinischen Praxis unserer Tage (man könnte ergänzen: auch der Vergangenheit) verantwortlich, vor allem für die Überschwemmung mit Arzneimitteln, die ständig wechseln, mit neuen Namen und in neuen Kombinationen der wenigen Stoffe mit nachgewiesener Wirkung.

Es gibt in den deutschen Apotheken rund 50 000 verschiedene Medikamente, von denen sicher mehr als der Hälfte keinerlei Wert zukommt – vom Placebowert abgesehen. Wenn, wie Jores nachgewiesen hat, bei Kopfschmerzen ein Placebo in 60 Prozent der Fälle hilfreich ist, dann ist es ganz gleichgültig, was ich in ein neues Kopfschmerzmittel tue – es kann Mehl sein, Gips, Kartoffelstärke oder Phenazetin –, in über der Hälfte aller Behandlungen wird mein Mittel Erfolg haben.

Placebos können auch zu schweren Schäden führen, wenn der Patient fürchtet, daß ihm das Mittel schaden wird (so sind schwere allergische Reaktionen beobachtet worden). Ein Placebo wirkt um so besser, je neuartiger es ist, aus je ferneren Ländern es kommt, je größer der Glaube des Arztes ist, den er in es setzt, und je auffälliger es zubereitet wurde (vgl. S. 45 f.).

Einen Versuch, seelisch bedingte körperliche Krankheiten zu erklären, haben wir bereits kennengelernt. Freud glaubte, daß libidinöse Energie, der wegen einer Verdrängung die Abfuhr nach außen versagt wird, in körperliche Leiden umschlagen kann (›Konversion‹). Wie das geschieht, wußte Freud nicht; er konnte nur beobachten, daß manche seiner Patienten ihre psychosomatischen Beschwerden (die man damals hysterisch nannte) verloren, sobald ihre verdrängten Konflikte durchgearbeitet worden waren.

Während Freud sich mit psychosomatischen Spekulationen sehr zurückhielt, kann man dasselbe von Georg Groddeck (1866 bis 1934) nicht sagen, einem deutschen Sanatoriumsarzt, der schon früh die Psychoanalyse übernahm und als erster das Unbewußte Es nannte. Groddeck glaubte, daß unbewußte Phantasien unmittelbar auf den Körper wirken. Er übertrug den psychosomatischen Gesichtspunkt in die von Freud vorgezeichnete Richtung der Libidotheorie, indem er etwa das Fieber als Erektion beschrieb, die auf den Gesamtorganismus verschoben worden sei. Doch sind unsere Körperfunktionen nicht nur dazu da, Phantasien auszudrücken, sondern vor allem, uns überleben zu lassen, ein Einwand, den zuerst Franz Alexander äußerte.

Groddeck ist eine faszinierende Gestalt, die von späteren Psychosomatikern meist mehr benutzt wurde, um ihre eigene Wissenschaftlichkeit durch die Entwertung Groddeckscher Spekulationen aufzubauen, als um von seiner Kreativität und Offenheit zu lernen. Er war mit Ferenczi befreundet, verehrte Freud und hatte zum Rest der psychoanalytischen Bewegung wenig Kontakt, weil er sich gegen die Professionalisierung und Verschulung der Therapie wehrte. Ich will ihn hier etwas aus der Vergessenheit holen, die ihn weitgehend umgibt, weil er wie kaum ein anderer die Widersprüche zwischen den Rollen des Priester-Arztes und des Psychotherapeuten demonstriert. Groddeck beschwört sozusagen den Schamanen, um wesentliche Qualitäten der Psychotherapie zu verdeutlichen, während sich die Organisatoren psychoanalytischer Institute in diesen Fragen eher an die Theologen halten.

So wollte Ferenczi Groddeck überzeugen, eine ›richtige‹ Lehranalyse zu machen. Bei der Selbstanalyse werde man doch vom Unbewußten gerade an den wichtigen Punkten irregeführt. »Nach meiner Ansicht«, erwidert Groddeck, »ist der Hauptanalysator das Leben selbst, und was wir Ärzte dabei tun, ist meist eine armselige Selbstüberschätzung. Wird sind willenlose Instrumente, deren sich das Leben, zu irgendwelchen, nie zu enträtselnden Zwecken, bedient ... Nun sehe ich aber nicht ein, warum mich das Leben nicht ebensogut zu meiner Analyse wie zu der eines anderen gebrauchen sollte ... Mir kommt es so vor, als ob die Wissenschaft in dem Moment aufhört, in dem sie in eine Regel verwandelt, ein Gesetz wird. Der Prozeß des Gesetzemachens ist nach meiner Meinung in unserem Spezialfach so weit fortgeschritten, daß wesentlich Dinge nicht mehr von den überzeugten Analytikern entdeckt werden können, sondern nur von den Zweiflern, zu denen ich Freud, Dich und mich rechne.

Freud ist durch seinen unseligen Glauben an die absolute Notwendigkeit des Taufens, der Namengebung gehemmt, macht es aber wett durch sein Genie. Da hast davon auch genug, aber bist auf die Anerkennung eingestellt und bemerkst nicht, daß der große Hut des Erwachsenen, der dessen verdummtes Haupt umgibt, damit nur ja nichts hineinkommt oder herausgeht, für uns Kinder ein Spiel ist.«[*] Groddeck war, mehr als Freud und ausgeprägter als die meisten, die heute über Psychosomatik forschen, ein Praktiker. Um ihn zu beurteilen, hier eine Fallgeschichte aus seinem »Buch vom Es«. Es gibt Zeugnisse[**] von Zeitgenossen, daß Heilungen wie diese in Groddecks Sanatorium nicht selten waren.

Eine Frau mittleren Alters kommt zu Groddeck. Sie leidet seit 18 Jahren an chronischen Gelenkentzündungen. Zu Behandlungsbeginn sind Handgelenke, Finger und Ellbogengelenke fast gebrauchsunfähig. Die Kranke muß gefüttert werden. Beide Beine sind völlig steif. Wegen der Kinnbacken-Gelenkserkrankung kann die Patientin nicht kauen. Sie kann den Kopf nicht drehen und die Arme nur bis Schulterhöhe heben. »Sie war, wie sie in einer Anwandlung von Galgenhumor sagte, unfähig, wenn etwa der Kaiser angeritten käme, Hurra zu rufen und ihm zuzuwinken, wie sie es als Kind getan hatte.« (Groddeck 1979, S. 149)

Nach der Behandlung durch Groddeck kann die Kranke wieder gehen, alleine essen, mit dem Spaten im Garten arbeiten, die Schenkel spreizen und den Kopf beugen. Was ist geschehen? Groddeck hat mit ihr auf seine Weise gearbeitet, sie massiert, nach ihren Einfällen gefragt, sie in die Abendvorträge gebeten, die er in seinem Sanatorium hält. Er hat den Familienroman der Kranken entdeckt, die ödipale Phantasie, sie sei nicht das Kind ihrer Eltern, sondern eine untergeschobene Prinzessin. Diese Phantasie stützte sich bei der Arthrosis-deformans-Kranken auf zwei Namen: den ihres Vaters, Friedrich Wilhelm, und ihren eigenen, Augusta. Der Gedankengang der Patienten: »Ich stamme ab von Friederich Wilhelm, dem damali-

---

[*] Groddeck an Ferenczi, 12.11.1922, zit. n. Groddeck, *Der Mensch und sein Es*, Wiesbaden 1971, S. 116.

[**] Vgl. O. Jägersberg, *Georg Groddeck*, Bühl-Moos 1984.

gen Kronprinzen, späteren Kaiser Friederich, bin eigentlich ein Knabe, Thronerbe und nunmehr rechtmäßiger Kaiser mit Namen Wilhelm. Mich hat man gleich nach der Geburt entführt und an meiner Stelle ein Hexenkind in die königliche Wiege gelegt, das herangewachsen die Kaiserkrone als Wilhelm II. an sich riß, widerrechtlich und zu meinem Schaden. Mich selbst hat man hinter einer Hecke ausgesetzt und, um mir jede Hoffnung zu nehmen, durch Abschneiden der Geschlechtsteile zum Mädchen gemacht. Als einziges Zeichen meiner Würde gab man mir den Namen Augusta, die Erhabene.« (Groddeck 1979, S. 150)

Groddeck deutet nun sämtliche Symptome der Kranken bildhaft und direkt als Folgen dieser Phantasie. Gleichzeitig versichert er dem Leser, daß solche Phantasien verbreitet sind. Kinder bilden sie, sobald sie aus dem Paradies der Säuglingszeit vertrieben sind und den Ansprüchen der Erziehung zum Opfer fallen. Groddeck ist ein Vorläufer nicht nur der Antipsychiatrie, sondern auch der Antipädagogik bzw. der antiautoritären Erziehung; seine Abneigung gegen die Lehranalyse und die medizinische Dogmatik ist tief verwurzelt und weit verzweigt. Wir alle, sagt er, »finden unsere Eltern zuzeiten gar nicht wert, solch vorzügliches Kind zu haben. Sie werden von uns, die wir trotz In-die-Hosen-Machens und kindlicher Schwäche die Illusion unserer Bedeutung aufrechterhalten wollen, zu Stiefeltern, Eseln und Hexen degradiert, während wir uns selbst als gequälte Prinzen vorkommen.« (Groddeck 1979, S. 150)

Um nun zu erklären, weshalb bei dieser Kranken diese allgemeine Phantasie derart hochspezielle Folgen hatte, benutzt Groddeck den Begriff des Es, wie ein Schamane seinen Schutzgeist. »Das Es dieses Menschen«, sagte er, »ist überzeugt oder vielmehr will sich überzeugen, daß es das Es eines rechtmäßigen Kaisers ist. Der Träger der Krone schaut nicht nach rechts und nach links, er urteilt ohne Seitenblicke, er beugt sein Haupt vor keiner Macht der Erde. ›Also‹, befiehlt das Es den Säften und Kräften des von ihm gebannten[*]

---

[*] ›Gebannt‹ ist auch semantisch eng mit ›besessen‹ verwandt; Groddecks Es gleicht also den Geistern, die im Voodoo von den ekstatischen Tänzern Besitz ergreifen, vgl. S. 57 f.

Menschen, ›stellt mir den Kopf fest, mauert seine Wirbel ein. Schließt ihm die Kinnbacken, daß er nicht Hurra schreien kann; er hat es schon einmal getan, dem Usurpator, dem untergeschobenen Hexenkind zugejubelt und zugewinkt. Lähmt ihm die Schultern, damit er nie wieder mit erhobenem Arm dem falschen Kaiser huldigen kann; die Beine müssen steif werden, nie darf dieser erhabene Kaiser vor irgendwem knien. Die Schenkel preßt zusammen, so daß niemals ein Mann zwischen ihnen liegen kann ... Noch ist kein Grund dazu vorhanden anzunehmen, daß das tückisch geraubte Mannesabzeichen nicht wieder wachsen könnte, daß dieser Kaiser nicht wirklich Mann werden könnte. Zeigt dem Entmannten, ihr Säfte und Kräfte, daß es möglich ist, schlaffe Glieder steif werden zu lassen, bringt ihm den Begriff der Erektion, des Steifwerdens dadurch bei, daß ihr die Beine verhindert, sich zu biegen, zu erschlaffen, lehrt ihn im Symbol zu zeigen, daß er ein Mann ist.« (Groddeck 1979, S. 152)
Manchem Leser wird es mit dieser Beschreibung einer Groddeckschen Heilung nicht anders ergehen als mit den Berichten über eine schamanistische Kur. Die ›Theorie‹ läßt vieles offen und scheint wie erträumt: Das Es, Dämon, Homunkulus, zaubert in einem Körper; ein Arzt erkennt den Poltergeist und vertreibt ihn durch seine Beschwörungen.
Das Verwirrende sind vor allem die von Groddeck hergestellten Verknüpfungen. Der ›Familienroman‹, die narzißtische Phantasie, reich und begnadet zu sein, aber durch böse Mächte Rabeneltern ausgeliefert, läßt sich oft beobachten. Versteifte Gelenke sind ebenfalls nur allzugut bekannt. Sie machen bis heute die Ärzte weitgehend ohnmächtig, werden als Autoaggressionskrankheit beschworen, durch biochemische und immunologische Untersuchungen dokumentiert, mit verschiedenen Medikamenten ohne sicheren Erfolg behandelt. Dadurch läßt sich manches lindern und gewiß oft der Zeitpunkt hinausschieben, zu dem eine Kranke in den Zustand kommt, den Groddeck beschreibt und den er nur beschreiben kann, weil sie so verzweifelt ist, daß sie sich auch eine so ungewöhnliche Kur gefallen läßt.
Unscre Verwirrung entsteht durch die von Groddeck vollzogene Verknüpfung der getrennten Welten eines kranken Gelenks, das längst sein

organisch verändertes Eigenleben führt, das im Röntgenbild nachweisbar ist, mit einer kindlichen Phantasie. Die Verwirrung steigert sich vielleicht sogar zum Ärger, wenn Groddeck so sicher auftritt und den symbolischen Zusammenhang wie einen kausalen darstellt. Sympathisch und von seinen Gegnern nicht zitiert sind allerdings die zahlreichen Sätze, in denen Groddeck diese Sicherheit wieder aufhebt. »Sie müssen nicht glauben«, sagt er in den »Briefen an eine Freundin«, »daß ich dieses Königsmärchen so glatt in der Seele meiner Klientin fand, wie ich es dargestellt habe. Es war in tausend Fetzen zerrissen, die in den Fingern, der Nase, den Eingeweiden und dem Unterleib verborgen waren. Wir haben sie gemeinsam zusammengeflickt, haben vieles mit Absicht, noch mehr aus Dummheit nicht gefunden oder fortgelassen. Ja, ich muß am Schluß noch eingestehen, daß ich alles Dunkle – und gerade das ist das Wesentlichste – beiseite geschoben habe. Denn – aber Sie müssen wieder vergessen, was ich jetzt sage – letzten Endes ist alles, was man vom Es zu wissen glaubt, nur bedingt richtig, nur richtig in dem Moment, wo das Es in Wort, Gebärde, Symptom sich äußert. Schon in der nächsten Minute ist die Wahrheit fort und nicht mehr zu finden, weder im Himmel noch auf Erden, noch zwischen Himmel und Erde.« (Groddeck 1979, S. 152)

So unterscheidet sich Groddecks Wissen vom technisch-naturwissenschaftlichen Wissen dadurch, daß es einen ästhetischen Platz braucht. Was der richtige Ort, die richtige Zeit sind, läßt sich nicht festlegen, sondern nur erahnen, intuitiv erspüren. Daraus müssen wir ableiten, daß Groddecks Praxis dann Verwirrung stiften und Widerspruch hervorrufen muß, wenn sie in die Strukturen einer nichtpoetischen Welt gerät. Am sichersten aufgehoben – und uns allen unbekannt – wäre diese Position in einer schriftlosen Kultur. Am schwersten hat sie es in einer Umgebung, die von dem technisch-naturwissenschaftlichen, zweckgerichteten Denken der Moderne geprägt ist.

Die erlösende Wahrheit, die es bedeutet, das Es in einem Wort, einer Gebärde, einem Traum, einem Symptom plötzlich zu erkennen und ihm seine wahre Bedeutung einzuräumen, kann nicht zum Gesetz objektiviert werden. Als Gesetz ist sie nur banal und falsch – »Steife

Gelenke sind ein Symbol der Erektion und kompensieren eine Ka-
strationsphantasie«. Als existentieller Fund im Rahmen einer persönlichen Beziehung an der ersehnten Wende des eigenen Lebens
können sie – hier hat Groddeck Recht – eine Biographie verändern,
einen Krankheitsprozeß umkehren, wie ein Wunder wirken. »Das
also ist es, was ich eigentlich will und vermeide«, sagt sich die
Kranke. Sie ist bewegt (und gewiß könnte ein Physiologe messen,
wie die Produktion der körpereigenen Hormone und Endorphine
sich verändert), und sie wird beginnen, sich wieder zu bewegen.
Die modernen Erklärungen von einem der unleugbaren Erfolge
Groddecks laufen auf ›Suggestion‹ oder ›paranormale Vorgänge, psy-
chokinetische Fähigkeiten‹ hinaus. Beide Erklärungen versuchen,
das Unbegreifliche begrifflich zu bannen. Es darf nicht der Zusammenhang zwischen der poetischen Kraft des Wortes und seiner
Wirkung sein; entweder ist es ›nur Suggestion‹, beruht auf dem
Glauben des Kranken, oder ist ›paranormal‹.
Gewiß keine Hilfe ist der verallgemeinerte Gebrauch von Deutungen
wie jenen Groddecks, die Umsetzung seiner Symbolspiele in ein
psychosomatisches Lexikon der ›Organsprache‹. Sie führt nur dazu,
daß jeder Besitzer eines solchen Lexikons in der inneren Welt der
Kranken soviel Schaden anrichtet wie ein Dynamitfischer im Meer.
Wie der Schamane nur deshalb etwas im Geisterreich ausrichten
kann, weil ihn seine Schutzgeister, Tiere, Pflanzen, magische Ge-
genstände* (wie Perlenketten, Schildkrötenpanzer, Bronzearmreife)
begleiten, so kann auch der Arzt nur soviel ausrichten, wie ihn das
eigene Es läßt. Daher findet Groddeck auch Freuds Herrschaftsvor-
stellung – »wo Es war, soll Ich werden« absurd. Er hält Freuds Ich
für eine Form von Größenwahn, der vom Es eingeflüstert wird, den
Ausdruck einer geistigen Verarmung, welche die ursprüngliche, von
Kindern noch erahnte Einheit mit der Natur auflöst. »Jede Es-Ein-
heit kann, wenn sie Lust hat, sich selbst weismachen, sie sei eine
Individualität, eine Person, ein Ich.« (Groddeck 1979, S. 254)

---

* Im *Herr der Ringe* hat J. R. R. Tolkien auch diese Seite der schamanischen Kultur
gezeichnet, vgl. auch S. 66 f.

Dadurch entsteht ein nun wahrhaftig schamanistisch anmutendes Pandämonium der Organe und Körperteile, von denen jedes mit einem eigenen Ich ausgerüstet wird, das sich freilich erst durch das Wort des Heilers zu erkennen gibt und vielleicht erlösen läßt. Da gibt es das Ich der Lippe, die nicht küssen will, während das Ich des Menschen den Kuß begehrt, das Ich des Penis, der sich wie die Lippe durch Herpes-Bläschen dem vom Gesamt-Ich ersehnten Beischlaf verweigert, oder die Gebärmutter, welche einer Frau die Schwangerschaft versagt, die sie sich wünscht. Wenn es nun gelingt, dieses abweichende Bewußt-sein der Lippe, des Penis, der Gebärmutter zum Willen des Gesamt-Ichs zu überreden, dann verschwinden die Krankheitssymptome.[*]

Groddeck hat, ähnlich wie Mesmer und in einer schamanistischen Tradition, seine Entdeckung, daß organische Krankheiten ›etwas bedeuten‹ in der Art einer Erleuchtung beschrieben. »Die Gewalt, mit der mich diese Einsicht in die Symbole umänderte, muß unge-heuer gewesen sein, denn sie trieb mich schon in den ersten Wochen meiner Lehrzeit dazu, in der organischen Veränderung des mensch-lichen Äußeren, in dem, was man physische organische Krankheit nennt, das Symbol zu suchen. Daß das psychische Leben ein fort-dauerndes Symbolisieren sei, war mir so selbstverständlich, daß ich ungeduldig die sich aufdrängenden Massen neuer, für mich neuer Gedanken und Gefühle wegdrängte und in toller Hast die Wirkung des Symbolzeigens in Organerkrankungen verfolgte. Und diese Wir-kungen waren für mich Zauberwirkungen ... Ich hatte eine zwanzig-jährige ärztliche Tätigkeit hinter mir, die sich – ein Erbteil Schwenin-gers – nur mit chronischen, aufgegebenen Fällen beschäftigte. Ich wußte genau, was auf meinem früheren Wege zu erreichen war, und ich schrieb das Mehr, das nun entstand, ohne weiteres meiner

---

[*] Diese Abtretung von Ich-Funktionen an Organe wird in der Gestalttherapie noch vertieft, in der z. B. sogar Fragmente eines Traums in der Ich-Form sprechen sollen. Wenn z. B. ein Patient träumt, daß er hilflos zusieht, während ein Einbrecher den Geldbeutel seiner Mutter stiehlt, dann soll er sich in der gestalttherapeutischen Traumbearbeitung nacheinander mit dem Geldbeutel, dem Dieb, der Mutter identifizie-ren. Auf diese Weise werden ihm z. B. seine Wünsche bewußt, selbst mehr von der Mutter zu bekommen. Vgl. Fritz Perls, *Gestalttherapie in Aktion*, Stuttgart 1971.

Belehrung über die Symbole zu, die ich wie einen Sturmwind über die Kranken dahinbrausen ließ.« (Groddeck 1979, S. 243)

Die Begeisterung Groddecks geht weit über die Befriedigung hinaus, die der Naturforscher nach einem gelungenen Experiment empfindet. Sie hat etwas mit der Schamanenkrankheit zu tun, aus der ein Leidender als inspirierter Heiler (oder Dichter) hervorgeht. Groddeck hat seine persönliche Vision, seine Sprache, seine Form gefunden. Er ›weiß‹ nun, daß die körperliche Krankheit eine Sprache des Es ist, und gewinnt einen ganz neuen Ansatz für seine Auseinandersetzung mit den Kranken. Aber sobald er aus dieser praktischen Poesie wissenschaftliche Aussagen machen will, muß er auf große Widerstände stoßen. Die treffendste Definition der Poesie enthält ein Satz von Robert Frost: »What gets lost in translation.« Poesie entzieht sich lexikalischer Kontrolle. Wenn über die Sprache der Krankheit diskutiert wird, müssen Wissenschaftler und Dichter aneinandergeraten. So haben seine Patienten[*] Groddeck gefeiert, die Dichter haben ihn hochgeschätzt[**] und die psychosomatisch for-

---

[*] Hermann Graf Keyserling sagt in seinem Nachruf auf Groddeck: »Er ist der einzige Mensch meiner Bekanntschaft, bei dem ich immer wieder an Lao-Tse denken mußte: Sein Nicht-Tun war in geradezu zauberhaftem Grad schöpferisch. Er stand auf dem Standpunkt, daß der Arzt gar nichts weiß, gar nichts kann, möglichst wenig tun soll: Er habe nur durch sein Dasein die eigene Heilkraft des Patienten herauszufordern ... So heilte Groddeck bei mir in weniger als einer Woche eine rückfällige Venenentzündung, an welcher ich nach dem Urteil anderer Ärzte lange Jahre, wenn nicht zeitlebens, hätte weiterkranken müssen.«

[**] Ingeborg Bachmann schrieb über Groddeck: »Er hat seinen weißen Kittel als Farce betrachtet und das Ich des Kranken als Farce. Zwischen den beiden Demaskierungen ist ihm der revolutionäre Blick gelungen, der kindhafte, kindlich erste auf die Phänomene, die es schon seit jeher gibt ... In einer so mittelalterlichen Zeit ist es angenehm, sich mit einem der ersten Aufklärer beschäftigen zu können. Man wird, ohne viel zu wissen, zum Mitverschwörer, weil man weiß, daß man nichts weiß, und früher oder später gezwungen wird, sich ein paar Gedanken darüber zu machen ... In einer bürokratisierten Medizin ist das nicht mehr vorstellbar ... Die Revolution hat wieder einmal ihre Kinder gefressen. In dem Moment, wo man anfing, zum ersten Mai etwas zu kapieren, nach Jahrhunderten von Aberglauben und Düsternis, also Unwissenschaftlichkeit, ist auch diese Wissenschaft, die jeden von uns betrifft, dazu verdammt, zu kapitulieren. Mit Krankenzetteln, Abrechnungen, Zehnminutenordination.« (»Entwurf einer Kritik über Groddeck«, zit. n. O. Jägersberg, *Georg Groddeck*, Moos 1984, S. 86)

schenden Ärzte haben sich über ihn erhoben und ihm vorgeworfen, er sei ein Phantast.

Die psychosomatische Forschung der Zukunft hat ein anderer Arzt, ein Zögling des bis zum Beginn der Naziherrschaft führenden Berliner Psychoanalytischen Instituts geprägt. Franz Alexander war nach Chicago emigriert und forschte dort über das Thema der Veränderung unwillkürlicher Körpervorgänge durch Gefühle und unbewußte Konflikte. Seit 1932 suchte er systematisch nach bestimmten Persönlichkeitszügen bei chronischen Krankheiten, für welche die Medizin keine eindeutige Ursache nennen kann: Zwölffingerdarmgeschwür, Colitis ulzerosa, Bronchialasthma, essentieller Hochdruck, rheumatische Arthritis, Neurodermitis (nervöse Hautentzündungen) und Überfunktion der Schilddrüse.

Er fand eine Reihe typischer Zusammenhänge. Kranke mit Magengeschwüren und Duodenalulzera verbinden unbewußt den Wunsch nach Liebe mit dem, gefüttert zu werden (wie es beim Säugling ja der Fall ist). Später wehren sie diese ›oralen‹ Wünsche ab und verdrängen sie; in unserer auf Wettbewerb eingestellten Gesellschaft ist ja kindlichrezeptives Gehätscheltwerdenwollen unerwünscht. Je selbständiger und leistungsfähiger der Ulkus-Typ sich später gebärdet, desto heftiger wird sein Wunsch, verwöhnt, geliebt und gefüttert zu werden (psychoanalytisch formuliert: Die Selbständigkeit und der Leistungsehrgeiz sind eine Reaktionsbildung gegen die oralen Wünsche).

Der Magen antwortet auf den unbewußten Wunsch so, als ob er tatsächlich gefüttert würde; er sondert ein Übermaß an Magensäure ab, die das Ulkus hervorruft. Der Kranke wird nun mit säurehemmenden Mitteln behandelt und, wenn sein Geschwür einmal durchbricht, schneidet man ihm einen großen Teil des Magens weg; damit ist die Säureproduktion drastisch vermindert, und der Chirurg kann einen ›Erfolg‹ mehr verbuchen. Eine Psychotherapie wird in der Regel gar nicht versucht, da der Ulkusträger meist von der rein körperlichen Natur seines Leidens überzeugt ist. Schließlich dient es der Verdrängung seiner passiven, oralen Wünsche, verwöhnt und gefüttert zu werden, wenn er der ehrgeizige und erfolgreiche Typ mit dem schwachen Magen bleibt.

Wie sich gerade beim Ulkusproblem seelische und körperliche Faktoren verflechten, hat Arthur Mirsky gezeigt. Er griff in einer Reihenstudie an über tausend Rekruten die zehn heraus, welche besonders viel Magensaft absonderten, ohne magenkrank zu sein, und prophezeite, daß diese zehn Rekruten während ihres Militärdienstes ein Magengeschwür bekommen würden. Bei neun von ihnen stimmte die Voraussage sofort. Der zehnte war zuerst nicht in die Kaserne gekommen; als er es nachholte, bekam auch er sein Ulkus.

Was verlieh Mirsky diese Sicherheit? Er wußte, daß der Militärdienst, der vielfach die erste Trennung vom Elternhaus fordert, heftige Sehnsucht nach Geborgenheit wecken muß. Unbewußt ist der Wunsch nach Geborgenheit mit dem nach Gefüttertwerden verknüpft. Der Magen erhält offensichtlich ähnliche Nervenimpulse, als sei wirklich Speise zu erwarten. Wenn normalerweise nicht sonderlich viel Magensaft abgesondert wird, verkraftet er die zusätzliche Säure; wenn aber die Sekretion schon immer recht hoch war, kommt es zu einem Geschwür. Es kann also gut sein, daß derselbe seelische Konflikt bei einem Menschen zu einem Magengeschwür führt, während man einem anderen nichts anmerkt oder er etwa an Schlaflosigkeit erkrankt.

Man spricht hier von einem Organ des geringsten Widerstandes oder auch mit Alfred Adler von einer (angeborenen oder erworbenen) Organminderwertigkeit. Ähnliche typische (aber sicher nicht in allen Fällen beteiligte und meist wohl an einem Ort geringsten Widerstandes ansetzende) Konflikte spielten auch bei den übrigen, von Alexander studierten Leiden eine Rolle: Nervöse Durchfälle sind oft mit emotionalen Schwierigkeiten (hoffnungslose Mühe) bei der Arbeit verknüpft, rheumatische Gelenksentzündungen mit einer überstrengen Kontrolle des Bewegungsausdrucks von Gefühlen, kindliches Asthma mit einer zwischen übermäßiger Liebe und Haß schwankenden (ambivalenten) Beziehung des Kindes zu einer älteren Person (in der Regel der Mutter).

Dauernd erhöhtem Blutdruck entspricht im seelischen Bereich oft gestaute Aggression. Feindselige Gefühle werden gewaltsam unterdrückt, um die Zuneigung der Mitmenschen nicht zu verlieren.

Nervöse Hautkrankheiten begleitet oft eine starke Sehnsucht nach körperlicher Zärtlichkeit, die durch kühle, zurückhaltende Eltern versagt wurde. Wenn ein Mensch erkrankt, gibt es vom Standpunkt der Psychosomatik also drei Möglichkeiten:

1. Das Leiden geht eindeutig von seelischen Vorgängen aus; organische Schäden sind, wenn überhaupt nachweisbar, sekundär. Beispiele: Die typischen Lähmungen bei der hysterischen Konversion.

2. Seelische und körperliche Bedingungen wirken zusammen und bestimmen ein Krankheitsbild. Das ist bei weitem der häufigste Fall. Da der seelische Faktor meist schwieriger zu fassen ist, gelten viele dieser Leiden als rein körperliche Krankheiten, die man von den ›eingebildeten‹ unterscheiden will. Was wir oben gesagt haben, zeigt, wie töricht solche Werturteile sind, die leider auch Ärzte sehr oft fällen.

3. Körperliche Ursachen sind allein verantwortlich. Man kann das getrost für ebenso selten erklären wie den ersten Fall; ein Beispiel bietet etwa die perniciöse Anämie, die auf einem Mangel an Vitamin B beruht.

Ist es nicht übertrieben, Krankheiten, deren Entstehung und Verlauf nicht psychosomatisch betrachtet werden können, für so selten zu halten? Wie steht es denn mit Infektionen wie Tuberkulose und Scharlach, Grippe und Schnupfen, wie mit den gefürchtetsten Geißeln des Zivilisationsmenschen, mit Krebs, Aids und Herzinfarkt? Bei allen diesen Leiden sind nachweislich psychosomatische Faktoren im Spiel. Sie wirken freilich oft nur indirekt. So hängt die Widerstandskraft gegen Infektionen stark von seelischen Faktoren ab (s. S. 29 f.). Die sogenannten ›Allergien‹, Bronchialasthma, viele Hautkrankheiten kann man ebenfalls psychosomatisch verstehen. Es gibt viele Hinweise dafür, daß seelische Vorgänge die sogenannten Immunprozesse beeinflussen, jene biochemischen Reaktionen, mit denen sich unser Organismus gegen körperfremde Stoffe wehrt.

Auf diesem Weg läßt sich der oft beobachtete Einfluß seelischer Faktoren auf den Verlauf der Tuberkulose erklären, aber auch die vielen Erfolge, welche man auch bei hartnäckigem Asthma bronchiale mit einer psychotherapeutischen Kur erreicht. Krebs wird ebenfalls zweifach durch immunologische Vorgänge beeinflußt: Einmal, wenn die wahrscheinlich verantwortlichen Viren in den Körper eindringen und durch die körpereigene Abwehr vernichtet werden müssen; zum anderen, wenn solche Viren die Erbanlagen bestimmter Zellen umändern und sie damit bösartig wuchern lassen. Die manchmal beobachteten spontanen Heilungen sonst tödlicher Tumoren beruhen wahrscheinlich auf einem plötzlichen Erstarken der Immun-Abwehr.

Möglicherweise spielen auch bei den Erfolgen von Krebs-Wundermitteln und -Wunderheilern solche Vorgänge eine Rolle. Der dänisch-amerikanische Psychologe Bahne Bahnson hat jedenfalls in einer Reihe von Studien nachgewiesen, daß Frauen, die an Depressionen leiden und Schweres durchgemacht haben, eher an Brustkrebs sterben als andere Frauen. Das Gleiche gilt für eine Reihe weiterer Formen des Krebses. Übrigens hat Freud selbst ein Beispiel für solche Zusammenhänge geliefert: Wenn ein Mann sechzehn Jahre (1923 bis 1939) einem Kieferkrebs widersteht und sich immer wieder neuen Operationen unterzieht, ohne daß seine geistige Produktivität auch nur im geringsten leidet, dann kann man das eigentlich nur in den Begriffen der psychosomatischen Medizin erklären.

Literatur

Adler, A., »Der Aggressionstrieb im Leben und in der Neurose«, in: *Fortschritte der Medizin* 26, 1908, S. 577

Ders., »Die Rolle der Sexualität in der Neurose«, in: Furtmüller, C. (Hrsg.), *Heilen und Bilden*, München 1914

Ders., *Studie über die Minderwertigkeit von Organen*, Wien 1907

Ders., *Praxis und Theorie der Individual-Psychologie*, 1918

Alexander, F. und T. French, *Studies in psychosomatic medicine*, New York 1948

Bergson, H., *Les deux sources de la morale et de la réligion*, Paris 1932

Binswanger, L., Sigmund Freud: *Reminiscences of a Friendship*, New York 1957

Bleuler, E., *Lehrbuch der Psychiatrie*, Berlin 1916

Brockhaus, Gudrun: »Seelenführung, aus den Mächten des Blutes gespeist ...« – Psychotherapie und Nationalsozialismus. In: H. Keupp/H. Bilden (Hrsg.), *Verunsicherungen. Das Subjekt im gesellschaftlichen Wandel*, Göttingen, Toronto, Zürich 1989, S. 153–183

Cocks, Geoffrey, *Psychotherapy in the Third Reich. The Göring Institute*. New York, Oxford 1985

Ders., »Psychoanalyse und Psychotherapie im Dritten Reich.« In: G. Rudolf et al. (Hrsg.), *Psychoanalyse der Gegenwart*. Göttingen 1987, S. 30–43

Clauser, G., *Psychotherapie-Fibel*, Stuttgart 1967

Colby, K., »On the disagreement between Freud and Adler«, in: *American Imago* 8, 1951, S. 235

Görres, A., *Methode und Erfahrungen der Psychoanalyse*, München 1966

Ermann, Michael, »Unbewußte Phantasien in der Nachkriegsgeschichte der deutschen Psychoanalyse.« In: v. Werthmann (Hrsg.), *Die unbewußte Phantasie*. München 1989

Göring, Mathias Heinrich (Hrsg.), *Deutsche Seelenheilkunde*, Leipzig 1934

Groddeck, G., *Das Buch vom Es*, Frankfurt 1979

Ders., *Der Mensch und sein Es*, Wiesbaden 1971

Horney, K., *Neurotic personality of our time*, New York 1937

Ders., *New Ways in Psychoanalysis*, New York 1939

Ders., *Self-analysis*, New York 1942

Jaffé, A., *Aus Leben und Werkstatt von C. G. Jung*, Zürich 1968

Jägersberg, O., *Georg Groddeck*, Moos 1984

Jung, C. G., *Psychogenese der Geisteskrankheiten* (Ges. Werke Bd. 3), Zürich 1968

Ders., *Freud und die Psychoanalyse* (Ges. Werke Bd. 4), Zürich 1969

Ders., *Die Dynamik des Unbewußten* (Ges. Werke Bd. 8), Zürich 1967

Ders., *Praxis der Psychotherapie* (Ges. Werke Bd. 16), Zürich 1958

Lockot, R., *Erinnern und Durcharbeiten. Zur Geschichte der Psychoanalyse und Psychotherapie im Nationalsozialismus*, Frankfurt 1985

Lockot, R., *Die Reinigung der Psychoanalyse. Die Deutsche Psychoanalytische Gesellschaft im Spiegel von Dokumenten und Zeitzeugen (1933–1951)*, Tübingen 1993

Mirsky, I. A., »Physiologic, psychologic and social determinants in the etiology of duodenal ulcer«, in: *Journal of Digestive Diseases* N. S. 3 (1958), Nr. 4

Nitzschke, Bernd: »Psychoanalyse und Macht im ›Dritten Reich‹ – Versuche, die historische Realität oder wenigstens einige (Rettungs-)Phantasien zu rekonstruieren.« In: S. Zepf (Hrsg.), *»Wer sich nicht bewegt, der spürt auch seine Fesseln nicht«: Anmerkungen zur gegenwärtigen Lage der Psychoanalyse*, Frankfurt 1990, S. 243–272

Plack, A., *Die Gesellschaft und das Böse*, München 1968

Rank, O., *Das Inzestmotiv in Dichtung und Sage*, Wien 1912

Ders., *Das Trauma der Geburt*, Wien 1924

Ders., *Will therapy and truth and reality*, New York 1950

Schmidbauer, W., »Zur Anthropologie der Aggression«, in: *Therapie der Gegenwart*, 107, 1968, S. 1541–1555
Ders., *Mythos und Psychologie*, München 1970
Ders., *Die subjektive Krankheit. Kritik der Psychosomatik*, Reinbek 1986
Ders., *Wenn Helfer Fehler machen*, Reinbek 1997
Schultz-Hencke, H., *Der gehemmte Mensch*, Stuttgart 1940
Ders., *Lehrbuch der Traumanalyse*, Stuttgart 1949
Ders., *Lehrbuch der analytischen Psychotherapie*, Stuttgart 1951
Taft, J., *Otto Rank*, New York 1958

10.
Psychochirurgie und Psychopharmakologie

Man kann das Gehirn des Menschen mit einem Computer vergleichen. Er ist viel komplizierter als die größte Rechenma-
schine, die es gibt, wenn wir die Gesamtzahl der möglichen Verbindungen zwischen einzelnen Ganglienzellen des Gehirns zugrunde
legen. Andererseits ist diese ungeheuere Menge von Milliarden
einzelner ›Schaltungen‹ in einem vergleichsweise winzigen Raum
zusammengedrängt. Wir kennen das Programm dieses Computers
nicht. Einen Teil dieses Programms vermögen wir aber gewissermaßen von innen heraus zu erkennen: unsere Gefühle und Gedanken.
Sie sind nicht mit den Mustern der biochemischen Erregungsabläufe
in der Gehirnrinde identisch, aber sie entsprechen ihnen und begleiten sie (›Gleichzeitigkeitskorrelation‹). Auf der anderen Seite ist es
uns aber auch möglich, die Nervengruppen des Gehirns wie einen
anderen Teil lebender Organismen zu studieren und daraus bestimmte Schlüsse zu ziehen.
Es scheint fraglich, ob sich unser Erleben und die Forschungen der
Nervenphysiologie jemals auf einen Nenner bringen lassen werden.
Vielleicht kann man aus den Mustern der Nervenerregungen ebensowenig ein seelisches Erlebnis ableiten, wie man etwa aus dem
Studium von Regentropfen einen Wolkenbruch oder aus der chemischen Analyse von Autoteilen einen Straßenkreuzer ›erklären‹ kann.

Doch scheint es voreilig, so zu tun, als wüßten wir schon heute um diese Unmöglichkeit. Die Schwierigkeiten der Gehirnforschung sind jedenfalls groß, so ermutigend die Fortschritte der letzten Jahre auch scheinen mögen.

Wie ein Computer nur dann arbeitet, wenn er programmiert wird, so muß auch das menschliche Gehirn programmiert werden: durch Erfahrungen, die einerseits stammesgeschichtlich über die Erbanlagen, andrerseits individuell durch Lernvorgänge seit frühester Kindheit erworben wurden. Was die Erbanlagen liefern, ist in der Regel biologisch vollkommen, da alle ungünstigen Anlagen dadurch ausgemerzt werden, daß ihre Träger sterben oder sich weniger häufig fortpflanzen.

Hierin liegt auch eine sehr wesentliche Einschränkung der Erbtheorie von Geisteskrankheiten, etwa der Schizophrenie. Wie kürzlich Manfred Bleuler (der Sohn des Psychiaters, der den Ausdruck Schizophrenie prägte) festgestellt hat, müßte die Erbanlage für Schizophrenie immer wieder neu entstehen – wenn es sie gäbe. Denn es ist bekannt, daß Schizophrene weniger Kinder haben als Geistesgesunde. Es ist kaum glaublich, mit welcher Leichtfertigkeit man lange Zeit aus dem familiär gehäuften Auftreten von Geisteskrankheiten erschließen wollte, es handle sich um Erbleiden. Man übersah völlig den anderen Weg, auf dem gesunde, aber auch krankhafte Verhaltensprogramme übertragen werden können: den durch das Lernen, vor allem durch die Erziehung des Kindes, das besonders leicht ›programmierbar‹ und prägbar ist.

Inzwischen haben zahlreiche Studien überzeugend gezeigt, daß die Schizophrenie kein Erbleiden ist, obschon Erbanlagen eine bestimmte früher maßlos überschätzte Rolle spielen, die aber an Gewicht von sozialen vorwiegend – familiären Lernvorgängen – bei weitem übertroffen werden. Diese Erkenntnis (vgl. Kringlen 1960, Don D. Jackson 1969, Benedetti 1970) bestätigt Carl Gustav Jungs schon vor über 60 Jahren geäußerte Annahme einer Psychogenese der Geisteskrankheiten.

Führen wir das Computer-Gleichnis fort: Die ungeheuer komplexe Datenverarbeitungsmaschine unseres Gehirns steuert unser Verhalten. Ein Defekt in dieser Maschine muß sich also im Verhalten auswirken. Er scheint das erst zu tun, wenn er eine bestimmte Größenordnung erreicht. Wir wissen zum Beispiel, daß in einem Alkohol-Vollrausch einige tausend Ganglienzellen zugrunde gehen. Dennoch merkt der Betroffene davon zunächst nur wenig. Erst in einem Stadium fortgeschrittener, wiederholter Alkoholisierung treten »blackouts« auf: Der Trinker weiß, aus dem Rausch erwacht, nicht mehr, wie er nach Hause kam und weshalb das Geld aus seinen Taschen verschwunden ist. Es gibt weite Hirngebiete, die man ›stumm‹ nennt. Operiert der Neurochirurg einen Tumor, dann kann er ihn aus diesen Zonen ohne Bedenken entfernen, da keine seelische oder körperliche Funktion gestört wird. Teilhard de Chardin hat deshalb vermutet, daß der Mensch nur rund ein Zehntel seiner geistigen Kapazität nützt. Wenn wir bedenken, daß viele Gelehrte zehn und mehr Fremdsprachen beherrschen, während der Durchschnittsmensch sich mit einer begnügt, müssen wir dem französischen Evolutionsforscher und Theologen recht geben.

Wir können uns drei Formen von Störungen im Gehirn-Computer vorstellen:

1. Bestimmte Teile sind von Anfang an defekt, so daß ererbte und/oder erlernte Programme nur mangelhaft erworben werden oder ablaufen können. Das ist etwa der Fall bei angeborenem Schwachsinn oder bei den Gehirnschäden durch einen Sauerstoffmangel des Säuglings während der Geburt. Man spricht hier von Werkzeugstörungen. Das Gehirn verfügt über eine ausgeprägte Fähigkeit, solche Schäden auszugleichen, wenn richtig und ausdauernd geübt wird. So ist es laut Glenn Doman gelungen, ein Kind, bei dem wegen eines Gehirntumors eine ganze Hälfte des Großhirns entfernt werden mußte, durch ständiges, intensives Training so zu üben, daß es schließlich seine gesunden Altersgenossen nicht nur einholte, sondern manche von ihnen übertraf. Ähnliches gilt für spastisch Gelähmte, bei denen ebenfalls durch ausdauernde Übung viel erreicht werden kann. Die zerstörten Gehirnpartien werden zwar nicht wiederaufgebaut, doch dank der ungeheuer großen Leistungsreserve des Gehirns ist oft ein er-

staunlicher Ausgleich möglich, wenn man nicht über den organischen Schaden hinaus soziale Schäden setzt (indem man etwa ein spastisch gelähmtes Kind vernachlässigt). Organische Gehirnschäden können auch in einem späteren Lebensalter auftreten, etwa nach einer Kopfverletzung oder nach einem ›Schlaganfall‹, wenn die Durchblutung der Nervenzellen wegen sklerotischer Blutgefäße beeinträchtigt wird oder eine reißende Ader Teile des Gehirns zerstört.

2. Eine Reihe plötzlich eintretender, fehlerhafter Schaltungen verändert den Ablauf der Arbeit des Computers. Während die technisch verwendeten Computer mit Elektrizität arbeiten, funktioniert das Gehirn elektrochemisch. Die Erregungen werden durch eine Reihe von Überträgerstoffen weitergeleitet und gesteuert (Azetylcholin, Serotonin, Dopamin = ›biogene Amine‹). Durch eine Reihe chemischer Stoffe können diese Übertragungen von Nervenimpulsen beeinflußt werden, so daß der Ablauf der Programme stark verlangsamt (Beruhigungsmittel), verwirrt (Halluzinogene) oder beschleunigt (Weckamine) wird. Im Unterschied zu den organischen Veränderungen sind diese biochemischen Einflüsse umkehrbar: Sinkt die Konzentration dieser Mittel im Körper, dann schwindet auch ihre Wirkung.

3. Es gelingt dem Gehirn-Computer nicht, eine bestimmte Situation mit den gespeicherten Programmen zu bewältigen. Das kann daran liegen, daß diese Programme mangelhaft sind, da vor allem in der Kindheit, in der die meisten erlernten Programme aufgebaut werden, ungünstige Einflüsse die Entwicklung wirkungsvoller Programme verhinderten. Es kann auch daran liegen, daß die äußere Situation besonders belastend ist. Schließlich können beide Faktoren zusammenwirken.

Es gibt ein großes historisches Experiment, das leider viel zu oft wiederholt wurde und wird, obwohl die Ergebnisse bekannt und voraussagbar sind. Aber sie müssen offenbar von jeder Generation neu durchlitten werden, weil es mächtige gesellschaftliche Gründe gibt, sie zu verdrängen. Ich meine die massive, psychosomatische Traumatisierung durch Krieg und Gefangenschaft unter Kriegsbedingungen.

Zuerst beobachtet wurde diese massenhafte Traumatisierung im Grabenkrieg 1914–1918. Soldaten, die stündlich damit rechnen mußten, getötet, verstümmelt oder verschüttet zu werden, brachen oft schon nach wenigen Tagen zusammen. An den Soldaten, die den Grabenkrieg überlebten, wird ebenso der greisenhafte, ausgebrannte Ausdruck des Gesichts beschrieben wie an den KZ-Häftlingen. Solange der Soldat kämpfen kann, scheint sich seine psychische Belastung im Rahmen des Erträglichen zu bewegen. Erst wenn er unter Bedingungen von Kälte, Nässe, Hunger, Schmutz, tage- und nächtelanger Schlaflosigkeit aushalten soll, werden seine seelischen Reserven ebenso verbraucht wie seine körperlichen. »Der Schlamm geriet sogar in die Läufe der Gewehre, die nicht mehr funktionierten. Über einen britischen Angriff am 18. und 19. Dezember (in Flandern, 1914) hieß es später in deutschen Berichten, die meisten Verwundeten hätten Bajonettwunden, da die Gewehre des Gegners nicht schössen ... Die Soldaten standen in ihren Schützengräben knietief im Wasser und versanken gelegentlich bis zur Brust im Schlamm, so daß man sie mit Seilen wieder herausziehen mußte.«[*] Die Verluste durch Krankheiten waren streckenweise – etwa in der britischen Ersten Armee – fast zehnmal so hoch wie die durch Verletzungen. Unausweichliche Folge von drei oder vier Tagen im Graben war die totale Erschöpfung. Drei Tage Graben reichten aus, um stolze Soldaten radikal zu verändern. Ein Augenzeuge beschreibt die Ablösung der 1. Royal Fusiliers am 23. Dezember 1914:
»Sie waren abgerissen, ausgelaugt, unorganisiert, fußkrank, müde und machten ganz allgemein einen völlig gebrochenen Eindruck. Struppig und unrasiert, mit verdreckten Gesichtern, mit jeder nur erdenklichen Art von Kopfbedeckung glichen diese Männer eher einer Horde prähistorischer Wilder als einem Eliteregiment des britischen Heeres.«[**]
Überlebenschancen hatten die Soldaten, welche versuchten, Risiken abzuschätzen und sich nie aufzugeben. Robert von Ranke-Graves

* Modris Eksteins, *Tanz über Gräben. Die Geburt der Moderne und der Erste Weltkrieg,* Reinbek 1990, S. 159.
** Eksteins, a. a. O., S. 163.

beschreibt, wie er möglichst häufig Patrouillengänge machte – jene Aktivität, welche Ernst Jünger als Ausdruck heldenhafter Kampfbegeisterung ausgelegt wurde. Der britische Schriftsteller sieht die Sache nüchterner:»Der beste Weg, den Krieg lebend zu überstehen, war, verwundet zu werden. Die beste Möglichkeit dazu bot sich nachts und im Freien, wenn das Gewehrfeuer mehr oder weniger ungerichtet war und ich selbst nicht mit dem ganzen Körper exponiert sein würde. Auch war es vorteilhafter, verwundet zu werden, solange der Ansturm auf die Verbandsplätze nicht so groß war und die hintersten Linien nicht so stark beschossen wurden. Am vorteilhaftesten war es deshalb, nachts auf Patrouille in einem ruhigen Abschnitt verwundet zu werden. Gewöhnlich gelang es einem dann noch, in ein Granatloch zu kriechen, bis Hilfe eintraf.«[*]

Als jung verheirateter Zivilist beschreibt Robert von Ranke-Graves seine seelischen Veränderungen durch das Kriegstrauma: »Mitten in der Nacht schlugen Granaten in mein Bett ein, auch wenn Nancy es mit mir teilte. Am Tag erinnerten mich die Gesichter von Fremden an Freunde, die gefallen waren. Als ich endlich kräftig genug war, auf den Berg hinter Harlech zu steigen und meine Lieblingsplätze wieder aufzusuchen, konnte ich mich nicht dagegen wehren, die Gegend als ein künftiges Schlachtfeld zu sehen. Ich ertappte mich dabei, daß ich ... überlegte, wo ein MG aufzustellen wäre, wenn ich von der Hügelkuppe aus die Dolweiddiog-Farm erstürmen wollte, und welches die beste Deckung für meine Gewehrgranatenabteilung wäre.«[**] ... »Ich konnte kein Telefon benutzen, vertrug das Reisen mit der Bahn nicht und konnte nachts nicht schlafen, sobald ich am Tag mehr als zwei neue Gesichter gesehen hatte.«[***] Graves litt noch zehn Jahre lang an regelmäßigen Visionen der Kämpfe seines Regiments. »Diese Tagträume dauerten an wie ein zweites Leben. Sie verließen mich erst gegen Ende des Jahres 1928. Bei diesen Erinnerungen handelte es sich fast immer um

[*] Robert von Ranke-Graves, *Strich drunter!* Reinbek 1990, S.–158. Erstausgabe: *Good bye to all that,* London 1929.
[**] Robert von Ranke-Graves, a. a. O., S. 339.
[***] Robert von Ranke-Graves, a. a. O., S. 340.

solche aus meinen ersten vier Monaten in Frankreich. Es war, als wäre der Apparat, der Gefühle registriert, nach Loos ausgeschaltet worden.«[*]

In den Berichten der Soldaten von der Front wird deutlich, daß nach den ersten Schlachten der Idealismus, das übergeordnete Kriegsziel, das Vaterland auf der Strecke geblieben sind. Politiker, Redner, Dichter, die große Worte über den Krieg machen, werden von den Praktikern des Kampfes verachtet. Man hört und spricht nicht mehr von der Verteidigung der Zivilisation, sondern von dem eigenen, beschränkten gesellschaftlichen Horizont: die Familie, die Kameraden, das Regiment.[**] Persönliche Gefühle sind wie ein Luxus, den sich die wenigsten erlauben. Ihr Wunsch richtet sich darauf, Haltung zu bewahren, ›es durchzustehen‹, nicht vor den Kameraden zu versagen. Selbst Militärgeistliche reden kaum mehr von Religion.

Diese Strategie funktionierte eine Weile leidlich. Der Soldat an der Front mußte sich auf seine neue Lage einstellen; vorher war er nicht als Kämpfer zu verwerten. Robert von Ranke-Graves gibt Zeiträume an: »In den ersten drei Wochen war ein Offizier noch kaum zu gebrauchen. Er war nicht ortskundig, kannte die Lebens- und Sicherheitsregeln noch nicht und hatte noch nicht gelernt, die verschiedenen Grade von Gefahr zu unterscheiden. Zwischen dem dritten und dem vierten Monat war er auf seinem Höhepunkt, sofern er nicht einen besonders bösen Nervenschock oder eine Serie von Schocks erlitten hatte. Nach sechs Monaten war er noch immer halbwegs tragbar. Doch wenn er dann nicht einige Wochen Ruhezeit bekam – durch Teilnahme an technischen Kursen oder durch einen Lazarett-

---

[*] Robert von Ranke-Graves, a. a. O., S. 346. Über den britischen Angriff bei Loos steht im Tagebuch des deutschen 15. Reserve-Infanterieregiments: »Deutlich konnte man eine auseinandergezogene Linie zu zehn Reihen unterscheiden, jede wohl über 1000 Mann stark. Sie boten ein Ziel, wie man noch keines gesehen hatte oder überhaupt für möglich gehalten hätte. Nie war die Arbeit der MG-Schützen so einfach gewesen und noch nie haben sie sie so effektiv erledigt.« Zit. n. Eksteins, a. a. O., S. 286.

[**] »Wir (waren) uns alle einig, daß nach wie vor der Regimentsstolz der stärkste moralische Rückhalt sei, um ein Bataillon als kampffähige Einheit in Form zu halten, und stellten ihn insbesondere dem Patriotismus und der Religion gegenüber«, sagt Robert von Ranke-Graves, a. a. O., S. 225.

aufenthalt – wurde er nach neun oder zehn Monaten in der Regel eine Last für die anderen Kompanieoffiziere. Nach einem oder einviertel Jahren war er oft weit mehr als unbrauchbar.«[*] In diesem Zustand war der Soldat betäubt, apathisch. Er konnte noch Wache stehen, sah aber nichts mehr, er konnte noch kommandieren, verstand aber nicht mehr, welche Folgen seine Befehle hatten. Er verrichtete seinen Dienst wie ein Zombie.[**] Diese Entwicklung lief nach Graves Urteil bei Offizieren mit ihrer höheren psychischen Belastung ungefähr doppelt so rasch ab wie bei Mannschaften. Viele dieser ausgebrannten Soldaten wurden alkoholabhängig. »Ich kannte drei oder vier Offiziere, die es bis auf zwei Flaschen Whisky am Tag brachten, ehe sie das Glück hatten, verwundet oder sonstwie in die Heimat geschickt zu werden. Ein solcher Zwei-Flaschen-Kompanieführer ... hatte in drei aufeinanderfolgenden Unternehmungen seine Kompanie sinnlos vernichtet, weil er nicht mehr fähig war, klare Entschlüsse zu fassen.«[***]

Diese Sechsmonatsfrist bis zum Ausbrennen und Zweijahresfrist bis zur völligen Erschöpfung bestätigt ein von Eksteins zitierter Bericht des Oberstleutnants Jack vom 2. West-Yorkshire-Regiment, der einen seiner Offiziere, der 1916 zwei Jahre ununterbrochen im Einsatz gewesen war, freistellen wollte: »Ich meldete ihn dem Oberkommando als völlig erschöpft und bat darum, ihn nach Hause zu schicken, damit er wieder einmal etwas anderes zu sehen bekäme als die Schlacht. Ich bekam die merkwürdige Antwort, daß es so etwas wie einen ›erschöpften Soldaten‹ nicht gebe und daß mein Gesuch abgelehnt sei.«[+]

Die psychische Traumatisierung auch Erwachsener begrenzt die Gültigkeit des Computer-Vergleichs. Ein Computer wird nie von sich aus aktiv, kein Gefühl begleitet seinen Erfolg oder sein Versagen. Gefühle spielen aber in allen seelischen Krankheiten eine viel wich-

---

[*]   Robert von Ranke-Graves, a. a. O., S. 205 f.
[**] Auch dies ist eine Parallele zwischen der Extremsituation des Grabenkrieges und der Extremsituation im KZ: Dort wurden diese Zombies »Muselmänner« genannt.
[***] Robert von Ranke-Graves, a. a. O., S. 206.
[+]   Eksteins, a. a. O., S. 263.

tigere Rolle als Gedanken; die ›Fühlprogramme‹, welche beispielsweise eine später an Depressionen erkrankte Frau durch ihre lei-
stungsehrgeizige Mutter eingehämmert bekam (Motto: »Ich kann
dich nur lieben, wenn du perfekt funktionierst«) sind viel wichtiger
als ›Denkprogramme‹, während andrerseits ein Computer nur Denkprogramme nachmachen kann oder allenfalls gedachte Fühlprogramme, eine etwas widersprüchliche Sache.
Doch wenn wir die körperliche Behandlung von seelischen Krankheiten betrachten, leistet das Computer-Gleichnis gute Dienste. Wir
erkennen dann, welche Vorzüge und welche Nachteile die körperliche Therapie von der Psychotherapie unterscheiden.

Insulin- und Elektroschock

Als im Jahr 1922 Frederick Banting und seine Mitarbeiter das Hor-
mon Insulin rein gewannen, konnte man zum erstenmal die Zucker-
krankheit kontrollieren, die damals viele Menschen das Leben kostete. Bald entdeckten andere Ärzte, daß kleine Insulingaben den Appe-
tit von chronisch Kranken anregten. Manfred Sakel (1900 bis 1956)
griff seit 1927 diese Vorschläge auf. Er dachte, daß der Erregungszu-
stand von Morphiumsüchtigen, denen man das Opiat entzogen hat,
auf einer Überaktivität der Nebennieren beruht. Diese sondern
Adrenalin ab, dem Insulin entgegenwirkt.
Sakel versuchte also, seine erregten Patienten mit Insulingaben zu
beruhigen. Sie waren um so wirksamer, je mehr er die Dosis steiger-
te. Eine hohe Insulingabe ruft den sogenannten hypoglykämischen
Schock hervor, eine Bewußtlosigkeit, die durch den Mangel an
Zucker (Glukose) im Blut bedingt wird; Glukose ist das wichtigste
Nahrungsmittel für das Gehirn. Ende 1933 berichtete Sakel, daß
erregte Schizophrene, die eine solche durch Insulin ausgelöste Ohnmacht durchgemacht hatten, oft frei von ihren Erregungszuständen
und Wahngedanken wieder aufwachten, und zwar um so öfter, je
länger dieses Insulinkoma dauerte.
Bisher hatte man einen Kranken, bei dem eine Schizophrenie er-

kannt worden war, überhaupt nicht behandelt. Da man dachte, daß in vielen Fällen zwangsläufig ein seelisch-geistiger Defekt folgen würde, begnügte man sich, ihn in einer Heilanstalt zu verwahren. Ohne soziale Anregungen zog sich der Kranke immer mehr in sich zurück und reagierte bald gar nicht mehr auf die Außenwelt. In dieser ›Versandung‹ der Gefühle sah man eine typische Folge der Schizophrenie, während man heute allgemein von einem Hospitalismus-Schaden spricht – einer Krankheit, welche durch das Nervenkrankenhaus selbst verschuldet wurde.

Mit Sakels Entdeckung konnte man etwas gegen die Erregungszustände und Wahnideen tun. Eine Welle von Optimismus zog in die Nervenkrankenhäuser ein; vielleicht hat sie ebensoviel zum Erfolg der Insulintherapie beigetragen als die Behandlung selbst, die langwierig, gefährlich und für den Kranken sehr unangenehm ist. Um Erfolg zu haben, empfahl man bald dreißig bis vierzig Stunden Insulinkoma. Dazu brauchte man spezialisierte Ärzte und Pfleger, da ein zu ›tiefes‹ Koma leicht den Tod mit sich bringen kann. Die Nervenärzte fanden keine schlüssige Erklärung für den Heilerfolg mit dem Koma. Man hat von einem ›Würgegriff‹ gesprochen, den das Koma auf die gestörten Gehirnzellen ausübt.

Der Erfolg scheint auf einem sehr allgemeinen Prinzip zu beruhen, das man in dem Computer-Gleichnis so ausdrücken kann: Wenn ein Programm nicht richtig funktioniert, hat es sich bewährt, es auszuschalten und nach einer Weile neu zu starten. Möglicherweise ›läuft‹ es dann wieder. Wir werden weiter unten, wenn wir den Elektroschock besprechen, noch auf diese Erklärung zurückkommen. Das Insulinkoma ist sicher kein kausal wirkendes, also die Ursache der Schizophrenie bekämpfendes Mittel. Es heilt wohl nur jene frischen Erkrankungen, die auch durch andere Therapieformen und vielleicht sogar spontan wieder genesen würden, dringt aber nicht bis zu den Ursachen – dem falschen Programm – vor.

Das kann man aus Statistiken ablesen, die einwandfrei zeigen, daß sich nach einigen Jahrzehnten keine Unterschiede in der Rückfallhäufigkeit von Schizophrenen finden lassen, die mit Insulinkoma oder gar nicht behandelt wurden. Die Insulintherapie kann die Symptome der frischen Erkrankung rascher zum Verschwinden bringen, sie könnte den Kranken für eine Psychotherapie ›öffnen‹ (die leider fast immer unterbleibt, weil in den staatlichen Nervenkrankenhäusern zu wenige Therapeuten für eine solche zeitaufwendige Arbeit angestellt sind). Aber sie kann Rückfällen nicht vorbeugen.

Aufwendig, mit Gefahren belastet und langwierig wie sie ist, hat man die Insulintherapie seit 1940 fast überall durch andere Methoden ersetzt. Die erste von ihnen ist der sogenannte Elektroschock. Hier kurz seine Geschichte. In den zwanziger Jahren glaubte der ungarische Psychiater Ladislaus Joseph von Meduna (1896 bis 1964) nachweisen zu können, daß Epileptiker verdicktes Gangliengewebe in ihrem Gehirn haben, Schizophrene aber einen Mangel an Ganglienstruktur. Beide Befunde waren unrichtig; bis heute sind organische Defekte im Gehirn von Schizophrenen umstritten und die Befunde uneindeutig.[*]

Meduna zog aus dieser falschen Beobachtung den Schluß, man könne durch künstliche epileptische Krämpfe eine Schizophrenie heilen. Diese Krämpfe erzeugte er durch Metrazol (Cardiazol), ein synthetisches Kampferpräparat (bereits 1785 behauptete der englische Arzt William Oliver, er hätte einen Fall von Manie mit Kampfer geheilt). Diese Therapie war noch mehr eine Marter als die Insulinbehandlung. Das Bewußtsein schwand nicht sofort nach der Metrazol-Injektion, die Krämpfe waren so heftig, daß sich die Kranken oft Knochen brachen.

Die Behandlung der Schizophrenie mit künstlich ausgelösten epileptischen Krämpfen konnte sich erst durchsetzen, als Ugo Cerletti (1877 bis 1963) und sein Mitarbeiter Luigi Bini gemeinsam die schon seit langer Zeit bekannte Elektrotherapie für die Nervenheilkunde fruchtbar machten.

Schon in der Antike soll Scribonius Largus die Kopfschmerzen des Kaisers Tiberius mit elektrischen Aalen behandelt haben. Schwache

---

[*] Das hängt auch mit den großen Schwankungen zusammen, welche Erkrankungen als Schizophrenie diagnostiziert werden. Die prozentuale Häufigkeit solcher Diagnosen wechselt in den Statistiken von Kliniken nach dem Wechsel des Direktors um zehn bis dreißig Prozent.

Ströme, die keinen Krampf erzeugten, verwendeten viele Nervenärzte, als Freud zu praktizieren begann. Der Begründer der Psychoanalyse gehörte zu denen, die entdeckten, daß der Erfolg dieser
Therapie auf Suggestion beruhte.

Bini und Cerletti waren die ersten, die eine sichere Dosis ermittel-
ten, mit der man einen Menschen krampfen lassen kann, ohne ihn
umzubringen oder sein Gehirn schwer zu schädigen. Als Versuchs-
tiere dienten ihnen Schweine, die man in römischen Schlachthäusern
mit elektrischem Strom zu betäuben pflegte. Der Elektroschock
erwies sich als viel einfacher und schonender, aber ebenso wirksam
wie die Insulinkoma-Behandlung oder gar der Cardiazolkrampf.

Man legt die Elektroden, die mit einem Metallnetz bespannten
Stempeln gleichen, an die Schläfen des Kranken und läßt für ein bis
fünf Zehntel einer Sekunde einen Strom von 70 bis 130 Volt durch
das Gehirn fließen. Gewöhnlich behandelt man dreimal pro Woche;
den Schock selbst wendet man fünf bis fünfunddreißigmal an. Der
Patient verliert sofort das Bewußtsein, wenn der Strom eingeschal-
tet wird; später erwacht er, in der Regel mit bohrenden Kopfschmerzen.

Seit man zusätzlich muskellähmende Mittel (etwa Kurare) gibt, sind
Knochenbrüche sehr selten geworden. Ein Elektroschock löscht
sehr oft die Erinnerung an die unmittelbare Vergangenheit aus,
ähnlich wie eine Gehirnerschütterung. Man kann annehmen, daß bei
jedem Schock eine bestimmte Anzahl von Ganglienzellen zugrunde
geht, doch führt das fast nie zu merklichen Gehirnschäden. Ein
großer Vorzug der Elektroschocktherapie ist, daß man in vielen
Fällen sehr ausgeprägte Störungen – tiefe Depressionen mit Selbst-
mordimpulsen, akute schizophrene Erregungszustände mit hohem
Fieber – rasch bessern kann. Doch ist der Elektroschock ebenfalls
ein rein symptomatisches Mittel, das nie zu den Ursachen der Krankheit vordringt und deshalb auch Rückfällen nicht vorbeugen kann.

Warum wirkt der Elektroschock? Man hat eine Reihe psychologischer und physiologischer Erklärungen aufgestellt. Sicher dient er
als Strafreiz für das sozial unerwünschte, verrückte Verhalten. Doch
wäre es nur dieser Effekt, der sicher eine Rolle spielt (ich kannte

einmal eine Kranke, die nach einer Insulinkur keineswegs ihre Wahnideen verloren hatte, aber sorgfältig vermied, sie den Ärzten gegenüber zu äußern, weil sie fürchtete, man fange sonst mit der ganzen Prozedur von vorne an), dann könnte man seelisch Kranke auch mit Prügeln heilen – eine Therapie, deren Versagen seit Pinel bekannt ist. Diese psychologische Strafwirkung ergänzen neurophysiologische Effekte.

Einmal bewirkt der Elektroschock eine leichte Erinnerungslosigkeit an die dem Ausbruch der Geisteskrankheit vorangehende Zeitspanne, so daß jene Umweltreize, die der Betreffende nicht verarbeiten konnte, zeitweilig ausgelöscht werden. Wenn der Kranke Glück hat, ändern sich die Umweltverhältnisse noch während der Behandlung (Beispiel: ein treuloser Ehemann wendet sich wieder seiner Frau zu), so daß er, aus der Klinik entlassen, den ›gelöschten‹ Konflikt nicht wieder vorfindet und auch nicht aufs neue erkrankt.

Darüber hinaus können wir den Einfluß des Elektroschocks wieder in unser Computer-Gleichnis aufnehmen. Norbert Wiener (1894 bis 1964) hat als erster das Gehirn mit einem solchen Apparat verglichen, dessen Gleichgewicht durch selbstregulierende Mechanismen aufrechterhalten wird. Diese funktionieren nach dem Prinzip der Rückkopplung, wobei eine negative Rückkopplung (ein Mehr an aggressiven Gefühlen führt auch zu verstärkter Kontrolle und intensivierter Suche nach realen Möglichkeiten, einen Ausweg zu finden) die innere Stabilität aufrechterhält, eine positive Rückkopplung die Instabilität zunehmen läßt (der Aggressive kontrolliert sich nicht, wird deshalb von seiner Umwelt zurückgestoßen und noch aggressiver).

Es ist nun interessant, daß man Computer, die fehlerhaft arbeiten, durch einen plötzlichen, starken (aber nicht so übermäßigen, daß er Schaltelemente zerstört!) Stromstoß wieder ins Lot bringen kann. Auf ähnliche Weise könnte der Elektroschock die Symptome einer seelischen Krankheit, die auf einem Sichaufschaukeln krankhafter Impulse beruhen, beseitigen, indem er den gesamten Gedankenablauf unterbricht. Daß dadurch die Möglichkeit eines Rückfalls nicht beseitigt wird, ist klar. Die Behandlungsstatistiken reden eine eindeutige Sprache.

Es ist einfacher, Elektroden an die Schläfen des Kranken zu legen und den Schock-Generator einzuschalten, als in Gesprächen zu versuchen, die fehlerhaften Programme zu erkennen und zu korrigieren. Doch sollte kein Zweifel bestehen, welches Verfahren humaner und auf lange Sicht auch wirksamer ist.

Chirurgische Eingriffe

Das Wort Psychochirurgie wird von vielen Psychologen und Psychiatern sehr ungern gehört. Tatsächlich enthält es einen inneren Widerspruch. Niemand hat bisher eine menschliche Psyche chirurgisch behandelt. Der Chirurg kann nur einzelne Gehirnteile zerstören und auf seelische Vorgänge wirken, indem er die ihnen entsprechenden (sie ›verursachenden‹ wäre bereits präjudiziert) Ganglien oder Verbindungen entfernt.

Da sich Nervenzellen im Gegensatz zu anderen Geweben nicht neu bilden, ist die Neurochirurgie eine ausschließlich negative Sache. Wenn man einen Leberlappen abschneidet, weil ein Tumorknoten in ihm sitzt, so regeneriert sich die Leber ungeheuer rasch; jeden Tag bilden sich Millionen von Zellen neu. Wenn man einen Teil des Gehirns zerstört, bildet sich Narbengewebe; die Nervenzellen, die dort einmal waren, sind für immer verloren. Es ist klar, warum das so sein muß. Wenn sich Gehirnzellen regenerieren könnten, wäre es erheblich komplizierter, Erinnerungen festzuhalten. Wir bewahren schließlich auch Kunstwerke wohlbehütet in Museen auf und halten ihre Substanz von den Prozessen fern, in denen sich die Natur erneuert.

Der Neurochirurg, welcher einen Gehirntumor entfernt, ist sich der Gefahr bewußt, irreversible Schäden anzurichten. Er operiert, weil er weiß, daß ein Tumor weiterwuchern und das Gehirn zerstören kann. Der portugiesische Nervenarzt Egas Moniz (1874 bis 1955) war der erste, welcher versuchte, durch einen Eingriff am Gehirn seelische Abläufe zu verändern. Er ging, wie er selbst sagt, von dem Eindruck aus, »daß gewisse Geisteskranke als Typus – ich dachte an

Fälle von Zwangsideen und Melancholie – eine umschriebene geistige Existenz haben, die auf einen begrenzten Ideenzyklus eingeengt ist, der, alle anderen beherrschend, dauernd im krankhaften Gehirn des Patienten kreiste.«

Es zeigt die völlige Wehrlosigkeit der Geisteskranken, daß Moniz diese Idee in die Tat umsetzen und so die erste Seite zu einem der dunkelsten Kapitel in der Geschichte der modernen Psychiatrie aufschlagen konnte. Moniz entschloß sich, die Nervenverbindungen zwischen dem Stirnlappen des Großhirns – dem Organ des Bewußtseins – und dem Stammhirn zu unterbrechen, in dem Emotionen und Antriebe lokalisiert werden können. (Wenn man das Rückenmark mit einem Stock vergleicht, so entspricht das Stammhirn dem Knauf dieses Stockes, über dem wie eine Mütze das Großhirn hängt.) Menschen mit ausgedehnten Stirnhirnverletzungen werden ungehemmt und rücksichtslos, sie kontrollieren ihre Impulse nicht mehr, sind im Essen und Trinken maßlos. Die Folgen der von Moniz eingeführten Lobotomie oder Leukotomie, bei der die Fasern zwischen dem Stirnhirn und dem Thalamus (einem wichtigen Stammhirnzentrum) unterbrochen wurden, gleichen der allgemeinen Enthemmung und Vergröberung der Persönlichkeit nach Stirnhirnverletzungen, sind aber milder.

Die Kranken werden ruhiger; Wahnideen mögen weiterbestehen, doch stören sie nicht mehr, Essen und Trinken schmecken wieder. Doch die höchsten Leistungen der Persönlichkeit sind ebenfalls verloren – Sensibilität für die Gefühle von Mitmenschen, Rücksicht, schöpferische Fähigkeiten. Der Zustand nach einer Leukotomie ist nicht mehr umkehrbar. Die Millionen von Nervenbahnen, welche durchtrennt wurden, sind für immer zerstört.

Die Psychochirurgie ist ein sehr bezeichnendes Beispiel dafür, daß eine unmenschliche Einstellung gegenüber den seelisch Kranken noch keineswegs überwunden ist, ja daß sie von denen praktiziert werden kann, denen diese Kranken wehrlos ausgeliefert sind: von ihren Ärzten. Bald fanden sich Psychiater, welche gegen eine solche Behandlung protestierten. Diesem Widerstand und der Tatsache, daß bald wirksame Medikamente gegen schwere seelische Störun-

371

gen entwickelt wurden, ist es zu danken, daß nur einige zehntausend Psychotiker leukotomiert worden sind. Die viel sorgfältiger gezielten und geplanten stereotaktischen Gehirnoperationen der jüngsten Zeit verhalten sich zur Leukotomie wie ein Skalpell zu einer Axt. Sie beruhen auf einer genaueren Kenntnis der Gehirnanatomie und arbeiten mit einem Zielgerät, durch dessen Hilfe bestimmte Regionen genau geortet und isoliert zerstört werden können. Umstritten ist auch die Methode, sexuelle Perversionen dadurch abzumildern, daß man ein für sexuelle Triebimpulse verantwortliches Zentrum im Stammhirn halbseitig zerstört. Die bisherigen Erfahrungen sprechen dafür, daß es mit solchen Eingriffen möglich sein könnte, den bei Triebtätern krankhaft übersteigerten Sexualtrieb zu dämpfen. Solche stereotaktischen Eingriffe sind riskant und die Tatsache, daß die Täter zwar zustimmen müssen, aber die Operation die Alternative zu einem Zwangsaufenthalt in einer Anstalt ist, macht sie auch ethisch problematisch. Daß man auf diesem Weg einmal Neurosen und Psychosen behandeln wird, ist unwahrscheinlich. Wie wir gesehen haben, kann man mit Gehirnoperationen immer nur etwas wegnehmen, nie etwas Fehlendes geben. Auch weiter verfeinerte Techniken werden diese Grenze nicht überwinden können.

Pharmaka für die Psyche

Schon sehr früh in seiner Entwicklungsgeschichte lernte der Mensch Stoffe kennen, die sein Erleben wandeln konnten. Die ersten Psychopharmaka waren wohl jene berauschenden Pflanzendrogen, die Schamanen und Medizinmänner nahmen, um rascher in Trance zu geraten und die Reise ins Geisterreich antreten zu können. Erst in jüngster Zeit sind manche dieser Stoffe wissenschaftlich erforscht worden: Psilocybin ist der Wirkstoff mexikanischer Pilze der Gattung Psilocybe, ein hochwirksames Halluzinogen. Epéna und Cohoba sind berauschende Tränke oder Schnupfpulver südamerikanischer Indianer, die sie genießen, um mit ihren Ahnengeistern zu sprechen oder nahende Feinde in prophetischer Trance zu erkennen. In der alten Welt verkörpert der Gott Dionysos die seelischen Wirkungen des Weins: beglückenden Rausch, wahnsinnige Raserei und völliges Erschlaffen. Die Inder kannten Soma, das Gordon Wasson als den Fliegenpilz identifiziert hat, mit dem sich bis heute sibirische Stämme berauschen. Paracelsus trug stets eine Kugel Opium im Knauf seines Schwertes mit sich, das er als Allheilmittel pries – denn wenn es auch den körperlichen Schaden nicht zu beheben vermag, so schläfert es doch den Schmerz ein und verschafft dem Kranken Ruhe. Griechische und römische Ärzte betäubten Kranke vor chirurgischen Eingriffen mit dem Saft der Mandragora, der Skopolamin enthält.

Neurotiker werden zu jeder Zeit den Alkohol als Sorgenbrecher verwendet haben. Doch für Geisteskranke gab es kein Mittel, das sie wirksam beruhigte. Man entkräftete sie durch dauernde Aderlässe und Abführmittel. Später gab man ihnen Schlafmittel, zuerst Brom, dann Paraldehyd und endlich Barbiturate. Um einen erregten Kranken zu beruhigen, mußte man ihn narkotisieren. Es gab keinen Mittelweg, wie ihn sich die Psychiater gewünscht hätten – kein Mittel, das den Kranken beruhigte, ohne ihn zu betäuben, das seine überschießenden Gefühlserregungen dämpfte, ohne zugleich auch das Bewußtsein so zu verdunkeln, daß er nicht mehr ansprechbar war. Es gab kein Mittel, das die lähmenden Fesseln einer Depression lösen, den gehemmten Antrieb anregen und die gedrückte Stimmung aufhellen konnte.

Diese Situation änderte sich erst, als im Jahr 1952 die französischen Psychiater Jean Delay und Pierre Deniker über Erfolge mit einer Chlorpromazin-Medikation bei erregten Geisteskranken berichteten. Dieses Mittel trat unter verschiedenen Handelsnamen (Largactil, Megaphen) einen Siegeszug an. Chlorpromazin und die von ihm abgeleiteten, perfektionierten Mittel können einen erregten Kranken beruhigen, ohne ihn einzuschläfern, so daß er seine alltäglichen Tätigkeiten – essen, anziehen, Hausarbeit – ohne weiteres zu verrichten vermag. Die aufgewühlten Gefühle werden gedämpft. Kranke, die dauernd Stimmen hören, die sie beschimpfen (die wahnhaft belebten Befehle und die Kritik des Über-Ich), berichten etwa, daß unter dem Einfluß des Chlorpromazin diese Stimmen leiser werden und endlich verstummen. Man nennt diesen Zustand Neurolepsie und Medikamente, die ihn auslösen können, Neuroleptika. *Neuron* ist das griechische Wort für Nerv; *lepsie* kommt von griechisch *lambano,* ich nehme; die Neuroleptika nehmen Nervenerregungen fort.

Im Gegensatz zu den bisher bekannten betäubenden Mitteln wirken sie vor allem auf das Stammhirn, das jene Zentren enthält, die Gefühlen und Trieben entsprechen, während das Großhirn, das Organ des Bewußtseins, weitgehend unbeeinflußt bleibt. Völlig wach ist ein unter Neuroleptika stehender Kranker aber nicht. Seine Leistungsfähigkeit bleibt etwas verringert.

Der große Erfolg des Chlorpromazin bewog viele pharmazeutische Hersteller, andere neuroleptisch wirkende Mittel von ähnlicher chemischer Struktur zu entwickeln. Die meisten von ihnen gehören zur Gruppe der Phenothiazine. Eine Sonderstellung nimmt das Reserpin ein, das 1931 die beiden indischen Ärzte Rafat und S. Siddiqui aus der Schlangenwurzel (so nannte sie die indische Volksmedizin) *Rauwolfia serpentina* gewannen. Seit Jahrhunderten hatte man in Indien diese rotblütige, armlange Pflanze, deren Wurzeln sich wie Schlangen den Boden entlangwinden, als Mittel gegen Schlangenbisse (nach dem Gesetz der Signatur, wonach Heilkräuter die Leiden symbolisieren, gegen die sie helfen) und gegen Wahnsinn empfohlen. Um 1950 stand fest, daß Reserpin ein wirksames Mittel ist, den Blutdruck zu senken; wenig später bemerkte man, daß es die Patienten auch beruhigte. Der nächste Schritt war nicht weit: Ungefähr gleichzeitig mit Chlorpromazin verwendete man Reserpin, um erregte Psychotiker – vor allem manisch Kranke – zu beruhigen. Da der Effekt aber erst nach einigen Tagen einsetzt, haben die Neuroleptika auf Chlorpromazin-Basis heute weitgehend das Reserpin ersetzt.

Im Gegensatz zum Neurotiker, der an seinen Symptomen subjektiv leidet und sich weiterhin an der Realität orientiert, wendet sich der Psychotiker völlig von der Wirklichkeit ab und entzieht sich weitgehend menschlichem Zuspruch. Der neurotisch Kranke kann sich anpassen, freilich auf Kosten seiner inneren Freiheit und seines Lebensglücks; der Psychotiker hingegen kann die Forderungen der Außenwelt, seine triebhaften Impulse und die erlernten Verbote, die sein Verhalten steuern, nicht mehr miteinander vereinbaren. Er muß die Realität so umgestalten, daß er weiter in ihr existieren kann, indem er sich ein wahnhaftes Weltbild zurechtmacht oder sich völlig von der Außenwelt abwendet, verstummt und erstarrt.

Durch die neuroleptische Behandlung gelingt es, den affektiven Druck zu mildern, der die geschwächte und durch fehlerhafte Programme (im Sinne des Computer-Gleichnisses) ungenügende Verhaltenssteuerung überfordert hat. Damit wird ein Zugang zur psychotherapeutischen Veränderung und Korrektur dieser fehlerhaften Verhaltenssteuerung frei. Mehr kann keines der bisher entwickelten Psychopharmaka leisten. Da diese Gesetzmäßigkeit wegen des Personalmangels und teilweise auch ungenügender, einseitig somatischer Ausbildung der Nervenärzte meist nicht berücksichtigt wird, ist es seit der Entwicklung der Psychopharmaka zur sogenannten Drehtürpsychiatrie gekommen.

Der Psychotiker wird in das psychiatrische Krankenhaus gebracht und dort mit den Psychopharmaka ziemlich schnell beruhigt. Im Schonklima der Klinik, wo die sozialen Belastungen in Beruf und Familie von ihm genommen sind, erholt er sich bald. Man entläßt ihn, ohne die Ursache der Krankheit zu bekämpfen; nach wenigen Monaten erleidet er einen Rückfall und kehrt in die Klinik zurück, wo sich dasselbe Spiel wiederholt. Mit jedem Rückfall verschlechtern sich aber die sozialen und beruflichen Chancen. Schließlich muß der Kranke immer in einer Anstalt bleiben. Die Lehre von der ›unheilbaren Schizophrenie‹ – eine sich selbst erfüllende Prophezeiung – ist wieder einmal bestätigt.

Da selbst Neurotiker selten gründlich behandelt werden, hat die pharmazeutische Industrie große Erfolge mit einer Reihe von Medikamenten, die zwar gegen psychotische Erregungszustände nur wenig ausrichten können, aber geeignet sind, Ängste und Spannungen im Alltagsleben zu dämpfen, die oft das einzige Symptom leichterer Neurosen sind. Im Gegensatz zu den alten Sedativa (sedieren =

beruhigen), die meist niedrig dosierte Schlafmittel waren, wirken die modernen Tranquilizer (lateinisch tranquilitas = Ruhe) kaum mehr einschläfernd. Sie entspannen; Aufregungen werden gemildert, Angst flaut ab.

Die heute verwendeten Psychopharmaka lassen sich in fünf Gruppen einteilen:

1. Anregende Mittel (Stimulantien, Energizer, Appetithemmer, Pep-Pills). Sie steigern den Wachheitsgrad des Bewußtseins und führen bei Mißbrauch zu nervöser Erschöpfung, Halluzinationen, Verfolgungswahn. Suchtgefahr ist gegeben. Die am meisten verwendeten Weckamine (die heute als Rauschgifte in der Disco-Kultur eine Rolle spielen) wurden als Medikamente unter Namen wie Pervitin und Preludin auf den Markt gebracht. »Speed« ist ein amerikanischer Slang-Ausdruck für die Weckamine; die Modedroge Exstasy ist chemisch eng mit ihnen verwandt.

2. Antidepressive Mittel (Antidepressiva, Thymoleptika). Diese Stoffe wirken bei Menschen in einem seelischen Normalzustand nur wenig oder paradox (zum Beispiel einschläfernd). Sie bringen aber Kranken, die unter einer schweren Depression leiden, Erleichterung. Es besteht keine Suchtgefahr; verbreitete Mittel sind Imipramin (Handelsname: Tofranil). Limbatril kombiniert ein Antidepressivum mit einem Tranquilizer (Suchtgefahr); eine Neuentwicklung, der von vielen Spezialisten gute Erfolge zugeschrieben werden, ist Fluoxetin (Handelsnamen: Prozak, Fluktin), eine Substanz, die verhindert, daß einer der chemischen Botenstoffe im Gehirn, das Serotonin, abgebaut wird und so einer Serotoninverarmung entgegenwirkt, wie sie bei Depressionen auftreten kann.

3. ›Kleine‹ Beruhigungsmittel (Tranquilizer, Sedativa, ›Glückspillen‹). Sie erleichtern die bei Neurosen und Lebenskrisen auftretenden Ängste, mildern körperliche Angstsymptome wie Durchfall, Herzrasen, Schlaflosigkeit, Atemstörungen und Kloßgefühl im Hals. Allerdings besteht die Gefahr, daß ein Patient abhängig wird. Das geschieht vor allem dann, wenn das Mittel nicht dazu führt, die belastende Realität (zum Beispiel Arbeitslosigkeit oder den Verlust einer Liebesbeziehung) durch Aktivität zu bewältigen, son-

dern sich in die chemisch induzierte Entspannung zurückzuziehen. In solchen Fällen ist die zunächst aufwendigere Psychotherapie langfristig erheblich billiger als die scheinbar preiswertere Pharmakotherapie. Verbreitete Mittel sind Diazepam (Handelsname Librium) und Diazepoxyd (Handelsname Valium); Weiterentwicklungen Tavor, Lexotanil, Adumbran und Frisium. Sie alle können abhängig machen, obwohl die Hersteller meist bei der Einführung neuer Stoffe behaupten, es sei nicht mehr der Fall. Diese Gefahr gilt nicht für Flusperilen (Handelsname: Imap), ein Neuroleptikum, das als Tranquilizer (auch als Depot-Spritze) verwendet wird. Alle Neuroleptika sind aber mit einem gewissen Risiko von Spätfolgen belastet, so daß bedenkenlose Verschreibung auch hier nicht angezeigt ist.

4. ›Große‹ Beruhigungsmittel (Major Tranquilizer, Neuroleptika) wurden in den sechziger Jahren entdeckt. Sie sind zu einem wichtigen Hilfsmittel in der Behandlung von schweren Geisteskrankheiten geworden. Neuroleptika beruhigen, ohne zu betäuben; in hohen Gaben führen sie zu typischen Muskelerscheinungen (Pseudoparkinson, Schüttellähmung). Es ist verblüffend, wie unter solchen Mitteln z. B. ein Wahn verschwindet oder Halluzinationen abklingen. Es gibt keine Suchtgefahr, aber ein Risiko von Nerven- und Knochenmarksschädigungen, das ärztliche Kontrolle erfordert. Das älteste Mittel aus dieser Gruppe ist das Chlorpromazin (Handelsname: Megaphen), weitere verbreitete Stoffe sind Trifluoperazin (Lyogen, Omca) und Haloperidol (Haldol). Eine Neuentwicklung, der geringere Nebenwirkungen und stärkere antipsychotische Effekte zugeschrieben werden, ist Clozapin (Risperidon).

Eine Sonderrolle spielen schließlich die Salze des Metalls Lithium, die als Dauergabe gute Erfolge in der Behandlung von manisch-depressiven Psychosen erzielen.

Tranquilizer erfüllen heute vielfach dieselbe Funktion wie früher der Likör – eine Sekretärin, die vor dem Diktat bei ihrem bärbeißigen Chef eine Tablette schluckt, erregt keinerlei Anstoß. Griffe sie in derselben Situation zur Kognak-Flasche, wäre sie bald entlassen. Die

amerikanischen Namen für Tranquilizer (happiness pills = Glückspillen) erweisen diese Ersatzfunktion ebenso wie die Berichte über
Tranquilizer-Sucht, die sich in jüngster Zeit häufen.
Es überrascht nicht, daß man deprimierten Kranken mit Neuroleptika oder Tranquilizern nicht helfen kann. Eine Droge, welche die
emotionalen Reaktionen abschwächt, wird jenen Kranken nicht nützen, die bereits apathisch und verzweifelt sind. In den dreißiger
Jahren versuchte man, Depressionen mit den sogenannten Weck-
aminen zu behandeln – Stoffen, welche den Wachheitsgrad erhöhen
und den Antrieb steigern (Benzedrin, Pervitin, Preludin u. a.). Doch
konnte man nur sehr wenig ausrichten; zudem beobachtete man bald
unerwünschte Nebenwirkungen, vor allem eine große Suchtgefahr.
Gleichzeitig mit der Entdeckung der ersten Neuroleptika fand man
nun, daß Iproniazid (Marsilid), ein Medikament, das man zusammen
mit Antibiotika gegen Tuberkulose einsetzte, traurig verstimmte
Patienten aufheiterte. Man erklärt diesen Effekt dadurch, daß dieses
Mittel, ein Enzym, die Mono-Amino-Oxydase hemmt. Dadurch werden die Monoamine nicht mehr oxydiert, d. h. abgebaut und reichern
sich in bestimmten Hirnzentren an. Diese Monoamine übertragen
Nervenimpulse und erregen offensichtlich die beim depressiven
Kranken gehemmten Antriebszentren.
Dieser Erfolg tritt allerdings nur bei einem Teil der Patienten ein.
Außerdem erwiesen sich Marsilid und auch eine Reihe von ihm
abgeleiteter Mono-Amino-Oxydase-Hemmer (MAO-Hemmer) als
Lebergifte. Später wurden MAO-Hemmer wie das Tranylcypromin
mit einem Neuroleptikum kombiniert (Warenzeichen: Jatrosom).
Auch hier treten Nebenwirkungen auf, vor allem Blutdruckerhöhun-
gen und (selten) bei älteren Kranken Schlaganfälle. Interessanter-
weise häuften sich solche Nebenwirkungen, wenn der Kranke bestimmte Käsesorten, etwa Camembert, aß. In diesen Käsesorten
sind Stoffe enthalten, aus denen der Körper die Monoamine aufbaut;
er wird dann durch die MAO-Hemmung von solchen Stoffen plötzlich
überschwemmt, wodurch die Zentren im Stammhirn aus dem Gleichgewicht geraten.
Als besser verträglich erwies sich zunächst Imipramin (Warenzei-

chen: Tofranil), das man aus Chlorpromazin entwickelte, indem man den mittleren Sechserring des Chlorpromazin-Moleküls in einen Ring mit sieben Atomen verwandelte. Man dachte erst, ein neues Neuroleptikum gefunden zu haben, doch erwies sich bald, daß Imipramin die Stimmung depressiv Kranker aufhellen konnte. Es handelt sich hier um einen Effekt, den geschulte Selbstbeobachter als persönlichkeitsfremd empfinden; »ich muß immer lachen, dabei ist mir gar nicht danach zumute«, klagte mir einmal eine depressive Kranke, die mit Tofranil behandelt wurde.

Auch das Imipramin-Molekül ist vielfach weiter abgewandelt worden, ohne daß es möglich wurde, die Wirkung entscheidend zu verbessern. Imipramin und seine Abkömmlinge einerseits, Fluoxilen (Prozac, Fluktin) andererseits beherrschen heute die antidepressive Behandlung.

Das große Verdienst neuroleptischer und thymoleptischer Medikamente liegt darin, daß sie die psychiatrischen Krankenhäuser durchgreifend verändert haben. Es ist kaum mehr nötig, erregte Patienten zu fesseln. Die Atmosphäre in einem Nervenkrankenhaus unterscheidet sich heute wenig von der in einer anderen Klinik. Elektroschocks werden kaum verwendet. Die Gefahr der Psychopharmaka liegt darin, daß man glaubt, mit ihnen Probleme lösen zu können, wo es nur gelingt, sie zuzudecken. Man hat vielfach dafür plädiert, Geisteskranke lebenslang mit bestimmten Mitteln zu versorgen. Das ist nur logisch, wenn man den rein symptomatischen Effekt bedenkt, birgt aber neue Gefahren, die vor allem in den Nebenwirkungen liegen.

Wie wirken Psychopharmaka? Man weiß noch nicht sehr viel darüber, doch die bisherigen experimentellen Befunde sprechen dafür, daß sie den Stoffwechsel an den Synapsen beeinflussen – jenen zerebralen Schaltstellen, an denen Impulse von einer Nervenzelle auf die andere übertragen werden. Reserpin verhindert etwa, daß die Überträgerstoffe (›biogene Amine‹, z. B. Serotonin, Adrenalin) in einem Depot an der Synapse eingelagert werden, so daß Überträgerstoffe vermehrt abgebaut werden. Die Neuroleptika vom Chlorpromazintyp vermindern wahrscheinlich die Durchgängigkeit der Empfänger (Rezeptoren) für bestimmte Überträger-Moleküle, während die Antidepressiva die Übertragung von Impulsen an der Synapse erleichtern. Das geschieht entweder dadurch, daß sie den Zugang zum Depot blockieren und auf diese Weise dafür sorgen, daß mehr biogene Amine zirkulieren (Imipramin) oder daß sie den Abbau der Amine verhindern, indem sie an ihm beteiligte Enzyme hemmen (MAO-Hemmer).

Diese Skizze des im Einzelfall erheblich komplexeren (und auch bei weitem noch nicht restlos geklärten) Wirkungsmechanismus der Psychopharmaka zeigt, daß – um in unserem Computer-Gleichnis zu sprechen – das krankhafte Programm durch sie nicht beeinflußt werden kann, sondern nur die Auswirkungen dieses Programms verringert werden, indem entweder an manchen Stellen des Nervensystems die Übertragung von Impulsen gefördert oder gehemmt wird. Über diese recht globalen Effekte ist die Psychopharmakologie bis jetzt nicht hinausgekommen.

Doch sind diese Effekte quasi mühelos zu erreichen und passen in die Industriegesellschaft, die auf diese Weise mit industriellen Mitteln bequem, (scheinbar) kostengünstig und mit hohem Gewinn Kranke symptomatisch behandeln kann, die bisher vielfach überhaupt nicht behandelt wurden. Daraus läßt sich der große Erfolg der Psychopharmaka erklären, der viele Menschen (unter ihnen aber kaum einen Sachkenner) zu der Annahme verleitet, man müsse in Kürze handliche Pillen gegen alle Formen seelisch-geistiger Krankheiten erfinden.

› Wahrheitsdrogen‹ und ›bewußtseinserweiternde‹ Stoffe

In den dreißiger und vierziger Jahren hatten sogenannte Wahrheitsseren eine große Presse und begeisterte Rezeption in Hollywood. Damals ist maßlos übertrieben worden; Sensationsmeldungen behaupteten, man könne mit Hilfe dieser geheimnisvollen Drogen alle Menschen dazu bringen, Geheimnisse zu verraten. Im wesentlichen handelte es sich um zwei narkotisch wirkende Stoffe: Skopolamin, ein Nachtschatten-Alkaloid, und Barbiturate (etwa Pentothal, in die Vene injiziert). Beide rufen in einer bestimmten Dosis Dämmerzustände hervor, in denen manche Menschen willenlos auf Fragen reagieren und auch Erlebnisse ausplaudern, die sie bewußt (weil es Geheimnisse sind) oder unbewußt (weil es sich um verdrängtes Vorstellungsmaterial handelt) verschweigen.

Da der betreffende Dämmerzustand dem ›somnambulen‹ Zustand während einer Hypnose sehr gleicht, kann man sich denken, daß die Betroffenen während dieser Zeit ähnlich suggestibel sind wie Hypnotisierte. Der Untersucher muß sich sehr hüten, Suggestivfragen zu stellen. Ein ähnlicher Dämmerzustand geht vielen Narkosen voraus (›Erregungsstadium‹); die hohe Suggestibilität in diesem Stadium haben früher Ärzte erfahren müssen, wenn sie so unvorsichtig waren, eine Patientin ohne Zeugen zu betäuben.* Sie wurden nachher manchmal von ihr beschuldigt, sich an ihr vergangen zu haben. Es kann sich hier (von den Fällen abgesehen, in denen die Anklägerin recht hatte) um auf den Arzt gerichtete sexuelle Phantasien handeln, die in dem pränarkotischen Dämmerzustand für wirklich gehalten wurden.

Der Ausdruck ›Wahrheitsserum‹ ist also nur sehr eingeschränkt gültig. Dieselben Stoffe sind im Zweiten Weltkrieg manchmal verwendet worden, um Patienten mit traumatischen Neurosen, die über schwere Kriegserlebnisse nicht hinwegkamen und eine Reihe psychosomatischer Symptome zeigten (beispielsweise willkürlich unbeherrschbares Muskelzittern), zu helfen.

Bei der sogenannten Narkotherapie suggerierte man dem Patienten nach der Injektion, sich wieder in die Situation zu versetzen, in der er das Trauma davongetragen hatte. Erfolge und Grenzen dieser Methode gleichen jener der ›Psychokatharsis‹ nach Breuer (s. S. 257.), wobei lediglich die Hypnose durch einen chemischen Stoff ersetzt wurde. Man erkannte bald, daß es den Kranken zwar erleichtern kann, ver-

---

* Heute gilt es als Kunstfehler, ohne einen Facharzt für Anästhesie Narkosen einzuleiten; daher treffen solche Anschuldigungen gegenwärtig wohl eher Ärzte, die tatsächlich unsauber arbeiten. Das Argument, die Kranke habe sich eine Vergewaltigung »eingebildet«, ist zweischneidig; es kann auch von Tätern mißbraucht werden.

drängte Gefühle zu äußern (dem Soldaten etwa die Angst, die er sich als aufrechter Mann nicht eingestehen konnte), daß aber Dauererfolge ausbleiben, da der neurotische Widerstand nur überrumpelt, jedoch nicht durch wiederholtes Lernen (wie etwa in einer Psychotherapie) überwunden wird.

Ein anderer Versuch, psychotherapeutische Maßnahmen mit einer Droge zu unterstützen, beruht auf der Verwendung von Halluzinogenen oder bewußtseinserweiternden Stoffen. Das wichtigste Mittel ist das 1943 entdeckte LSD (Lysergsäurediäthylamid), das ähnlich wirkt wie das schon früher erforschte Kakteenrauschgift Meskalin und die mexikanische Pilzdroge Psilocybin.

Alle Halluzinogene heben die Stabilität unserer inneren und äußeren Welt auf. Die Wahrnehmungen werden besonders intensiv und farbenprächtig, Vorstellungen erhalten sinnliche Kraft, die Grenzen zwischen Hören und Sehen, Traum und Wirklichkeit sind aufgehoben – der Berauschte sieht Musik, seine unbewußten oder vorbewußten Wünsche können sich halluzinatorisch verwirklichen, die Selbstkontrolle ist teilweise außer Kraft gesetzt. Hier liegt auch ein Berührungspunkt zwischen den Halluzinogenen und den Wahrheitsdrogen. Während der stalinistischen Ära sollen in ungarischen Gefängnissen Häftlinge mit Meskalin behandelt worden sein, um von ihnen Geständnisse zu erpressen.

Unsere normale Selbstkontrolle beruht auf ›Filtern‹, die unser Erleben einengen und uns in einer stabilen Welt leben lassen. Diese Filter sind beim seelisch Kranken um einige Maschengrößen zu eng gestellt, er leidet an einer Überkontrolle. Die Halluzinogene können diese Überkontrolle aufheben und dem Psychotherapeuten den Zugang zu unbewußtem Material erleichtern. Darauf beruht die ›psychedelische‹ oder ›psycholytische‹ Psychotherapie, die übrigens neben ihrer kurzen Geschichte (seit 1955) eine lange Vergangenheit hat. Im Kult des meskalinhaltigen Kaktus Peyote, der seit Jahrtausenden in Mexiko bekannt ist und sich später, im 19. Jahrhundert (s. LaBarre 1964) auch unter nordamerikanischen Prärieindianern ausbreitete, treten ebenfalls sehr deutlich therapeutische Funktionen des Peyote hervor. Sie gelten, wie es bei Naturvölkern eigentlich selbstverständlich ist (s. 1. und 2. Kapitel), sowohl für körperliche als auch für seelische Leiden; die Zeremonie, gemeinsame Sitzungen in einem Tipi (Indianerzelt), enthält viele Züge einer Gruppenpsychotherapie.

Die psychedelische Psychotherapie wurde zunächst vielfach mit großem Enthusiasmus begrüßt. Man veröffentlichte erstaunliche Heilerfolge. So werden in der Regel von 100 in einer psychiatrischen Klinik behandelten Alkoholikern über 90 rückfällig; eine einzige psychotherapeutische Sitzung mit LSD-Rausch des Patienten sollte aber 50 Prozent heilen.

Allerdings zeigten sich bald erhebliche Widersprüche. Die Erfolge einzelner, von den positiven Effekten der Halluzinogene überzeugter Psychologen und Psychiater ließen sich nicht wiederholen. Schließlich wurde LSD von zwei Psychologen (Timothy Leary und Richard Alpert) als Universalmittel für spirituelle Erleuchtung gepriesen. Der zunehmende Mißbrauch als Genußmittel unter Jugendlichen und eine wachsende Zahl der Zwischenfälle brachten schließlich die psychedelische Psychotherapie in Mißkredit und verhinderten weitere Forschung.

Die bisher gewonnenen Resultate sprechen dafür, daß LSD und verwandte Stoffe möglicherweise die Einsicht in die eigene Krankheit und damit den Wunsch, sich zu ändern, fördern können, aber kaum den schwierigen und mühsamen Prozeß des Neu-Lernens verkürzen. Die sehr widersprüchlichen Angaben über Erfolge mit LSD-unterstützter Psychotherapie erklären sich wohl auch daraus, daß der LSD-Rausch ein Zustand abnorm gesteigerter Suggestibilität ist, in dem der Berauschte als wirklich erlebt, was er sich selbst einredet und was ihm eingeredet wird. Die Halluzinogene lösen nicht nur unerwünschte familiäre oder gesellschaftliche Prägungen auf, wie die Hippies hofften, welche sich durch LSD vom ›inneren Kleinbürger‹ befreien wollten, sondern sie können mit ihnen auch für das seelische Gleichgewicht unerläßliche Abwehrmechanismen abbauen; akute Angstanfälle – das Warnsignal des Ich gegen den Einbruch verdrängter Impulse – sind deshalb auch die häufigste nachteilige Folge von LSD-Konsum (bad trip). Doch selbst wo keine Angstanfälle auftreten, bleibt die durch die Droge gewonnene innere Freiheit oft mit der Droge verknüpft. Die Chance, auch im wachen Bewußtsein und in der sozialen Realität umzulernen, wird verpaßt, da der Abkürzungsweg mit der Droge weit weniger mühsam scheint.

Literatur

Baeyer, W. von, »Über Prinzipien der körperlichen Behandlung seelischer Störungen«, in: *Nervenarzt* 30, 1959, S. 1

Bateson, G. u. a., *Schizophrenie und Familie*, Frankfurt 1969

Benedetti, G., *Klinische Psychotherapie*, Bern 1964

Ders., »Schizophrenie«, in: *Dynamische Psychiatrie* 3, 1970, S. 20.

Beran, F., »Psychopharmaka«, in: *Paracelsus-Beiheft* 45, 1969

Bleuler, M., »Zur Psychotherapie der Schizophrenie«, in: *Deutsche medizinische Wochenschrift* 79, 1954, S. 841

Cohen, S., *The beyond within*, New York 1968

Degkwitz, R., *Leitfaden der Psychopharmakologie*, Stuttgart 1967

Diethelm, O., »A historical view of somatic treatment in psychiatry«, in: *American Journal of Psychiatry* 95, 1939, S. 1165

Grof, St., *Topographie des Unbewußten. LSD im Dienste der tiefenpsychologischen Forschung*, Stuttgart 1979

Haase, H. J., *The action of neuroleptic drugs*, North-Holland Publishing Company 1965

Ders., »Möglichkeiten und Grenzen der Psychopharmakotherapie mit Tranquilizern und Neuroleptika«, in: *Deutsche medizinische Wochenschrift* 88, 1963, S. 505

Hoch, P. H. und L. B. Kalinowsky, *Shock Treatments, Psychosurgery and other somatic treatments in psychiatry*, New York 1952

Hofmann, A., *LSD – mein Sorgenkind*, Stuttgart 1979

Kranz, H. und K. Heinrich, *Begleitwirkungen und Mißerfolge der psychiatrischen Pharmakotherapie*, Stuttgart 1964

Kringlen, E., *Heredity and environment in the functional psychoses (2 Bde.)*, Oslo 1967

La Barre, W., *The peyote cult*, Hamden 1964

Sackler, E. und F. Marti-Ibanez (Hrsg.), *Great physiodynamic therapies in psychiatry*, New York 1956, darin: Cerletti, U., »Electro-shock-therapy«, Meduna, L. von, »The convulsive treatment: a reappraisal«, Moniz, E., »How I succeeded in performing the prefrontal leukotomy«

Schultz-Hencke, H., *Das Problem der Schizophrenie*, Stuttgart 1962

Schmidbauer, W., vom Scheidt, J., *Handbuch der Rauschdrogen*, 8. erg. Aufl., München 1997

11.

Die Situation der Psychotherapie heute

Die Frage nach dem Weg aus seelischer Krankheit zur Gesundheit ist vielleicht eine der schwierigsten, die es überhaupt gibt. Psychische Leiden sind immer sozial bestimmt. Hierin liegt bis heute ein zentrales Problem der Psychotherapie. Ob er es will oder nicht, der Therapeut muß sich mit einer Gesellschaft auseinandersetzen, in der sein Patient krank geworden ist und gesunden soll. Einen Schnitt in den Finger, entzündete Mandeln oder geschwollene Beine wird ein krankes Kind willig der Mutter, ein Erwachsener ohne Zögern dem Arzt zeigen. Er kann sicher sein, daß er sich deren Wohlwollen nicht verscherzt, daß man ihn selbst und die Zeichen seiner Krankheit nicht miteinander vermengt, sondern sein Leiden lindert, den Wert seiner Persönlichkeit aber nicht antastet. Ein zwanghaft auftauchender Gedanke, unbegründbare Ängste, verworrenes Reden oder eine Wahnidee hingegen werden so lange verschwiegen und unterdrückt, wie es eben gehen will. Ihr Opfer ist sicher, daß es hier weit weniger Verständnis und Mitleid begegnen wird als jemand, der über Fieber und Bauchschmerzen klagt. Diese Diskriminierung des psychisch Kranken[*] hat viele Ursa-

---

[*] Es gibt Theorien, die Konzepte von Neurose oder Geisteskrankheit als ›modernen Mythos‹ qualifizieren (Th. Szasz). Das scheint mir eine sehr gute Frage, während die modellhafte Antwort der bisherigen ›Antipsychiatrie‹ die bestehenden Einrichtungen nicht durch bessere ersetzen konnte.

chen. Schwere seelische Krankheit – die Psychose oder Geisteskrankheit, in der die Realitätsorientierung teilweise oder ganz zusammenbricht – wirkt auf uns bedrohlich, weil wir sie als Verlust der Kommunikation erleben, als Zerstörung jener Basis, auf der ein Dialog mit unseren Mitmenschen möglich wird. Diese Bedrohung wird durch mächtige soziale Prägungen verstärkt. Seit unserer Kindheit haben wir gelernt, daß wir für unsere Taten verantwortlich gemacht werden, nicht aber für unsere körperlichen Leiden. Was wir tun, ist untrennbar mit dem verknüpft, was wir denken.

Im Verlauf seiner Entwicklung verinnerlicht das Kind die sozialen Gebote und Verbote; es richtet mit ihnen nicht nur, was es tut, sondern bereits, was es denkt, und hört auf die Stimme seines Gewissens. Die Sozietät verlangt vom einzelnen gleichsam das Opfer eines Teiles seiner inneren Freiheit, während sie seinen Körper nicht antastet im Gegensatz zu jenen primitiven Stämmen, die von den Heranwachsenden fordern, Zähne, Fingerglieder oder ihre Vorhaut zu opfern. Man ist gewohnt, Verhalten und Erleben nach moralischen Wertungen zu richten. So stößt die seelische Krankheit im sozialen Bereich auf kein Wohlwollen. Der Kranke selbst weiß, daß er dieses Wohlwollen nicht erwarten kann, versagt er es doch auch sich selbst. Deshalb weichen so viele seelische Störungen ins Körperliche aus (s. S. 352).

Nicht nur psychische Erkrankung, sondern auch die Heilung ist eng mit diesen sozialen Wertungen verknüpft. Viele Kranke müssen statt ihres bisherigen, strengen Über-Ichs, das jede Lebensfreude in ihnen abtötet und womöglich nur den Bereich der beruflichen Leistung (oder, durch die Kombination von übermäßigen Ansprüchen und Gehemmtheit, nicht einmal diesen) unangetastet läßt, eine freundlichere, tolerantere Gewissensinstanz erwerben. An diesem Punkt berührt sich die Aufgabe des Psychotherapeuten mit jener des religiösen Seelenführers. Diese Berührung enthält ihre eigenen Konflikte. Oft ist die Neurose wesentlich durch eine leibfeindliche Erziehung im Geist eines ganz oder teilweise mißverstandenen, verhärteten Christentums geprägt. Der Psychotherapeut, der die Prägungen einer solchen Erziehung rückgängig zu machen sucht, gerät in Gefahr, die Religion schlechthin an ihrer neurotischen und neurotisierenden Verfälschung zu messen.

Andererseits ist der seelisch kranke Mensch in hohem Maß von seinem Therapeuten abhängig. Leicht gehen mehr oder weniger deutliche weltanschauliche Elemente in die therapeutische Beziehung ein. Freud hat das zu meiden gesucht; er verglich die Psychoanalyse mit einem chirurgischen Eingriff, der wohl Störendes hinwegnehmen, aber darüber hinaus keine weltanschauliche Orientierung liefern könne. Bereits C. G. Jung hat diese Grenze überschritten; viele andere Psychotherapeuten haben es nach ihm getan. Da ihre Arbeiten in der Regel über den neuen, sozialrevolutionär, religiös oder allgemein ethisch geprägten Inhalt hinaus nichts methodisch – also im praktischen Umgang mit dem Kranken Neues zu bieten haben, können wir uns hier mit Andeutungen begnügen. Die Zeit, in der katholische Priester nur mit oberhirtlicher Erlaubnis eine Psychoanalyse mitmachen durften, ist vielleicht vorbei. Aber dafür haben Sekten wie Scientology Zulauf, die trivialisierte Techniken der Verhaltenstherapie benutzen, um ihre Macht auszuweiten und Unkritischen für viel Geld klägliche ›Erleuchtung‹ zu bieten.

Daß christliche Anthropologie und Psychoanalyse einander nicht widersprechen müssen und sich sogar ergänzen können, hat Albrecht Görres (1968) gezeigt. Die seelische Erkrankung spielt sich weitgehend in jenem Bereich des Vorpersonalen, der unbewußten und deshalb auch ethisch nicht relevanten Prägungen und Dressate ab, den eine moderne Moraltheologie aus ihrem Zuständigkeitsbereich ausschließt. Görres trennt zwischen dem vorpersonalen Über-Ich, das den Neurotiker plagt, und dem personalen Gewissen, der subjektiven Norm der Sittlichkeit. Er zeigt, daß psychoanalytische und christlich-anthropologische Gesichtspunkte durchaus konvergieren, wenn es etwa darum geht, zwischen moralischer Schuld und neurotischem Schuldgefühl zu unterscheiden.

In einer Gruppe von Pastoren, die mich eingeladen hatten, um ihnen meine Vorstellungen zur Motivationsdynamik helfender Berufe zu erläutern, erinnere ich eine besonders hartnäckige Debatte über die Frage der Werte in der Psychotherapie. Sie zeigt, wie fortschrittlich der Standpunkt von Görres in den siebziger Jahren war. Ich suchte nach einem Beispiel, mein Dilemma zu veranschaulichen, und fand es in einer vierzigjährigen Frau. Sie kam mit hartnäckigen Kopfschmerzanfällen, die einer medikamentösen Behandlung trotzten und von mehreren Ärzten als psychosomatisch angesehen worden waren, ohne daß diese Diagnose der Patientin viel geholfen hatte.[*]

In der Analyse stellte sich bald heraus, daß die Patientin in einer unbefriedigenden Ehe lebte. Sie arbeitete als Beamtin im gehobenen Dienst, verdiente das Familieneinkommen und wartete seit zehn Jahren vergeblich, daß ihr Mann endlich sein Studium abschließen und ihre Sehnsucht erfüllen würde, daß sie zusammen ein Kind hätten. Sie zerbrach sich den Kopf, was sie noch tun, wie sie ihren prüfungsängstlichen und arbeitsgestörten Partner noch mehr entlasten, noch mehr motivieren könne, daß ihm endlich sein Examen gelinge und sie ihre Versorgerinnen-Rolle loswerde. Die Therapie führte nach anderthalb Jahren zu dem Ergebnis, daß die Patientin ihren Ehemann verließ und seither auch von ihren Migräneattacken befreit war.

Zu diesem Fallbericht sagte ich sinngemäß: Persönliches Wohlbefinden ist ein hoher Wert, eine Ehe ist ebenfalls ein hoher Wert, der Therapeut kann nicht entscheiden, welcher Wert Vorrang haben soll, aber er kann versuchen, die Unvereinbarkeit dieser Werte herauszuarbeiten, wenn sie in einer Lebensgeschichte aufgetreten ist und noch nicht in dieser Form erkannt wurde.

Die Reaktion der Pastoren war unterschiedlich; manche erkannten das Dilemma, einige sympathisierten mit der Frau, einer jedoch sagte energisch: »Was ist ein wenig Kopfweh gegen die ewige Seligkeit!« Der streitbare Pastor, der dem irdischen Therapeuten die ewige Seligkeit entgegenhält, verdeutlicht die Unterschiede zwi-

---

[*] Die folgenden Überlegungen beruhen z. T. auf der Einleitung zu W. Schmidbauer, *Der neue Psychotherapieführer*, München 1994.

schen Offenbarung und weltlicher Klugheit: Nur wer etwas über Menschenwerk Hinausgreifendes konzipiert, ist sich seiner Werte so sicher, daß er auf Einfühlung in persönliche Not verzichtet. Dennoch steckt ein Mißverständnis in der Unterstellung, der Therapeut hätte auf eine Trennung hin therapiert. Gewiß ist er mit seiner weltlichen Haltung, die persönliches Wohlbefinden ernster nimmt als abstrakte ethische Forderungen, auch offen für eine Entwicklung, die auf eine Trennung der Ehe hinausläuft. Aber er muß, wenn er korrekt arbeitet, auch die geoffenbarten, als übermenschlich auftretenden Werte achten, denn sie sind vielen Menschen ein unverzichtbarer Teil ihres Wohlbefindens und lassen sich nicht ohne Folgen für die persönliche Lust-Unlust-Bilanz einfach über Bord werfen. Außerdem weiß ein Therapeut gut genug über die seelische Belastung Bescheid, die aus einer Trennung kommt. Er wird seinem Klienten in der Regel raten, sie gut gegen die Belastungen aus der Beziehung abzuwägen.

Psychotherapie ist umstritten, auch heute noch. Allerdings nehmen die Vorurteile gegenwärtig ab und breite Schichten der Bevölkerung haben gelernt, daß der Gang zum Psychotherapeuten kein Eingeständnis einer Geisteskrankheit ist, sondern ein (fast) alltäglicher Weg, ebenso alltägliche Probleme anzugehen. Wenn der Präsident der USA in den neunziger Jahren öffentlich zugeben konnte, zusammen mit seiner Frau eine Therapie gemacht zu haben, belegt das eine Normalisierung der Psychotherapie, die vor zehn Jahren so nicht denkbar gewesen wäre. In den Wahlkämpfen zur Zeit von Richard Nixon wurden noch Kandidaten dadurch unmöglich gemacht, daß der Öffentlichkeit Informationen über eine solche Behandlung zugespielt wurden.

Dennoch haben nicht wenige Menschen Angst, die Tatsache bekannt werden zu lassen, daß sie eine Therapie machen. Für einen durchschnittlich qualifizierten Personalchef bedeutet die Tatsache, daß ein Angestellter eine Psychotherapie macht, letztlich nur, daß dieser bereit ist, etwas gegen seelische Störungen zu unternehmen. Eine Psychotherapie eines/einer zuverlässigen Angestellten ist heute in der Regel kein Karrierehindernis mehr.

Wenn der Therapeut alle Kräfte erkennen will, die das Erleben seiner Patienten bestimmen, dann muß er auch alle Erlebnismöglichkeiten zulassen. Das heißt, daß seine Wertvorstellungen von einer Haltung der Verdrängung und Verleugnung abweichen, die sich in manchen biblischen Traditionen aufspüren läßt, wonach bereits derjenige, welcher Böses nur denkt, verwerflich handelt. Es gibt kein Verständnis ohne Überblick, und unter diesem Gesichtspunkt gehört die Psychotherapie in eine Tradition der Wissenschaft, die vorurteilslos möglichst viele Phänomene beobachten und beschreiben will, ohne sich durch die traditionellen Grenzen daran hindern zu lassen.

Die traditionellen Normen sind ihrerseits Gegenstand von Forschung, und die Forschung muß sich weigern, von ihnen normiert zu werden. Damit entsteht auch für das Individuum in Psychotherapie ein Freiraum, der jedem Fundamentalismus und Glauben an Offenbarungen ein Ärgernis sein wird.

Allerdings gibt es in jüngster Zeit soziale Gruppierungen, welche diesen Gedanken in seiner Gültigkeit eingrenzen. Eine Re-Ideologisierung der Therapie scheint stattzufinden; vom Therapeuten oder der Therapeutin werden Überzeugungen erwartet: Feministische Therapie, Christliche Therapie, Selbsthilfegruppen für Alkoholiker, Aids-Kranke, Eßgestörte. Viele von ihnen grenzen sich gegen Therapeuten ab, die nichtfeministisch, nichtchristlich, nichtschwul und nichtbetroffen sind.

Wo diese Gruppen ein Feindbild aufbauen und sich durch bösartige Darstellungen dessen aufwerten, was außerhalb ihres Kreises geschieht, verdienen sie es nicht, ernstgenommen zu werden. Sie können den Zugang zu einer Therapie erleichtern, weil sie die Ängste mildern, im Therapeuten einen Wesensfremden zu finden, der auf ein vorgegebenes Bild hin behandelt.

Wahrscheinlich gibt es eine optimale ideologische Nähe zwischen Therapeut und Patient, die nicht mit der maximalen Nähe identisch ist. Diese verhindert die für einen Erkenntnis- und Auseinandersetzungsprozeß notwendige Distanz. Für den überzeugten Katholiken erlaubt die Wahl eines katholischen Therapeuten, von Anfang an dem

Widerstand auszuweichen, der in der Furcht liegen kann, in seinem Glauben in Frage gestellt zu werden. Damit wird die Therapie entlastet, aber sie wird auch ärmer. Umgekehrt ist die Formierung der Gruppe feministischer Therapeutinnen ein Weg, Frauen für eine Behandlung zu motivieren, die vielleicht zuviel Angst hätten, sich vor einem Mann oder einer Frau zu öffnen, die ihre feministische Position in Frage stellen könnte. Auf der anderen Seite erschwert jede Ideologie offene Auseinandersetzungen, weil sie als Norm verteidigt werden muß, die nicht mehr hinterfragt werden darf, weil ihre Feindbilder starr sind und die Welt in gute Opfer (Gläubige) und böse Täter (Ungläubige) geteilt wird. Therapeuten und Therapeutinnen zahlen später für die Anfangserleichterung mit Schwierigkeiten, ernstgenommen zu werden: sind sie doch Brüder oder Schwestern, die über den Detailfragen der Behandlung den gemeinsamen Kampf nicht versäumen dürfen.

Die Modernität der Psychotherapie ist auch ihre Schwäche. Sie findet als soziale Dienstleistung keine Struktur, die größere gesellschaftliche Macht entfalten kann, und wird daher häufig von den Strukturen vereinnahmt, deren veraltete, illusionäre Qualitäten sie eben noch aufgedeckt hat. In unserer historischen Tradition, deren Spuren – alte Kunst, Dörfer, Kathedralen – wir bewundern, wurde die Gesellschaft durch soziale Rituale, durch Religion und stabile Gemeinschaften zusammengehalten. Die Industrialisierung hat diesen Kitt weitgehend durch ein individuelles Kosten-Nutzen-Denken ersetzt. Die Psychotherapie findet einerseits im Rahmen dieses Kosten-Nutzen-Denkens statt, andrerseits beschäftigt sie sich damit, Folgen aufzufangen und erträglicher zu machen, die durch den Verlust dieser Bindemittel entstanden sind.

Viele Psychotherapiepatienten sind Aufsteiger (nicht anders als viele Psychotherapeuten; auch Freud war der erste in seiner Familie, der ein akademisches Studium absolvierte). Stellen wir uns einen tüchtigen Bauernsohn vor, der nach einem Ingenieurstudium eine Bürgerstochter heiratet und die Leitung eines Entwicklungsteams übernimmt. Hier soll er Akademikersöhne führen, denen er an technischen Kenntnissen überlegen ist.

Die Wertmosaike des Bauernsohns, geprägt durch das technische Studium und seinen bäuerlichen, von Frömmigkeit und starrer Leistungshaltung bestimmten Hintergrund, werden auf lange Sicht weder die Ehe noch seine Rolle als Vorgesetzter ordnen und tragen können. Er wird in der Familie spätestens dann Probleme finden, wenn er im Umgang mit seinen Kindern am gebildeten Vater seiner Ehefrau gemessen wird, und in der Berufstätigkeit, wenn es gilt, Konflikte zu schlichten, die z. B. durch die narzißtischen Bedürfnisse verwöhnter Mittelschichtkinder entstehen, in die er sich nicht einfühlen kann. In solchen Fällen gehören Psychotherapie und die von ihr geprägten Formen der ›emotionalen Erziehung‹ für Erwachsene zu den Dienstleistungen, die das soziale Überleben erleichtern, ja unter Umständen erst ermöglichen. Diese Leistung kann die Religion nicht erbringen. Sie hat eine für Bürger und Bauern gemeinsame Tradition und hilft keinem von ihnen, den anderen in seiner spezifischen Eigenart zu verstehen.

Wer den Psychotherapeuten fragt, nach welchen Wertvorstellungen er seine Patienten behandelt, prüft die Therapie gewissermaßen auf ihre fundamentalistischen Möglichkeiten hin. Dazu eignet sie sich schlecht. Sie kann keinen Halt, keine Geborgenheit geben, die sich mit dem vergleichen lassen, was wir – sei es verklärend, sei es realistisch – den Gemeinschaftsbindungen der traditionellen Kulturen zuschreiben. Die Psychotherapie als Beruf ist eine Entdeckung der Moderne. Sie soll eine Persönlichkeitsentwicklung fördern, die den Anforderungen dieser Epoche entspricht. Die Freisetzungen und Selbstverwirklichungsmöglichkeiten der Industriegesellschaft bieten die besten Chancen dem, der emotional gefestigt und ich-stark ist, der Verantwortung für sein Denken und Handeln übernimmt und diese Freiheit höher schätzt als die verlorenen Möglichkeiten der Anlehnung. Die Psychotherapie setzt diese Persönlichkeit ebenso voraus, wie sie sie ermöglichen soll. Am meisten von den psychotherapeutischen Hilfestellungen profitieren Individuen, die schon fähig sind, über sich selbst zu reflektieren, die jene kritische Distanz zur eigenen Person entwickelt haben, welche die Wahlmöglichkeiten der Epoche erst zu nützen vermag.

Aber die Moderne zerstört auch jenen Persönlichkeitstypus, der sich problemlos in ihr zurechtfindet. Die regressiven Reize des Konsums von Waren, von Informationen, Bildern, Freizeitillusionen führen dazu, daß die Anlehnungs- und Verwöhnungsbedürfnisse wachsen, während die Möglichkeiten, sie zu ordnen und innere Disziplin aufzubauen, immer schwächer entwickelt sind. Sucht und Kriminalität nehmen fast überall rapide zu, erfassen immer jüngere Bevölkerungsschichten.

Deshalb hat sich auch die Klientel der Psychotherapeuten geändert. Im ›Normalfall‹ sollte der Psychotherapiepatient einen inneren Konflikt bei ausgebildeter, aber nicht genügend differenzierter Persönlichkeit haben. Freuds klassische Fälle betrafen Menschen, die sich bemühten, zu gut zu sein. Das hinderte sie, mit der inneren Realität ihrer Triebe fertig zu werden. Die Frau, welche nach dem Tod ihrer Schwester eine seelisch bedingte Lähmung entwickelt, weil sie sich nicht eingestehen kann, in ihren Schwager verliebt zu sein (»jetzt ist er frei und kann mich heiraten«), ist mit sich selbst strenger als es die Wirklichkeit wäre, die doch nach einem schicklichen Trauerjahr sogar die Erfüllung solcher Wünsche gestattet und noch nie ein Mädchen dafür bestraft hat, daß es der Rivalin die Pest an den Hals hexen wollte (solange die böse Magie heimlich blieb). Der Analytiker, der die verdrängten Wünsche bewußt macht und dadurch eine Diskussion ermöglicht, vertritt eine wohlwollende äußere Wirklichkeit, entlastet die Patientin, stärkt ihre Fähigkeiten, sich der Realität zuzuwenden.

Heute sehen viele Therapien ganz anders aus. Die typische Patientin leidet nicht an einem inneren Konflikt, geht nicht mit sich selbst strenger um als die Wirklichkeit, sondern sie kommt nicht damit zurecht, daß die Wirklichkeit so wenig geneigt ist, ihr entgegenzukommen. Sie trennt sich von ihrem Freund, weil er einfach nicht gut genug ist, um ihre Wünsche zu erfüllen, und erkrankt dann an einer Depression, die sie auf ihre Einsamkeit zurückführt. Sie interessiert sich nicht für ihr Studium und verpaßt ihre Zwischenprüfungen, aber sie hat sich in den Professor verliebt und leidet Höllenqualen, wenn sie wahrzunehmen glaubt, daß er eine Kommilitonin im Seminar bevorzugt. Sie weiß, es sei richtig, endlich von zu Hause auszuziehen, aber sie schafft es einfach nicht, eine Wohnung zu finden. Deshalb erträgt sie noch ihre nervenden Eltern, die sie für pädagogische und menschliche Versager hält.

In diesen Fällen geht es nicht um innere Konflikte eines sozusagen krankhaft disziplinierten Charakters, sondern um eine Leistungsschwäche der Persönlichkeit in der Bewältigung der äußeren Realität. Die ›klassische‹ Patientin benötigte eine Deutung ihrer unbewußten Wünsche. Dadurch wird ihr Über-Ich realistischer: Es fordert nicht mehr die totale Moral, sondern nur noch eine, in der auch die Triebwünsche zu ihrem Recht kommen. Dieses Vorgehen wäre bei der ›modernen‹ Patientin eher schädlich. Sie weiß genug über ihre Wünsche, es fehlt ihr aber die Fähigkeit, ihre Möglichkeiten realistisch abzuwägen und Versagungen zu ertragen, wenn dadurch später eine befriedigendere Situation hergestellt werden kann.

Diese ›neuen‹ Klienten erfordern stärker strukturierte Behandlungen. In extremen Fällen – etwa bei Sucht – genügt die ambulante Psychotherapie nicht mehr, weil die Patienten nicht diszipliniert genug sind, ihre Probleme in der Therapie zu bearbeiten und außerhalb der Therapie ein geregeltes Leben zu führen, welches ihnen erst ermöglicht, die seelischen Belastungen der Arbeit an der eigenen Persönlichkeit zu verarbeiten. Ein Alkoholiker wird sich in der Regel wünschen, daß die Therapie ihn erst einmal so weit entlastet, daß er abstinent sein kann. Aber das vertraute Mittel der Angstminderung verhindert, daß er lernt, Spannungen ohne Alkohol zu bewältigen. Deshalb sind Entziehung und Abstinenz in der Regel die Voraussetzung einer Psychotherapie, nicht ihr Ergebnis. Das Ergebnis ist dann später, daß der Behandelte soviel Halt und Einsicht findet, daß er in einer erneuten Belastung nicht mehr zur Droge greift.

Aus diesem Grund werden Süchtige in Spezialeinrichtungen behandelt, die sich ›Klinik‹ nennen, aber mit dem herkömmlichen Stationsbetrieb, in dem bettlägrige Kranke versorgt werden, nichts gemein haben. Rund um die Uhr werden sie in einem intensiven Programm betreut und beaufsichtigt, das Arbeitstherapie ebenso enthält wie Freizeitgestaltung (viele Süchtige können vor allem ihre Freizeit ohne die Rauschmittel nicht füllen) und Psychotherapie, vor allem in der Form von Gruppentherapie.

Westliche und östliche Psychotherapie

Unter der Psychotherapie des Ostens kann man die in den einst sozialistischen Ländern praktizierten Methoden, zum anderen die erst in jüngster Zeit im Westen aufgenommenen Lehren des Zen-Buddhismus, der Sufi-Mystik oder der indischen Meditationstechniken bzw. des Yoga verstehen. Die Psychoanalyse wurde von kommunistischen Regierungen nach einer zunächst offenen Aufnahme während der Lenin-Ära im Zug der Durchsetzung von Stalin als ›bürgerliche Ideologie‹ abgelehnt. Sie fügte sich nicht in den Machtanspruch totalitärer Regimes; selbst in der Intimität des Behandlungszimmers sind schließlich ›freie, unzensierte Einfälle‹ jedem Diktator ein Greuel.

Die Tatsache, daß es eine russische und eine amerikanische, eine west- und ostdeutsche Psychotherapie mit jeweils ziemlich verschiedenen Begriffssystemen gab und teilweise gibt, zeigt sehr deutlich, wie stark die Seelenheilkunde von politischen Faktoren mitbestimmt wird. Nur wenige Psychotherapeuten akzeptierten in den sozialistischen Ländern den Begriff des Unbewußten (in verschiedenen Umschreibungen). Sonst wurde vor allem die Verhaltenstherapie praktiziert, welche sich auf Pawlows Konzeption bedingter Reflexe stützte. Ziel der Psychotherapie in den sozialistischen Staaten war es, den Menschen in die Gruppe oder das Kollektiv einzuordnen, wobei die kollektive Norm eindeutig den Vorrang vor der individuellen hat. Eine ganz entgegengesetzte Position hat die existentialistische Psychotherapie bezogen, welche gegenüber dem Wissenschaftsglauben Freuds und der simplen Adaption an die Gesellschaft die unverwechselbare Individualität des Kranken und seiner einzigartigen Welt betont. Freilich ist aus dieser Akzentsetzung keine eigentliche therapeutische Technik abzuleiten, so daß in ihrer Ausrichtung von der Phänomenologie Edmund Husserls (1859 bis 1938) und dem Existentialismus Martin Heideggers geprägten Psychotherapeuten wie Medard Boss oder Gustav Bally im wesentlichen die psychoanalytische oder individualpsychologische Therapiemethode beibehalten haben. Immerhin ist es für die Beziehung des Kranken zum Therapeuten wesentlich, daß die existentialistisch ausgerichteten Psychologen und Ärzte die zwischenmenschlichen Kontakte zum Patienten als Begegnung schlechthin, nicht als Übertragung infantiler Bindungen auffaßten.

Noch einen Schritt weiter als die existentialistisch geprägte Psychotherapie gehen östliche Meditationsformen, die in die westliche Psychotherapie aufgenommen wurden. Es handelt sich dabei vor allem um den Zen-Buddhismus, dessen Ziele Erich Fromm denen der Psychotherapie zur Seite gestellt hat. Dem Buddhisten gilt die Vorstellung von einem Ich als Illusion, und zwar als die schlimmste aller Illusionen, da alle Begierden, die Ursachen von Leiden sind, um das illusionäre Ich kreisen. Es gilt daher, erläutert Hugo Enomiya-Lassalle, sich von der Illusion des Ich zu befreien. Ehe das nicht geschehen ist, kann von einer Erlösung im Sinn des Buddhismus nicht die Rede sein.

Zu den Wegen, auf denen diese Freiheit erreicht wird, gehört die Zen-Meditation. Es ist für einen westlichen Menschen nicht leicht, sich in diese Gedankenwelt einzufühlen, und sicher haben viele, die von der Zen-Meditation seelische Entspannung und Erholung von einem anstrengenden Alltag erwarten, nicht begriffen, wie sehr sie dadurch den eigentlichen geistigen Inhalt des Zen in sein Gegenteil verkehren. Ähnliches ist ja auch dem indischen Joga widerfahren, als er in Europa aufgenommen wurde.

Der Zen-Buddhismus ist in China und Japan auf indische Anregungen hin entstanden und sicher mit dem Joga verwandt. Das Ziel der Meditation *(Za-zen)* ist die Leere des Bewußtseins, da ›Leere‹ im Buddhismus das Absolute symbolisiert. Da diese Bewußtseinsleere der biologischen Natur des Menschen radikal widerspricht (das Bewußtsein ist im Kontakt mit der Wirklichkeit entstanden und vom

Zwang zum Überleben in ihr geformt), also auf direktem Weg schwerlich erreicht werden kann, bemüht man sich um indirekte Wege, die Gedankenleere herstellen sollen. Der älteste ist die Konzentration auf den eigenen Atem, die schon Buddha geübt haben soll. Der zweite wird *Shikan-taza* (ernstlich sitzen) genannt: Man konzentriert sich auf die Meditation, kümmert sich um keinen Gedanken, sucht ihn aber auch nicht krampfhaft loszuwerden (was seine Macht verstärken würde). Der dritte Weg ist das sogenannte *Koan* (Führung). Der Zen-Meister gibt dem Schüler einen paradoxen Spruch, den er beantworten soll, für den es aber keine logische Lösung gibt. Immer wieder gedrängt, denkt der Schüler schließlich Tag und Nacht an dieses Koan. »Wenn er das durchführt, kommt auf einmal der Moment, wo er mit dem Koan eins wird. Wenn er dann mit aller Kraft weiter übt, dann verschwindet nach nicht langer Zeit das Koan völlig aus seinem Bewußtsein. Damit ist die völlige Leere des Bewußtseins erlangt. Es braucht dann nur noch eines geringen Anlasses, etwa das Knacken eines morschen Ästleins oder das Fallen eines Blattes vom Baum, und die Erleuchtung *(Satori)* tritt ein, manchmal mit elementarer Gewalt gleich einer Explosion, manchmal auch mit geheimnisvoller Stille wie eine sich öffnende Knospe ...«

Wie rasch Satori erreicht wird, hängt von der persönlichen Begabung, der Intensität des Übens und den Fähigkeiten des (meist analog dem Lehranalytiker für unentbehrlich gehaltenen) Zen-Meisters ab. Im Satori ist der Unterschied zwischen innerer und äußerer Welt aufgehoben, der Mensch vereinigt sich mit dem Absoluten. Das Erlebnis selbst läßt sich nur in Gleichnissen beschreiben. In ihm vereinigen sich die Gegensätze, die Natur gewinnt ein neues Gesicht, Todesangst und Lebensangst werden gleichermaßen irrelevant für einige Zeit oder auch für immer, je nachdem wie ›groß‹ das Satori war.

D. T. Suzuki schildert einige Koans, aus denen das Wesen des Satori ebenso deutlich wird wie das Opfer des Verstandes, welches gebracht werden muß. »Ummon, der einen alten buddhistischen Philosophen zitierte, der sagte ›klopfe an die Leere des Raumes und du hörst eine Stimme; schlage auf ein Stück Holz und es gibt keinen Ton‹; er nahm seinen Stab, und indem er den Raum schlug, rief er: ›Oh, wie es schmerzt!‹ Dann beklopfte er das Brett und fragte: ›Ein Ton?‹ Ein Mönch erwiderte: ›Ja, es ist ein Ton.‹ Darauf rief der Meister: ›Oh, du Unwissender!‹«

Hier wird auch deutlich, daß die paradoxen Koans ein Grundtheorem der buddhistischen Lehre bestätigen, ähnlich wie ein zweiter Koan, in dem die Beziehung zwischen Lehre, unlösbarem Widerspruch und Satori deutlich wird: Hyakujo (ein Zen-Schüler) ging in Begleitung seines Lehrers Baso aus. Eine Schar wilder Gänse flog vorbei, und Baso fragte: »Was sind sie?« – »Das sind Wildgänse, Herr.« – »Wohin fliegen sie?« – »Sie sind weggeflogen, Herr.« Baso faßte unvermittelt Hyakujos Nase an und kniff sie. Überwältigt vom Schmerz rief Hyakujo laut aus: »Oh, oh!« – »Du sagst, sie sind weggeflogen«, meinte Baso, »aber trotzdem sind sie von Anfang an da.« Hyakujos Rücken bedeckte sich mit kaltem Schweiß. Er hatte Satori. Interessant ist in diesem Zusammenhang, daß der amerikanische Anthropologe und Familienforscher Gregory Bateson ein Koan zitiert, um die Doppelbindung (double bind) zu erläutern, die er für einen wesentlichen Faktor in der Ursache einer Schizophrenie hält.

Das Koan lautet: Der Meister hält seinem Schüler einen Stock über den Kopf und sagt grimmig: »Wenn du sagst, dieser Stock sei wirklich, werde ich dich damit schlagen. Wenn du sagst, dieser Stock sei nicht wirklich, werde ich dich damit schlagen. Wenn du nichts sagst, werde ich dich damit schlagen.« In der Doppelbindung (s. S. 406 f.) geht es darum, daß Aussagen auf einer Kommunikationsebene durch Aussagen auf einer anderen Ebene entkräftet werden, so daß das Kind, welches sich diesen Widersprüchen nicht entziehen kann, keine stabile Realitätsorientierung entwickelt und deshalb später schizophren reagiert.

Die Mutter verlangt etwa immer wieder von ihrem Kind, selbständig zu werden, gibt aber andrerseits durch ihre Miene, Körperhaltung oder den Ton der Stimme zu erkennen, daß sie diese Selbständigkeit, die sie fordert, nie tolerieren wird. Wir werden noch auf die psychotherapeutische Familienforschung zurückkommen; angesichts der

Koans des Zen-Buddhismus kann man nur festhalten, daß eine doppelt gebundene Kommunikation offensichtlich auch in dieser Meditationstechnik verwendet wird, um die Realitätsorientierung, den Kontakt mit der Wirklichkeit, zeitweise aufzulösen. Satori, die spirituelle Erleuchtung, ist tatsächlich von westlichen Psychiatern manchmal mit psychotischen Zuständen verglichen worden. Dieser Vergleich ist nur sehr begrenzt richtig. Warum, das zeigt wieder die familiendynamische Forschung: Der Zen-Schüler ist erwachsen und verfügt über Ich-Leistungen, die sich nach dem Satori-Erlebnis spontan reorganisieren und die spirituelle Schau des Absoluten in den Alltag integrieren helfen (etwa, indem er sie anderen vermittelt). Der Schizophrene ist in solchen widersprüchlichen Kommunikationen aufgewachsen, sein Ich, seine seelische Struktur, die seine Anpassung an die Wirklichkeit ermöglicht, ist bleibend geschwächt.

Man könnte diesen Vergleich noch einen Schritt weiterführen: Halluzinogene wie LSD oder Psilocybin und Meskalin sind von Aldous Huxley und anderen Autoren als chemische Wegbereiter eines Satori beschrieben worden. Der Halluzinogen-Rausch ruft jene Zustände hervor, in denen das Absolute in Reflexen auf einer wassergefüllten Zinnschüssel, wie bei Jakob Boehme, oder in der ›Hecke am Ende des Gartens‹ zu liegen scheint, die ein Koan nennt. Auch die Halluzinogene lösen die stabile Realitätsorientierung auf. In diesem Punkt stimmt ihre Wirkung von der körperlichen Seite her mit jener eines double bind oder eines Koan von der seelischen Seite her überein. Der Kreis schließt sich, wenn wir bedenken, daß die Effekte der Halluzinogene einige Jahrzehnte lang als ›künstliche Geisteskrankheit‹ oder experimentelle Psychose beschrieben wurden.

Seelisches Gleichgewicht auch in schwierigen Situationen, Unerschütterlichkeit, vertiefte Lebensfreude gelten als Folgen des meditativ erarbeiteten (wohl kaum des durch Halluzinogene ausgelösten) Satori. Dieser Zustand hat enge Beziehungen zu der Einordnung bisher unbewußter Komponenten der Persönlichkeit, welche C. G. Jung als ›Individuation‹ zum Ziel des psychotherapeutischen Prozesses machte. Auch Erich Fromm hat die Gemeinsamkeiten zwischen dem Zen und der tiefenpsychologischen Psychotherapie betont: Beide suchen, ungesunde Charakterentwicklungen zu überwinden, streben eine reife, in sich ruhende (mit sich selber identische) Persönlichkeit an und stützen sich darauf, daß sich der Novize (Patient) vom Meister (Analytiker) trennt, um sein Ziel zu erreichen, wobei der Meister (Analytiker) selbst den Weg zu diesem Ziel beschritten hat (Meditation bzw. Lehranalyse).

Zen-Meditation sprengt den Bereich wissenschaftlich begründeter Psychotherapie. Das ist nach ›oben‹ möglich, in Bereiche, die nicht mehr kritisch und objektivierend beschrieben werden können, aber auch nach ›unten‹, da mystische Übungen oft genug nicht nur die Berufenen anziehen, sondern auch jene Geister, die sich auf diese Weise den Forderungen der Realitätsprüfung entziehen wollen und manchmal Scharlatane sind, die andere bewußt täuschen, manchmal auch selbst betrogene Betrüger.

Gruppentherapie

Die Erkenntnis, daß Psychotherapie immer durch gesellschaftliche Faktoren beeinflußt wird, hat von den Pionieren der Tiefenpsychologie Alfred Adler am meisten betont. Er war auch der erste, der seit 1919, als er in einer Wiener Erziehungsberatungsstelle arbeitete, Gruppengespräche führte und so zumindest die ›Einzeltherapie in der Gruppe‹ als Sonderform der Psychotherapie schuf. Der Pioniersituation entsprechend, war das Publikum aus Ärzten und Erziehern, die von Adler lernen wollten, und den Eltern der ›schwierigen Kinder‹ gemischt, die vorgestellt wurden und für deren Behandlung Adler dann seine Empfehlungen aussprach. Es ging hier eigentlich auch darum, die alten Modelle des Lehrens am Krankenbett auf die Psychotherapie zu übertragen.

Während es sich zunächst also vorwiegend um eine einseitige Kommunikation, analog einem Lehrer-Schüler-Verhältnis handelte und sich die Gruppentherapie nur wenig vom Unterricht, etwa in einem Seminar, unterschied, betonte zuerst J. L. Moreno die therapeutischen Möglichkeiten der sozialen Gruppe selbst. Er hatte beobachtet, wie Wiener Kinder soziale Konflikte in einer Art Stegreiftheater spielend bewältigten. So entschloß er sich, die Gruppentherapie gegen die individualisierende Beziehung des Kranken zu seinem Analytiker, den handelnden Menschen gegen den passiv daliegenden Patienten des Analytikers zu setzen.

Wenn wir bedenken, daß viele Menschen sich leichter in Taten ausdrücken können als in Worten, müssen wir die Berechtigung von Morenos Standpunkt akzeptieren, allerdings auch einwenden, daß nicht für alle gut sein kann, was für einige gut ist. Das Psychodrama, in dem der Kranke wichtige Konflikte seiner Vergangenheit nachspielt und an ihnen lernt, sie zu bewältigen, entspricht den lerntheoretischen Gesetzen, die man wohl als ›gemeinsamen Nenner‹ allen Formen der Psychotherapie unterlegen kann, recht gut. Die Bewältigung neurotischer Prägungen muß nämlich um so besser gelingen, je ähnlicher sich die Situation des Neu-Lernens und die ursprüngliche Konfliktsituation sind, wobei man diese Ähnlichkeit sowohl gestaltpsychologisch (als Analogie der Struktur) als auch behavioristisch (als möglichst hohe Zahl identischer Elemente in beiden Situationen) interpretieren kann.

Nicht ohne Grund hat man deshalb in der lernpsychologisch orientierten Verhaltenstherapie Techniken des Rollenspiels wieder aufgegriffen: Der übermäßig schüchterne Kranke, der wegen seiner Hemmungen nie den Platz im Berufsleben einnehmen konnte, der ihm eigentlich auf Grund seiner Fähigkeiten zukäme, übt mit dem Therapeuten das Verhalten in sozialen Situationen – etwa die Vorstellung beim Personalchef einer großen Firma. Morenos Vorstellungen über Sinn und Wert des Psychodrama gingen weit über solche praktischen Verwertungen hinaus. Er spannte einen großen, weltanschaulichen Rahmen und setzte sich als einer der ersten Psychotherapeuten mit der Entgötterung der Welt auseinander, die durch Spinoza begonnen hatte, der Gott und die Natur gleichsetzte. Durch Denker wie Darwin, Marx und Freud sei ein religiöses Vakuum entstanden, das durch eine Gruppentherapie gefüllt werden solle, in der – durchaus in Spinozas Gefolge – der werdende Kosmos zum zentralen Wert wird und die psychodramatische Gruppe den Ansatz zu einer ›Welt-

therapie‹ verkörpert. So gesehen, ist es eher konsequent als größen-
wahnsinnig, wenn Moreno auf dem Höhepunkt der Kuba-Krise Ken-
nedy und Chruschtschow aufforderte, ihren Konflikt mit seiner Hilfe
psychodramatisch zu lösen.

Sehr wesentliche Anregungen verdankt die Gruppenpsychotherapie
dem Psychologen Kurt Lewin (1890 bis 1947), der die sozialpsychologischen Vorgänge in kleinen Gruppen experimentell erforschte
und die sogenannte Gruppendynamik begründete. Lewin kam von
der experimentellen Psychologie; er hatte in Deutschland gearbeitet
und war vor den Naziverfolgungen geflohen. Seine Originalität und
Beobachtungsgabe führten dazu, daß nach der von Freud entdeckten
Dynamik des Unbewußten auch die besondere Dynamik der Gruppe
entdeckt wurde.

Das geschah so: Lewin hatte während des Krieges im Auftrag von
Regierungsstellen begonnen, über die Möglichkeiten zu forschen,
tiefsitzende, emotional verwurzelte Vorurteile zu verändern. Eine
breite Schicht amerikanischer Intellektueller war entsetzt und besorgt über das, was in Italien, Deutschland und der Sowjetunion
geschah. Theodor W. Adorno und seine Mitarbeiter erforschten den
›Autoritären Charakter‹. Lewin begann mit pragmatischen Untersuchungen, wie man z. B. Menschen dazu bringen kann, ihre Vorurteile
gegen bestimmte Nahrungsmittel (beispielsweise Innereien) aufzugeben, um die Kriegswirtschaft zu entlasten. Er verglich einen Ex-
pertenvortrag mit einer Gruppendiskussion, in der die Hörer nicht
›von oben‹, sondern voneinander lernen sollten. Es stellte sich
heraus, daß nach einer Veranstaltung, die sich an der zweiten Methode orientierte, weit mehr Teilnehmer ihre Einstellungen verändert
hatten.

Ein ähnlicher Versuch begann 1946 auf einer Trainingsveranstaltung
für Kommunalpolitiker, die daran interessiert waren, Probleme der
Arbeitsvermittlung für Nichtweiße zu bearbeiten. Lewin und andere
Sozialpsychologen begleiteten dabei den Stab der Kursleiter. In jeder
Diskussionsgruppe zeichneten Studenten auf, was sie über das Ver-
halten der Diskutierenden beobachteten. Am Abend tauschten die
Beobachter ihre Erfahrungen aus. Einige Teilnehmer wollten hinzu-

kommen. Lewin erlaubte das und erkannte bald die Bedeutung der entstandenen Situation: In diesen Gruppen führte die Rückmeldung (das feedback) der Beobachter zu heftiger Betroffenheit und ließ wichtige Ansatzpunkte zu einer bisher nicht erreichten Intensität der Einstellungsänderung erkennen. So entstand die ›gruppendynamische Trainingsgruppe‹ oder das ›Sensitivitätstraining‹, in der die Mitglieder sozusagen die eigene Dynamik erforschen und herausfinden, wie sie sich spontan in einer Gruppe organisieren, die nicht durch Vorgaben (wie in Betrieben und Behörden sonst) gestaltet ist, in der es quasi vom nackten Sozialverhalten abhängt, wer dominiert, wer sich beherrschen läßt, wer Einfluß gewinnt und wer untergeht, wer beliebt ist und wer kritisiert wird.

Die Erfindung der dynamischen, therapeutisch wirkenden Gruppe ist, wie aus unseren Anfangskapiteln hervorgeht, keine Neuerung, sondern eine Wiederentdeckung. Sie lag angesichts der Krise der traditionellen Institutionen seit dem Ersten Weltkrieg in der Luft. Moreno entdeckte sie 1921, andere Pioniere, wie der Amerikaner Josef Pratt und Alfred Adler, hatten noch früher mit Gruppen gearbeitet. Aber alle diese Gruppen waren relativ strukturiert und um den Leiter zentriert. Lewin und ein Kreis britischer Psychoanalytiker um den Klein-Schüler Wilfried Bion hingegen entwickelten Verfahren, in denen die Gruppe selbst zum Träger von Veränderungen wird: Aus der ›Einzeltherapie in der Gruppe‹ wird die ›Gruppentherapie‹, in der die Aufgabe des Leiters nicht mehr darin besteht, einzelne zu behandeln und die Gruppe daran teilhaben zu lassen, sondern in der er die Heilungs- und Veränderungspotentiale der Gruppe möglichst fördert und ausschöpft.

Der seelisch Kranke hat in der Regel einen Widerstand, sich auch nur einem Menschen – dem Therapeuten – zu öffnen. Wie ist es möglich, daß er außerhalb der geschützten Atmosphäre einer psychotherapeutischen Sprechstunde, zusammen mit einer Reihe anderer Menschen mit ähnlichen Leiden seine Probleme diskutiert? Wie können Kranke einander helfen?

Es ist richtig, daß sich nicht alle Menschen für die Gruppentherapie eignen. Doch hat sie auch große Vorteile. Das Handeln im sozialen

Raum, das der Therapeut sonst immer nur beschreiben hört, wird unmittelbar deutlich und kann einsichtig gemacht werden. Die Gruppenmitglieder ermöglichen viel mehr und eindringlichere soziale ›Übertragungen‹. Für den Kranken selbst bedeutet es oft einen großen Trost, zu sehen, daß viele Menschen von ähnlichen Schwierigkeiten behelligt werden wie er selbst. Und schließlich gibt es Kranke, die in einer Einzeltherapie verstummen, weil ihre Ängste und Hemmungen so groß sind, daß sie nicht aus sich herausgehen können.

In der Gruppentherapie stärkt die Offenheit und die Diskussion ähnlicher Probleme ihr Selbstvertrauen langsam so weit, daß sie nach einer Periode des Schweigens an den Gruppengesprächen teilzunehmen beginnen. Heute hält man diese Vorzüge der Gruppentherapie für weit wichtiger als die Tatsache, daß auf diese Weise ein Therapeut gleichzeitig mehrere Kranke behandeln kann – in der Regel acht bis zwölf, die nicht zu verschiedenen Alters sein sollen.

Manchmal sind die Kranken daneben auch noch in individueller Psychotherapie. Obschon die verwendeten Ausdrücke stark wechseln – es ist klar, daß ein psychoanalytisch orientierter Psychotherapeut andere Erklärungen verwendet als etwa ein Jungianer –, stimmen die meisten Autoren überein, daß in der Gruppentherapie die Mitglieder psychotherapeutisch aktiv werden und der Therapeut diese Vorgänge überwacht. Er verhindert, daß sich etwa die Gruppe auf Kosten eines einzelnen – eines Sündenbocks – saniert, dem gegenüber sie ihre Aggressionen abreagiert.

Das erste Lehrbuch der Gruppentherapie veröffentlichte 1937 der Amerikaner Samuel R. Slavson. In Nervenkrankenhäusern haben die Entdeckungen Lewins und der Gruppentherapeuten zur Entwicklung der ›therapeutischen Gemeinschaft‹ *(therapeutic community)* geführt, in der die strenge Hierarchie der herkömmlichen (und vor allem in Deutschland weit überwiegenden) Heilanstalten durchbrochen wird. Der Arzt durcheilt nicht mehr die Stationen, um dann für die restlichen 23 Stunden des Tages die Kranken mit den Pflegenden allein zu lassen, sondern organisiert mit Pflegepersonal, klinischen Psychologen und den Kranken selbst eine demokratisch aufgebaute

Gemeinschaft, in der die Behandlung in der Stationsgruppe diskutiert und Ratschläge der Patienten akzeptiert werden. Auch in der
Behandlung von psychosomatischen Krankheiten und von Sucht-
kranken dominiert heute die Gruppentherapie. In der ambulanten
Praxis hat sie anscheinend ihren Zenit überschritten; das hängt damit
zusammen, daß früher viele Patienten ihre Widerstände gegen die
Gruppenbehandlung deshalb überwanden, weil es kein ausreichen-
des Angebot an Einzeltherapieplätzen gab. Das ist heute in Westeuropa und den USA anders, so daß die Zahl der Gruppentherapien
von Kassenpsychotherapeuten in Deutschland wieder zurückgeht.
1987 wurden, verglichen mit 1977, 50 Prozent weniger Gruppen,
aber 200 Prozent mehr Einzeltherapien mit den Kassen abgerechnet.

Familienforschung und Familientherapie

Seit Freud ist die große Bedeutung der Familie für seelische Krankheiten bekannt. Familiär geprägte Lernprozesse bestimmen die Persönlichkeitsstruktur des Kindes, ihre Stärke oder auch Schwäche;
sie können neurotische oder schizophrene Reaktionen im späteren
Leben begünstigen oder verhindern. Dennoch hat es relativ lange
gedauert, bis die Psychotherapeuten ihr Augenmerk auf die ganze
Familie richteten, nicht mehr ausschließlich auf das erkrankte Mitglied.
Mit großer Gelassenheit beschreibt Freud in seinen Krankengeschichten Verhaltensweisen von Familienangehörigen, die für deren
neurotische Züge sprechen. Daß man hier die ganze Familie behandeln könnte und nicht nur das erkrankte Mitglied, ist zuerst Erzie-
hungsberatern klargeworden, die mit gestörten Kindern zu tun hatten. Nathan Ackerman betont, daß herkömmliche Psychotherapie
viel zu individualistisch ausgerichtet ist und oft wenig mehr ausrich-
tet, als einen Partner auf Kosten eines anderen gesund zu machen.
Die Familientherapie hingegen bemüht sich, die ganze Familie zu
heilen, vor allem indem sie die Kommunikation innerhalb dieser
Familie klärt.

Für die Schizophrenie-Forschung leisteten Familientherapeuten Pionierarbeit, die einen Kranken mit schizophrener Reaktion zusammen mit seiner ganzen Familie in ihr Forschungsinstitut aufnahmen. Ein Resultat dieser Familienforschung haben wir schon kennengelernt (s. S. 398 f.): die Doppelbindung, die seit den fünfziger Jahren von Gregory Bateson, Don D. Jackson, Jay Haley und anderen an der Stanford-Universität untersucht wurde.

Die häufigste Situation, in der in unserer Gesellschaft eine Doppelbindung entsteht, ist ein ambivalentes (von Haßliebe geprägtes) Mutter-Kind-Verhältnis, in dem sich die Mutter ihre Feindseligkeit nicht eingestehen kann und sie durch liebevolles, das Kind einengendes Verhalten gleichsam dauernd verleugnet (›überbeschützende Mutter‹).

Der unbewußt gewordene Haß[*] spiegelt sich nun in den Gesten, in der Miene oder Körperhaltung der Mutter, während ihre Liebe sich in ihren Worten ausspricht. Das Kind wird bestraft, wenn es die unerwünschte Hälfte der doppelten Kommunikationen erfaßt, wodurch ein großer, für die soziale Entwicklung sehr wichtiger Bereich des zwischenmenschlichen Lernens unmöglich gemacht wird. Gleichzeitig verhindert die enge, ›symbiotische‹ Bindung an die Mutter, die ihrem Kind alle selbständigen Entscheidungen abnimmt, daß das Ich des Heranwachsenden erstarkt.

Eine Beobachtung von Bateson und seinen Mitarbeitern kann das double bind verdeutlichen. Ein junger Mann, der sich gut von einer schizophrenen Reaktion erholt hat, wird von der Mutter besucht. Er freut sich und legt den Arm um sie. Sie erstarrt (die Metakommunikation oder Körpersprache sagt also: »Bleib mir vom Leib, ich kann dich nicht ausstehen!«) Der kranke Sohn zieht den Arm zurück,

---

[*] Männer, Familienforscher nicht ausgenommen, beschreiben Mütter oft, als seien diese nicht fühlende Wesen, sondern Naturkatastrophen, eine Verengung des Blicks, die der feministischen Sicht des Mannes als Vergewaltiger entspricht. Solche Analysen sind unter wissenschaftlichen wie unter therapeutischen Gesichtspunkten problematisch. Sie eignen sich allenfalls, polizeiliche Maßnahmen zu rechtfertigen, z. B. der ›schizophrenogenen Mutter‹ das Sorgerecht zu entziehen. Vgl. zu den Hintergründen W. Schmidbauer, »*Du verstehst mich nicht!*« *Die Semantik der Geschlechter*, Reinbek 1991.

worauf die Mutter fragt: »Liebst du mich denn nicht mehr? Lieber, du mußt nicht so leicht verlegen werden und Angst vor deinen Gefühlen haben.«

Der Kranke ist jetzt nicht mehr in der Lage, mehr als ein paar Minuten auszuhalten; noch am selben Abend greift er einen Assistenten an und muß mit einiger Mühe beruhigt werden. Der schizophrene Sohn steht hier vor der Wahl, entweder seinen eigenen Wahrnehmungen nicht zu trauen oder die Worte seiner Mutter zurückzuweisen. Die Mutter verleugnet ihre eigene emotionale Reaktion, ihre Angst vor der Zärtlichkeit des Sohnes, so meisterhaft, daß die Realitätsorientierung des Kranken nicht standhält. Weil er stark an sie gebunden ist (die Unmöglichkeit, auszubrechen, ist ein wesentlicher Zug des krank machenden double bind), kann der Sohn dieses Verhalten nicht kritisieren. Sie tadelt ihn für ihren eigenen Fehler, ihre Unfähigkeit, ihn als selbständigen Menschen anzuerkennen und zu lieben.

Es ist nicht möglich, die Schizophrenie durch gefühlshafte Versagungen auf einer frühen Stufe der kindlichen Entwicklung zu erklären (wie es unter anderen Schultz-Hencke versucht hat). In vielen Fällen sind die Mutter-Kind-Kontakte im Säuglingsalter durchaus befriedigend, doch gelingt es nicht, dieses ›symbiotische‹ Stadium, in dem das Kind eine Erweiterung des mütterlichen Selbst darstellt, zu überwinden, so daß das Kind kein gesundes Gefühl der eigenen Identität entwickeln kann. Dabei braucht das Kind die Mutter ebenso wie die Mutter das Kind – einmal als Beschützerin, zum anderen als jüngeres Ich-Ideal. Ein Beispiel: Während der ersten schizophrenen Reaktion schneidet sich eine Tochter, die als ›hübsches jüngeres Selbst‹ der Mutter aufgebaut worden war, die Haare ab, während die Mutter zeternd und flehend im Zimmer herumläuft. Später zeigt die Mutter allen Ärzten ein Jugendbild von sich selbst, um ihnen zu zeigen, wie schön die Tochter mit langen Haaren war.

Es gibt eine ganze Reihe typischer Störungen in schizophrenen Familien, die von einzelnen Forschern beobachtet worden sind. Sie werden sämtlich in ein multifaktorielles Modell der schizophrenen Reaktion eingeordnet, in dem man davon ausgeht, daß eine ganze

Reihe von Ursachen zusammenwirken muß, um eine so schwere Störung der menschlichen Psyche zu bewirken. Die Bedeutung der Erbanlagen liegt dabei vor allem darin, daß der Betroffene besonders empfänglich für ungünstige Umwelteinflüsse einerseits, für günstige andrerseits ist.

Der Begriff der Mystifizierung als Ursache-Faktor bei Schizophrenien wurde von dem Engländer Ronald D. Laing der Theorie von Karl Marx entnommen, der sie auf das Verhältnis Ausbeuter Ausgebeutete anwandte. Dem ersten gelingt es, Formen der Ausbeutung als Wohltätigkeit hinzustellen, so daß sich seine Opfer mit ihm eins fühlen und sich schlecht oder verrückt vorkommen, wenn sie an Rebellion nur denken. Die symbiotisch an ihre Mütter gebundenen Kinder sind in der Regel stark mystifiziert. Jeder Versuch, sich gegen die Mutter zu behaupten und das Recht auf ein eigenes Leben zu vertreten, wird mit Schuldgefühlen erlebt. Widersprüche werden in der schizophrenen Familie nicht rational bewältigt, sondern mystifiziert; der Erkrankte erlebt dann entweder einen wirklichen Konflikt gar nicht mehr (›Katatonie‹) oder sieht sich in Konflikte verwickelt, die nicht die seinen sind (›Paranoia‹, wobei sich der Kranke etwa als Protagonist eines politischen Kampfes sieht).

Eine Mutter, die ihr Kind ins Bett stecken will, kann sagen: »Es ist Schlafenszeit!« oder: »Ich bin müde, und will, daß du ins Bett gehst!« Eine Mutter, die ihr Kind mystifiziert, wird sagen: »Ich bin überzeugt, Liebling, du bist müde und möchtest jetzt zu Bett, nicht wahr!« Ein Mädchen, das später schizophren reagierte, hatte mit vierzehn Jahren die ersten sexuellen Empfindungen und fing an zu onanieren. Sie wollte mit ihren Eltern über diese Probleme reden, doch sie sagten ihr, sie hätte gar keine solchen Probleme. Als sie sagte, sie onaniere, wurde ihr versichert, sie täte das gar nicht.

Man kann sich denken, wie wenig eng und sicher die Bindung eines so erzogenen Menschen an die Realität ist. Die Wahnbildungen, die man bei so vielen Schizophrenen sehen kann, lassen sich aus solchen Mystifizierungen erklären. Da der Kranke nie gelernt hat, dem unmittelbaren Gehalt von Kommunikationen zu vertrauen, gerät er in Gefahr, gleichgültigen Dingen den Wert von Kommunikationen zu verleihen. Wenn andere tuscheln, ist er gemeint; das Aufsetzen einer Brille ist ein Signal, Unbekannte betrachten ihn mit ›sonderbaren Blicken‹.

Die Mystifizierung dient auch dazu, starre Rollenbeziehungen innerhalb der Familie aufrechtzuerhalten – ein krankmachender Faktor, auf dessen Bedeutung vor allem Lyman C. Wynne, Irving M. Rykoff und ihre Mitarbeiter am National Institute of Mental Health hingewiesen haben. Diese krankhaft starren Beziehungen, die mit großen Anstrengungen aufrechterhalten werden, sind zugleich ein großes Hindernis in der Therapie, da die Kranken selbst oft glauben, ihre schizophrenen Reaktionen seien periodische ›Anfälle‹ ihrer ›Krankheit‹, während nach der psychologischen Interpretation der Schizophrene auch in der Zwischenzeit krank ist. Aber nur in der psychotischen Phase selbst protestiert der Kranke gegen seine Familie. Da er über keine zuverlässigen Formen der Kommunikation verfügt, ist dieser Protest so chaotisch, daß es der Familie leichtfällt, ihn als ›verrückt‹ abzuwehren.

Jeder Mensch sucht ein Gefühl der eigenen Identität zu entwickeln, das seinem Erleben trotz des ständigen Zustroms innerer und äußerer Reize Beständigkeit und Dauer verleiht. Mitmenschliche Kontakte können dieses Gefühl fördern oder hemmen. Normale Familienbeziehungen unterstützen, ›schizophrene‹ unterdrücken es, da in ihnen starre Rollen verteidigt und enge Gefühlsbindungen dadurch aufrechterhalten werden, daß keiner den anderen als selbständigen, freien Menschen akzeptiert.

Stark gefühlsbesetzt, wirkt diese ›Pseudogemeinschaft‹ als Bremse auf jedes Wachstum und erstickt auf die Dauer die Betroffenen. Was jedoch ein Betrachter von außen als Zwang deuten würde, interpretieren die durch eine Pseudogemeinschaft Verbundenen positiv (etwa als besondere Tiefe der Gefühle oder als soziale Hochstellung). Während man auch bei vielen Neurosen Züge einer Pseudogemeinschaft beobachten kann, ist sie bei schizophrenen Reaktionen besonders ausgeprägt und intensiv. Die schizophrene Familie grenzt sich durch einen elastischen ›Gummizaun‹ nach außen ab und bildet ein eigenes Sozialsystem mit eigenen Mythen (etwa gefühlsbesetzten Erzählungen von Vorfahren und Verwandten), Theorien (in denen die Vorstellung ›ererbter Charakterzüge‹ eine große Rolle spielt) und Wertsystemen.

Die familiendynamische Auffassung der Schizophrenie ist einerseits zu einer wesentlichen Grundlage der Versuche geworden, Psychosen therapeutisch anzugehen. Auf der anderen Seite hat sich die Dämonisierung der Angehörigen – vor allem der Mütter – als sehr problematisch erwiesen. Sie beruht zum Teil darauf, daß Mütter sich viel verantwortlicher fühlen als Väter. In Untersuchungen über die Spätfolgen von Psychosen eines Elternteils hat sich herausgestellt, daß psychotische Väter die Kinder mehr belasten als psychotische Mütter. Das liegt wahrscheinlich daran, daß in Familien mit einem psychotischen Vater dieser als Ernährer und Beschützer ausfällt, aber meist auch keine fürsorgliche Rolle innerhalb der Familie spielen kann. Eine psychotische Mutter hingegen kann, wenn ein gesunder Vater die Familie stabilisiert, durchaus das ihre für die Kinder tun. Ein anderer Aspekt mag sein, daß geisteskranke Männer eher gewalttätig werden als kranke Frauen, und sich weniger leicht für eine Therapie entscheiden.

Begriffe wie ›schizophrenogene Mutter‹ gelten heute als veraltet; das Mitgefühl mit den durch die Psychose hochgradig belasteten Angehörigen hat sich durchgesetzt und verbietet kurzsichtige Schuldzuweisungen, die ohnedies immer einen Mißbrauch der psychodynamischen Lehren enthalten. Schließlich sind die Eltern der Kranken Opfer ihrer Eltern, und diese wiederum die Opfer der ihrigen.

Verhaltenstherapie

Die Geschichte der Psychotherapie hat mit der Religionsgeschichte gemeinsam, daß sie immer auch soziale Bewegungen legitimiert. Ein landhungriges, von Expansionsbemühungen bestimmtes Volk wird beispielsweise eher eine missionarische Religion entwickeln als ein Volk, das sich bemüht, unter widrigen Umständen seinen Zusammenhalt zu verstärken. Wenn Mohammed im Koran fordert, die Götzendiener (d. h. die animistischen Religionen der schriftlosen Kulturen) mit Gewalt zu bekehren, die ›Gläubigen des Buches‹, d. h. die Juden und Christen, aber zu dulden und nur mit einer Sondersteuer zu belegen, dann lenkt er die Expansion seines Glaubens so, wie es ihm politische Rücksichten gebieten.

Die psychoanalytische Bewegung und die psychoanalytische Methode hängen ebenfalls zusammen: die Wiederentdeckung des persönlichen Lernens in engen Beziehungen stabilisierte den Zusammenhalt einer Gruppe, die in den vorhandenen Institutionen der akademischen Wissenschaften nicht integriert war und sich im Grenzgebiet von Medizin, Pädagogik und Psychologie ansiedelte. Aber die Psychoanalyse konnte auf Dauer den Bedarf der modernen Gesellschaft an psychologischer Unterstützung nicht decken. Durch die enorme Ausweitung der Spezialisierungen, Qualifikationen, beruflichen Anforderungen und psychischen Konflikten in der Dynamisierung und Verstädterung des 20. Jahrhunderts benötigen Wirtschaft und Verwaltung mehr und mehr psychologisches Fachwissen. Die akademische Psychologie kam dieser Entwicklung entgegen und entdeckte die Praxis als Aufgabengebiet. Sie entwickelte sich aus einer Unterabteilung der philosophischen Fakultäten zu einem Studiengang, der heute die Philosophie zumindest an Studentenzahlen weit übertrifft. Die Ausbildung von Psychologen wurde in Deutschland noch während der Nazizeit den Ingenieurswissenschaften angeglichen: Ausbildungsabschluß war nun ›Diplom-Psychologe‹, nicht mehr Dr. phil.

Im Ersten Weltkrieg war Kampfunfähigkeit aus psychischen Gründen als zentrales Problem der militärischen Führung aufgefallen. Psychologen sollten Mittel an die Hand geben, solche Risiken zu vermindern. In allen Unternehmen entstehen enorme Reibungsverluste, wenn Mitarbeiter nicht nach ihrer Eignung eingesetzt werden. Psychologen erarbeiten Prüfungen (Tests), um dem fehlbaren Urteil des ersten Eindrucks, der Sympathie abzuhelfen.

So entwickelte sich eine Gruppe dynamischer Forscher an den Universitäten, die Psychologen für praktische Aufgaben ausbilden

411

sollten. Es läßt sich fragen, weshalb die doch erheblich näher an Alltag und Praxis angesiedelte Psychoanalyse diese Aufgaben nicht übernommen hat. Wahrscheinlich rächte sich hier die Organisation als ›Bewegung‹, die in ihren eigenen, recht geschlossenen Kreisen arbeitete und vorwiegend Ärzte anzog.

Wenn die Naziherrschaft und mit ihr die Exilierung der bisher international führenden Deutschen Psychoanalytischen Gesellschaft nicht gewesen wären, hätte sich die Situation vielleicht anders entwickelt. So aber übernahm die amerikanische Sektion die Vorherrschaft in der Internationalen Psychoanalytischen Vereinigung. In Amerika hatte sich, als Reaktion auf ein grassierendes Quacksalbertum, die Medizin sehr rigide organisiert; die Gewohnheit amerikanischer Ärzte, ihr Diplom gerahmt in ihrem Behandlungsraum zu zeigen, hängt damit zusammen.

Die Psychoanalytiker beteiligten sich an dieser Entwicklung. Lange Zeit durfte in den USA nur der eine analytische Ausbildung beginnen, der Facharzt für Psychiatrie war. Das führte dazu, daß die Psychoanalyse zwar großen Einfluß in der Psychiatrie gewann, aber den Kontakt zu den Geistes- und Kulturwissenschaften verlor, den nur die europäischen Emigranten (wie etwa Erik H. Erikson) pflegten. In Deutschland herrscht ›Kurierfreiheit‹, d. h. es gibt kein medizinisches Monopol. Nichtärzte durften schon immer als Heilpraktiker Kranke behandeln. Zur psychoanalytischen Ausbildung wurden auch andere Akademiker – Pädagogen, Theologen, Sprachwissenschaftler zugelassen. Es gab sogar angesehene Analytiker, wie Lou Andreas-Salomé in Göttingen oder Fritz Riemann in München, die praktizieren durften, obwohl sie gar kein Studium abgeschlossen hatten.

Aus dieser Situation läßt sich ableiten, weshalb die Psychoanalyse ihre Vormacht schließlich mit der Verhaltenstherapie und den sogenannten ›humanistischen Methoden‹ teilen mußte. Es gab neue Berufsgruppen, für die in den verfestigten psychoanalytischen Institutionen kein Platz war, die aber von einer anderen Seite Zugang zu denselben praktischen Problemen zu finden suchten, mit denen sich auch Freud beschäftigt hatte. Durch die gesellschaftliche Entwicklung mit ihrem Druck auf die Jugend, nicht nur Traditionen zu erfüllen, sondern sich selbst zu verwirklichen und neue Lebensmöglichkeiten autonom zu erschließen (›vom Tellerwäscher zum Millionär‹) wuchs nicht nur der Anspruch an die Medizin, mit dem Mißlingen solcher hohen Forderungen umzugehen, sondern auch der Anspruch an die Pädagogik, an die Führungskräfte in militärischen und zivilen Einrichtungen. Die menschliche Psyche wurde in ihrer hohen Bedeutung als wirtschaftliche Ressource entdeckt.

Diplom-Psychologen, die runde fünf Jahre lang das menschliche Erleben und Verhalten studiert haben, sind etwas anderes als die ›medizinischen Laien‹, die in den psychoanalytischen Einrichtungen Europas geduldet, in den USA aber ausgegrenzt wurden. Da die Psychoanalyse den Kontakt mit der akademischen Psychologie nicht eng genug knüpfen konnte (und umgekehrt), entwickelte die akademische Psychologie ihre eigenen Therapieformen, anfangs in oft heftiger Polemik gegen die Psychoanalyse.

Rationalisierte Machtkämpfe werden nach einem Modell ausgetragen, das der antike Dichter Äsop in der Fabel vom Fuchs und vom Storch beschrieben hat. Die beiden konnten sich nicht leiden, luden sich aber pro forma zum Essen ein. Der Fuchs servierte die Speisen in flachen Schalen, so daß der Storch nichts abbekam, während der Storch die seinen in enghalsigen Krügen anbot, aus denen sich nun wiederum der Fuchs nichts holen konnte. Ähnlich beschaffen ist vieles an den ›Vergleichen‹ von Verhaltenstherapie und Psychoanalyse. Akademische Psychologen (Hans Jürgen Eysenck, Klaus Grawe) überprüften analytische Psychotherapeuten mit den statistischen Methoden der akademisch-psychologischen Institutionen und behaupteten, nachgewiesen zu haben, daß ihre Arbeit weniger wirksam sei als die Verhaltenstherapie.

Dieses Vorgehen wird ›wissenschaftlich‹ genannt, wobei ›wissenschaftlich‹ zu einem Synonym für das Vorgehen der eigenen Institution, ›unwissenschaftlich‹ aber das Synonym für das Vorgehen der konkurrierenden Institution ist.

Dieses Muster läßt sich in vielen Polemiken innerhalb der aktuellen Psychotherapieszene beobachten. Neue Verfahren werden mit dem

Versagen der alten[*] gerechtfertigt. Das überzeugt auf den ersten Blick, nicht aber auf den zweiten, und schon gar nicht auf lange Sicht, wenn auch die Versagerquote der neuen, angeblich soviel besseren Methode sichtbar wird. Mißtrauen gegen alle Heiler ist angebracht, die behaupten, zu bisher nicht erreichten Höhen oder Tiefen vorzustoßen und allen ihren Vorgängern oder Rivalen vorwerfen, sie hätten das Wesentliche verfehlt. In einem so vielfältigen Einflüssen unterworfenen Arbeitsfeld wie der Psychotherapie ist die Gefahr groß, daß dreiste Behauptungen dort klar, entschlossen und orientierend wirken, wo der realistische Beobachter durch sein Zögern irritiert.

In den letzten Jahrzehnten hat sich die Verhaltenstherapie erheblich über die engen Ansätze der Lerntheorie, vor allem über die Grundlagen des Behaviorismus und der Reflexlehre hinausentwickelt. Sie blieb dem naturwissenschaftlichen Ansatz verpflichtet, wird aber heute als die »Familie jener psychotherapeutischen Interventionsansätze« verstanden, die sich »bei Planung, Durchführung und Evolution von psychotherapeutischen Hilfestellungen des rationalen Corpus der akademischen Psychologie bedienen«.[**] Im Klartext heißt das, daß die forschende Haltung geblieben ist, die experimentelle Orientierung und die Betonung des Tierexperiments aber aufgegeben wurden.

Diese Entwicklung führt in der Praxis dazu, daß ›Verhaltenstherapie‹ für den Nutzer fast alles sein kann, von Gestaltarbeit bis zu psychodramatischem Rollenspiel oder sexualtherapeutischen Übungen. Professionelle Verhaltenstherapie setzt aber voraus, daß der Thera-

---

[*] »Damals befanden sich meine Kommilitonen und andere Kollegen im sechsten bzw. siebten Jahr ihrer Psychoanalyse ohne auffallende positive Veränderungen ihres Verhaltens oder ihres Gefühlslebens!« Mit diesem Satz leitet z. B. Aaron Beck seine *Kognitive Therapie der Depression* ein (München 1986, S. 6). Das ist natürlich keine Wissenschaft, aber Stimmungsmache, die dazu dient, durch Entwertung des Konkurrenten den eigenen Wert zu steigern.

[**] Zit. nach Hans Kemper, *Sexualtherapeutische Praxis*, München 1992, S.117. Kemper bezieht sich auf eine Äußerung von Meinrad Perrez, *Verhaltenstherapie in der Gerontologie, Verhandlungsbericht der Jahrestagung*, Basel 1987, S. 66.

peut seine Interventionen aufgrund einer genauen Verhaltensanaly-
se plant und so sein eigenes Handeln reflektieren kann.

Die früher erbitterten Entwertungskämpfe zwischen Verhaltensthe-
rapeuten und Tiefenpsychologen sind heute moderater geworden. Es
gibt sogar ausdrückliche Versuche, beide Richtungen zu integrieren,
angefangen von dem Text von Paul Wachtel »Psychoanalysis and
Behaviour Therapy«, der in Deutschland 1981 mit dem Untertitel
»Ein Plädoyer für ihre Integration« erschienen ist. Auch Lothar
Wittmann fordert »therapeutisches Handeln jenseits der Schulgren-
zen«. Gegenwärtig scheinen nach dem Eindruck des Autors eher die
Psychoanalytiker reserviert und vorsichtig. Das hängt vielleicht mit
dem besserwisserischen Gestus akademischer Psychologen zusammen, die Psychoanalyse ohne genaue Kenntnis ihren pseudo-umfas-
senden Gesichtspunkten zu unterwerfen. Diese Debatte nachzuvoll-
ziehen, sprengt den Rahmen dieses Textes; ich verweise auf die
wichtigste Literatur (Grawe 1994, Mertens 1994).

Ein großer Vorteil der Verhaltenstherapie ist ein vielfältiges und
strukturiertes Angebot bei jenen Störungen, bei denen Gewährenlas-
sen, Abwarten und die Deutung belastender Kindheitserlebnisse
wenig hilfreich, ja sogar gefährlich sind. Das gilt z. B. für alle Formen
der Sucht. Ein Psychoanalytiker, der das Trinken eines Alkoholikers
gewährend und deutend behandelt, verschwendet in der Regel seine
Zeit und die seines Klienten. Was an Einsichten nüchtern erarbeitet
wurde, geht im nächsten Rausch wieder unter, die Behandlung
macht keine Fortschritte.

Ein gemeinsamer Nenner?

In den Augen vieler Menschen beeinträchtigen die Widersprüche
zwischen den einzelnen psychotherapeutischen Richtungen oder
Schulen das wissenschaftliche Ansehen der Seelenheilkunde stark.
An die innere Einheit von Disziplinen wie der Physik oder Chemie
gewöhnt, neigen sie dazu anzunehmen, daß die verschiedenen Auf-
fassungen über die Entstehung von Neurosen allesamt ungültig sein

müssen, weil sie sich gegenseitig widersprechen. In der Chemie geht es ja auch nicht an, von einem Stoff drei verschiedene Strukturformeln anzugeben – entweder ist eine richtig oder gar keine, keinesfalls aber alle drei.

Solche Zweifel sind bis zu einem gewissen Grad berechtigt, sofern sie sich nämlich gegen den Anspruch auf universelle Geltung richten, den manche Schulen der Psychotherapie (früher öfter als heute) vorgetragen haben. Doch abgesehen davon kann man eine seelische Krankheit sehr wohl in verschiedenen wissenschaftlichen Sprachen formulieren und auch heilen.

Für den therapeutischen Erfolg mit einer bestimmten Lehre ist es offenbar gleichgültig, ob man das Vokabular von Freud, Adler, Jung, Skinner, Pawlow oder Rogers übernimmt. Es kommt darauf an, dem Kranken bestimmte Dinge zu sagen, die geeignet sind, ihn zu veranlassen, eingeschliffene, ungünstige Lernprozesse zu berichtigen und so seine neurotische Symptomatik zu überwinden. Man kann die Folgen solcher Lernprozesse mit dem von Jung geprägten Wort ›Komplexe‹ nennen. Nehmen wir an, es gelingt, von zehn solchen Komplexen die zwei oder drei aufzulösen, die sich mit den Methoden der Psychoanalyse, der Verhaltenstherapie oder der Gruppentherapie auflösen lassen, so wird in vielen Fällen die spontane Selbstheilungstendenz genügen, um auch die restlichen zu überwinden.

Mit diesem Modell lassen sich die mit den verschiedensten Theorien erzielten Heilerfolge erklären. Psychotherapie setzt in der Regel eine intensive Beziehung zwischen zwei Menschen voraus, die durchaus unterschiedliche Persönlichkeiten und vielfach wohl auch Wertsysteme haben. Der Kontakt mit seelisch kranken Menschen stellt die Stabilität des Therapeuten oft vor eine Belastungsprobe. Er braucht festen Halt. Diesen gewährt ihm eine Gruppe, und diese wiederum braucht eine Theorie, die neben ihren Aufgaben der Sprachbildung, der Orientierung, der Ordnung von Erfahrungen auch den Gruppenzusammenhalt sichert. Ihre Brauchbarkeit in dieser Situation hat viele psychotherapeutische Lehren geprägt (was will etwa die psychoanalytische Auffassung von der Übertragung anderes, als den Gefühlen, die beim Patienten auftauchen, die Fähigkeit

nehmen, das therapeutische Bündnis so zu belasten, daß es zer-
bricht).

Psychotherapie ist soziales Handeln. Dieses Handeln kann kaum je
durch wissenschaftliche Gesichtspunkte allein gesteuert werden.
Daher haben viele psychotherapeutischen Begriffssysteme den Charakter von Mythen, von geschlossenen, bildhaft formulierten Aussagen über zwischenmenschliche Vorgänge. Die Wissenschaft bietet
keine Maximen. Sie sagt selten deutlich genug, was in einer bestimmten Situation das Richtige ist, sie fordert gebieterisch das
Fragwürdige einer bestimmten Maßnahme zu erkennen, wo doch
dieser wissenschaftliche Zweifel im zwischenmenschlichen Bereich
den Erfolg dieser Maßnahme selbst gefährden kann.

Je weiter die psychologische Forschung fortschreitet, desto weniger
notwendig werden stellenweise mythisch formulierte Lehren wie
etwa die Psychoanalyse oder die komplexe Psychologie C. G. Jungs
sein, sollte man meinen. Doch möchte ich das bezweifeln. Denn in
der Psychotherapie handelt es sich um ein zweiseitiges Geschehen.
Nicht nur der Therapeut braucht eine Theorie, sondern der Patient
benötigt eine neue Orientierung, eine verbesserte Landkarte für sein
Leben, nach der er sich richten kann. Und diese Landkarte muß er
verstehen. Was wir über Mythen wissen, spricht dafür, daß sie diese
Aufgabe oft besser erfüllen können als wissenschaftliche Theorien.
Freilich ist hier der Gegensatz von Mythos und Wissenschaft künstlich. Immer, wenn sie in soziales Handeln übersetzt werden soll,
nimmt die Wissenschaft mythische Züge an; ja bereits ein Schriftsteller, der die Erkenntnisse der modernen Physik allgemeinverständ-
lich darstellen will, schafft vielleicht eine neue Synthese zwischen
Mythos und Wissenschaft, jener Wissenschaft, die wohl die meisten
Menschen gar nicht anders als mythisch fassen und verstehen können.

Die pluralistische Psychotherapie, die wir hier vertreten, läßt jeder
begründeten Schulmeinung ihr Recht und verweigert allen von ihnen
den Anspruch, die ganze Wahrheit zu erfassen. Die Widersprüche
der Theorien spiegeln die Unterschiede zwischen den einzelnen
Menschen, die Dichtern und Psychologen seit alters her bekannt

sind. Versuche, den ungeheuren Reichtum psychotherapeutischer Fallschilderungen und Einzelbeobachtungen kritisch zu sichten, zu überprüfen und zu ordnen, bestätigen die Auffassung, daß jeder der Pioniere Richtiges gesehen hat, daß aber die Theorien keines einzigen Anspruch auf Allgemeingültigkeit erheben können. Vielleicht sollte uns dieser Tatbestand eher ermutigen als verwirren. Wenn die Psychotherapie nur eine einzige Theorie entwickelt hätte, wäre es nicht eher ein Hinweis darauf, daß sie ihren Gegenstand, den so unendlich wandelbaren Menschen, noch gar nicht in seinen Umrissen erfaßt hat?

Was uns zögern machte, was geeignet ist, einen am Weltbild der Physik geschulten Denker zu verwirren – gibt es nicht auch Anlaß zur Hoffnung?

Man wird der heutigen Psychotherapie nicht gerecht, wenn man sie als Mythos ablehnt, aber auch nicht, wenn man sie wie ein Dogma verteidigt. Man sollte sie als wissenschaftliche Lehre sehen, die sich oft mythisch ausdrückt, um dort nicht schweigen und den Kranken allein lassen zu müssen, wo unser lückenhaftes Wissen eine andere als die bildhafte Sprache nicht zuläßt.

Literatur

Bach, G. R., *Intensive Group therapy*, New York 1954

Bally, G., *Vom Ursprung und von den Grenzen der Freiheit*, Basel 1945

Bateson, G. u. a., *Schizophrenie und Familie*, Frankfurt 1969

Battegay, R., *Der Mensch in der Gruppe* (3 Bde.), Bern-Stuttgart 1967–1969

Beck, A. T., *Kognitive Therapie der Depression*, München 1986

Bion, W., *Erfahrungen in Gruppen und andere Schriften*, Stuttgart 1971

Boss, M., *Lebensangst, Schuldgefühle und therapeutische Befreiung*, Bern-Stuttgart 1962

Boszormenyi-Nagy u. a. (Hrsg.), *Intensive family therapy*. Darin: Laing, R., »Mystification, confusion and conflict«, S. 343 f.

Brammer, L. u. a., *Therapeutic psychology*, New Jersey 1960

Brown, G. W. u. a., »Influence of family life on the course of schizophrenia«, in: *British Journal of Preventive and Social Medicine* 12, 1962, S. 55

Burton, A. (Hrsg.), *Psychotherapy of the psychoses*, New York 1961

Corsini, R. J., *Methods of Group Psychotherapy*, New York 1957

Enomiya-Lassalle, H., *Zen – Weg zur Erleuchtung*, Wien 1960

Ders., »Erleuchtungsweg des Zen-Buddhismus und christliche Mystik«, in: *Bitter* 1968 (s. S. 119), S. 81 f.

Eysenck, H. J., Rachmann, S., *Neurosen – Ursachen und Heilmethoden*. Berlin 1967

Görres, A., *An den Grenzen der Psychoanalyse*, München 1968

Grawe, K. et al., *Psychotherapie im Wandel. Von der Konfession zur Profession,* Göttingen 1994

Lewin, K., *Feldtheorie in den Sozialwissenschaften*, Bern 1963

Masserman, J. (Hrsg.), *Science and Psychoanalysis*, New York 1964

Mertens, W., *Psychoanalyse auf dem Prüfstand? Eine Erwiderung auf die Metaanalyse von Klaus Grawe*, München 1994

Moreno, J. L., *Gruppenpsychotherapie und Psychodrama*, Stuttgart 1959

Ders., *Das Stegreiftheater*, Potsdam 1923

Ders., *Who shall survive?* Beacon 1953

Rogers, C. R., *Client-centered therapy*, Boston 1951

Ders., *On becoming a person*, Boston 1961

Sager, C. J., Kaplan, H. S. (Hrsg.), *Handbuch der Ehe – , Familien- und Gruppentherapie*, 3 Bde., München 1973

Schmidbauer, W., *Kleine Psychotherapie*, München 1970

Ders., *Sensitivitätstraining und analytische Gruppendynamik*, München 1972

Ders., *Wie Gruppen uns verändern. Selbsterfahrung, Therapie und Supervision*, München 1992

Skinner, B. F., *Science and human behavior*, 1953

Slavson, S. R., *Analytic Group Psychotherapy*, New York 1951

Strupp, H. H., *Psychotherapists in action*, New York 1960

Suzuki, D. T., *Die große Befreiung*, 1963

Ders. u. a., *Zen Buddhism and psychoanalysis*, New York 1960

Wolpe, J., »Therapist and technique variables in behavoir therapy«, in: *Comprehensive Psychiatry*, Januar 1969

Wynne, L. C. u. a., »Pseudomutality in the family relations of schizophrenics«, in: *Psychiatry* 21, 1958, S. 205

Sach- und Namensregister